Enciclopédia,
ou Dicionário razoado das ciências,
das artes e dos ofícios

DENIS DIDEROT E JEAN LE ROND D'ALEMBERT

Enciclopédia, ou Dicionário razoado das ciências, das artes e dos ofícios

Volume 4
Política

Organização
Pedro Paulo Pimenta e Maria das Graças de Souza

Tradução
Maria das Graças de Souza, Pedro Paulo Pimenta e Thomaz Kawauche

editora unesp

Título original: *Encyclopédie, ou Dictionnaire raisonné des sciences, des arts et des métiers*

Direitos de publicação reservados à:
Fundação Editora da Unesp (FEU)
Praça da Sé, 108
01001-900 – São Paulo – SP
Tel.: (0xx11) 3242-7171
Fax: (0xx11) 3242-7172
www.editoraunesp.com.br
www.livrariaunesp.com.br
feu@editora.unesp.br

CIP – Brasil. Catalogação na publicação
Sindicato Nacional dos Editores de Livros, RJ

D552e

Diderot, Denis, 1713-1784
Enciclopédia, ou Dicionário razoado das ciências, das artes e dos ofícios. Volume 4: Política / Denis Diderot, Jean le Rond d'Alembert; organização Pedro Paulo Pimenta, Maria das Graças de Souza; tradução Maria das Graças de Souza, Pedro Paulo Pimenta, Thomaz Kawauche – 1.ed. – São Paulo: Editora Unesp, 2015.

Tradução de: *Encyclopédie, ou Dictionnaire raisonné des sciences, des arts et des métiers*
ISBN 978-85-393-0589-6

1. Diderot, Denis, 1713-1784. 2. Filosofia francesa – Século XVIII. 3. Filosofia moderna – Século XVIII. 4. Arte – Filosofia. 5. Ciência política – Filosofia. D'Alembert, Jean le Rond, 1717-1783. II. Título.

15-22261 CDD: 194
CDU: 1(44)

Editora afiliada:

Asociación de Editoriales Universitarias de América Latina y el Caribe

Associação Brasileira de Editoras Universitárias

Sumário

O pensamento político na Enciclopédia

Maria das Graças de Souza

À pergunta sobre a origem das sociedades humanas, os autores enciclopedistas respondem com a tese da sociabilidade natural. Jacques Proust, em sua obra *Diderot et l'Encyclopédie*,[1] mostra que a noção de sociabilidade natural, que tem uma importância decisiva na obra de Diderot, poderia ter sido emprestada por ele tanto dos antigos, por exemplo Aristóteles, quanto dos modernos, como Grotius, Pufendorf, Locke ou Montesquieu. De qualquer modo, segundo a perspectiva naturalista de Diderot, a vida em sociedade é entendida como um instrumento natural que permite aos homens enfrentar com maior facilidade a luta pela sobrevivência e pelo bem-estar. Nas *Observações sobre o Nakaz*, Diderot escreve que "os homens se reuniram em sociedade por instinto, assim como os animais mais fracos se reúnem em rebanhos [...] os cães selvagens associam-se e caçam juntos. O homem isolado não teria podido vigiar a cabana, preparar alimentos, cuidar dos rebanhos etc. Cinco homens fazem e fazem bem todas estas coisas".[2] A sociabilidade, na perspectiva de Diderot, é algo inscrito na própria natureza do homem.

Essa mesma tese da sociabilidade natural, ao ser desenvolvida na *Enciclopédia*, apesar de receber tratamentos diferentes segundo os autores dos vários

1 Proust, *Diderot et l'Encyclopédie*, p.408.
2 Diderot, *Oeuvres politiques*, p.403.

verbetes que tratam da questão, mantém mais ou menos o mesmo conteúdo. Jaucourt, por exemplo, no verbete *Lei natural*, afirma que a sociabilidade é o princípio do qual derivam todas as leis naturais que dizem respeito aos nossos deveres recíprocos enquanto homens. Além disso, tudo na natureza do homem o leva a procurar a companhia de seus semelhantes: o sentimento da própria fraqueza, a inclinação para o sexo oposto, as disposições que traz naturalmente para a associação. Essas disposições são tais que sentimos prazer na vida em comum, e, ao buscar esse prazer, realizamos ao mesmo tempo as intenções do Criador, que nos fez para vivermos em sociedade. E se, de um lado, o temor do outro poderia levar os homens a fugir uns dos outros, os sinais de um temor recíproco acabam levando-os a se aproximar.

O procedimento de Boucher d'Argis, no verbete *Sociedade*, não difere muito daquele de Jaucourt. Segundo o autor, "fora da sociedade, o homem não poderia conservar sua vida nem desenvolver e aperfeiçoar suas faculdades e talentos nem obter uma verdadeira e sólida felicidade". É do princípio da sociabilidade que decorrem todas as leis da sociedade e todos os nossos deveres em relação aos outros homens, tanto gerais quanto particulares. A sociabilidade aparece, para Boucher d'Argis, como uma espécie de destinação do gênero humano, da qual não podemos fugir sem causar danos a nós mesmos. Nossa constituição natural nos faz aptos e capazes de cumprir essa destinação: "a maior parte das faculdades do homem", diz o autor, "suas inclinações naturais, sua fraqueza, suas necessidades, são provas certas dessa intenção do Criador".

Contra Hobbes, Diderot também defende, ao escrever para a *Enciclopédia*, a tese segundo a qual a natureza associa os homens. Hobbes, no capítulo XIII do *Leviatã*, havia encontrado na natureza humana apenas causas de discórdia. A desconfiança leva os homens a se atacar tendo em vista a segurança; a competição leva os homens a usar de violência tendo em vista o lucro; o desejo de glória arma os homens uns contra os outros por uma preferência, um elogio. Assim, conclui Hobbes, enquanto não houver um poder comum que mantenha os homens em respeito, a condição natural da humanidade é necessariamente uma condição de guerra. Na perspectiva hobbesiana, portanto, a natureza, ao invés de aproximar, dissocia os homens. Diderot, em relação à descrição do homem natural de Hobbes, impetuoso e apaixonado, mantém de início uma posição de certa simpatia. No verbete *Direito natural*, de sua autoria, a descrição que faz das paixões naturais se aproxima muito da concepção de Hobbes. No verbete, Diderot escreve que "existimos de uma maneira pobre, contenciosa, inquieta. Temos paixões e necessidades. A todo momento, o homem injusto e dominado por paixões sente-se levado a fazer a outro o que não gostaria que lhe fizessem [...] É preciso que confesse sua própria maldade". Além disso, a preferência de cada homem por si mesmo, que pode torná-lo intrépido a ponto de não se importar em fazer mal aos outros, não pode ser censurada. Não se trata de uma atitude livre. É a própria natureza que sempre me fala de modo mais forte quando fala em meu próprio favor. Aliás, no verbete *Hobbesianismo*, essa simpatia de Diderot pela concepção de homem natural em Hobbes se manifesta de modo claro: "Sua definição do homem mau", diz Diderot, referindo-se a Hobbes, "me parece sublime: *malus est puer robustus*. O homem mau é como uma criança robusta. Com efeito, a maldade é tanto maior quanto mais fraca for a razão e mais fortes forem as paixões".

Contudo, Diderot não segue Hobbes até o fim de suas conclusões. É certo que o homem é atormentado por paixões violentas. Mas é certo também, diz o verbete *Direito natural*, que ele é não apenas um animal, mas um animal que raciocina e que pode descobrir a verdade das coisas. "Aquele, pois, que se recusa a procurar a verdade", continua Diderot no verbete, "renuncia à sua qualidade de homem." É claro que, também para Hobbes, a razão sugere normas adequadas de paz, de modo que os homens possam chegar ao acordo. Mas os ditames da razão, como a justiça, a equidade, a modéstia, a piedade etc., "por si mesmos", diz Hobbes, "na ausência do temor de algum poder capaz de levá-los a ser respeitados, são contrários às nossas paixões naturais, as quais nos fazem tender para a parcialidade, o orgulho, a vingança ou coisas semelhantes".[3] Daí o fato de que, para Hobbes, o único remédio para os males da condição humana é a submissão sem reservas a um poder soberano que, ao amedrontar os homens, consiga mantê-los em paz.

Diderot considera que o quadro traçado por Hobbes de uma natureza humana impetuosa e guerreira se deve à sua dolorosa experiência da guerra civil inglesa. No verbete de sua autoria sobre a filosofia hobbesiana, afirma que Hobbes, "vendo as leis pisoteadas, o trono cambaleante, os homens

---

3 Hobbes, *Leviatã*, p.107.

arrastados como se fosse por uma vertigem geral para as ações mais atrozes, pensou que a natureza humana era má, e daí vem toda a sua fábula ou sua história sobre o estado de natureza". As circunstâncias teriam influenciado sua filosofia, e ele considerou fatos momentâneos como se fossem regras invariáveis da natureza. Mais tarde, comparando a filosofia de Hobbes com a de Rousseau, Diderot dirá, ao final do mesmo verbete, que ambos exageraram: para o primeiro, o homem é belicoso, e só a vida sob o poder do Estado pode pacificá-lo; para o outro, o homem é naturalmente bom, e é a vida civil que o deprava. Para Diderot, os males naturais são compensados por outros bens pela própria natureza. O homem "atormentado por paixões violentas" do verbete *Direito natural* pode dar lugar ao homem sociável à medida que se instrui. O que se vê, portanto, é que Diderot crê que o uso adequado da razão é que nos encaminha para cumprirmos essa espécie de vocação coletiva do gênero humano, o que Jaucourt e Boucher d'Argis consideram como instintiva.

* * *

A tese da sociabilidade natural, contudo, desenvolvida nos verbetes da *Enciclopédia*, não resulta numa naturalização do poder político. A natureza aproxima os homens, mas não os submete uns aos outros. "Nenhum homem recebeu da natureza o direito de comandar os outros", diz Diderot no verbete *Autoridade política*. A única autoridade natural é a autoridade paterna, que é passageira, na medida em que o poder do pai sobre os filhos dura apenas enquanto estes necessitam de sua proteção. Atingida a maioridade, ou a capacidade de viver por si mesmo, o filho torna-se um homem livre. A força, por sua vez, não poderia criar o direito. Aquele que detém poder sobre seus semelhantes fundado na violência pode esperar que, tão logo os que se submeteram adquirirem força maior que a sua, atacá-lo-ão e se libertarão de seu jugo, e farão isso legitimamente. Só o consentimento daqueles que se submetem pode fundamentar legitimamente o poder político.

O consentimento, entretanto, por si só não basta para garantir a autoridade política genuína. Consentido em primeiro lugar, o poder político deve ser também regrado, ou seja, "supõe condições que tornem o seu uso legítimo" (*Autoridade política*). Essas condições devem restringi-lo e fixá-lo dentro de certos limites. Diderot, autor do verbete, opera nessa passagem uma curiosa inversão do argumento tradicional da fundamentação divina do poder político. Segundo a tradição, Deus, monarca absoluto do Universo, delega aos monarcas das nações o poder de governar os homens em seu nome. Ora, "Deus", diz Diderot, "cujo poder sobre a criatura é imediato [...], nunca perde seus direitos e não os comunica de modo algum" (ibidem). No máximo, ele pode permitir que os homens estabeleçam entre si uma certa hierarquia ou ordem de subordinação, para organizar de modo eficaz a vida em sociedade. Mas essa subordinação deve sempre ser limitada. O poder absoluto, contrapartida da submissão ilimitada, é, portanto, uma espécie de afronta à divindade, ou, nas palavras de Diderot, "um crime de lesa-majestade divina", já que ocorre uma usurpação, da parte do monarca absoluto, que é criatura, de direitos que pertencem exclusivamente ao Criador.

O outro argumento contra o caráter absoluto do poder político deriva do próprio fundamento desse poder. Como o príncipe, ou governante, recebe sua autoridade dos súditos, nunca poderá utilizá-la para transgredir as condições sob as quais ela lhe foi dada. Se o fizesse, o consentimento originário estaria anulado, a obrigação dos súditos estaria rompida, e todos voltariam ao estado de independência natural, no qual ninguém deve obediência a ninguém.

Na perspectiva do autor do verbete, portanto, o fundamento de todo poder político legítimo é um contrato, tácito ou explícito, através do qual o povo decide atribuir a um ou a alguns homens autoridade suficiente para governá-lo, a fim de que sejam garantidas a paz, a segurança e a tranquilidade de todos. O verbete *Cidade*, também de Diderot, retoma a mesma ideia: os homens, iguais e livres por natureza, ao estabelecer as sociedades, transferem suas forças e suas vontades a uma pessoa física ou moral, pela garantia de segurança e outras comodidades. A subordinação de uns homens a outros, ou do povo a seu governante, é, portanto, um ato voluntário dos homens, que cria, por assim dizer, entre eles, uma ordenação hierárquica que não existia na natureza. Esse ato voluntário é exatamente o contrato originário fundador do poder político.

Limitado às condições de sua instituição pelas cláusulas do contrato, o poder político é também limitado do ponto de vista de seus fins. Esse argumento é desenvolvido em toda a extensão do verbete *Poder*, de autoria não identificada. "Ao estabelecer a sociedade", diz o autor anônimo, "os homens só renunciaram a uma parte da independência na qual a natureza os havia criado para obter as vantagens que resultam da submissão a uma autoridade legítima e de acordo com a razão. Nunca pretenderam entregar-se sem reservas a senhores autoritários nem dar as mãos à tirania e à opressão nem conferir a outros o direito de torná-los infelizes" (*Poder*). O fim de todo poder é o bem da sociedade governada. As condições de legitimidade da autoridade política estão deste modo estabelecidas: o consentimento, o caráter limitado e a capacidade de realizar seu objetivo, que é o bem-estar e a felicidade dos povos.

* * *

Até aqui, os autores enciclopedistas filiam-se à tradição que concebe o contrato fundador da sociedade política como um ato que institui obrigações recíprocas entre partes: de um lado, o povo, que promete obediência, de outro, o príncipe, ou um conselho soberano, que promete proteção. Desse ponto de vista, a *Enciclopédia* teve, no século XVIII, o papel de grande veículo difusor de pelo menos dois dos grandes traços que caracterizam a Filosofia Política moderna, a saber: a ruptura com a doutrina da desigualdade natural, segundo a qual a própria natureza destinou alguns homens ao comando e outros à obediência, na medida em que afirma a igualdade e a independência natural entre todos os homens, e a afirmação de que o poder político tem origem puramente humana, o que afasta o pensamento enciclopedista da tese do direito divino dos reis, que ainda tinha seus defensores no Século das Luzes.

Todavia, é de se notar que as análises históricas que têm lugar no decorrer de alguns dos verbetes parecem estar longe de corresponder a essa ideia reguladora do contrato originário. Vejamos, por exemplo, como isso ocorre no verbete *Autoridade política*. Diderot afirma aí explicitamente que o poder político, mesmo sendo hereditário numa nação e colocado nas mãos de um só, é um bem público, que, consequentemente, não pode ser tirado das mãos do povo, a quem pertence por essência e exclusivamente. Ora, no final do mesmo artigo, Diderot se permite uma reflexão sobre o povo francês nos seguintes termos: nada poderia dispensar os franceses da obediência ao monarca reinante e a seus herdeiros masculinos. Mesmo no caso de os sucessores do monarca se mostrarem injustos e violentos, o dever de submissão não cessa. Ao contrário, se isso porventura vier a ocorrer, o melhor e mais acertado procedimento, e também o mais legítimo, seria a aceitação paciente e piedosa do flagelo.

Primeiro aspecto da questão: a função de uma ideia reguladora como a de contrato entre o povo e o governante como garantia de legitimidade do poder político não poderia ser outra que a de instrumento de avaliação dos sistemas políticos historicamente constituídos, a partir dos critérios estabelecidos por essa ideia reguladora. A passagem sobre o dever perene de submissão dos franceses à dinastia dos Capetos supõe, em primeiro lugar, que teria havido outrora um contrato entre o povo francês e os ancestrais ou um ancestral da família reinante, o que é no mínimo complicado. Mesmo que admitamos que esse contrato tenha ocorrido, ele teria comprometido aqueles que contrataram, e não seus descendentes. A promessa do pai não obriga o filho. Quanto a isso, o autor do verbete *Governo* se manifesta com segurança: o raciocínio daqueles que pretendem que um homem, nascendo sob determinado governo, não tenha a liberdade de escolher um outro, não deve ser levado a sério. A sujeição natural de um filho a seu pai não o obriga, uma vez adulto, a uma sujeição ao príncipe sem o seu consentimento. "É claro", diz Jaucourt no verbete, "tanto pela prática dos governos quanto pelas leis da reta razão, que uma criança não nasce súdita de nenhum país nem de nenhum governo. Ela permanece sob a tutela e autoridade do pai até atingir a idade da razão. Quando adquire essa idade, é homem livre, senhor de escolher o governo sob o qual deseja viver e de unir-se ao corpo político que mais lhe agradar" (*Poder*). A sujeição dos franceses do século XVIII a Luís XV depende pelo menos de um consentimento tácito de seus súditos atuais, o que poderia estar ocorrendo, mas não exclui a possibilidade de esse consentimento ser negado, se levarmos em conta o que foi estabelecido nos textos do ponto de vista dos princípios. Aliás, as referências dos autores a esse monarca são sempre elogiosas. Luís XV é o "bem-amado", tem "cem mil braços para defendê-lo". Não foi o que ocorreu com seu sucessor. Os braços franceses o derrubaram.

Segundo aspecto: ao expor as condições do estabelecimento do pacto, Diderot deixa claro que o poder atribuído pelo povo ao governante não poderia ser absoluto, sob pena de transgressão das leis naturais e dos ditames da razão. A submissão consentida deve ser sempre regrada, na proporção necessária para que o governante possa assegurar proteção. São inúmeros os textos que insistem na necessidade de serem instituídos mecanismos apropriados que evitem os males do absolutismo. Um desses mecanismos são as assembleias de representantes, conhecidas na Europa pelo nome de dietas, estados gerais, senados, parlamentos etc., segundo o país. O barão de Holbach, no verbete *Representantes*, assinala que a principal diferença entre o despotismo asiático e os governos moderados europeus reside precisamente no fato de que os habitantes da Ásia, "submetidos há muitos séculos a uma escravidão hereditária, não imaginaram meios para equilibrar um poder enorme que os esmaga sem cessar", enquanto os europeus "sentiram desde sempre a utilidade e a necessidade de que uma nação fosse representada por alguns cidadãos que falassem em nome de todos os outros e que se opusessem às investidas de um poder que frequentemente se torna abusivo quando não conhece freio algum". É nessa perspectiva que podemos compreender os elogios dirigidos por Holbach e Jaucourt à constituição britânica, que, na sua opinião, soube contrabalançar o poder do monarca com a da instituição do Parlamento. Na França, esse poder encarregado de limitar o poder real residiria na Assembleia dos Estados Gerais.

Sabe-se que a instituição dos Estados Gerais da França foi, desde a primeira assembleia, no início do século XIV, até o período revolucionário, bastante frágil. Em primeiro lugar, essas assembleias, em sua maioria, não tinham autonomia para deliberar. Em muitos casos, acabaram servindo para fortalecer o apoio a empreendimentos do rei. Em segundo lugar, a Assembleia dos Estados Gerais da França era composta apenas de representantes do clero e da nobreza, e só muito tardiamente foram admitidos representantes do chamado Terceiro Estado, mesmo assim em condições de desigualdade. Por último, essas assembleias tinham sido interrompidas desde 1628 e só foram novamente convocadas em 1788. Portanto, na época em que a *Enciclopédia* estava sendo produzida, havia mais de cem anos que os representantes da nação francesa não se reuniam.

Resumindo: a França de Luís XV, o "bem-amado", era um Estado absolutista, governado de maneira completamente oposta aos princípios estabelecidos pelos enciclopedistas. Contudo, são frequentes nos verbetes de conteúdo político as referências elogiosas aos reis franceses. Seu governo é idealizado, como se fosse um modelo de virtude e justiça, em contraposição aos regimes do Oriente, considerados violentos e tirânicos. Aliás, o verbete *Despotismo* é inteiramente dedicado à crítica dos governos asiáticos, como se a Ásia fosse a única região do mundo submetida a governos despóticos. Mas, ao definir o que é despotismo, o verbete sugere outra coisa: todo governo absoluto é despótico.

É claro que essa contradição entre os princípios e as análises históricas poderia ser explicada pelas precauções que os enciclopedistas deviam tomar para evitar o confronto direto com a censura real. Desde a publicação do primeiro volume, a *Enciclopédia* foi alvo das mais duras críticas e acabou tendo sua publicação interditada. Aos olhos do Conselho Real e do Parlamento de Paris, apesar de tecer elogios ao monarca e a outros reis de sua dinastia, a obra não parecia tão inofensiva.

De fato, os enciclopedistas desenvolveram cuidadosamente certos artifícios que pudessem abrandar a censura, entre os quais certamente estava o de fazer a apologia da monarquia francesa. Outra técnica consistia em apresentar de modo estritamente ortodoxo os verbetes cujos títulos poderiam atrair a atenção dos censores, deixando as observações mais ousadas para verbetes cujos títulos indicavam conteúdos aparentemente inócuos. Exemplo: o verbete *Águia*, que a princípio não deveria conter nenhum traço ideológico, termina com uma crítica feroz a todas as práticas supersticiosas. Quando se pensa que havia na França uma antiga tradição que recomendava aos doentes escrofulosos que deixassem o rei tocar suas feridas no dia da coroação para que sua enfermidade fosse curada, e que esta era uma prática em cujos efeitos miraculosos ainda se acreditava, compreende-se melhor o que o autor do verbete poderia ter em mente.

Contudo, o artifício mais usado era o das remissões. Consistia em indicar, no corpo de um determinado verbete, um outro título, que por sua vez remetia a outro artigo etc. Assim, o leitor atento, ou o leitor ilustrado, indo de um verbete mais bem-comportado a outro mais audacioso segundo as recomendações dos autores, era conduzido a penetrar no espírito da obra, que, nas palavras de Diderot, pretendia "mudar a maneira comum de pensar" (verbete *Enciclopédia*). Em outras palavras, o que tornava a *Enciclopédia* uma obra mal recebida pelas instituições do Antigo Regime não era uma ou outra passagem que se referisse diretamente a fatos e personagens da época, e sim o fato de que ela, por assim dizer, erigia como novos deuses a razão e a natureza, encaminhava as reflexões sempre em direção da crítica do preconceito e da ignorância, pretendia aplicar a crítica racional a todo e qualquer objeto, sem nenhuma restrição, e rejeitava com vigor o argumento da autoridade e da tradição. Diderot havia afirmado, referindo-se a esse empreendimento que ocupou grande parte de sua vida intelectual, que era "preciso examinar tudo, remexer tudo sem exceção e sem escrúpulos" (verbete *Enciclopédia*).

Assim, a *Enciclopédia* não se restringe a tratar das questões políticas do ponto de vista das instituições e das leis, mas se ocupa do que poderíamos chamar de "costumes políticos", que, embora permaneçam ligados a questões institucionais, alargam o campo da reflexão para domínios derivados e correlatos. As questões relativas às relações entre religião e política recebem dos enciclopedistas um tratamento crítico rigoroso. Desde as guerras de religião no século XVI, que haviam culminado com o massacre de protestantes por parte de católicos naquela que ficou conhecida como a Noite de São Bartolomeu em agosto de 1572, a monarquia francesa enfrentou a crise cedendo aos protestantes alguns direitos civis que lhes eram negados, como no caso do Édito de Nantes, assinado por Henrique IV em 1598 e que permitia aos reformados a prática de seu culto. Mas esse édito foi abolido por Luís XIV em 1685, o que ocasionou novas perseguições e a fuga de milhares de protestantes para fora do reino. Ainda no século XVIII, eram negados aos protestantes alguns direitos civis. Para os enciclopedistas, a única maneira de impedir os danos advindos da intolerância religiosa é a de distinguir com clareza o Estado da Igreja, o padre do magistrado. Trata-se de uma questão de jurisdição: ao Estado cabe velar pela proteção e tranquilidade da sociedade e dos súditos, nesta vida; à Igreja cabe cuidar da salvação das almas, na outra vida. Essas duas jurisdições devem estar sempre separadas; elas não podem se sobrepor sem que daí nasçam infinitos males (verbetes *Tolerância*, *Intolerância*, *Pacificação*).

Outra questão polêmica que é objeto de análise em vários dos verbetes é relativa a tradições e práticas jurídicas na França do Antigo Regime. O livro *Dos delitos e das penas*, do italiano Cesare Beccaria, havia sido traduzido para o francês em 1766 por Morellet, ele mesmo autor de alguns verbetes da *Enciclopédia*. A tese principal de Beccaria é a de que uma legislação penal justa deve estabelecer uma proporção entre o crime e a pena. Ora, à época, na França, essa proporção não era absolutamente respeitada. Um delito de opinião ou uma acusação de incredulidade podiam ser castigados com a morte.

Ora, para Jaucourt, autor do verbete *Pena*, as penas são relativas à natureza do governo e a sua severidade é própria dos regimes despóticos. É essencial que, para a segurança pública, se estabeleçam diferenças entre as penas, cujo rigor deve ser medido relativamente à natureza do crime. Desse modo, cessa a arbitrariedade (verbete *Pena*).

A legislação penal francesa permitia a tortura, também chamada "questão", aplicada tanto aos suspeitos de crimes quanto a inocentes que poderiam, por meio da tortura, denunciar supostos criminosos. A *Enciclopédia* tem a esse respeito uma posição clara: a tortura, além de ser contrária à voz da humanidade, pois não se deve conduzir os homens por vias extremas, apresenta um resultado contrário ao que se supõe que sejam seus fins. Aplicada para obter a confissão de crimes, o seu efeito é, na maioria dos casos, o de condenar um inocente de frágil compleição que confessou um crime que não cometeu, ou de inocentar um criminoso robusto que suportou o tormento sem confessar. Assim, o sofrimento infligido na tortura leva igualmente à mentira o culpado e o inocente. A lei da natureza grita contra essa prática, sem nenhuma exceção, em relação ao que quer que seja (*Tortura*).

Enfim, a *Enciclopédia* se insurge contra o que Voltaire chamará a barbárie de seu tempo: as prisões arbitrárias, a justiça sumária, as torturas, o tráfico negreiro, a censura, a intolerância religiosa, a perseguição por delito de opinião, tudo que atinge a vida e a liberdade.

É por essa razão que Jaucourt, no verbete *Sedicioso*, dirá que algumas sedições são justas. Às vezes, os procedimentos legais e jurídicos não bastam para eliminar a injustiça. A tirania, a perseguição religiosa, o peso excessivo dos impostos, o abuso dos privilégios, a carestia dos víveres, a má escolha de ministros, são causas de sedições. Poucos anos separam o texto de Jaucourt da grande sedição que foi a Revolução Francesa.

* * *

Jacques Proust, no livro ao qual já nos referimos, ao se perguntar sobre o papel que a *Enciclopédia* teria desempenhado na evolução da sociedade francesa do século, mostra que as paixões desencadeadas pela revolução acabaram recaindo sobre os enciclopedistas.[4] Um exemplo famoso é o de

4 Proust, op. cit., p.7.

Babeuf, que, tendo atribuído equivocadamente o *Code de la Nature* de Morelly a Diderot, acabou associando o nome da *Enciclopédia* à Conjuração dos Iguais. Barruel, cujas *Mémoires*[5] foram publicadas um ano depois de Babeuf ter sido guilhotinado, não hesita em acusar os enciclopedistas de terem sido os promotores daquilo que ele julgava ser um grande tumulto e um imenso mal para a França, o processo revolucionário.

Além disso, os críticos que se debruçaram sobre a questão, como se vê no trabalho de Jacques Proust, preocuparam-se sobretudo em investigar em que etapa do movimento revolucionário as ideias dos enciclopedistas teriam encontrado maior receptividade e audição. Teria sido nos momentos em que o processo esteve mais à esquerda ou mais à direita? Na Constituinte, na Convenção, ou sob o Diretório? Na verdade, essas questões estão destinadas a enfrentar todas as dificuldades que encontra quem queira determinar a influência da filosofia das Luzes em geral sobre a Revolução de 1789.

De qualquer modo, os autores que se associaram ao empreendimento de Diderot e d'Alembert representavam forças sociais não muito difíceis de serem delimitadas. Faziam parte de uma classe média esclarecida. Os principais colaboradores eram gente da Justiça, parlamentares, médicos, professores, fabricantes. Boa parte deles tinha em comum o fato de exercer um papel importante nos setores mais ativos da economia francesa. Mesmo aqueles que possuíam títulos de nobreza eram apresentados pelos editores, com raras exceções, não na qualidade de nobres, mas na de pessoas cultas que se interessavam pela utilidade pública. Os colaboradores que vinham do clero eram apresentados por suas qualidades intelectuais e faziam parte de uma parcela da Igreja que, havia algum tempo, vinha sendo seduzida pelo que se chamava de ideias novas. Mesmo que, na sociedade tradicional, desempenhassem alguma função, seu lugar na sociedade enciclopedista era outro. Enfim, mesmo que a equipe reunida por Diderot contivesse gente da nobreza e do clero, ela era composta, em sua maioria, por representantes do Terceiro Estado ou aliados dele. Assim, as aspirações dessa classe encontraram na *Enciclopédia* um lugar privilegiado para a difusão de seus anseios.

---

5 Barruel, *Mémoires pour servir à l'histoire du jacobinisme*, 1798. Barruel é, na prática, o inventor da ideia do complô dos filósofos iluministas contra a monarquia.

Soboul, no seu *La Révolution Française*, mostra que, em 1788, a convocação dos Estados Gerais prometida pelo rei entusiasmou o Terceiro Estado. Mas, quando o Parlamento de Paris determinou que a reunião se daria nos mesmos moldes da assembleia de 1614, houve uma revolta geral. Toda a propaganda do Tiers concentrou-se nos ataques ao clero e à nobreza, e seu programa passou a girar em torno da exigência de duplicação da representação da classe, que, segundo o regulamento de 1614, ficava em situação minoritária. A duplicação lhes daria uma participação em igualdade de condições.[6] A realeza reconheceu a força da classe e, finalmente, o regulamento eleitoral que foi publicado em janeiro de 1789 autorizou esse aumento no número de representantes.

Ainda segundo Soboul, a unanimidade dos *cahiers de doleances*, nos quais eram apresentadas as reivindicações dos eleitores dos deputados para a Assembleia dos Estados Gerais, se fez em torno da crítica ao absolutismo. Não apenas o Terceiro Estado, mas as três ordens pediam que se limitasse o poder do rei e que se estabelecesse uma representação nacional efetiva. Ora, como vimos, os autores dos verbetes dedicados a temas políticos na *Enciclopédia* dificilmente perdiam a ocasião de insistir nesses dois temas. No verbete *Autoridade política*, Diderot afirma que "o poder verdadeiro e legítimo, pois, tem necessariamente limites". Jaucourt, no verbete *Governo*, diz que o poder "não pode ser arbitrário e que deve ser exercido segundo leis estabelecidas, a fim de que [...] os governantes sejam mantidos dentro de justos limites". A respeito da liberdade civil, diz Jaucourt no verbete de mesmo nome, que ela não poderá existir onde o Poder Executivo e o Legislativo estiverem nas mesmas mãos. O autor anônimo do verbete *Soberanos* afirma que, "quando um soberano absoluto se outorga o direito de mudar segundo sua própria vontade as leis fundamentais de seu país, quando aspira a um poder arbitrário sobre a pessoa e as posses de seu povo, torna-se um déspota. Nenhum povo pode nem quer atribuir a seus soberanos um poder dessa natureza".

Mas o verbete mais notável como crítica do absolutismo, ao mesmo tempo que estabelece o direito de participação de todas as classes nos órgãos representativos da nação, intitula-se *Representantes* e foi escrito pelo barão de

6 Soboul, *La Révolution Française*, p.138.

Holbach. Em primeiro lugar, o autor faz questão de lembrar que a reunião dos Estados Gerais da França não ocorria desde o século anterior. Em seguida, faz a crítica dos privilégios da nobreza, "que durante muito tempo arrogou-se o direito exclusivo de falar a todos os outros em nome das nações". Assinala que o clero só se interessou pela administração pública porque se tornou grande proprietário de terras e bens, e daí começou a participar das deliberações. Sob o governo feudal, continua o barão enciclopedista, "a nobreza e o clero mantiveram durante muito tempo o direito de falar em nome de toda a nação, ou de serem seus únicos representantes. O povo [...] a parte mais numerosa, mais laboriosa, mais útil à sociedade, não tinha o direito de falar por si mesmo. Foi forçado a aceitar sem reclamar as leis que alguns grandes combinaram com o soberano". Finalmente, o autor estabelece o princípio da alternância do poder dos representantes, afirmando que "é necessário que novas eleições lembrem os representantes que é dela (da nação) que vem seu poder".

Em seu trabalho sobre o Estado absolutista, Perry Anderson mostra que, no século XVIII, as contradições objetivas do absolutismo já se revelavam cruamente. "As noções burguesas de liberdade e representação que estavam no ar começaram a penetrar a retórica de um dos ramos da aristocracia francesa cujo espírito de casta e de conservadorismo inveterado era profundo. Nos anos 1770-80, uma curiosa contaminação de certas seções da nobreza pela ordem inferior – o Terceiro Estado – era muito pronunciada na França."[7] Essa reação conjunta acabou por derrubar o sistema.

Sem dúvida, seria no mínimo temerário reduzir a *Enciclopédia* a um imenso manifesto da burguesia. Ela foi, em primeiro lugar, aquilo que seus idealizadores queriam que fosse: um quase exaustivo balanço dos conhecimentos humanos nos mais diversos domínios. Em seguida, foi um lugar privilegiado de produção intelectual de rara envergadura. Mas é claro que, como não poderia deixar de ser, refletia o movimento interno que perpassava a sociedade do Antigo Regime. Os rumos desse movimento foram determinados pelas forças históricas que se debatiam no século. A *Enciclopédia* captou e manifestou em seus volumes feitos a inúmeras mãos os contornos desse movimento. Diderot, que dirigiu a obra durante vinte anos, havia refletido

---

7 Anderson, *L'État absolutiste* I, p.115.

sobre a natureza dessa espécie de movimento. Num fragmento destinado à *História das duas Índias*, de Raynal, Diderot escreveu, na edição de 1781, que o movimento que tende para a liberdade "é perturbado, rápido, violento. É uma febre mais ou menos forte, mas sempre convulsiva. Tudo anuncia a sedição, o assassinato. Tudo faz temer uma dissolução geral. E se o povo não for destinado à última infelicidade, sua felicidade renascerá do sangue".[8]

Referências bibliográficas

ANDERSON, P. *L'État absolutiste* I, Paris: Maspero, 1978. [Ed. bras.: *Linhagens do Estado absolutista*. São Paulo: Brasiliense, 1985.]

BARRUEL, A. *Mémoires pour servir à l'histoire du jacobinisme*. Hamburgo, 1798.

DIDEROT, D. *Oeuvres politiques*. Ed. Paul Vernière, 1963.

HOBBES, T. *Leviatã*. São Paulo: Abril, 1973.

PROUST, J. *Diderot et l'*Encyclopédie. Paris: A. Colin, 1967.

SOBOUL, A. *La Révolution Française*. Paris: Gallimard, 1984. [Ed. bras.: *A Revolução Francesa*. Rio de Janeiro: Zahar, 1964.]

8 Diderot apud Raynal, *Histoire des deux Indes*, 1781, III, p.516.

Agricultura[1] (*Ordem enciclopédica, História da natureza, Filosofia, Ciência da natureza, Botânica, Agricultura*), Diderot [1, 183]

A *agricultura*, como a própria palavra indica, é a arte de cultivar a terra. É a primeira, mais útil, mais extensa e, talvez, a mais essencial das artes. Os egípcios atribuíam a Osíris o mérito de sua invenção; os gregos, a Ceres e Triptolemo, seu filho; os italianos, a Saturno ou a Jano, seu rei, que foi colocado entre os deuses em reconhecimento por esse benefício. A agricultura foi quase a única atividade dos patriarcas, que eram os mais respeitáveis dos homens pela simplicidade de seus costumes, pela bondade de sua alma e por seus elevados sentimentos. Entre os outros povos antigos, a agricultura era fonte de prazer para os maiores homens. Ciro, o jovem, havia pessoalmente plantado a maior parte das árvores de seu jardim e se dignava a cultivá-las; e Lisandro da Lacedemônia, um dos chefes da República, à vista dos jardins de Ciro, exclamava: "Oh, príncipe, como os homens devem vos considerar um homem feliz por ter sabido reunir assim a virtude a tanta grandeza e dignidade!". Lisandro diz "a virtude", como se nessa época se pensasse que um monarca agricultor não pudesse deixar de ser um homem virtuoso; é certo, pelo menos, que ele deve amar as coisas úteis e as ocupações simples. Hierão de Siracusa, Átalo, Filopato de Pérgamo, Arquelau da Macedônia e uma infinidade de outros foram louvados por Plínio e Xenofonte – que não costumavam louvar sem conhecimento de causa e não eram seus súditos – pelo amor que dedicavam ao campo e ao trabalho da terra. A cultura dos campos foi o primeiro objeto do legislador dos romanos; e, para mostrar aos súditos como ele mesmo tinha em alta conta esse trabalho, ao estabelecer a função dos primeiros sacerdotes que instituiu, ordenou que oferecessem aos deuses as primícias da terra e pedissem que as colheitas fossem abundantes. Esses sacerdotes eram em número de doze; eram chamados arvales, de *arval*, campos, terras cultiváveis. Tendo morrido um deles, o próprio Rômulo assumiu seu lugar, e, a partir de então, só se dava essa dignidade àqueles que pudessem provar uma origem ilustre. Nesses tempos, cada um fazia valer o que herdava e tirava daí sua subsistência. Os cônsules encontraram

---

1 Tradução parcial.

as coisas nesse estado e não fizeram nenhuma mudança. Todos os campos de Roma foram cultivados pelos vencedores das nações. Durante muitos séculos, viram-se os homens mais célebres dentre os romanos passarem do campo aos primeiros cargos da República e, o que é ainda infinitamente mais digno de ser observado, voltarem desses cargos para o campo. Não se tratava de indolência nem de desprezo pela grandeza, nem de afastamento dos negócios públicos: esses ilustres agricultores ressurgiam quando o Estado tinha necessidade deles, sempre dispostos a tornar-se defensores da pátria. Serrano semeava seu campo quando foi chamado para chefiar o exército romano; Quinto Cincinato trabalhava [184] num pedaço de terra que possuía para além do Tibre quando recebeu a função de ditador; abandonou essa tarefa tranquila, assumiu o comando do exército, venceu os inimigos, subjugou os cativos, recebeu as honras do triunfo e, ao final de dezesseis dias, voltou a seu campo. Nos primeiros tempos da República e nos mais belos dias de Roma, tudo revelava a alta estima que se tinha pela agricultura. As pessoas ricas, *locupletes*, eram o que hoje chamaríamos de grandes lavradores ou ricos colonos. A primeira moeda, *pecúnia a pecu*, trazia a marca de um carneiro ou de um boi como principais símbolos da opulência. Os registros dos questores e dos censores eram chamados *pascua*. Na distinção entre os cidadãos romanos, aqueles que formavam as tribos rústicas, *rusticae tribus*, eram os primeiros e mais considerados. Tratava-se de grande ignomínia ser rebaixado para o grupo dos habitantes da cidade, *in tribu urbana*, por falta de uma boa e sábia economia no seu campo. Quando a cidade de Cartago foi tomada, todos os livros que pertenciam à biblioteca foram dados de presente a príncipes amigos de Roma, que só reservaram para si os 28 livros de agricultura do capitão Magon. Décio Silano foi encarregado de traduzi-los, e tanto o original quanto a tradução foram conservados com grande cuidado. O velho Catão estudou a cultura dos campos e escreveu sobre ela. Cícero recomendou essa arte a seus filhos e fez-lhe um belo elogio: *Omnium rerum ex quibus aliquid exquisitur, nihil est agriculturâ melius, nihil uberius, nihil dulcius, nihil homine libero dignius.* "De tudo o que pode ser empreendido ou procurado, nada no mundo é melhor, mais útil, mais doce, enfim, mais digno do homem livre do que a agricultura." Mas esse elogio ainda não tem a força daquele que foi feito por Xenofonte. A agricultura nasceu com as leis e a sociedade; é contemporânea da divisão das terras. Os frutos da terra foram a primeira riqueza. Os homens não conheceram nenhuma outra enquanto tiveram mais zelo em aumentar sua felicidade no pedaço de terra que ocupavam do que em se deslocar para diferentes lugares para informar-se da felicidade ou desventura dos outros. Mas tão logo o espírito de conquista fez as sociedades crescerem e deu origem ao luxo, ao comércio e a todos os outros sinais faustosos da grandeza e da maldade dos povos, os metais tornaram-se a representação da riqueza, a agricultura perdeu sua primeira reputação e os trabalhos do campo, abandonados a homens subalternos, só conservaram sua antiga dignidade nos cantos dos poetas. Os homens talentosos dos séculos de corrupção, não encontrando nada nas cidades que se prestasse às imagens e à pintura, debruçaram-se em imaginação sobre os campos e puseram-se a retraçar os costumes antigos, sátira cruel dos costumes de seu próprio tempo. Mas parece que a terra vingou-se do desprezo pelo seu cultivo. "Outrora", diz Plínio, "ela nos dava seus frutos com abundância; tinha prazer, por assim dizer, em ser cultivada pelos arados coroados por mãos triunfantes. E para corresponder a essa honra, multiplicava suas produções com todo o seu poder. Hoje não acontece mais isso. Nós a abandonamos a colonos mercenários; deixamos que fosse cultivada por escravos e criminosos, e somos tentados a acreditar que ela ressentiu-se dessa afronta." Não sei qual é a situação da agricultura na China, mas o padre Du Halde nos informa que o imperador, para inspirar o mesmo gosto em seus súditos, uma vez por ano pega pessoalmente no arado e traça alguns sulcos no solo, e os mais considerados na corte o sucedem, cada um por sua vez, no mesmo trabalho e no mesmo arado.

Os que cuidam da cultura das terras são chamados lavradores, lavradores arrendatários, depositários de bens confiscados, ecônomos, e cada uma dessas denominações convém a qualquer um que faça a terra produzir através do trabalho de suas mãos e que cultive seu campo. As prerrogativas que desde sempre foram dadas aos que se dedicam à cultura dos campos são comuns a todos eles. São submetidos às mesmas leis, e essas leis sempre lhes foram favoráveis. Em alguns casos, elas até estendem-se aos animais que partilham com os homens o trabalho nas terras. Uma lei ateniense proibia que se matasse o boi que puxa o arado. Não era permitido nem mesmo que ele fosse imolado em sacrifício. "Aquele que cometer essa falta ou roubar uma ferramenta de agricultura será punido com a morte." Plínio acrescenta que um jovem romano acusado de ter matado um boi para satisfazer a um capricho de um amigo, e cuja falta tinha sido provada, foi condenado ao banimento como se tivesse matado seu próprio rendeiro.

Mas não era o bastante proteger por meio de leis as coisas necessárias ao cultivo. Era preciso ainda cuidar da tranquilidade e da segurança do lavrador e de tudo o que lhe pertencia. Foi por essa razão que Constantino, o Grande, proibiu a qualquer credor de apreender escravos, bois ou instrumentos de cultivo por causa de dívidas. "Se os credores, fiadores ou mesmo juízes desobedecerem a esta lei, serão submetidos a uma pena arbitrária à qual serão condenados por um juiz superior." O mesmo príncipe estendeu essa proibição por meio de uma outra lei, que ordenava aos cobradores que, sob pena de morte, deixassem em paz os lavradores indigentes.

Julgava que os obstáculos criados para a agricultura diminuiriam a abundância dos víveres e do comércio e, consequentemente, a extensão de seus direitos. Houve um tempo no qual o habitante das províncias era obrigado a fornecer cavalos para os correios e bois para os veículos públicos. Constantino então teve o cuidado de excetuar dessas corveias o cavalo e o boi que serviam no trabalho da lavoura. "Punireis severamente", disse o príncipe àqueles a quem havia confiado autoridade, "todo aquele que desobedecer à minha lei. Se for um homem cuja condição impedir que possa ser punido por vós, denunciai-o a mim, e eu mesmo farei isto. Se houver apenas cavalos e bois que trabalham na terra, que os veículos e correios esperem." Os campos da Ilíria eram devastados por pequenos senhores das aldeias que obrigavam os lavradores a dar contribuições e os constrangiam a pagar corveias prejudiciais à cultura das terras. Os imperadores Valente e Valentiniano, informados dessas desordens, conseguiram detê-las por meio de uma lei que punia com exílio perpétuo e confiscação de todos os bens aqueles que ousassem exercer essa tirania.

Mas as leis que protegem a terra, o lavrador e o boi velavam também para que o trabalhador cumprisse o seu dever. O imperador Pertinax quis que o campo deixado sem cultivo pertencesse àquele que o cultivasse e que este ficasse isento de impostos durante dez anos. Se fosse escravo, por esse ato de cultivar o campo tornar-se-ia livre. Aureliano ordenou aos magistrados municipais que chamassem outros cidadãos para cultivar as terras abandonadas de seus domínios e ofereceu três anos de isenção àqueles que aceitassem. Uma lei de Valentiniano, Teodósio e Arcádio dá ao primeiro ocupante a posse de terras abandonadas e lhe concede definitivamente a propriedade se, no espaço de dois anos, ninguém exigi las de volta. Mas os decretos de nossos reis não são menos favoráveis à agricultura do que as leis romanas.

Henrique III, Carlos IX e Henrique V favoreceram [**185**] os habitantes do campo por meio de regulamentos. Todos eles proibiram que se apreendessem os móveis, os arreios, os instrumentos e os animais do lavrador. Luís XIII e Luís XIV confirmaram esses regulamentos. Este verbete não teria fim se nos propuséssemos a relatar todos os decretos relativos à conservação de grãos desde a semeadura até a colheita. Mas não são eles todos muito justos? Existiria alguém disposto a se cansar e fazer todas as despesas necessárias à agricultura, e a dispersar sobre a terra o grão que enche o seu celeiro, se não esperasse a recompensa de uma boa colheita?

A lei de Deus deu o exemplo. Ela diz: "Se um homem deixa seu animal fazer um estrago num campo ou numa vinha, ele deverá reparar o prejuízo à custa do melhor bem que tiver. Se alguém atear fogo num espinheiro e as chamas atingirem um feixe de trigo, aquele que tiver ateado o fogo é que sofrerá a perda". A lei dos homens acrescentou: "Se algum ladrão noturno devastar um campo que não é dele, será enforcado se tiver mais de catorze anos; se for mais jovem, será surrado com varas e entregue ao proprietário do campo, para ser seu escravo até que o prejuízo seja reparado, segundo a taxa do pretor. Aquele que puser fogo num monte de trigo será chicoteado e queimado vivo. Se o trigo for queimado por sua negligência, ele pagará o prejuízo, ou será surrado com varas, como decidir o pretor".

Nossos príncipes não foram mais indulgentes com os estragos no campo. Quiseram que fossem somente reparados quando fossem acidentais, mas, quando fossem premeditados, que fossem reparados e punidos. "Se os animais se espalharem no meio do trigo, serão apreendidos, e o pastor será castigado." É proibido, mesmo aos gentis-homens, caçar nas vinhas, nos trigais e nas terras semeadas. Vede o decreto de Henrique IV em Follembray, de 12 de janeiro de 1599. Vede os de Luís XIV de agosto de 1689 e de 20 de maio de 1704. Eles ainda favoreceram a colheita, permitindo que se trabalhasse nela nos dias santos. Mas nós remetemos ao verbete *Grãos* e a outros verbetes no que diz respeito à colheita, à venda, ao comércio, ao transporte, ao controle dos grãos, e passamos à cultura das terras [...].

(Tradução: Maria das Graças de Souza)[1]

---

1 Doravante MGS.

Aristocracia (*Política*), Mallet, Diderot [1, 651]

Aristocracia, espécie de governo político administrado por um pequeno número de pessoas nobres e sábias. De άρης, *Mars*, ou poderoso, ou άριστος, muito bom, muito forte, e de κράτος, força, potência, poder dos grandes. Os autores que escreveram sobre política preferem a aristocracia a todas as outras formas de governo. A República de Veneza e a de Gênova são governadas por nobres, com exclusão do povo. Parece que a aristocracia e a oligarquia têm muitas relações entre si. Contudo, a oligarquia é tão somente um governo aristocrático viciado, já que nela a administração, confiada a um pequeno número de pessoas, se encontra concentrada em uma ou duas que dominam todas as outras. (**Mallet**) [**652**]

Quanto às leis relativas à aristocracia, pode-se consultar a excelente obra de Montesquieu. Eis aqui as principais:

1) Numa aristocracia, como é o corpo de nobres que vota, esses votos não podem ser muito secretos.
2) O sufrágio não pode ser dado por sorte. Nesse caso, só haveria inconvenientes. Com efeito, quando as distinções que elevam alguns cidadãos acima dos outros são estabelecidas, caso se fizesse a escolha por sorte, isto não seria por isso menos odioso. Não é o magistrado que é invejado, é o nobre.
3) Quando os nobres são em grande número, é preciso que haja um Senado que regule os negócios que não poderiam ser decididos pelo corpo de nobres, que, por sua vez, prepara o que o Senado decide. Nesse caso, pode-se dizer que a aristocracia está de certo modo no Senado, a democracia, no corpo de nobres, e que o povo não é nada.
4) Seria uma coisa muito boa na aristocracia se, por uma via indireta, se fizesse o povo sair de seu aniquilamento. Assim, em Gênova, o Banco S. Jorge, que é dirigido pelo povo, lhe dá uma certa influência no governo, que propicia sua prosperidade.
5) Os senadores não devem ter o direito de substituir aqueles que faltam ao Senado. Cabe aos censores nomear novos senadores, se não se quiser perpetuar os abusos.
6) A melhor aristocracia é aquela na qual a parte do povo que não participa do poder seja tão pequena e tão pobre que a parte dominante não tenha nenhum interesse em oprimi-la.

7) A mais imperfeita aristocracia é aquela na qual a parte do povo que obedece está em condição de escravidão civil em relação à que comanda.
8) Se, numa aristocracia, o povo for virtuoso, gozará mais ou menos da mesma felicidade que se tem no governo popular, e o Estado tornar-se-á mais poderoso.
9) O espírito de moderação é o que se denomina virtude na aristocracia. Ele representa, nessa forma de governo, o que a igualdade representa no Estado popular.
10) A modéstia e a simplicidade dos costumes são a força dos nobres aristocráticos.
11) Se os nobres tivessem algumas prerrogativas pessoais e particulares, distintas de seu corpo, a aristocracia se afastaria de sua natureza e de seu princípio para assumir a natureza e o princípio da monarquia.
12) Há duas principais fontes de desordem nos Estados aristocráticos: a excessiva desigualdade entre os que governam e os que são governados e a desigualdade entre os que governam.
13) Haverá a primeira desigualdade se os privilégios só forem honoráveis se vergonhosos para o povo, e a condição relativa aos subsídios for diferente entre os cidadãos.
14) O comércio é a profissão entre pessoas iguais. Os nobres não devem, pois, comerciar numa aristocracia.
15) As leis devem ser tais que os nobres sejam obrigados a promover a justiça para o povo.
16) Elas, as leis, em tudo devem mortificar o orgulho da dominação.
17) É preciso que haja, ou por um tempo ou para sempre, uma autoridade que faça os nobres estremecerem de medo.
18) A pobreza extrema dos nobres ou sua riqueza extrema são perniciosas numa aristocracia.
19) Não deve haver direito de primogenitura entre os nobres, a fim de que a partilha das fortunas considere sempre os membros dessa ordem numa igualdade aproximada.
20) É preciso que as contestações entre os nobres não durem muito tempo.
21) As leis devem tender para a abolição da distinção que a vaidade introduz entre as famílias nobres.

22) Se elas são boas, farão os nobres sentirem mais os incômodos do comando do que suas vantagens.

23) A aristocracia corromper-se-á quando o poder dos nobres, tornando-se arbitrário, fizer com que não haja mais virtude nos que governam nem naqueles que são governados. Ver *O espírito das leis*, p.1 e seguintes, p.13 e seguintes, onde essas máximas são apoiadas por exemplos antigos e modernos, que não permitem que sua verdade seja contestada. (**Diderot**)

(MGS)

Aritmética política,[1] Diderot [1, 678]

Aritmética política é aquela cujas operações têm por finalidade as pesquisas úteis à arte de governar os povos, tais como as do número de homens que habitam um país, da quantidade de alimento que devem consumir, do trabalho que podem fazer, do tempo que têm a viver, da fertilidade das terras, da frequência dos naufrágios etc. Vê-se facilmente que dessas descobertas e muitas outras da mesma natureza, adquiridas por cálculos fundados em algumas experiências bem constatadas, um ministro hábil tiraria uma grande quantidade de consequências para a perfeição da agricultura, para o comércio tanto interno quanto externo, para as colônias, para o curso e o emprego do dinheiro etc. Mas, quase sempre, os ministros (abstenho-me de falar sem exceção) creem que não têm necessidade de passar por combinações e sequências de operações aritméticas: muitos imaginam ser dotados de um grande gênio natural que os dispensa de uma marcha tão lenta e tão penosa, sem contar que a natureza dos negócios não permite nem exige quase nunca a precisão geométrica. Entretanto, se a natureza dos negócios o exigisse e o permitisse, não duvido que não se chegasse à convicção de que o mundo político, tanto quanto o mundo físico, pode ser regulado, em muitos aspectos, pelo peso, número e medida.

O Cavaleiro Petty, inglês, é o primeiro que publicou ensaios com esse título. O primeiro ensaio é sobre a multiplicação do gênero humano, o crescimento da cidade de Londres, seus graus, seus períodos, suas causas

1 Tradução parcial.

e suas consequências. O segundo, sobre as casas, os habitantes, as mortes e os nascimentos da cidade de Dublin. O terceiro é uma comparação entre Londres e Paris. Petty se esforça para provar que a capital da Inglaterra é superior à da França em todos os sentidos. O senhor Azout atacou esse ensaio por meio de diversas objeções, às quais o senhor Petty respondeu. O quarto ensaio pretende mostrar que no Hôtel-Dieu de Paris morrem 3 mil doentes por ano, por causa da má administração. O quinto é dividido em cinco partes: a primeira é uma resposta ao senhor Azout; a segunda contém a comparação entre Londres e Paris em vários aspectos; a terceira parte avalia o número de paroquianos das 134 paróquias de Londres em 620 mil; a quarta é uma pesquisa sobre os habitantes de Londres, Paris, Amsterdã, Veneza, Roma, Dublin, Bristol e Rouen. A quinta tem o mesmo objeto, mas em relação à Holanda e às Províncias Unidas. O sexto ensaio abarca a extensão e o preço das terras, os povos, as casas, a indústria, a economia, as manufaturas, o comércio, a pesca, os artesãos, os marinheiros ou homens do mar, as tropas terrestres, as rendas públicas, os juros, as taxas, o lucro, os bancos, as companhias, o preço dos homens, o crescimento da Marinha e das tropas, as habitações, os lugares, a construção de navios, as forças marítimas etc., em relação a qualquer país, mas particularmente à Inglaterra, à Holanda, à Zelândia e à França. Esse ensaio é dedicado ao rei; é quase **[679]** dizer que seus resultados são favoráveis à nação inglesa. Trata-se do mais importante de todos os ensaios do Cavaleiro Petty; contudo, ele é muito curto se o compararmos à multidão e à complexidade dos objetos. Petty pretende ter demonstrado em aproximadamente uma centena de pequenas páginas *in-doze*, em caracteres grandes, que: 1º) uma pequena região com um pequeno número de habitantes pode ser equivalente, por sua situação, comércio e organização, a um grande país e a um povo numeroso, quer os comparemos pela força, quer pela riqueza, e que não há nada que tenda de modo mais eficaz a estabelecer essa igualdade do que a Marinha e o comércio marítimo; 2º) todas as espécies de impostos e taxas públicas tendem mais a fortalecer do que a enfraquecer a sociedade e o bem público; 3º) há obstáculos naturais que duram para sempre, que impedirão que a França se torne mais poderosa no mar do que a Inglaterra ou a Holanda. Nossos franceses não farão um juízo favorável dos cálculos do Cavaleiro Petty sobre essa proposição, e creio que eles terão razão; 4º) por suas riquezas e seus produtos naturais, o povo e o território da Inglaterra são mais ou menos iguais, em bens e em força, ao povo e ao território da França; 5º) os obstáculos que se opõem à grandeza da Inglaterra são apenas contingentes e superáveis; 6º) por quarenta anos, o poder e a riqueza da Inglaterra cresceram muito; 7º) a décima parte de todo o gasto dos súditos do rei bastaria para manter 100 mil homens de infantaria, 30 mil homens de cavalaria, 40 mil homens de mar, e para pagar todos os outros encargos do Estado, ordinários ou extraordinários, supondo apenas que essa décima parte seja bem exigida, bem recebida e bem empregada; 8º) há mais súditos sem emprego do que seria necessário para fornecer à nação 2 milhões por ano, se eles estivessem ocupados convenientemente; 9º) a nação tem dinheiro suficiente para fazer o comércio avançar; 10º) enfim, a nação tem tantos recursos quanto precisa para abarcar todo o comércio do universo, de qualquer natureza que seja.

Eis, como se pode ver, pretensões bem excessivas. Mas, quaisquer que elas sejam, o leitor fará bem em examinar, na obra de Petty, os raciocínios e as experiências sobre as quais ele se apoia. Nesse exame, não poderá esquecer que acontecem revoluções, para o bem e para o mal, que mudam por um momento a face dos Estados e modificam e até mesmo aniquilam as suposições, e que os cálculos e seus resultados não são menos variáveis do que os acontecimentos. A obra do Cavaleiro Petty foi composta antes de 1699. Segundo esse autor, embora a Holanda e a Zelândia não contenham mais de 1 milhão de acres de terra, e a França contenha pelo menos 8 milhões, o primeiro país tem quase um terço da riqueza e da força do último. As rendas das terras na Holanda são de 7 ou 8 para 1, proporcionalmente às da França. (Observai que se trata aqui do estado da Europa em 1699, e os cálculos de Petty, corretos ou não, se referem a esse ano.) Os habitantes de Amsterdã são dois terços dos de Paris ou de Londres e a diferença entre essas duas últimas cidades não é, segundo o mesmo autor, senão de aproximadamente uma vigésima parte. O porte de todos os navios que pertencem à Europa chegam aproximadamente a 2 milhões de tonéis, dos quais 500 mil são dos ingleses, 900 mil dos holandeses, 100 mil dos franceses, e os hamburgueses, dinamarqueses e os habitantes de Dantzic, 250 mil juntos; a Espanha, Portugal, Itália, têm mais ou menos a mesma quantidade. O valor das mercadorias que saem anualmente da França, para uso em diferentes países, chega, ao todo, a

5 milhões de libras esterlinas, ou seja, quatro vezes o que entra só na Inglaterra. As mercadorias que saem da Holanda para a Inglaterra valem 3 milhões de libras esterlinas, e o que sai de lá para ser distribuído pelo resto do mundo vale 18 milhões de libras esterlinas. O dinheiro que o rei da França recolhe anualmente em tempo de paz é de aproximadamente 6,5 milhões de libras. As somas recolhidas na Holanda e na Zelândia são em torno de 2,1 milhões de libras esterlinas, e as que provêm de todas as Províncias Unidas são mais ou menos 3 milhões de libras esterlinas. Os habitantes da Inglaterra são em número aproximado de 6 milhões, e suas despesas, em razão de 7 libras por ano para cada um deles, perfazem 42 milhões de libras ou 80 mil libras por semana. A renda das terras na Inglaterra é de aproximadamente 8 milhões de libras e os juros e lucros dos bens próprios mais ou menos o mesmo. A renda das famílias, 4 milhões. O lucro do trabalho de todos os habitantes chega a 26 milhões de libras esterlinas por ano. Os habitantes da Irlanda são em número de 1 milhão. O trigo consumido anualmente na Inglaterra, contando o grão a 5 xelins o decalitro e a cevada a 2,5 xelins, chega a 10 milhões de libras. A Marinha inglesa tinha necessidade em 1699, ou seja, no tempo do Cavaleiro Petty ou ao final do século passado, de 36 mil homens para os navios de guerra e 48 mil para os navios mercantes e outros. E para a França eram necessários 15 mil homens para toda a Marinha. Há, na França, mais ou menos 13,5 milhões de almas; e, na Inglaterra, Escócia e Irlanda, mais ou menos 9,5 milhões. Nos três reinos da Inglaterra, Escócia e Irlanda, há aproximadamente 20 mil eclesiásticos, e na França há mais de 270 mil. O reino da Inglaterra tem 40 mil marinheiros, e a França não tem mais de 10 mil. Havia na ocasião, na Inglaterra, Escócia e Irlanda e nos países que dependem deles, navios cujo porte alcançava aproximadamente 60 mil tonéis, o que equivale a mais ou menos 4,5 milhões de libras esterlinas. A linha marítima em torno da Inglaterra, da Escócia e da Irlanda e ilhas adjacentes é de mais ou menos 3,8 mil milhas. Há no mundo inteiro mais ou menos 300 milhões de almas, das quais apenas 80 milhões fazem comércio com os ingleses e os holandeses. O valor de todos os rendimentos do comércio não ultrapassam 45 milhões de libras esterlinas. As manufaturas que saem do reino da Inglaterra chegam anualmente a 5 milhões de libras esterlinas por ano. O chumbo, o ferro branco e o carbono, 500 mil por ano. O valor das mercadorias da França que entram na Inglaterra não ultrapassa

12 milhões de libras esterlinas por ano. Enfim, há na Inglaterra mais ou menos 6 milhões de libras em moedas. Todos esses cálculos, como dissemos, são relativos ao ano de 1699 e devem certamente ter mudado depois.

O senhor Davenant, outro autor de aritmética política, prova que não se deve absolutamente levar em conta vários cálculos do Cavaleiro Petty. Ele apresenta outros que ele mesmo fez e que estão fundados em observações do senhor King, dos quais apresento alguns.

A Inglaterra tem, segundo ele diz, 39 milhões de acres de terra. Os habitantes, segundo seu cálculo, são mais ou menos em número de 5.545.000 almas, e esse número aumenta em mais ou menos 9 mil todos os anos, dedução feita dos que podem perecer nas pestes, doenças, nas guerras, na Marinha etc., e dos que vão para as colônias. Ele conta 530 mil habitantes na cidade de Londres. Nas outras cidades e burgos da Inglaterra [**680**], 870 mil, e nas vilas e aldeias rurais, 4,1 milhões. Estima a renda anual das terras em 10 milhões de libras esterlinas; a das casas e edifícios em 2 milhões por ano; o produto de toda espécie de grãos, num ano passavelmente abundante, em 9.074.000 libras esterlinas; a renda anual das terras de trigo em 2 milhões e seu produto bruto acima de 9 milhões; a renda dos pastos, prados, bosques, florestas, dunas etc., em 7 milhões de libras. O produto anual dos animais em manteiga, queijo e leite pode chegar a 2,5 milhões de libras. Ele estima o valor da lã tosada anualmente em mais ou menos 2 milhões de libras; a dos cavalos que são criados todos os anos em mais ou menos 250 mil libras. O consumo anual de carne para alimentação chega a aproximadamente 3.350.000 libras; o da banha e dos couros, a aproximadamente 600 mil libras. O consumo de feno para alimentar os cavalos chega 1,3 milhão de libras e para o dos outros animais, a 1 milhão. A madeira para construção cortada anualmente alcança aproximadamente a 500 mil libras. A madeira para fogo, a 500 mil.

Se todas as terras da Inglaterra fossem igualmente distribuídas entre todos os habitantes, cada um teria mais ou menos 7 acres e um quarto. O valor do trigo, do centeio e da cevada necessários para a subsistência da Inglaterra alcança pelo menos 6 milhões de libras por ano. O valor das manufaturas de lã trabalhadas na Inglaterra é de mais ou menos 8 milhões por ano, e todas as mercadorias de lã que saem atualmente de lá ultrapassam 2 milhões de libras. A renda anual da Inglaterra, com a qual todos os habitantes se alimentam e se mantêm, e pagam todos os impostos e taxas, chega, segundo Davenant, a mais ou menos 43 milhões. O da França chega a 81 milhões e o da Holanda, a 18,25 milhões libras.

O major Grant, em suas observações sobre as *listas mortuárias*, conta que há na Inglaterra 39 mil milhas quadradas de terras. Que, na Inglaterra e no principado de Gales, 4,6 milhões de almas; que os habitantes da cidade de Londres são mais ou menos em número de 640 mil, ou seja, a décima quarta parte de todos os habitantes da Inglaterra. Na Inglaterra e no País de Gales há 10 mil paróquias. Há 25 milhões de acres de terra na Inglaterra e no País de Gales, ou seja, 4 acres para cada habitante. Conta o autor que, de 100 indivíduos que nascem, apenas 64 atingem a idade de 6 anos; que, ao final de 16 anos, dos 100, restam somente 40 vivos; nesses mesmos 100, apenas 25 ultrapassam a idade de 26 anos; 16 vivem até completar 36 anos, e somente 10 chegam a 56 anos completos; apenas 3 alcançam 66 anos e, de todos os 100, não há nenhum que esteja vivo ao final de 76 anos. Ver *Vida* etc. Os senhores De Moivre, Bernoulli, Montmort e Parcieux estudaram os assuntos relativos à aritmética política. Pode-se consultar *A doutrina dos acasos*, do senhor De Moivre; *A arte de conjeturar*, do senhor Bernoulli; *A análise dos jogos de azar*, do senhor Montmort; a obra *Sobre as rendas vitalícias e fundos comuns*, do senhor Parcieux, e algumas memórias do senhor Halley, difundidas nas *Transações filosóficas*, com verbetes do nosso dicionário.

(MGS)

Autoridade política, Diderot [1, 898]

Nenhum homem recebeu da natureza o direito de comandar os outros. A liberdade é um presente do céu, e cada indivíduo da mesma espécie tem o direito de usufruir dela tão logo tenha o uso da razão. Se a natureza estabeleceu alguma autoridade, é a do poder paterno; mas esse poder tem seus limites, e, no estado de natureza, ele terminaria logo que os filhos tivessem condições de se conduzir. Qualquer outra autoridade tem origem diferente da natureza. Se examinarmos bem, veremos que a *autoridade política* tem origem em uma dessas duas fontes: a força e a violência daquele que dela se apoderou ou o consentimento daqueles que a ela se submeteram através de um contrato, feito ou suposto, entre estes e aquele a quem concederam o poder.

O poder adquirido pela violência não é senão usurpação, e só dura enquanto a força daquele que comanda for maior do que a daqueles que obedecem. De sorte que, se estes últimos, por sua vez, se tornarem mais fortes e sacudirem o jugo, fá-lo-ão com tanto direito e justiça quanto o outro se lhes havia imposto. A mesma lei que fez a autoridade a desfaz, então: é a lei do mais forte.

Algumas vezes, a autoridade que se estabelece pela violência muda de natureza: é quando continua e se mantém com o consentimento expresso daqueles que foram submetidos. Mas, nesse caso, ela recai no segundo tipo, do qual falarei, e aquele que a tinha usurpado, tornando-se então príncipe, deixa de ser tirano.

O poder que vem do consentimento dos povos supõe necessariamente condições que tornem seu uso legítimo, útil à sociedade, vantajoso para a República, e que o fixem e restrinjam dentro de certos limites. Pois o homem não pode dar-se inteiramente e sem reserva a outro homem, já que tem um mestre superior que está acima de tudo, a quem pertence inteira e exclusivamente. Trata-se de Deus, cujo poder sobre a criatura é sempre imediato, senhor tão ciumento quanto absoluto, que nunca perde seus direitos e não os comunica de modo algum. Ele permite, para o bem comum e para a manutenção da sociedade, que os homens estabeleçam entre si uma ordem de subordinação e obedeçam a um deles. Mas quer que isso seja feito pela razão e com medida, e não de maneira cega e sem reserva, a fim de que a criatura não se atribua impropriamente direitos do Criador. Qualquer outra submissão é um verdadeiro crime de idolatria. Dobrar os joelhos diante de um homem ou uma imagem é apenas uma cerimônia exterior, com a qual o verdadeiro Deus, que pede o coração e o espírito, não se preocupa, deixando que as instituições dos homens façam dela, como bem lhes aprouver, sinais de um culto civil e político ou de um culto religioso. Assim, não são as cerimônias em si mesmas, mas o espírito no qual se estabelecem que torna sua prática inocente ou criminosa. Um inglês não tem escrúpulo de servir seu rei com os joelhos no chão; o cerimonial só significa aquilo que se quis que significasse. Mas, entregar seu coração, seu espírito e sua conduta sem reserva alguma à vontade ou ao capricho de uma simples criatura e fazer desta o único motivo de suas ações é certamente, e essencialmente, um crime de lesa-majestade divina. Se não fosse assim, esse poder de Deus do qual tanto se fala não seria senão um ruído inútil que a política humana utilizaria segundo sua fantasia, e do qual o espírito de irreligião, por sua vez, zombaria.

O poder verdadeiro e legítimo, pois, tem necessariamente limites. É por isso que a Escritura diz: "que vossa submissão seja razoável" (*sit rationabile obsequium vestrum*), "todo poder que vem de Deus é um poder regrado" (*omnis potestas à Deo ordinata est*). Pois é assim que se deve entender essas palavras, conforme a reta razão e no sentido literal, e não conforme a interpretação da covardia e da bajulação, que pretendem que todo poder, qualquer que seja, vem de Deus. Ora vejam! Então não existem poderes injustos? Não há autoridades que, longe de virem de Deus, estabelecem-se contra suas ordens e contra sua vontade? Os usurpadores teriam Deus a seu favor? Seria preciso obedecer em tudo aos perseguidores da verdadeira religião? E, para fechar a boca da imbecilidade de uma vez por todas, o poder do Anticristo seria legítimo? Seria, todavia, um grande poder. Enoc e Elias, que resistiram a ele, serão rebeldes e sediciosos que terão esquecido que todo poder vem de Deus, ou serão homens razoáveis, firmes e piedosos, que saberão que todo poder deixa de sê-lo desde que ultrapasse os limites que a razão lhe prescreveu e que se afaste das regras que o soberano dos príncipes estabeleceu; homens enfim que pensarão, como são Paulo, que todo poder só vem de Deus na medida em que for justo e regrado?

O príncipe recebe dos seus próprios súditos a autoridade que tem sobre eles, e essa autoridade é limitada por leis da natureza e do Estado. Essas leis são as condições sob as quais eles se submeteram, ou se considera que se submeteram a seu governo. Uma dessas condições é que o príncipe, não tendo poder sobre os súditos a não ser pela escolha e pelo consentimento destes últimos, nunca pode empregar sua autoridade para romper o contrato ou o ato pelo qual ela lhe foi conferida. Se o fizer, agirá contra si mesmo, pois sua autoridade só pode subsistir através do documento que a estabeleceu. Quem anula um destrói o outro. O príncipe, portanto, não pode dispor de seu poder e de seus **[899]** súditos sem o consentimento da nação e independentemente da resolução assinalada no contrato de submissão. Se ele se conduzisse de outra forma, tudo ficaria anulado, e as leis o desobrigariam das promessas e dos juramentos que tivesse feito, como um menor que tivesse agido sem conhecimento de causa, pois ele teria pretendido dispor daquilo que só tinha na qualidade de depositário, e com cláusula de substituição, da mesma maneira que se o tivesse como propriedade e sem nenhuma condição.

Aliás, o governo, embora seja hereditário numa família, e colocado nas mãos de um só, não é um bem particular, mas um bem público, que, consequentemente, nunca pode ser tirado das mãos do povo, a quem pertence exclusiva e essencialmente e como plena propriedade. É por essa razão que é sempre o povo que autoriza seu uso: ele intervém sempre no contrato que adjudica seu exercício. Não é o Estado que pertence ao príncipe, é o príncipe que pertence ao Estado. Mas cabe ao príncipe governar no Estado porque foi escolhido para isso e se comprometeu com os povos a administrar seus negócios, e estes, por seu lado, comprometeram-se a obedecer-lhe de acordo com as leis. Aquele que usa a coroa pode muito bem desfazer-se dela se quiser, mas não pode colocá-la na cabeça de um outro sem o consentimento da nação que a tinha posto sobre a sua. Numa palavra, a coroa, o governo e a autoridade pública são bens dos quais o corpo da nação é proprietário, e dos quais os príncipes são os usufrutuários, ministros e depositários. Embora chefes do Estado, não deixam de ser seus membros; na verdade, os primeiros, os mais veneráveis e mais poderosos, podendo tudo para governar, mas nada podendo legitimamente para mudar o governo estabelecido nem para colocar um outro no seu lugar. O cetro de Luís XV passa necessariamente para seu filho mais velho, e não há nenhum poder que possa se opor a isto. Nem mesmo o da nação, pois esta é a condição do contrato. Nem o de seu pai, pela mesma razão.

Algumas vezes, o depósito da autoridade é feito por um tempo limitado, como na República Romana. Outras vezes, pelo tempo da vida de um só homem, como na Polônia. Outras, ainda, por todo o tempo que subsistir uma família, como na Inglaterra. Outras, enfim, pelo tempo que subsistir uma família através de seus filhos homens, como na França.

Algumas vezes, esse depósito da autoridade é confiado a uma certa ordem da sociedade; outras vezes, a várias pessoas escolhidas em diversas ordens; outras, ainda, a um só homem.

As condições desse pacto são diferentes nos diversos Estados. Mas, em qualquer lugar, a nação tem o direito de manter em relação a todos e contra todos o contrato que fez. Nenhum poder tem a faculdade de mudar esse direito. E, quando o contrato não existe mais, a nação retorna ao direito e à plena liberdade de fazer um novo contrato com quem quiser e como quiser. É o que aconteceria na França se, por uma das maiores infelicidades, a família reinante viesse a se extinguir até nos seus filhos menores. O cetro e a coroa seriam devolvidos à nação.

Parece que apenas escravos, cujo espírito fosse tão limitado quanto o coração fosse vil, poderiam pensar de outro modo. Essa espécie de gente não nasceu nem para a glória do príncipe nem para o benefício da sociedade. Não têm virtude nem grandeza de alma. Sua conduta é inspirada pelo medo e pelo interesse. A natureza só os produziu para servir de realce aos homens virtuosos, e a Providência se serve deles para formar as potências tirânicas, com as quais castiga ordinariamente os povos e os soberanos que ofendem a Deus. Estes, usurpando; aqueles, dando ao homem esse poder sobre as criaturas que o Criador reservou para si.

A observação das leis, a conservação da liberdade e o amor pela pátria são as fontes fecundas de todas as grandes coisas e de todas as belas ações. É nisso que residem a felicidade dos povos e a verdadeira ilustração dos príncipes que os governam. É aí que a obediência é gloriosa e o comando é augusto. Ao contrário, a bajulação, o interesse particular e o espírito de servidão são a origem de todos os males que sobrecarregam um Estado e de todas as covardias que o desonram. Aqui, os súditos são miseráveis, e os príncipes são odiados; o monarca nunca ouviu ser proclamado o bem-amado; a submissão é vergonhosa, a dominação é cruel. Se reúno sob um mesmo ponto de vista a França e a Turquia, vejo de um lado uma sociedade de homens unidos pela razão, que agem por virtude e que são governados segundo as leis da justiça por um chefe igualmente sábio e glorioso; e de outro, um bando de animais reunidos pelo hábito, que vivem sob a lei do chicote, levados segundo o capricho de um senhor absoluto.

Mas, para dar aos princípios dispersos neste artigo toda a autoridade que podem receber, apoiemo-los com o testemunho de um dos nossos maiores reis. O discurso que proferiu na abertura da Assembleia dos Notáveis em 1596, cheio de uma sinceridade que os soberanos praticamente desconhecem, era bem digno dos sentimentos que trazia. "Persuadido", diz o senhor de Sully (página 467, in 4, tomo I) "de que os reis têm dois soberanos, Deus e a lei; que a justiça deve presidir sobre o trono, e que a doçura deve se sentar ao seu lado; de que, sendo Deus o verdadeiro proprietário de todos os reinos e os reis apenas seus administradores, eles devem representar para o povo aquele do qual ocupam o lugar; de que não reinarão como ele a não ser que reinem como pais; de que nos Estados monárquicos hereditários há um erro que se pode chamar também de hereditário, que consiste no fato de o soberano ser senhor da vida e dos bens dos súditos; de que, através de quatro palavras: *tal é nosso desejo*, é dispensado de apresentar as razões de sua conduta ou mesmo de ter alguma conduta qualquer; de que, mesmo que pudesse ser assim, não há imprudência maior do que a de se fazer odiar por aqueles aos quais se é obrigado a confiar em cada instante de sua vida, e que é cair nessa infelicidade conquistar tudo à força." Esse grande homem, digo eu, persuadido desses princípios que nenhum artifício de cortesão banirá do coração daqueles que se lhe assemelham, declarou que, para evitar qualquer aparência de violência e de constrangimento, não quis que a assembleia fosse composta de deputados nomeados pelo soberano e sempre cegamente sujeitos a todas as suas vontades, mas que sua intenção era que fosse livremente admitida toda sorte de pessoas, de qualquer estado ou condição, a fim de que aquelas dotadas de saber e de mérito tivessem a possibilidade de propor sem medo o que acreditassem ser necessário ao bem público; que não pretendia, ainda nesse momento, lhes prescrever nenhum limite; que lhes ordenava somente não abusar dessa permissão para rebaixar a autoridade real, que é o nervo principal do Estado; ordenava-lhes também restabelecer a união entre seus membros, ajudar os povos, aliviar o tesouro real de muitas dívidas às quais ele se via sujeito sem tê-las contraído, moderar com a mesma justiça as pensões excessivas, sem prejudicar as que eram necessárias, enfim, restabelecer para o futuro um fundo suficiente e claro para a manutenção dos soldados. Acrescentou que não teria nenhuma dificuldade em se submeter a nenhum procedimento que ele mesmo não tivesse imaginado, **[900]** que sentiria antes de tudo que tais procedimentos tinham sido ditados por um espírito de equidade e de desinteresse; que não consideraria sua idade, sua experiência e suas qualidades pessoais como pretexto menos frívolo do que aqueles que os príncipes têm o hábito de utilizar para infringir os regulamentos. Que, ao contrário, mostraria, por seu exemplo, que os regulamentos competem tanto aos reis, que fazem com que sejam observados, quanto aos súditos, que os observam. "*Se eu me vangloriasse*, continuou o rei, *de passar por* *excelente orador, teria trazido aqui mais palavras belas do que boa vontade; mas minha ambição tende para algo maior do que falar bem. Aspiro ao glorioso título de libertador e restaurador da França. Não vos chamei aqui, como fizeram meus predecessores, para vos obrigar a aprovar cegamente as minhas vontades. Eu vos reuni para receber vossos conselhos, para acreditar neles e segui-los, numa palavra, para colocar-me sob tutela em vossas mãos. Este é um desejo que não costuma acometer os reis, os barbas grisalhas e os vitoriosos como eu. Mas o amor que dedico a meus súditos e a vontade de conservar meu Estado fazem-me achar tudo fácil e honroso."*

Acabado esse discurso, Henrique levantou-se e saiu, deixando o senhor de Sully na Assembleia para fazer as atas, as memórias e os documentos dos quais poderia necessitar.

Se não se ousa propor essa conduta como modelo é porque há ocasiões nas quais os príncipes podem usar de menos deferência, sem todavia se afastar dos sentimentos que fazem que, na sociedade, o soberano seja considerado como um pai de família, e seus súditos, como seus filhos. O grande monarca que acabamos de citar nos fornecerá ainda o exemplo dessa espécie de doçura misturada à firmeza, tão requerida em ocasiões em que a razão está tão visivelmente ao lado do soberano que ele tem o direito de tirar de seus súditos a liberdade de escolha e deixar-lhes apenas o partido da obediência. Após muitas dificuldades da parte do Parlamento, do clero e da Universidade, tendo o Édito de Nantes sido homologado, Henrique IV disse aos bispos: *"Vós me exortastes ao meu dever, eu vos exorto ao vosso. Mantenhamos uma atitude correta, tanto uns quanto outros. Meus predecessores vos deram belas palavras. Mas eu, vestido com meu redingote, dar-vos-ei bons resultados. Verei vossos cadernos de reivindicações e responderei a eles o mais favoravelmente possível".* Ao Parlamento que tinha vindo apresentar críticas, ele respondeu: *"Vós me vedes em meu gabinete, onde vos falo, não em vestes reais nem com capa e espada, como os que me precederam, mas vestido como um pai de família, em gibão, para conversar familiarmente com meus filhos. O que tenho a vos dizer é que homologuem o édito que concedi aos religiosos. O que fiz é pela causa da paz. Eu a realizei no exterior, e quero realizá-la no interior do meu reino".* Após ter apresentado as razões que o haviam levado a fazer o édito, acrescentou: *"Aqueles que impedem a aprovação de meu édito querem a guerra. Amanhã eu a declaro aos religiosos; mas não a farei; eu vos enviarei a ela. Fiz o édito; quero que seja observado. Minha vontade deveria servir de razão. Num Estado obediente, não se pergunta qual a razão do príncipe. Falo-vos como rei. Quero ser obedecido"* (Mémoires de Sully, in 4, p.594, tomo I).

Eis como convém que um monarca fale aos seus súditos, quando a justiça está claramente do seu lado. Por que ele não poderia fazer o que faz todo homem de bem quando tem a justiça a seu favor? Quanto aos súditos, a primeira lei que a razão, a natureza e a religião lhes impõem é a de respeitar por si mesmos as condições do contrato que fizeram, de nunca perder de vista a natureza de seu governo. Na França, é a de nunca esquecer que, enquanto subsistir o lado masculino da família reinante, nada os dispensará de obedecer, de honrar e temer seu senhor como aquele que quiseram que fosse a imagem presente e visível de Deus sobre a terra; de manter esses sentimentos pelo reconhecimento da tranquilidade e dos bens dos quais gozam ao abrigo do nome real. Se alguma vez lhes acontecer de ter um rei injusto, ambicioso e violento, que oponham a esse mal um só remédio, que é o de apaziguá-lo pela sua submissão e de interceder junto a Deus. Porque esse remédio é o único legítimo, em consequência do contrato de submissão jurado diante do príncipe reinante de antigamente e diante de seus descendentes masculinos, não importa como possam ser. Que considerem que todos esses motivos que cremos ter para resistir, se bem examinados, são apenas pretextos de infidelidade sutilmente coloridas, e que com essa conduta nunca se conseguiu corrigir os príncipes nem abolir os impostos, e que somente se acrescentou um novo grau de miséria ao mal do qual já nos queixamos. Eis os fundamentos sobre os quais os povos e aqueles que os governam poderiam estabelecer sua felicidade recíproca.

(MGS)

Casamento (*Direito natural*), Jaucourt [10, 104]

O *casamento* é a primeira, a mais simples de todas as sociedades e é a sementeira do gênero humano. Uma mulher, filhos, são como uma garantia que o homem dá à fortuna, são como novas relações e laços ternos que começam a germinar em sua alma.

Em toda parte em que há um lugar no qual podem viver comodamente duas pessoas, ocorre um casamento, diz o autor de *O espírito das leis*. A natureza sempre conduz a isso, quando não é impedida pela dificuldade de subsistência. O charme que os dois sexos inspiram, por sua diferença, forma a sua união, e a prece natural que fazem sempre um ao outro confirma os laços: *Oh, Vênus, oh, mãe do amor. Todos reconhecem tuas leis*!

As moças que são conduzidas à liberdade pelo casamento, que têm um espírito que não ousa pensar, um coração que não ousa sentir, olhos que não ousam ver, ouvidos que não ousam escutar, condenadas sem trégua a preceitos e a bagatelas, vão necessariamente para o casamento: o império amável que a beleza dá a tudo que respira logo incitará também os rapazes. Tal é a força da instituição da natureza, que o belo sexo se entrega invencivelmente a realizar as funções das quais depende a propagação do gênero humano, a não se desencorajar com os incômodos da gravidez, com as dificuldades na educação das crianças, e a partilhar o bem e o mal da sociedade conjugal.

A finalidade do casamento é o nascimento de uma família, assim como a felicidade comum dos cônjuges, ou mesmo essa última, separadamente, segundo Wollaston. De qualquer modo, aquele que associa a razão à paixão, que considera o objeto de seu amor como exposto a todas as calamidades humanas, só procura acomodar-se ao seu estado e às situações em que se encontra. Torna-se um pai, o amigo, o tutor daqueles que ainda não chegaram ao mundo. Ocupado em seu gabinete a resolver um negócio espinhoso para o bem da família, crê que sua atenção redobra quando ouve seus filhos – pelo amor dos quais não poupa nenhum trabalho – correrem, saltarem e se divertirem no quarto vizinho. Com efeito, nos países onde os bons costumes têm mais força do que as boas leis têm em outros, não se conhece condição mais feliz do que o do casamento. "Essa condição tem, a seu favor", diz Montaigne, "a utilidade, a justiça, a honra e a constância. É uma doce associação de vida, cheia de confiança e um número infinito de boas, de sólidas ocupações e obrigações mútuas. Se for bem cuidada, não há peça mais bela na sociedade. Nenhuma mulher que experimenta seu sabor não gostaria de ter o papel de simples amante de seu marido."

Mas os costumes que começam a se corromper num Estado contribuem principalmente para tirar o gosto dos cidadãos pelo casamento, que só traz tormentos para aqueles que não têm mais sensibilidade para os prazeres da inocência. Escutai isso, diz Bacon: quando não houver mais nações bárbaras, quando a polidez e as artes tiverem enfraquecido a espécie, ver-se-ão, nos países de luxo, os homens perderem o interesse em se casar, pelo temor de não poder manter uma família, tanto custará viver em nações civilizadas! Eis o que se vê entre nós; eis o que se viu em Roma, quando da decadência da república.

Sabe-se quais foram as leis de Augusto para levar os súditos ao casamento. Elas se defrontaram com mil obstáculos. E 34 anos após ele tê-las dado, os cavaleiros romanos lhe pediram a sua revogação. Ele mandou colocar de um lado os que eram casados, e de outro os que não o eram; estes últimos pareciam estar em maior número, o que espantou os cidadãos e os confundiu. Augusto, com a gravidade dos antigos censores, lhes dirigiu este discurso:

"Enquanto as doenças e as guerras nos tiram tantos cidadãos, o que será da cidade se não se contraem casamentos? A cidade não consiste em casas, pórticos, praças públicas: são os homens que fazem a cidade. Não vereis, como nas fábulas, homens que saem de debaixo da terra para cuidar de vossos negócios. Não é para viver sozinhos que permaneceis no celibato: cada um de vós tem companheiras de mesa e de cama, e só procurais a paz em vossos desregramentos. Citareis o exemplo das virgens vestais? Logo, se não guardais as leis da castidade, seria preciso vos punir como se faz com elas. Sois igualmente maus cidadãos, quer todo mundo imite vosso exemplo, quer ninguém o siga. Meu único fim é a perpetuidade da república. Aumentei os castigos dos que não obedeceram; e quanto às recompensas, elas são tais que eu não sei [105] se a virtude tem prêmios maiores; há penas menores que levam mil pessoas a expor sua vida; e estas vos comprometiam a ter uma mulher e a alimentar filhos."

O imperador publicou então as leis chamadas Papia Popea, do nome dos dois cônsules daquele ano. A grandeza do mal aparecia em sua própria eleição: Dion nos diz que eles não eram casados e que não tinham filhos. Constantino e Justiniano ab-rogaram as leis papinianas, dando preeminência ao celibato. E a razão de espiritualidade que apresentaram logo impôs a necessidade do próprio celibato. Mas sem falar aqui do celibato adotado pela religião católica, é pelo menos permitido se indignar, junto com o senhor de Montesquieu, contra o celibato que foi criado pela libertinagem. "Esse celibato em que os dois sexos, corrompendo-se pelos próprios sentimentos naturais, fogem de uma união que deve torná-los melhores para viver naquela que os torna sempre piores. É uma regra tirada da natureza que quanto mais se diminui o número de casamentos que poderiam ser feitos, mais se corrompe aqueles que foram feitos; quanto menos pessoas casadas houver, menos fidelidade haverá nos casamentos, assim como quando há mais ladrões, há mais roubos."

Dessa reflexão resulta que se deve conclamar para o casamento os homens que são surdos à voz da natureza. Mas esse estado pode ser permitido sem o consentimento dos pais e mães? Esse consentimento é fundado em seu poder, em seu amor, sua razão, sua prudência, e as instituições ordinárias autorizam somente a eles casar seus filhos. Entretanto, segundo as leis naturais, todo homem é senhor de dispor de seu bem e de sua pessoa. Não há caso em que se possa ser menos constrangido do que na escolha da pessoa à qual queremos nos unir. Pois quem pode amar pelo coração de outro, como diz Quintiliano? Confesso que há países onde a facilidade dessa espécie de casamento será mais ou menos prejudicial. Sei que, na Inglaterra, mesmo os filhos abusaram da lei com frequência para se casar segundo sua fantasia e que esse abuso deu origem ao ato do Parlamento de 1753. Por esse ato, acreditou-se juntar as formas, os termos e as restrições para a grande facilidade dos casamentos. Mas pode acontecer que tais restrições prejudiquem a população. Toda formalidade restritiva ou coercitiva destrói o objeto ao qual é imposta. Quantos inconvenientes desagradáveis, que não se podem suportar, essa lei produziu na Grã-Bretanha? Desproporções de nascimento e de fortuna na união das pessoas? Mas o que importam as más alianças numa nação onde a igualdade é recomendada, onde a nobreza não está na antiguidade de nascimento e onde a Constituição quer que se dê a nobreza aos que mereceram grandes honras? A união das fortunas mais desproporcionadas não é melhor e mais vantajosa política para o Estado? Contudo, é esse vil interesse, mais do que a honestidade pública, mais do que os direitos dos pais sobre seus filhos, que talvez tenha insistido para que se aniquilasse essa liberdade de casamento. São os ricos, mais do que os nobres, que fizeram com que suas imputações fossem ouvidas. Enfim, se contarmos alguns casamentos nos quais as opiniões dos pais são mais bem harmonizadas do que a inclinação dos filhos (o que é quase sempre indiferente para o Estado), não será um grande peso no outro lado da balança que um grande número de casamentos, o luxo dos pais, o desejo do gozo, a tristeza da privação, possam suprimir ou retardar, fazendo o Estado perder os anos preciosos e muito limitados da fecundidade das mulheres?

Como um dos grandes objetivos do casamento é evitar as incertezas das uniões ilegítimas, a religião imprime nele o seu caráter e as leis civis acrescentam o seu, a fim de que ele tenha a autenticidade requerida para a legitimação ou a reprovação. Mas, quanto à defesa da proibição de casamento entre parentes, fixar o ponto pelas leis da natureza é uma coisa muito delicada.

Não há dúvida de que os casamentos entre ascendentes e descendentes em linha direta são contrários às leis naturais, assim como às leis civis. E há razões muito fortes para provar isso.

Primeiro, como o casamento é estabelecido para a multiplicação do gênero humano, é contrário à natureza que alguém se case com uma pessoa a quem se deu nascimento, imediatamente ou não, e que o sangue volte, por assim dizer, para a fonte de onde veio. Além disso, seria perigoso que um pai ou uma mãe, tendo concebido um filho ou uma filha por amor, abusem de sua autoridade para satisfazer uma paixão criminosa, enquanto estão vivos a mulher ou o marido a quem a criança deve em parte seu nascimento. O casamento do filho com a mãe confunde o estado de coisas: o filho deve um grande respeito à sua mãe; a mulher deve também respeito ao marido; o casamento de uma mãe com seu filho derrubaria tanto num caso com no outro o seu estado natural.

Mais ainda: a natureza adiantou para as mulheres o tempo em que elas podem ter filhos e o atrasou para os homens; pela mesma razão, a mulher deixa de ter essa faculdade mais cedo, o homem mais tarde. Se o casamento entre a mãe e o filho fossem permitidos, aconteceria quase sempre que, quando o marido fosse capaz de procriar a mulher teria já passado o seu termo. O casamento entre pai e filha repugna a natureza assim como o precedente; mas repugna menos porque não tem esses dois obstáculos. Por essa razão, os tártaros, que podem desposar suas filhas, nunca se casam com suas mães.

Sempre foi natural que os pais vigiassem o pudor de seus filhos. Encarregados do cuidado de estabelecê-los, deveriam conservar seu corpo mais perfeito e sua alma menos corrompida, tudo o que pode inspirar melhor os desejos e tudo o que é mais próprio para dar a ternura. Pais sempre ocupados em conservar os costumes dos filhos devem ter tido uma distância natural em relação a tudo o que poderia corrompê-los. O casamento não é uma corrupção, dir-se-ia. Mas, antes do casamento, deve-se dizer, é preciso se fazer amar, é preciso seduzir. É essa sedução que deve ter causado horror. Foi então necessária uma barreira insuperável entre os que deviam dar a educação e os que deviam recebê-la, e evitar toda espécie de corrupção, mesmo por uma causa legítima.

O horror do incesto do irmão com a irmã deve ter partido da mesma fonte. Basta que os pais tenham desejado conservar os costumes de seus filhos e sua razão pura para lhes ter inspirado o horror por tudo o que podia levar à união dos dois sexos.

A proibição do casamento entre primos-irmãos tem a mesma origem. Nos primeiros tempos, ou seja, nas épocas em que o luxo não era conhecido, todas as crianças ficavam em casa e aí se estabeleciam; uma casa muito pequena bastava para uma família grande, como se viu entre os primeiros romanos. Os filhos de dois irmãos, ou os primos-irmãos, eram considerados entre si como irmãos. O afastamento que havia entre irmãos em relação ao casamento existia, pois, também entre os primos-irmãos. **[106]**

Se alguns povos não rejeitaram os casamentos entre pais e filhos, irmãos e irmãs, é porque seres inteligentes não seguem sempre suas leis. Quem diria! Ideias religiosas frequentemente fizeram os homens cair nesses desvios. Se os assírios, se os persas, desposaram suas mães, os primeiros o fizeram por causa de um respeito religioso por Semíramis; os outros, porque a religião de Zoroastro dava preferência a esses casamentos. Se os egípcios desposaram suas irmãs, foi ainda por um delírio da religião egípcia, que consagrou esses casamentos em honra de Ísis. Como o espírito da religião é de nos levar a fazer com esforço coisas grandes e difíceis, não se deve julgar que uma coisa seja natural porque uma religião falsa a consagrou. O princípio segundo o qual o casamento entre pais e filhos, irmãos e irmãs é proibido pela conservação do pudor natural no lar deve servir para nos fazer descobrir quais são os casamentos proibidos pela lei natural e os que não podem sê-lo pela lei civil.

As leis civis proíbem o casamento quando, por costumes aceitos num certo país, eles estão nas mesmas circunstâncias que aqueles que são proibidos pela lei natural. Essas leis o permitem quando o casamento não se encontra nesses casos. A proibição das leis da natureza é invariável, porque ela depende de uma coisa invariável; o pai, a mãe e os filhos habitando uma mesma casa. Mas as proibições das leis civis são acidentais, os primos-irmãos habitando acidentalmente a mesma casa.

Pergunta-se, enfim, qual deve ser a duração da sociedade conjugal segundo o direito natural, independentemente das leis civis. Respondo que a natureza mesma e a finalidade dessa sociedade nos ensinam que ela deve durar por muito tempo. Como o fim da sociedade entre macho e fêmea não é tão somente o de procriar, mas também de continuar a espécie, essa sociedade deve durar, após a procriação, tanto tempo quanto for necessário para a alimentação e a conservação dos procriados, ou seja, até que eles sejam capazes de prover por eles mesmos a suas necessidades. Nisso consiste a principal, e talvez a única razão por que o macho e a fêmea humanos são obrigados a uma sociedade mais longa do que aquela mantida pelos outros animais. Essa razão é que a mulher é capaz de conceber e normalmente fica grávida de uma nova criança muito tempo antes que a criança precedente esteja em condições de prover por si mesma a suas necessidades. Assim, o marido deve ficar com sua mulher até que seus filhos sejam grandes e em idade de subsistir por si mesmos, ou com os bens que os pais lhes deixam. Vê-se que, por um efeito admirável da sabedoria do Criador, essa regra é constantemente observada até pelos animais destituídos de razão.

Mas, embora as necessidades dos filhos exijam que a união conjugal da mulher e do marido dure ainda por muito tempo, tais como aquelas dos outros animais, parece-me que não há nada, na natureza e na finalidade dessa união, que exija que o marido e a mulher sejam obrigados a permanecer juntos por toda a sua vida, após ter educado seus filhos e lhes ter deixado com o que se manter. Não há nada, digo, que impeça então que se tenha, em relação ao casamento, a mesma liberdade que se tem em toda sorte de sociedade e de convenção. De modo que, desde que se providencie de uma maneira ou de outra essa educação, pode-se regular, de comum acordo, como se julgar adequado, a duração da união conjugal, seja na independência do estado de natureza, seja quando as leis civis sob as quais se vive nada determine a esse respeito. Se disso algumas vezes nascem inconvenientes, poder-se-ia opor a eles outros também consideráveis, que resultam da duração excessiva ou da perpetuidade dessa sociedade. E, finalmente, supondo que os primeiros fossem maiores, isto provaria somente que a coisa estaria sujeita ao abuso, como a poligamia, e assim, embora não fosse absolutamente má e de sua natureza, deve-se conduzir nesse caso com precaução.

(MGS)

Celibato (*História antiga e moderna, Moral*), Diderot [2, 801]

Celibato é o estado de uma pessoa que vive sem se comprometer em casamento. Tal estado pode ser considerado, em si mesmo, sob três aspectos diferentes: 1) em relação à espécie humana; 2) em relação à sociedade; 3) em relação à sociedade cristã. Mas, antes de considerar o celibato em si, vamos expor em poucas palavras sua fortuna, suas revoluções entre os homens. O Sr. Morin, da Academia de Belas-Letras, reduz a história do celibato às seguintes proposições: o celibato é tão antigo quanto o mundo, tão vasto quanto o mundo, e durará tanto quanto o mundo, senão infinitamente mais do que ele.

História resumida do celibato. O celibato é tão antigo quanto o mundo, se for verdade, como pretendem alguns autores do Antigo, bem como do Novo Testamento, que nossos primeiros pais só perderam sua inocência ao cessar de guardar o celibato, e que jamais teriam sido expulsos do Paraíso se não tivessem comido o fruto proibido; ação que, no estilo modesto e figurado da Escritura, não designa outra coisa a não ser a infração do celibato. Tais autores tiram as provas dessa interpretação gramatical do sentimento de nudez que se seguiu imediatamente ao pecado de Eva e Adão; da ideia de irregularidade associada, em quase toda a terra, ao ato carnal; da vergonha que o acompanha; do remorso que causa; do pecado original que se comunica por tal via; enfim, do estado ao qual voltaremos ao sairmos desta vida, quando não haverá mais nem maridos nem mulheres, e que será um celibato eterno.

Não me cabe, diz o Sr. Morin, qualificar tal opinião convenientemente: ela é singular, parece oposta à letra da Escritura, isso basta para rejeitá-la. A Escritura nos ensina que Adão e Eva viveram no Paraíso como irmão e irmã, como anjos vivem no céu, como lá viveremos um dia. Isso basta: eis aí o primeiro e perfeito celibato. Saber quanto ele durou é uma questão de pura curiosidade: uns dizem algumas horas; outros, alguns dias; há quem, fundado em razões místicas de não sei quais tradições da Igreja grega sobre a época do nascimento de Caim, consegue aumentar esse intervalo até trinta anos.

A esse primeiro celibato, os doutores judeus fizeram suceder outro, que durou bem mais. Pois pensaram que Adão e Eva, confusos por conta de seu crime, fizeram penitência durante cem anos sem manterem nenhum **[802]** comércio juntos; conjetura que estabelecem baseados no nascimento de Set, o terceiro filho, que, segundo Moisés, só nasceu quando Adão e Eva já tinham 130 anos. Mas, para sermos justos, só a Abel podemos atribuir a honra de ter guardado celibato por toda a vida. Saber se o seu exemplo foi imitado nas gerações seguintes, se os filhos de Deus, que se deixaram corromper pelas filhas dos homens, não seriam uma espécie de religiosos que caíram na desordem, isso não podemos dizer, mas nada disso é impossível. Se é verdade que houve então mulheres que fingiram ser estéreis, como parece sugerir um fragmento do suposto livro de Enoque, poderia bem ter havido também homens que fizeram disso uma profissão: mas as aparências não são favoráveis, nesse caso. Na ocasião, era mister povoar o mundo; a lei de Deus e a da natureza impunham a todos os tipos de pessoas uma espécie de necessidade de trabalhar para o aumento do gênero humano, e é de se presumir que aqueles que viviam nesse tempo tinham como prioridade obedecer a tal preceito. Tudo o que a história nos ensina sobre os patriarcas daquela época, diz o Sr. Morin, é que eles tomavam e davam mulheres, punham no mundo filhos e filhas, e depois morriam, como se não tivessem nada de mais importante a fazer.

Foi quase a mesma coisa nos primeiros séculos após o Dilúvio. Havia muito a desbravar e poucos trabalhadores: a posse era de quem procriasse mais. Então, a honra, a nobreza, o poder dos homens, consistiam no número de crianças. Dessa maneira, obtinha-se grande consideração e respeito por parte dos vizinhos e um lugar na história. A história dos judeus não esqueceu o nome de *Jair*, que teve trinta filhos, e a dos gregos, os nomes de Dánao e Egypto, um com cinquenta filhos e o outro com cinquenta filhas. A esterilidade era uma espécie de infâmia para ambos os sexos, como uma marca inequívoca da maldição de Deus. Ao contrário, ter ao redor de si uma mesa com grande número de crianças era visto como testemunho autêntico da bênção divina. O celibato era uma espécie de pecado contra a natureza. Hoje, não é mais assim.

Moisés não deu aos homens a liberdade de se casar ou não. Licurgo referia-se à infâmia dos celibatários. Havia até mesmo uma solenidade particular na Lacedemônia, na qual as mulheres os exibiam inteiramente nus aos pés dos altares e os faziam apresentar à natureza uma confissão pública de seus erros, ao que se seguia uma correção extremamente severa. Estes republicanos levaram as precauções ainda mais longe ao publicar regulamentos contra aqueles que se casassem muito tarde, ὀψιγαμία, e contra os maridos que não se portassem bem com suas mulheres, κακογαμία.

Com o passar do tempo, como os homens se tornaram menos raros, essas leis penais foram mitigadas. Platão tolera em sua república o celibato até os 35 anos, mas, após essa idade, proíbe aos celibatários acesso aos cargos públicos e destina a eles o último lugar nas cerimônias públicas. As leis romanas que sucederam às gregas foram bem menos rigorosas contra o celibato. No entanto, os censores estavam encarregados de impedir esse gênero de vida solitária, prejudicial ao Estado, *coelibes esse prohibento*. Para torná-lo odioso, não recebiam os celibatários nem para fazer testamento nem para dar testemunho. E eis aqui a primeira questão que faziam àqueles que se apresentavam para prestar juramento: *ex animi tui sententia, tu equum habes, tu uxorem habes?* Por vossa alma e consciência, tendes um cavalo, tendes uma mulher? Mas os romanos não se contentavam em afligi-los neste mundo: seus teólogos os ameaçavam também com penas extraordinárias nos infernos. *Extrema omnium calamitas & impietas accidit illi qui absque filiis à vita discendit, & doemonibus maximas dat poenas post obitum.* É a maior das impiedades e o último dos males sair do mundo sem deixar filhos; os demônios fazem essa gente sofrer com penas cruéis após a morte.

Mesmo com todas essas precauções temporais e espirituais, o celibato não deixou de fazer seu caminho: as próprias leis são prova disso. Não se pensou em fazer leis contra desordens que subsistem apenas enquanto ideias. A história não nos diz como saber por onde e como o celibato começou: é de se presumir que simples razões morais e gostos particulares triunfaram sobre tantas leis penais, pecuniárias, infamantes, bem como sobre as inquietudes da consciência. Sem dúvida, foram necessários motivos mais fortes no começo, boas razões físicas. Tais eram as desses temperamentos felizes e sábios que a natureza dispensa de praticar a grande regra da multiplicação, que existiram em todos os tempos. Nossos autores dão a eles títulos aviltantes; os orientais, ao contrário, chamavam-nos *eunucos do Sol, eunucos do céu, feitos pela mão de Deus*, qualidades honoráveis que deviam não apenas consolá-los de sua condição, mas ainda autorizá-los a se glorificar por isso diante de Deus e dos homens, como se fosse de uma graça especial que os dispensava de boa parte das solicitações da vida, transportando-os de vez para o meio do caminho da virtude.

Sem examinar a sério se isso é uma vantagem ou uma desvantagem, é evidente que tais beatos foram os primeiros a tomar o partido do celibato: sem dúvida, esse gênero de vida deve a eles sua origem e, talvez, sua denominação. Pois os gregos chamavam os inválidos em questão de κολοβο, o que não é distante de *coelibes*. Com efeito, o celibato era o único partido que os κολοβο poderiam tomar para obedecer às ordens da natureza, para seu repouso, para sua honra e nas regras da boa-fé. Se não se determinassem a isto, as leis impunham-lhes a necessidade: a de Moisés era explícita quanto a isso. As leis das outras nações não eram mais favoráveis a eles: se elas lhes permitissem ter mulheres, era igualmente permitido às mulheres abandoná-los.

Os homens dessa condição, inicialmente equívoca e rara, desprezados igualmente por ambos os sexos, encontravam-se expostos a diversas mortificações que os relegavam a uma vida obscura e retirada. Mas a necessidade logo lhes sugeriria diferentes meios para escapar dela e tornarem-se recomendáveis: livres dos inquietos movimentos do amor por outro e do amor-próprio, eles se sujeitavam às vontades alheias com uma devoção singular, e foram vistos como tão cômodos que todos queriam tê-los. Quem não os tinha, arranjava-os por meio de uma operação chocante e das mais desumanas: os pais, os mestres, os soberanos se arrogavam o direito de relegar seus filhos, seus escravos, seus súditos a essa condição ambígua, e o mundo inteiro, que, no início, só conhecia dois sexos, ficou espantado ao encontrar-se imperceptivelmente dividido em três porções quase iguais.

A esses celibatários pouco voluntários, seguiram-se outros, livres, que aumentaram consideravelmente o número dos primeiros. Os letrados e os filósofos por gosto, os atletas, os gladiadores, os músicos, por razão de Estado, uma infinidade de outros por libertinagem, alguns por virtude, tomaram um partido que Diógenes achava tão doce a ponto de ele se admirar que seu recurso não tivesse se tornado moda. Algumas profissões estavam obrigadas ao celibato, como a da tintura [803] em tecido, *baphiarii*. A ambição e a política engrossaram ainda o corpo dos celibatários: tais homens bizarros foram tratados com indulgência até pelos grandes, ávidos por terem lugar no seu testamento. E, pela razão contrária, os pais de família dos quais nada se esperava foram esquecidos, negligenciados, desprezados.

Até aqui vimos o celibato proibido, em seguida tolerado, depois aprovado, enfim preconizado. Não tardou a se tornar uma condição essencial para a maior parte dos que se dedicaram ao serviço dos altares. Melquisedeque foi um homem sem família e sem genealogia. Aqueles que se destinaram ao serviço do templo e ao culto da lei foram dispensados do casamento. As filhas tiveram a mesma liberdade. Assegura-se que Moisés dispensou sua mulher quando recebeu a lei das mãos de Deus. Aos que realizavam sacrifícios cujo turno no altar se aproximava, ordenou que se afastassem de suas mulheres durante alguns dias. Depois dele, os profetas Elias, Eliseu, Daniel e seus três companheiros viveram na continência. Os nazarenos e a maior parte sã dos essênios nos são representados por Josefo como uma nação maravilhosa que havia achado o segredo que Metelo Numídico ambicionava: perpetuar-se sem casamento, sem parto e sem nenhum comércio com as mulheres.

Entre os egípcios, os sacerdotes de Ísis e a maioria dos que se dedicavam ao serviço de suas divindades faziam profissão de castidade, e, por maior segurança, eram preparados desde a infância por cirurgiões. Os gimnosofistas, os bracmanes, os hierofantes dos atenienses, uma boa parte dos discípulos de Pitágoras, os de Diógenes, os verdadeiros cínicos e, em geral, todos aqueles e aquelas que se devotavam ao serviço das deusas procederam do mesmo modo. Havia na Trácia uma sociedade considerável de religiosos celibatários chamados κτίσται ou *criadores*, pela faculdade de se produzir sem recorrer às mulheres. A obrigação do celibato era imposta entre os persas às jovens destinadas ao culto do Sol. Os atenienses tiveram uma casa de virgens. Todos conhecem as vestais romanas. Entre nossos antigos gauleses, nove virgens que supostamente haviam recebido do céu luzes e graças extraordinárias guardavam um oráculo famoso numa pequena ilha chamada Sena, na costa da Armórica. Há autores que até afirmam que a ilha inteira só era habitada por moças, algumas das quais viajavam de tempos em tempos para as costas vizinhas, de onde traziam pequenos embriões para conservar a espécie. Nem todas faziam isso: deve-se presumir, diz o Sr. Morin, que era decidido por sorteio, e que as que tinham a infelicidade de tirar um bilhete negro eram forçadas a descer no barco fatal que as abandonava no continente. Essas jovens consagradas eram muito veneradas: sua família tinha privilégios singulares, entre os quais o de não poder ser castigada por um crime sem ter antes perdido totalmente sua virgindade.

O celibato teve seus mártires entre os pagãos, e suas histórias e fábulas são repletas de jovens que generosamente preferiram a morte à perda da honra. A aventura de Hipólito é conhecida, bem como sua ressurreição por Diana, defensora dos celibatários. Todos esses fatos, e muitos outros, eram sustentados pelos princípios da crença. Os gregos viam a castidade como uma graça sobrenatural: os sacrifícios não eram reputados completos sem a intervenção de uma virgem. Poderiam até ser começados, *libare*, mas sem elas não poderiam ser consumados, *litare*. Em relação à virgindade, os gregos tinham propósitos magníficos, ideias sublimes, especulações de grande beleza. Mas, ao aprofundarmos a conduta secreta de todos esses celibatários e de todos esses *virtuoses* do paganismo, descobrimos somente, diz o Sr. Morin, desordens, fanfarronadas, hipocrisia. A começar por suas deusas: Vesta, a mais antiga, era representada com uma criança. Onde ela a havia encontrado? Minerva tinha diante de si Erictônio, uma aventura com Vulcano, e templos na qualidade de mãe. Diana tinha seu cavaleiro Vírbio e seu Endímion: o prazer que ela tinha em contemplar este último adormecido diz muito, até demais, para uma virgem. Mírtilo acusa as musas de complacência demasiada por um certo Megalion e dá a todas elas crianças que chama pelo nome. Talvez seja por essa razão que o abade Cartaud as chame de filhas *da ópera de Júpiter*. Os deuses virgens não valiam mais do que as deusas, atestam Apolo e Mercúrio.

Os padres, sem excetuar os de Cibele, não passavam no mundo por gente de conduta muito regular: nem todas as vestais que pecavam eram enterradas vivas. Para a honra de seus filósofos, o Sr. Morin cala-se sobre esse assunto e termina assim a história do celibato, tal como era no berço, na infância, nos braços da natureza; estado bem diferente do alto grau de perfeição em que o vemos hoje. Mudança que não espanta: este, obra da graça e do Espírito Santo; aquele não passava do aborto imperfeito de uma natureza desregrada, depravada, dissoluta, triste dejeto do casamento e da virgindade. Ver as *Mémoires de l'Académie des Inscriptions*, t.IV, p.308, "Histoire critique du célibat". Tudo o que precede não passa de análise dessa memória: tiramos dela algumas passagens longas, mas raramente nos demos a liberdade de mudar uma única expressão, dentre as que empregamos. O mesmo será feito na sequência deste verbete: não falaremos por nós, mas nos contentaremos em relatar fielmente não somente as opiniões, mas os próprios discursos dos autores, além de utilizar aqui apenas fontes aprovadas por toda gente honesta. Depois de termos mostrado o que a história nos ensina sobre o celibato, vamos agora tratar desse estado com os olhos da Filosofia e expor o que diferentes escritores pensaram sobre o assunto.

Do celibato considerado em si mesmo. 1º) *Em relação à espécie humana*. Se um historiador ou algum viajante nos fizesse uma descrição de um ser pensante, perfeitamente isolado, sem superior, sem igual, sem inferior, ao abrigo de tudo o que pudesse afetar as paixões, em uma palavra, sozinho em sua espécie, diríamos sem hesitar *que tal ser singular deve estar mergulhado na melancolia, pois que consolação poderia encontrar num mundo que, para ele, não passa de uma vasta solidão?* Se acrescentarmos a isso que, apesar das aparências, ele desfruta da vida, sente a alegria de existir e encontra em si mesmo alguma felicidade, então poderíamos convir *que não se trata propriamente de um monstro, e que em relação a si, sua constituição não é inteiramente absurda, mas nunca chegaríamos a ponto de dizer que ele é bom*. No entanto, se insistíssemos e objetássemos que ele é perfeito em seu gênero e, por conseguinte, que cometeríamos um erro ao lhe recusar o epíteto *bom* (pois que importa se ele tem ou não alguma coisa para discutir com outros?), seria preciso ir além da palavra e reconhecer que *tal ser é bom, muito embora lhe seja possível ser perfeito em si mesmo sem ter nenhuma relação, nenhuma ligação com o universo no qual é colocado*.

Mas, se viéssemos a descobrir mais tarde algum sistema na natureza do qual essa espécie de autômato pudesse ser considerada participante; se entrevíssemos em sua estrutura laços que **[804]** o ligassem aos seres semelhantes a ele; se sua conformação indicasse uma cadeia de criaturas úteis, a qual só pudesse aumentar ou se eternizar pelo emprego das faculdades que tivesse recebido da natureza: então, eu digo, ele perderia de pronto o título de *bom* com o qual o havíamos decorado. Pois, como esse título conviria a um indivíduo que, por sua inação e sua solidão, tendesse tão diretamente à ruína de sua espécie? Não é a conservação da espécie um dos deveres essenciais do indivíduo? E todo indivíduo que raciocina e tem uma conformação adequada não se torna culpável ao faltar com esse dever, a menos que dele tenha sido dispensado por alguma autoridade superior à da natureza? Ver o *Ensaio sobre o mérito e a virtude*, de milorde Shaftesbury.

Acrescento *a menos que dele tenha sido dispensado por alguma autoridade superior à da natureza* para deixar bem claro que não se trata aqui de modo algum do celibato por religião, mas daquele que é produzido diariamente pela imprudência, a misantropia, a leviandade, a libertinagem; daquele em que os dois sexos se corrompem pelos próprios sentimentos naturais, ou, sufocando tais sentimentos sem nenhuma necessidade, fogem de uma união que deve torná-los melhores para viver, seja num distanciamento estéril, seja em uniões que os tornam sempre piores. Não ignoramos que aquele que deu ao homem todos os seus membros pode dispensá-lo de usar alguns deles, ou até mesmo proibir tal uso, e testemunhar que esse sacrifício lhe é agradável. O que negamos não é que haja uma certa pureza corporal que a natureza por si só jamais perceberia, mas que Deus tenha julgado necessária para nos aproximarmos mais dignamente dos lugares santos em que ele habita e para nos ocuparmos de maneira mais espiritual do ministério de seus altares. Se não encontramos em nós o germe dessa pureza, é porque ela é, por assim dizer, uma virtude revelada e de fé.

Do celibato considerado 2º) em relação à sociedade. O celibato que a religião não santificou não pode ser contrário à propagação da espécie humana, como demonstramos, sem ser nocivo à sociedade. Ele prejudica a sociedade na medida em que a empobrece e a corrompe. *Na medida em que a empobrece*, se é verdade, como não podemos duvidar, que a maior riqueza de um Estado consiste no número de súditos; que é preciso contar a multidão das mãos entre os objetos de primeira necessidade no comércio; e que, na impossibilidade de transformar novos cidadãos em soldados para o equilíbrio da paz da Europa, bem como de estagná-los no ócio por questão de boa ordem pública, trabalhariam as terras, povoariam as manufaturas ou se tornariam navegantes. *Na medida em que a corrompe*, porque é uma regra tirada da natureza, como o ilustre autor de *O espírito das leis* notou bem, que, quanto menor o número de casamentos que puderem acontecer, mais se prejudicam aqueles que são feitos, e que, quanto menor o número de pessoas casadas, menos fidelidade haverá nos casamentos, assim como, quando há mais ladrões, há mais roubos. Os antigos conheciam tão bem essas vantagens e atribuíam um valor tão alto à faculdade natural de se casar e ter filhos, que suas leis estabeleceram que ela não poderia ser suprimida. Viam tal privação como um meio certo de diminuir os recursos de um povo e de fazer crescer a dissolução. Por essa razão, quando se recebia uma herança sob a condição de guardar o celibato, quando um patrão fazia seu escravo liberto jurar que não se casaria e não teria filhos, a Lei Pápia anulava, entre os romanos, a condição e a promessa. Pensavam que onde o celibato tivesse preeminência, não poderia haver honra para o estado de casamento e, por conseguinte, entre suas leis não encontramos nenhuma que contenha uma ab-rogação expressa dos privilégios e das honras que tinham sido concedidas aos casamentos e ao número de filhos.

Do celibato considerado 3º) em relação à sociedade cristã. Como o culto dos deuses exigia uma atenção contínua e uma singular pureza de corpo e de alma, a maioria dos povos foi levada a fazer do clero um corpo separado. Assim, entre os egípcios, judeus e persas, houve famílias consagradas ao serviço da divindade e dos templos. Mas não se pensou somente em distanciar os eclesiásticos dos negócios e do comércio mundano: houve religiões em que ainda se tomava o partido de livrá-los dos inconvenientes de uma família. Pretende-se que este tenha sido em particular o espírito do cristianismo, inclusive em sua origem. Daremos uma exposição abreviada de sua disciplina, a fim de que o leitor possa julgar por si mesmo.

É preciso admitir que a lei do celibato para os bispos, os padres e os diáconos é tão antiga quanto a Igreja. No entanto, não há lei divina escrita que proíba ordenar padres as pessoas casadas, nem aos padres de se casar. Jesus Cristo não deu nenhum preceito sobre isso. O que são Paulo diz em suas cartas a Timóteo e a Tito sobre a continência dos bispos e diáconos limita-se a impedir o bispo de ter várias mulheres ao mesmo tempo ou sucessivamente: *oportet episcopum esse unius uxoris virum*. É necessário que o bispo tenha uma só mulher. A própria prática dos primeiros séculos da Igreja é formal quanto a isso: não se impunha nenhuma dificuldade em ordenar homens casados, sendo somente proibido casar-se depois da promoção das ordens, ou de ter outras núpcias após a morte da primeira mulher. Havia uma exceção particular para as viúvas. Não se pode negar que o espírito e o desejo da Igreja tenham sido de que seus principais ministros vivessem numa grande continência, nem que a Igreja tenha sempre trabalhado para estabelecer a lei quanto a isso. No entanto, o costume de ordenar pessoas casadas subsistiu e ainda subsiste na Igreja grega, o que nunca foi positivamente aprovado pela Igreja latina.

Alguns acreditam que o terceiro cânone do primeiro Concílio de Niceia, impunha a obrigação do celibato aos clérigos maiores, ou seja, aos bispos, padres e diáconos. Mas o padre Alexandre prova numa dissertação particular que o concílio jamais pretendeu proibir aos clérigos o comércio com as mulheres que haviam desposado antes de sua ordenação; que, no cânone invocado, tratava-se apenas de mulheres denominadas *subintroductoe & agapetoe*, e não de mulheres legítimas; e que não foi somente aos clérigos maiores, mas também aos clérigos inferiores que o concílio proibiu a co-habitação com as *agapetes*: donde esse sábio teólogo conclui que é o concubinato que é proibido, e não o uso do casamento legitimamente contraído antes da ordenação. Ele até mesmo tira vantagem da história tão conhecida de Pafenúcio, que outros autores só rejeitaram como fábula porque ela não era em absoluto favorável ao celibato do clero.

Portanto, o Concílio de Niceia, aparentemente, não se pronunciou sobre o casamento contraído após a ordenação, tampouco sobre o concubinato. Mas o nono cânone do Concílio de Ancira permite expressamente àqueles ordenados diáconos que não fossem casados a contrair casamento em seguida se tivessem protestado no tempo da ordenação contra a obrigação do celibato. É verdade que tal indulgência não foi estendida nem aos bispos nem aos padres, e que o Concílio de Neocesareia, ocorrido pouco tempo depois do de Ancira, pronunciou formalmente: *presbyterum, si uxorem acceperit, ab ordine deponendum*, se um presbítero aceitar esposa, será deposto da ordem, embora o casamento não fosse nulo, segundo observação do padre Thomassin. O concílio *in Trullo*, ocorrido no ano [**805**] de 692, confirmou em seu cânone XIII o costume da Igreja grega, e a Igreja latina não exigiu do Concílio de Florença que ela renunciasse a ele. No entanto, não é segredo que muitos dos padres gregos são monges e guardam o celibato, e que, ordinariamente, os patriarcas e os bispos são obrigados a professar a vida monástica antes de serem ordenados. Vale ainda dizer que, no Ocidente, o celibato foi prescrito aos clérigos pelos decretos dos papas Sirício e Inocente; que o do primeiro é do ano de 385; que são Leão estendia essa lei aos subdiáconos; que são Gregório a impusera aos diáconos da Sicília; e que ela foi confirmada pelos concílios de Elvira ao final do século III, cânone XXXIII de Toledo, no ano 400; de Cartago, em 419, cânones III e IV; de Orange, em 441, cânones XXII e XXIII; de Arles, em 452; de Touis, em 461; de Agde, em 506; de Orléans, em 538; pelos capitulares de nossos reis e diversos concílios ocorridos no Ocidente; mas principalmente pelo Concílio de Trento; ainda que sob as representações do imperador, do duque da Baviera, dos alemães, e até mesmo do rei da França, não se deixou de propor o casamento dos padres e de solicitá-lo ao papa, após a realização do concílio. Seu celibato teve adversários muito tempo antes: Vigilâncio e Joviniano tomaram partido contra são Jerônimo: Wyclef, os hussitas, os boêmios, Lutero, Calvino e os anglicanos suportaram seu jugo. E nos tempos de nossas guerras de religião, o cardeal de Chatillon, Spisame, bispo de Nevers, e alguns eclesiásticos de segunda ordem ousaram se casar publicamente. Mas tais exemplos não foram seguidos.

Quando a obrigação do celibato tornou-se geral na Igreja católica, aqueles dentre os eclesiásticos que a violaram foram proibidos para o resto da vida de exercer as funções de sua ordem e passaram para a situação de leigos. Em seguida, Justiniano, *leg. 45 cod. de episcop. & cler.*, quis que seus filhos fossem ilegítimos e incapazes de suceder e receber legados. Finalmente, foi ordenado que esses casamentos fossem rompidos e suas partes cumprissem penitência, donde se vê como a infração se tornou mais grave à medida que a lei se arraigou. No início, se um padre se casasse, era deposto e o casamento subsistia; com o passar do tempo, as ordens foram consideradas um impedimento proibitivo para o casamento; hoje, um clérigo tonsurado que se casa não desfruta mais de privilégios dos eclesiásticos para a jurisdição e exoneração dos cargos públicos. Presume-se que renunciou pelo casamento ao clericato e a seus direitos. Fleury, *Inst. au Droit ecclés. tom. I. Anc. & nouv. Discipline de l'Eglise* do P. Thomassin.

Segue-se desse histórico, diz o Sr. abade de Saint-Pierre, para falar não enquanto polemista, mas como mero político cristão e simples cidadão de uma sociedade cristã, que o celibato dos padres é apenas um ponto de disciplina; que não é um ponto essencial à religião cristã; que jamais foi visto como um dos fundamentos do cisma que temos com os gregos e os protestantes; que ele foi livre na Igreja latina, tendo a Igreja o poder de mudar todos os pontos de disciplina de instituição humana; se os estados da Igreja católica tivessem grandes vantagens para voltar à sua antiga liberdade, sem sofrer nenhum dano efetivo, seria de se desejar que o fizessem; e que a questão dessas vantagens é menos teológica que política e diz respeito mais aos soberanos do que à Igreja, que deverá apenas se manifestar.

Mas há vantagens em se restituir aos eclesiásticos a antiga liberdade do casamento? Quando o tsar percorreu a França *incognito*, ele ficou profundamente impressionado com o fato inconcebível de que, num estado onde havia leis tão boas e estabelecimentos tão sábios, pudesse subsistir após tantos séculos uma prática que, de um lado, em nada importava à religião, e, de outro, prejudicava fortemente a sociedade cristã. Não decidiremos se o espanto do tsar era bem fundamentado, mas não é inútil analisar a memória do Sr. abade de Saint-Pierre, e é isso que faremos.

Vantagens do casamento dos padres. 1º) Se 40 mil párocos tivessem na França 80 mil filhos, estes, sendo incontestavelmente mais bem educados, fariam o Estado ganhar súditos e gente honesta, e a Igreja ganhar fiéis. 2º) Os eclesiásticos, sendo por seu estado melhores maridos que os outros homens, haveria 40 mil mulheres mais felizes e mais virtuosas. 3º) Não há homem para quem o *celibato* não seja difícil de se observar; daí pode acontecer que a Igreja sofra um grande escândalo por um padre que falta com a continência, enquanto o que vive continente não faz nada de útil aos demais cristãos. 4º) Um padre não mereceria menos perante Deus por suportar os defeitos de sua mulher e de seus filhos, quanto por resistir às tentações da carne. 5º) Os inconvenientes do casamento são úteis àquele que os suporta e as dificuldades do celibato não o são a ninguém. 6º) O pároco pai de família virtuoso seria útil a mais gente do que aquele que pratica o celibato. 7º) Alguns eclesiásticos, para quem a observação do celibato é muito penosa, não acreditariam ter cumprido tudo, uma vez que não têm nada do que se reprovar quanto a esse ponto. 8º) Cem mil padres casados formariam 100 mil famílias; o que daria mais de 10 mil novos habitantes por ano. E ainda que se contasse apenas 5 mil, esse cálculo produziria ainda 1 milhão de franceses em duzentos anos. Donde se segue que, sem o celibato dos padres, teríamos hoje 4 milhões de católicos a mais, considerando-se somente o período posterior a Francisco I, o que formaria uma soma considerável de dinheiro se, de acordo com a estimativa de um inglês, for verdade que um homem vale ao Estado mais do que nove libras esterlinas. 9º) Em suas famílias, as casas nobres encontrariam bispos, descendentes que prolongariam sua duração etc. Ver as obras políticas do Sr. abade de Saint-Pierre, tomo II, p.146.

Meios de restituir aos eclesiásticos a liberdade do casamento. Seria preciso: 1º) Formar uma companhia que meditasse sobre os obstáculos e trabalhasse para superá-los. 2º) Negociar com os príncipes da comunhão romana e formar com eles uma confederação. 3º) Negociar com a corte de Roma, pois o Sr. abade de Saint-Pierre pretende que mais vale recorrer à intervenção do papa do que à autoridade de um concílio nacional, embora, segundo ele, o concílio nacional abreviasse, sem dúvida, os procedimentos e, de acordo com os teólogos, esse tribunal fosse suficiente para casos dessa natureza. Eis agora as objeções que o Sr. abade de Saint-Pierre apresenta contra seu próprio projeto, com as respostas que faz a elas.

Primeira objeção. Os bispos da Itália poderiam então ser casados, como santo Ambrósio, assim como os cardeais e o papa, como são Pedro.

Resposta. Certamente: o Sr. abade de Saint Pierre não vê nenhum mal em seguir tais exemplos, nem inconveniente em que o papa e os cardeais tenham mulheres honestas, crianças virtuosas e uma família bem regrada.

Segunda objeção. O povo tem uma veneração habitual por aqueles que guardam o celibato, bem como por aqueles que têm o propósito de conservá-lo.

Resposta. Aqueles dentre os pastores holandeses e ingleses que são virtuosos não são menos respeitados pelo povo por serem casados. **[806]**

Terceira objeção. Os padres têm com o celibato mais tempo para se dedicar às funções de seu estado, o que não seria possível com o casamento.

Resposta. Os ministros protestantes encontram muito bem o tempo para terem crianças, criá-las, governar a família e cuidar de sua paróquia. Seria ofender nossos eclesiásticos se presumíssemos tal coisa deles.

Quarta objeção. Jovens párocos de 30 anos terão de cinco a seis crianças, por vezes poucos bens para seu estado, pouca fortuna e, por conseguinte, muitas dificuldades.

Resposta. Aquele que se apresenta às ordens é reconhecido como homem sábio e hábil. Ele é obrigado a ter um patrimônio, terá seu benefício, o dote de sua mulher pode ser bom. A experiência mostra que, dentre os párocos, aqueles que vivem à custa de pais pobres não deixam de depender da Igreja ou de sua paróquia. Aliás, qual a necessidade de uma parte dos eclesiásticos viver na opulência, enquanto a outra padece na miséria? Não seria possível imaginar uma melhor distribuição das remunerações eclesiásticas?

Quinta objeção. O Concílio de Trento considera o celibato um estado mais perfeito que o casamento.

Resposta. Há equívocos a serem evitados nas palavras *estado*, *perfeito* e *obrigação*: por que querer que um padre seja mais perfeito que são Pedro? A objeção prova muito e, por conseguinte, não prova nada. Minha tese, diz o Sr. abade de Saint-Pierre, é puramente política e consiste em três proposições: 1º) O celibato consiste em pura disciplina eclesiástica que a Igreja pode mudar; 2º) seria vantajoso aos Estados católicos romanos que tal disciplina fosse mudada; 3º) enquanto se espera um conselho nacional ou geral, é conveniente que a corte de Roma receba, pela expedição da dispensa do celibato, uma soma combinada que seja paga por aqueles que a solicitarem.

Tal é o sistema do Sr. abade de Saint-Pierre que expusemos por exigência do plano de nossa obra, e cujo juízo deixamos àqueles a quem compete julgar esses objetos importantes. Mas não podemos deixar de notar *en passant* que esse filósofo cidadão só se propôs numa edição da Holanda feita em cópia ruim, uma objeção que se apresenta muito naturalmente e que não é das menos importantes: é o inconveniente dos benefícios tornados hereditários; inconveniente que, desde já, se faz sentir em demasia e que se tornaria bem mais geral. Seria preciso então anular toda a resignação e coadjutoria a fim de se remeter aos superiores a colação de todos os benefícios? Isso talvez não fosse tão ruim: um bispo que conhece sua diocese e os bons súditos tem tanta condição de nomear alguém para uma vaga quanto um eclesiástico moribundo, obcecado por uma turba de parentes ou amigos interesseiros. Quantas simonias e processos escandalosos prevenidos!

Para completar este verbete, restar-nos-ia falar do *celibato monástico*. Mas contentar-nos-emos em observar com o célebre Sr. Melon: 1º) Haveria uma vantagem infinita para a sociedade e para os particulares se o príncipe usasse estritamente o poder que possui para fazer observar a lei que proibisse o estado monástico antes da idade de 25 anos; ou, para me servir da ideia e da expressão do Sr. Melon, que não fosse permitido se alienar da própria liberdade antes da idade em que é permitido alienar-se de seu bem. Ver o resto nos verbetes *Casamento*, *Monge*, *Virgindade*, *Votos* etc. 2º) Acrescentamos, segundo um autor moderno, que nunca seria demais ler nem louvar demais, que o *celibato* poderia se tornar nocivo na medida em que o grupo dos celibatários fosse muito extenso e, por conseguinte, o dos laicos não o fosse tanto. 3º) Que as leis humanas feitas para falar ao espírito devem dar preceitos e não conselhos, e que a religião feita para falar ao coração deve dar muitos conselhos e poucos preceitos; e que, por exemplo, quando ela dá regras não para o bem, mas para o melhor, não para o que é bom, mas para o que é perfeito, é conveniente que estas sejam conselhos e não leis, pois a perfeição não diz respeito à universalidade dos homens nem das coisas; e, além disso, se forem leis, seria preciso uma infinidade de outras para fazer observar as primeiras. A experiência confirmou esses princípios: o celibato era apenas um conselho no cristianismo, tornou-se uma lei expressa para uma certa ordem de cidadãos; a cada dia eram necessárias novas leis para reduzir os homens à observação das anteriores. Consequentemente, o legislador se fatiga e fatiga a sociedade para fazer os homens executarem, por preceito, aquilo que os que amam a perfeição teriam executado eles mesmos por conselho. 4º) Que, pela natureza do entendimento humano, amamos de fato na religião tudo o que pressupõe um esforço, como em matéria de moral amamos especulativamente tudo o que aparenta severidade; assim, o celibato devia ser, como acabou sendo, mais agradável aos povos a que ele menos parecia convir, e para os quais ele poderia ter mais consequências funestas: ser contido nas regiões meridionais da Europa, onde, pela natureza do clima, era mais difícil observá-lo; ser proscrito no país do norte, onde as paixões são menos vivas; ser admitido onde há poucos habitantes e rejeitado nos lugares onde há muitos.

Tais observações são tão belas e tão verdadeiras que nunca é demais repeti-las em muitos lugares. Eu as tirei da excelente obra do Sr. presidente de M... O que precede é do Sr. Fleury, do padre Alexandre, ou do padre Thomassin. Acrescente-se a isso o que as *Memórias da Academia das Inscrições e das Obras Políticas* do Sr. abade de Saint-Pierre e do Sr. Melon me forneceram, e as poucas frases que ainda restarem deste verbete foram tiradas de uma obra elogiada no *Jornal de Trévoux* de fevereiro de 1746. Malgrado essas autoridades, não me espantaria encontrar críticos e contraditores, mas poderia ocorrer como no Concílio de Trento, onde, diz-se, foram jovens eclesiásticos que rejeitaram mais obstinadamente a proposição do casamento dos padres, os quais eram, entre os celibatários, os que tinham mais necessidade de mulheres e que menos haviam lido os autores que citei, e que censurarão mais altamente seus princípios.

(Tradução: Thomaz Kawauche)

Cidade (*Política*), Diderot [3, 485]

A *cidade* é a primeira das grandes sociedades de várias famílias, na qual os atos da vontade e o uso da força são transferidos a uma pessoa física ou a uma pessoa moral, pela segurança, pela tranquilidade interna e externa, e por todas as outras comodidades da vida. Ver *Sociedade* e *Família*. A pessoa física, ou o ser moral, como depositários da vontade e da força, comanda; as pessoas que transferiram suas vontades e sua força obedecem. A ideia de cidade supõe, portanto, a relação entre uma pessoa física ou um ser moral público que quer sozinho, e os seres físicos que não têm mais vontade. Toda cidade tem duas origens: uma origem filosófica e uma origem histórica. Quanto à primeira dessas origens, alguns pretendem que o homem é levado por sua natureza a formar as cidades ou sociedades civis; [486] que as famílias tendem a se reunir, ou a alienar sua força e sua vontade a uma pessoa física ou a um ser moral. Isso pode ser verdadeiro, mas é difícil provar. Outros deduzem que a sociedade civil é necessária para a formação e subsistência de sociedades menores, como a conjugal, a paternal, a senhoril, o que é demonstrado ser falso pelo exemplo dos patriarcas que viviam em famílias livres e separadas. Há os que recorrem à indigência da natureza humana, ou ao temor do mal, ou a um apetite violento pelas comodidades da vida, ou mesmo ao desregramento, o que seria mais do que suficiente para reunir as famílias e mantê-las associadas. A primeira cidade foi construída por Caim. Nemrod, que foi mau, e um dos primeiros a ostentar a soberania, foi também um fundador de cidades. Vemos o nascimento e o crescimento da corrupção e dos vícios acompanharem o nascimento e o crescimento das cidades. A História e a Filosofia estão, pois, de acordo sobre suas origens. Quaisquer que sejam as leis da cidade que habitamos, é preciso conhecê-las, submeter-se a elas e defendê-las. Quando imaginamos famílias se reunindo para formar uma cidade, só podemos conceber entre elas a igualdade; quando as imaginamos reunidas, e a alienação de vontade e força já tendo sido realizada, só podemos conceber a subordinação, não somente entre as famílias, mas também entre os indivíduos. É preciso fazer o mesmo raciocínio em relação às cidades entre si. Quando representamos cidades isoladas, há igualdade entre elas; quando representamos as cidades reunidas, concebe-se a formação de impérios e a subordinação das cidades, seja entre elas mesmas, seja em relação a alguma pessoa física ou a alguma pessoa moral. Não se pode dizer o mesmo dos impérios. Os soberanos absolutos permanecem iguais entre si, vivem sós e independentes, no estado de natureza, exatamente porque não se formaram combinações de impérios. O consentimento que assegura tanto a subordinação das famílias numa cidade quanto a subordinação das cidades num império é efetivamente demonstrado. E aquele que perturba a ordem das famílias na cidade é um mau cidadão, assim como aquele que perturba a ordem das cidades num império é um mau súdito. Aquele que perturba a ordem dos impérios no mundo é um mau soberano. Num Estado bem ordenado, uma cidade pode ser considerada como uma só pessoa, e a reunião de cidades como uma só pessoa, esta última submetida a uma autoridade que reside num indivíduo físico ou num ser moral soberano, a quem cabe zelar pelo bem das cidades em geral e em particular.

Outrora, a palavra *cidade* designava um Estado, um povo com todas as suas dependências, uma república particular. Hoje em dia, essa denominação só convém a algumas cidades da Alemanha ou dos cantões suíços.

Embora os gauleses constituíssem uma só nação, eram divididos em vários povos, que formavam quase Estados separados, aos quais César chama de cidades, *civitates*. Além de cada cidade fazer suas próprias assembleias, enviavam também deputados às assembleias gerais, nas quais se discutiam os interesses de cada distrito. Mas a cidade ou metrópole, a capital, onde se dava a assembleia, chamava-se, por excelência, *civitas*. Os latinos diziam cidade dos Éduos, cidade dos Lingões, cidade dos Senões (*civitas Aeduorum, civitas Lingonum, civitas Senonum*), e é sob esses nomes que Autun, Langres e Sens são designadas no itinerário de Antonino.

Mais tarde, só foram chamadas de cidades as sedes episcopais. Essa distinção só subsiste na Inglaterra, onde o nome *cidade* ficou conhecido depois da conquista. Antes dessa época, todas as cidades chamavam-se burgos. Chassane, no livro *Sur la coûtume de Bourgogne*, diz que a França tem 104 cidades, justificando sua afirmação pelo fato de a França possuir 104 bispados e arcebispados. Quando uma cidade cresce com o passar do tempo, reserva-se esse nome para o espaço que ocupava primitivamente. Assim, em Paris há a cidade e a universidade. Em Londres, há a cidade e o subúrbio. Em Praga e na Cracóvia, onde a cidade está dividida em três partes, a mais antiga é chamada cidade. O termo *cidade* é conhecido entre nós apenas nesse último sentido. Em outros casos, diz-se vila, burgo, vilarejo.

(MGS)

Cidadão (História antiga e moderna, Direito público), *Diderot* [3, 488]

Cidadão é o membro de uma sociedade livre de várias famílias, que compartilha os direitos dessa sociedade e goza de seus privilégios. Ver *Sociedade, Cidade, Cidade livre, Privilégios*. Aquele que reside numa tal sociedade por causa de algum negócio e que, uma vez terminado o que tem a fazer aí, deve ir embora, não é um cidadão dessa sociedade. É somente um súdito momentâneo. Aquele que faz dela sua morada habitual mas não compartilha os direitos e privilégios também não é cidadão. Aquele que foi despojado desses direitos e privilégios cessou de ser cidadão. Esse título é atribuído às mulheres, às crianças e aos servidores apenas enquanto membros da família de um cidadão propriamente dito; eles não são verdadeiramente cidadãos.

Podemos distinguir duas espécies de cidadãos: os originários e os naturalizados. Os primeiros são os que nasceram cidadãos. Os naturalizados são aqueles a quem a sociedade concedeu a participação em seus direitos e privilégios, embora não tenham nascido em seu seio.

Os atenienses eram muito reservados ao conceder o título de cidadão a estrangeiros. Nisso, foram mais dignos do que os romanos. Nunca a cidadania foi aviltada entre eles. Mas da alta opinião que tinham do título decorreu que não puderam obter talvez a maior vantagem, que é a de aumentar sua população com aqueles que ambicionavam a cidadania. Em Atenas, só eram cidadãos os que tivessem nascido de pais cidadãos. Quando um jovem chegava aos 20 anos, era registrado no Registro dos Cidadãos, e o Estado passava a contá-lo como seu membro. Nessa cerimônia de adoção, o jovem pronunciava, diante do céu, este juramento: *Arma non dehonestabo; nec adstantem, quisquis ille fuerit, socium relinquam; pugnabo quoque pro focis & aris, solus & cum multis; patriam nec turbabo, nec prodam; navigabo contra quamcumque destinatus fuero regionem; solemnitates perpetuas observabo; receptis consuetudinibus parebo, & quascumque adhuc populus* prudenter *statuerit, amplectar; & si quis leges receptas sustulerit, nisi comprobaverit, non permittam; tuebor denique, solus & cum religuis omnibus, atque patria sacra colam. Dii cognitores, Agrauli, Enyalius, Mars, Jupiter, Floreo, Augesco duci.* Plut., *In Peric.* "Não desonrarei minhas armas e não abandonarei o camarada do meu lado, quem quer que seja ele; combaterei também pelos nossos lares e altares, sozinho ou com muitos outros. Não levarei a desordem a minha pátria nem a trairei. Navegarei para todas as regiões aonde for enviado. Observarei as solenidades perpétuas. Submeter-me-ei aos costumes tradicionais e acatarei todos aqueles que até aqui o povo tiver ordenado sabiamente. Não permitirei que ninguém anule as leis aceitas ou não as reconheça. Finalmente, protegerei e observarei, sozinho ou com todos os outros, os ritos de nossos ancestrais. Tomo como testemunhas os deuses Agraulo, Eniálio, Marte, Júpiter, Prosperidade, Multiplicação,

Mandamento". Eis um *prudenter* que, abandonando a cada particular o jul gamento das novas leis, era capaz de provocar inúmeras perturbações. De resto, esse juramento é muito belo e sábio.

Era possível tornar-se cidadão de Atenas por adoção de um cidadão e pelo consentimento do povo. Mas esse favor não era comum. Se alguém não fosse considerado cidadão antes dos 20 anos, não poderia mais sê-lo, quando a idade mais avançada o impediria de ocupar funções públicas. O mesmo acontecia com os exilados e banidos, a menos que fosse por ostracismo. Os que haviam sofrido essa condenação eram apenas afastados.

Eram necessárias três coisas para que se pudesse ser considerado cidadão romano: ter domicílio em Roma, ser membro de uma das 35 tribos e poder chegar às dignidades da República. Aqueles que tinham alguns dos direitos de cidadão apenas por concessão e não por nascimento nada mais eram que cidadãos honorários. Ver *Cidade, Jurisprudência.* [**489**]

Quando se diz que havia em Roma mais de 4 milhões de cidadãos na ocasião do recenseamento ordenado por Augusto, aparentemente essa quantidade compreendia os que residiam em Roma e aqueles que, espalhados pelo Império, eram apenas cidadãos honorários.

Havia uma grande diferença entre um cidadão e um domiciliado. Segundo a lei de *incolis*, só o nascimento dava a cidadania e todos os privilégios da burguesia. Tais privilégios não podiam ser adquiridos por tempo de permanência. No tempo dos cônsules, só o favor do Estado e, no tempo do Império, só a vontade do imperador poderiam suprir a falta de origem.

O primeiro privilégio do cidadão romano era o de só poder ser julgado pelo povo. A Lei Pórcia proibia que um cidadão fosse condenado à morte. Mesmo nas províncias, o cidadão não era submetido ao poder arbitrário de um procônsul ou de um propretor. O *civis sum* barrava imediatamente esses tiranos subalternos. Montesquieu diz, em *O espírito das leis*, livro XI, capítulo XIX, que em Roma, assim como na Lacedemônia, a liberdade para os cidadãos e a servidão para os escravos eram extremas. Todavia, apesar dos privilégios, do poder e da grandeza desses cidadãos, que fizeram Cícero dizer *an qui amplissimus Galliae cum infimo cive romano comparandus est?*, pois o maior dos gauleses pode ser comparado ao mais ínfimo cidadão romano?, parece-me que o governo dessa república era tão composto que em Roma tinha-se uma ideia menos precisa de cidadão do que no cantão de Zurique.

Para nos convencermos disso, basta refletir com atenção no que iremos dizer no resto deste verbete.

Hobbes não estabelece nenhuma diferença entre um súdito e um cidadão. O que é verdadeiro, se tomarmos o termo *súdito* no seu sentido mais estrito e o termo *cidadão* no sentido mais amplo, considerando este em relação às leis e aquele em relação ao soberano. Ambos são igualmente comandados, mas um por um ser moral e o outro por uma pessoa física. O nome de cidadão não convém nem àqueles que vivem subjugados nem aos que vivem isolados. Donde se conclui que os que vivem em absoluto estado de natureza, como os soberanos, e os que renunciaram perfeitamente a esse estado como escravos não podem ser considerados cidadãos. A menos que se pretenda que só há sociedade racional onde houver um ser moral, imutável, e acima da pessoa física soberana. Puffendorf, sem atentar para essa exceção, dividiu sua obra sobre os deveres em duas partes, uma sobre os deveres do homem, outra sobre os do cidadão.

Como as leis das sociedades de famílias não são as mesmas em todo lugar e como há na maioria das sociedades uma ordem hierárquica constituída pelas dignidades, o cidadão pode ainda ser considerado relativamente às leis de sua sociedade e relativamente ao lugar que ocupa na ordem hierárquica. No segundo caso, haverá alguma diferença entre o cidadão magistrado e o cidadão burguês, e, no primeiro caso, entre o cidadão de Amsterdã e o da Basileia.

Aristóteles, apesar de admitir as distinções entre as sociedades civis e entre as ordens de cidadãos em cada sociedade, só reconhece como verdadeiros cidadãos os que tomam parte na judicatura e que podem esperar passar do estado de simples burgueses aos primeiros graus da magistratura, o que não convém senão às democracias puras. É preciso convir que praticamente só aquele que goza dessas prerrogativas é verdadeiramente homem público, e que não há nenhum caráter distintivo entre o súdito e o cidadão a não ser que este último deve ser homem público, e que o papel do primeiro só pode ser o de particular, de *quidam*.

Puffendorf, ao restringir o nome de cidadão aos que fundaram o Estado por uma reunião de famílias e a seus sucessores de pai para filho, introduz uma distinção frívola que obscurece sua obra e que pode criar perturbações numa sociedade civil, distinguindo os cidadãos originários dos naturalizados, através de uma ideia de nobreza mal entendida. Os cidadãos, na qualidade de cidadãos, ou seja, em suas sociedades, são todos igualmente nobres. A nobreza não vem dos ancestrais, mas do direito comum às primeiras dignidades da magistratura.

Sendo o ser moral em relação ao cidadão o que a pessoa física despótica é em relação ao súdito, e como o escravo mais perfeito não transfere todo seu ser a seu soberano, com mais forte razão o cidadão se reserva certos direitos, dos quais jamais se desfaz. Há ocasiões em que ele se situa no mesmo plano, não em relação aos seus concidadãos, mas em relação ao ser moral que comanda a todos. Esse ser moral tem duas características, uma particular e outra pública. Enquanto público, não deve encontrar resistência; enquanto particular, pode experimentar a resistência da parte dos particulares, e mesmo sucumbir na contestação. Já que esse ser moral tem domínios, compromissos, herdades, arrendatários etc., é preciso, por assim dizer, distinguir nele o soberano do súdito da soberania. Nessas ocasiões, ele é ao mesmo tempo juiz e parte interessada. Sem dúvida, esse é um inconveniente, mas que se encontra em todo governo em geral, e que não prova o pró nem o contra, a não ser pela raridade de sua frequência, e não por si mesmo. É certo que os súditos ou cidadãos serão tanto menos expostos às injustiças quanto mais raramente o ser soberano for ao mesmo tempo juiz e parte interessada, nas ocasiões em que for atacado como particular.

Em épocas de desordem, o cidadão se filiará ao partido favorável ao sistema estabelecido. Nas dissoluções de sistemas, seguirá o partido de sua cidade, se este for unânime, e, se houver divisão na cidade, abraçará o partido que for favorável à igualdade dos membros e à liberdade de todos.

Quanto mais os cidadãos estiverem próximos do ponto de vista da igualdade de pretensões e de fortuna, mais tranquilo será o Estado. Esta parece ser uma vantagem exclusiva da democracia pura em relação a qualquer outra forma de governo. Mas, mesmo na democracia mais perfeita, a igualdade integral entre os membros é uma coisa quimérica, e talvez se encontre exatamente nisto o princípio de dissolução desse governo, a menos que se encontre o remédio através das injustiças do ostracismo. Ocorre com um governo em geral o mesmo que ocorre com a vida animal: cada passo na vida é um passo para a morte. O melhor governo não é aquele que é imortal, mas aquele que dura mais tempo, e mais tranquilamente.

(MGS)

Burguês, Cidadão, Habitante (Gramática), *Diderot* [2, 370]

Termos relativos à residência num lugar. O *burguês* é aquele que reside numa cidade; o *cidadão* é um *burguês*, considerado relativamente à sociedade de que é membro; o *habitante* é um particular, considerado relativamente à sua residência pura e simples. O *habitante* é da cidade, da província ou do campo; o *burguês* é de Paris. O *burguês* de Paris que toma a peito o interesse de sua cidade contra os atentados que a ameaçam se torna *cidadão*. Os homens são *habitantes* da Terra; as cidades estão repletas de *burgueses*; entre eles, há poucos *cidadãos*. Para que se *habite*, pressupõe-se um lugar; a *burguesia* pressupõe uma cidade, a qualidade de *cidadão*, uma sociedade, em que cada particular esteja a par da coisa pública e queira o bem e não almeje os títulos mais elevados.

(Tradução: Pedro Paulo Pimenta)[1]

Comércio (*sem classificação*), Forbonnais [3, 690][2]

No sentido geral, entende-se por *comércio* uma comunicação recíproca. Aplica-se mais particularmente à comunicação dos homens entre si, das produções de suas terras e de sua indústria.

A providência infinita, da qual a natureza é uma obra, pela variedade que ela aí estabelece, põe os homens na situação de dependência uns dos outros. O Ser Supremo criou laços, a fim de levar os povos a conservar a paz entre si e a se amar, e de reunir o tributo de seus louvores, manifestando-lhes seu amor e sua grandeza pelo conhecimento das maravilhas com as quais ele encheu o universo. É assim que as intenções e as paixões humanas entram na ordem inalterável de seus decretos eternos.

Esta dependência recíproca dos homens, pela variedade das produções que eles podem se proporcionar, estende-se sobre as necessidades reais ou sobre as necessidades de opinião.

Os víveres de um país, em geral, são produções naturais de suas terras, dos rios, dos mares e de sua indústria.

As produções da terra, tais como as recebemos das mãos da natureza, pertencem à Agricultura. Ver *Agricultura*.

---

1 Doravante PPP.

2 Tradução parcial.

As produções da indústria variam ao infinito; mas pode-se dividi-las em duas classes.

Quando a indústria se aplica a aperfeiçoar as produções da terra, ou a mudar a sua forma, chama-se manufatura. Ver *Manufatura*.

As matérias que servem para as manufaturas chamam-se matérias-primas.

Quando a indústria cria com seus próprios recursos, sem outra matéria a não ser o estudo da natureza, ela pertence às Artes Liberais. Ver *Arte*.

As produções dos rios ou mares pertencem à pesca.

O alimento e as roupas são as únicas necessidades reais; a ideia da comodidade é apenas um efeito deste primeiro sentimento, assim como o luxo, por sua vez, é uma consequência da comparação das comodidades supérfluas das quais usufruem alguns particulares.

O comércio deve sua origem a essas três espécies de [691] necessidades que os homens impuseram a si mesmos. A indústria é, ao mesmo tempo, o seu fruto e o seu suporte. Cada coisa que pode ser comunicada a um homem por outro, pela sua utilidade ou para seu prazer, é matéria de comércio. É justo dar um equivalente do que se recebe. Essa é a essência do comércio, que consiste numa troca; seu objetivo geral é estabelecer a abundância das matérias necessárias ou cômodas. Enfim, seu efeito é proporcionar àqueles que ele emprega os meios de satisfazer a suas necessidades.

A comunicação geral entre os homens esparsos sobre a terra supõe a arte de atravessar os mares que os separam, ou navegação: ela constitui um novo tipo de indústria e de ocupação entre os homens.

Os homens, tendo concordado que o ouro e a prata seriam o sinal das mercadorias, e, em seguida, tendo inventado uma representação dos próprios metais, estes metais tornaram-se mercadorias; o comércio destas mercadorias foi chamado de comércio de dinheiro ou do câmbio.

Os povos inteligentes, que não tinham em suas terras com o que satisfazer as três espécies de necessidades, adquiriram terras em climas próprios aos víveres que lhes faltavam. Enviaram para lá uma parte de seus homens para cultivá-las, impondo-lhes uma lei de consumir as produções do país da dominação. Estes estabelecimentos são chamados colônias.

Assim, a agricultura, as manufaturas, as artes liberais, a pesca, a navegação, as colônias e o câmbio foram os sete ramos do comércio. O produto de cada um não é igual, mas todos os seus frutos são preciosos.

Quando o comércio é considerado em relação ao corpo político, sua operação consiste na circulação interna dos víveres do país e das colônias, na exportação de seu excedente e na importação dos víveres estrangeiros, seja para consumi-los, seja para reexportá-los.

Quando o comércio é considerado como ocupação de um cidadão num corpo político, sua operação consiste na compra, venda, ou troca de mercadorias das quais outros homens têm necessidade, com a intenção de tirar daí um lucro. [....]

A história do comércio nos apresenta três reflexões importantes:

1ª) Alguns povos compensaram pela indústria a falha nas produções da terra e possuíram mais riquezas de convenção do que aqueles que eram proprietários de riquezas naturais. Mas essa indústria consistia sempre em distribuir em cada região as riquezas naturais dos quais eram desprovidas; e, reciprocamente, sem indústria, nenhum povo possui com abundância o ouro e a prata, que são riquezas de convenção.

2ª) Um povo perde insensivelmente seu comércio se não fizer tudo o que poderia fazer. Com efeito, todo ramo do comércio supõe uma necessidade, seja real, seja de opinião; seu lucro dá os meios para outro empreendimento, e nada é tão perigoso que forçar outro povos a satisfazer por si mesmos suas necessidades, ou a compensá-las. Sempre se viu prodígios da indústria eclodirem no seio da necessidade; os grandes esforços que ela ocasiona são semelhantes ao curso de uma torrente impetuosa, cujas águas lutam com violência contra os diques que as contêm, os derrubam ao final e se espalham nas planícies.

3ª) Uma grande população é inseparável de um grande comércio, cuja passagem é sempre marcada pela opulência. É constante que as comodidades da vida são para os homens o atrativo mais poderoso. Se supomos um povo comerciante, rodeado de povos que não o são, o primeiro logo atrairá todos os estrangeiros aos quais seu comércio poderá dar trabalho e salário.

Essas três reflexões nos indicam os princípios do comércio num corpo político em particular. A agricultura e a indústria são a sua essência; sua união é tal que se uma superar a outra, ela mesma se destrói. Sem a indústria, os frutos da terra não terão valor. Se a agricultura for negligenciada, as fontes do comércio secam.

O objeto do comércio num Estado é de entreter na comodidade, pelo trabalho, o maior número possível de homens. A agricultura e a indústria são os únicos meios de subsistir: se uma e outra são vantajosas para aqueles que elas ocupam, nunca faltarão homens. O efeito do comércio é revestir um corpo político de toda a força que ele é capaz de receber. Essa força consiste na população que lhe atraem suas riquezas políticas, ou seja, reais e relativas ao mesmo tempo.

A riqueza real de um Estado é o maior grau de independência, em suas necessidades, em relação a outros Estados e o maior excedente que ele tiver para exportar. Sua riqueza relativa depende da quantidade de riquezas de convenção que o seu comércio lhe atrai, comparada com a quantidade das mesmas riquezas que o comércio atrai nos Estados vizinhos. É a combinação dessas riquezas reais e relativas que constitui a arte e a ciência da administração do comércio político.

Toda operação no comércio de um Estado contrária a esses princípios é uma operação destrutiva do próprio comércio.

Assim, há um comércio útil e um que não o é: para nos convencermos disto, é preciso distinguir o ganho do comerciante do ganho do Estado. Se o comerciante introduz em seu país mercadorias estrangeiras que prejudicam o consumo da manufatura nacional, é certo que o comerciante ganhará sobre a venda destas mercadorias, mas o Estado perderá:

1º) o valor daquilo que custaram no exterior. 2º) os salários que o emprego das mercadorias nacionais teria proporcionado a diversos operários. 3º) o valor que a matéria-prima teria produzido nas terras do país ou das colônias. 4º) o benefício da circulação de todos esses valores, ou seja, a comodidade que ela teria difundido pelos consumidores sobre diversos outros súditos. 5º) os recursos que o príncipe tem o direito de esperar da comodidade de seus súditos.

Se as matérias-primas foram produções das colônias, o estado perderá além disso o benefício da navegação. Se forem matérias estrangeiras, esta última perda subsiste igualmente, e, em vez da perda do produto das terras, será a perda da troca de mercadorias nacionais que teriam sido fornecidas como retorno destas matérias-primas. O ganho do Estado é, pois, precisamente tudo o que acabamos de dizer que ele perderia na hipótese proposta; o ganho do comerciante é somente o excedente do preço da venda sobre o preço de compra.

Reciprocamente, o comerciante pode perder, quando o Estado ganha. Se um comerciante envia, imprudentemente, manufaturas de seu país para um outro no qual elas não estão em falta, ele poderá perder sobre a venda; mas o estado ganhará sempre o montante que será pago pelo estrangeiro, o que terá sido pago às terras para o preço da matéria-prima, e os salários de operários empregados para manufaturá-las; o preço da navegação, se a exportação for feita por mar; o benefício da circulação e o tributo que o bem estar público deve à pátria.

O ganho do comerciante feito sobre o Estado dos outros súditos é pois absolutamente indiferente ao Estado que não ganha nada; mas esse ganho não lhe é indiferente quando ele aumenta a dívida dos estrangeiros, e que serve de encorajamento para outros empreendimentos lucrativos para a sociedade.

Antes de examinar de que modo os legisladores conseguem cumprir o objetivo e o efeito do comércio, exporei nove princípios que os ingleses, ou seja, o povo mais sábio no comércio, propõem em seus livros para julgar a utilidade ou as desvantagens do comércio.

1-A exportação do excedente é o ganho mais claro que uma nação pode ter.

2-A maneira mais vantajosa de exportar as produções excedentes da terra é aplicá-las antes ou manufaturá-las.

3-A importação das matérias estrangeiras para serem empregadas na manufatura, ao invés de importá-las todas já manufaturadas, poupa muito dinheiro. [**696**]

4-A troca de mercadorias por mercadorias é vantajosa em geral, exceto no casos em que for contrária a esses princípios.

5-A importação de mercadorias que impedem o consumo daquelas do país ou que prejudicam o progresso de suas manufaturas e de seu cultivo traz necessariamente a ruína de uma nação.

6-A importação de mercadorias estrangeiras de puro luxo é uma verdadeira perda para o Estado.

7-A importação de coisas de necessidade não pode ser considerada um mal; mas uma nação não deixa de empobrecer menos por isso.

8-A importação de mercadorias estrangeiras para reexportá-las em seguida traz um benefício real.

9-É um comércio vantajoso fretar os navios para outras nações.

É este plano que deve guiar a operação geral do comércio.

Definimos esta operação como a circulação interna dos víveres de um país ou de suas colônias, a exportação de seu excedente e a importação de víveres estrangeiros, seja para consumir, seja para reexportar.

Esta definição divide naturalmente o comércio em duas partes, o interno e o externo. Seus princípios são diferentes e não podem ser confundidos sem que haja uma grande desordem.

O comércio interno é aquele que é feito entre os membros de uma sociedade. Ocupa o primeiro lugar no comércio geral, assim como se estima mais o necessário antes do supérfluo, que não é por isto menos procurado.

Esta circulação interna é o consumo, por parte dos cidadãos, das produções de suas terras e de sua indústria, do qual ela é o primeiro apoio. Já havíamos observado que a riqueza real de uma nação alcança o mais alto grau quando ela não recorre a nenhuma outra para suas necessidades. Segue-se que as regras estabelecidas nos diversos Estados variam segundo a abundância das riquezas naturais e a habilidade de vários compensa pela indústria a resistência da natureza.

O valor do comércio interno é precisamente a soma das despesas particulares de cada cidadão para alimentar-se, alojar-se, vestir-se, obter comodidades e manter seu luxo. Mas é preciso deduzir deste valor tudo o que é consumido em produtos estrangeiros, que são uma perda real para a nação, se o comércio externo não a reparar.

A população é a alma dessa circulação interna; sua perfeição consiste na abundância de víveres do país na proporção de sua necessidade; sua conservação depende do lucro que estes víveres dão ao seu proprietário e do encorajamento que lhe é dado pelo Estado.

Enquanto as terras recebem a maior e melhor cultura possível, o uso dos produtos de comodidade e de luxo não é excessivo, desde que sejam do país ou de suas colônias.

Seu valor aumenta a soma das despesas particulares e se reparte entre os diversos cidadãos que elas empregam.

É bom que um povo não deixe de ter nenhum dos prazeres da vida, porque assim ele é mais feliz. Cessaria de sê-lo se esses prazeres e comodidades esgotassem sua riqueza; ele seria mesmo logo privado deles porque as necessidades reais são credores bárbaros e impacientes. Mas quando as comodidades e o luxo são uma produção do país, seu prazer atrai os estrangeiros, os seduz, e proporciona ao Estado que os possui a matéria de uma nova exportação.

Que me seja permitido estender esse princípio às ciências, às produções do espírito, às artes liberais: não as aviltamos ao considerá-las sob a nova face da utilidade. Os homens têm necessidade de instrução e de divertimento: toda nação obrigada a recorrer a outra para obtê-los fica empobrecida com essa despesa que retorna inteira em proveito da nação que os proporciona.

A arte mais frívola aos olhos da razão e o alimento mais comum são objetos essenciais no comércio político. Felipe II, proprietário das minas de Potozi, fez duas ordenações durante seu reino, unicamente para proibir a entrada de bonecas, bijuterias de vidro, pentes e broches, sobretudo da França.

Se as modas e seu capricho forem, se se quiser, o fruto da inconstância e da leviandade de um povo, não é por isto menos certo que ele não poderia ter se conduzido de modo mais sábio pelo interesse por seu comércio e pela sua circulação. A loucura está toda do lado dos cidadãos que se sujeitam a elas, quando a fortuna os proíbe; o verdadeiro ridículo é queixar-se das modas e da pompa, e não privar-se delas.

O abuso do luxo, entretanto, não é impossível, e seu excesso seria o abandono das terras e das artes de primeira necessidade para se ocupar de culturas e artes menos úteis.

O legislador sempre tem condições de reprimir esse excesso, corrigindo seu princípio. Ele poderá sempre manter o equilíbrio entre as diversas ocupações de seu povo, aliviar por franquias e privilégios a parte que sofre e rejeitar os impostos sobre o consumo interno dos produtos de luxo.

Essa parte do comércio é submetida às leis particulares do corpo político; ele pode permitir, restringir ou abolir o uso dos produtos, sejam nacionais, sejam estrangeiros, como quiser, quando julgar conveniente a seus interesses. É por essa razão que suas colônias estão sempre num estado de proibição.

Enfim, é preciso se lembrar continuamente que o comércio interno se aplica particularmente a manter a riqueza real de um Estado.

O comércio exterior é aquele que uma sociedade política faz com as outras. Ele concorre para o mesmo fim que o comércio interno, mas aplica-se mais particularmente a obter riquezas relativas. Com efeito, se supomos um povo comerciante realmente muito rico em víveres dos quais os outros povos não fazem uso, o comércio interno manterá cuidadosamente essa cultura ou esta indústria pelo consumo do povo. Mas o comércio exterior não se dedicará senão a favorecê-la, sem sacrificar as ocasiões de aumentar as riquezas relativas do Estado. Essa parte exterior do comércio está ligada aos interesses políticos, que ela contrata por sua natureza.

Os príncipes estão sempre numa condição forçada relativamente aos outros príncipes; aqueles que querem proporcionar a seus súditos uma grande exportação de seus produtos deve se conduzir de acordo com as circunstâncias, os princípios e os interesses dos outros povos comerciantes, enfim, com o gosto e o capricho do consumidor.

A operação do comércio exterior consiste em satisfazer as necessidades dos outros povos e em tirar disto com o que satisfazer as suas. Sua perfeição consiste em fornecer o mais possível, e da maneira mais vantajosa. Sua conservação depende da maneira pela qual ele é conduzido.

As produções da terra e da indústria são a base de todo comércio, como já observamos várias vezes. Os países férteis têm necessariamente **[697]** uma vantagem para a exportação sobre aqueles que o são menos. Enfim, mais os produtos são necessários e perfeitos, maior será a dependência dos estrangeiros.

Uma grande população é uma das vantagens que põem o povo em condições de satisfazer o mais possível as necessidades dos outros povos. Reciprocamente, seu comércio exterior ocupa todos os homens que o comércio interno não teria podido alimentar.

A população depende da facilidade dos cidadãos em obter uma subsistência fácil pelo trabalho e sua segurança. Se esse trabalho não basta para sua subsistência, a experiência mostra que eles irão procurá-la em outros Estados. Por essa razão, quando as circunstâncias extraordinárias causaram esses não valores, o legislador tem o cuidado de prevenir os seus efeitos: alimenta seus operários ou lhes dá trabalho. Do fato da população ser tão necessária, segue-se que a ociosidade deve ser reprimida: as casas de trabalho são o principal remédio que os povos governados empregam para isso.

Um povo não fornecerá nada aos outros, se não oferecer seus produtos a um preço tão bom quanto os outros povos que possuem os mesmos produtos; se ele os vende mais baratos, terá a preferência em seu próprio país.

Quatro meios conduzem com segurança a isso: a concorrência, a economia do trabalho dos homens, a modicidade dos custos de exportação e o baixo preço do juro sobre o dinheiro.

A concorrência produz a abundância, e esta produz o baixo preço dos víveres, das matérias-primas, dos artesãos e do dinheiro. A concorrência é um dos mais importantes princípios do comércio e uma parte considerável de sua liberdade. Tudo o que a restringe e a altera nesses quatro pontos é prejudicial para o Estado, diametralmente oposto ao seu fim, que é a felicidade e a subsistência do maior número possível de homens.

A economia do trabalho dos homens consiste em reforçá-lo com o trabalho das máquinas e animais quando se pode fazê-lo com menos despesas ou quando as preserva. Isso multiplica a população, longe de destruí-la. Esse último preconceito se manteve por mais tempo nos países que só se ocupavam do comércio interior. Com efeito, se o comércio exterior for medíocre, o objetivo geral não seria atingido se o comércio interno não ocupasse o maior número possível de homens. Mas se o comércio exterior, quer dizer, a navegação, as colônias e as necessidades dos outros povos puderem ocupar ainda mais cidadãos do que os que existem, é necessário economizar seu trabalho para atingir melhor todos esses objetivos. A experiência demonstra, como já assinalamos, que se perde o comércio quando não se cultiva tudo o que poderia ser cultivado. Enfim, é evidente que a força de um corpo político depende do melhor e maior emprego dos homens, que atraem para ele suas riquezas políticas: combinação que não se pode perder de vista. A economia do trabalho, portanto, não destruirá a população quando o legislador apenas desviar com precaução seu trabalho de um objeto para outro, o que é matéria de uma administração particular.

A modicidade das despesas de exportação é a terceira fonte do bom preço e, consequentemente, da venda das produções de um país.

Estas despesas são as do transporte e das taxas de saída. O transporte se faz por terra ou por água. Reconhece-se que o transporte por terra é muito mais custoso. Assim, nos Estados comerciantes, os canais para compensar a falta de rios navegáveis, sua manutenção e comodidade, a liberdade absoluta dessa navegação, são uma parte essencial da administração.

As taxas das alfândegas, sejam para a saída, sejam no interior, sobre as produções de uma nação são as despesas às quais os estrangeiros se submetem com maior dificuldade. O negociante as considera um excedente do valor real e a política os vê como aumento da riqueza relativa.

Os povos inteligentes suprimem estas taxas na saída de suas produções ou as proporcionam à necessidade que os outros povos têm delas; eles comparam sobretudo o preço de suas produções entregues no local do consumo, com o preço das mesmas produções fornecidas em concorrência pelas nações rivais. Essa comparação é muito importante: embora entre dois povos manufatureiros a qualidade e o preço de compra de tecidos sejam semelhantes, as taxas de saída não devem ser as mesmas, se o preço do transporte não for igual. A menor diferença faz o consumidor decidir.

Algumas vezes o legislador, em vez de cobrar taxas sobre a exportação, a encoraja com recompensas. O objetivo dessas recompensas é aumentar o lucro do operário, quando ele não é bastante considerável para manter um trabalho útil em concorrência: se a gratificação for até o ponto de diminuir o preço, a preferência do estrangeiro durante alguns anos basta para estabelecer esse novo ramo do comércio, que logo não terá mais necessidade de apoio. O efeito é seguro e a prática só pode ser salutar ao corpo político, como acontece com o corpo humano quando um órgão transmite calor a outro em caso de necessidade.

Um povo não forneceria aos outros tudo que é possível, se não fizer senão o comércio de suas próprias produções. Cada um sabe, por sua própria experiência, que é natural satisfazer suas necessidades em lugares que possuem maior estoque e no qual a variedade das mercadorias provoque as necessidades. O que se passa numa loja acontece na comunidade geral.

Os povos comerciantes vão buscar em outros povos os produtos que lhes faltam, para distribuí-los aos que os consomem. Essa espécie de comércio é propriamente o comércio de economia. Uma nação hábil não renuncia a nenhum e embora tenha um grande comércio de luxo, se tiver muitos homens e muito dinheiro a bom preço, é evidente que fará todos com sucesso. Eu diria mais: o momento em que os negociantes encontrarem vantagem nisso será a época mais certa de sua riqueza.

Entre as produções estrangeiras, há algumas cujo uso o legislador proibiu no comércio interno; mas, como já observamos, ele está num Estado forçado pela parte do comércio exterior.

Para não privar a nação do lucro que pode obter sobre as mercadorias estrangeiras e aumentar consequentemente sua riqueza relativa, estabeleceram-se em alguns Estados portos nos quais se permite a importação livre de tudo que é vantajoso reexportar. São chamados portos livres.

Em outros Estados, as mercadorias são postas em entrepostos, e para facilitar a reexportação geral das produções estrangeiras, mesmo as permitidas, quando ela se faz, é devolvida a totalidade ou parte das taxas de saída.

O comércio exterior de um povo não estará no seu mais alto grau de perfeição se seu excedente não for exportado e se as coisas que lhe são necessárias não forem importadas da maneira mais vantajosa para ele.

Essa exportação e importação são feitas por seus próprios navios ou pelos de uma outra nação. **[698]**

Assim, há um comércio ativo e um comércio passivo. É evidente que o comércio passivo diminui o benefício da exportação e aumenta o preço da importação. Ele é contrário ao objetivo do comércio num Estado, pois tira de seu povo o trabalho e os meios de subsistir. Ele interrompe seu efeito, já que diminui a riqueza relativa desse Estado.

O comércio passivo produz ainda outra desvantagem: a nação que se apropriou do comércio ativo de uma outra a mantém sob sua dependência. Se sua união vem a cessar, aquela que só tem um comércio passivo fica sem vigor. Sua agricultura, sua indústria, suas colônias ficam na inação, sua população diminui, até que, pelos esforços cujos progressos são sempre lentos e incertos, ela retome seu comércio passivo.

A diferença que resulta da compensação das exportações e das importações durante um certo intervalo de tempo se chama balança comercial. Ela é sempre paga ou recebida em dinheiro, já que a troca de produtos por metais que são sua medida é indispensável quando não se tem mais outro equivalente a dar. Os Estados se pagam entre eles como os particulares.

Essa balança deve ser considerada como particular e como geral.

A balança particular é a do comércio entre dois Estados; ela é objeto de tratados que eles fazem entre si, para estabelecer, tanto quanto se pode, a igualdade do comércio. Esses tratados regulam a natureza das produções que poderão ser comunicadas de um ao outro, as facilidades que trarão reciprocamente à sua introdução, as taxas que as mercadorias pagarão às alfândegas, seja de entrada ou no interior.

Se duas nações só tivessem as mesmas espécies de produções para comercializar, elas não fariam acordos entre si a não ser o da humanidade e do bom tratamento das pessoas, porque aquela dentre as duas que tivesse uma vantagem sobre a outra invadiria enfim seu comércio interior e exterior. O comércio entre essas duas nações ficaria reduzido ao que uma terceira lhes proporcionasse pela reexportação da qual falamos.

A igualdade perfeita do comércio entre dois povos é a dos valores e do número de homens necessariamente ocupados de uma parte e de outra. É quase impossível que ela exista, e não se calcula normalmente a não ser a igualdade de valores.

Embora não se avalie o número de homens, parece que esse número deveria ser considerado segundo a necessidade recíproca da troca. Se a balança não for igual, a diferença entre o número de homens reciprocamente empregados não deve de modo algum ser considerada por aquele que ganha. Pois é certo que a soma paga em dinheiro aumentará para ele a circulação interna e, consequentemente, procurará uma subsistência fácil a um grande número de homens.

Quando um país está na penúria absoluta de um produto, a facilidade que se dá para aproximá-lo da igualdade do comércio depende do ponto de concorrência em que está esse produto. Pois se outros povos o possuem igualmente e oferecem melhores condições, perder-se-á a ocasião de vender o seu. Se esse Estado não tem troca a oferecer a não ser mercadorias do mesmo gênero e da mesma espécie, convém primeiro comparar o produto e as vantagens da venda que se pode fazer de seu próprio produto, com a perda que poderia resultar da introdução de produções estrangeiras, em seguida os meios de que se dispõe para enfrentar sua concorrência e a tornar nula.

Enfim a confecção de semelhante tratado exige um profundo conhecimento do comércio das duas nações contratantes, de seus recursos recíprocos, de sua população, do preço e da qualidade das matérias-primas, do preço dos víveres e da mão de obra, do gênero de indústria, das necessidades recíprocas, das balanças particulares e gerais, das finanças, da taxa de juros que, estando baixa numa nação, e alta na outra, faz com que esta perca onde a primeira ganha. Pode acontecer que a balança do comércio com um país seja desvantajosa e que o comércio seja útil, quer dizer, que seja a ocasião ou o meio necessário de um comércio que o compense com lucro dessa perda.

A balança geral do comércio de uma nação é a perda ou o ganho que resultam da compensação das balanças particulares.

Mesmo que o montante das exportações gerais tenha diminuído, se o das importações tiver diminuído na mesma proporção, o Estado não perdeu seu comércio útil, porque isto é normalmente uma prova de que seu comércio interno terá ocupado um maior número de homens.

Pela mesma razão, embora as exportações gerais sejam menores, se as importações diminuíram numa proporção maior, o comércio útil cresceu.

É evidente que, dentre vários povos, aquele cuja balança geral for constantemente mais vantajosa, tornar-se-á mais poderoso, terá mais riquezas de convenção e essas riquezas, circulando no interior, proporcionarão uma subsistência fácil a um maior número de cidadãos. Tal é o efeito do comércio, quando é levado à sua perfeição num corpo político: os cuidados da administração tendem a proporcionar isso; é por uma grande superioridade de visão, por uma vigilância assídua sobre os procedimentos, regulamentos e motivos dos povos em concorrência, enfim, por uma combinação das riquezas reais e relativas, que ela obtém sucesso. As circunstâncias variam ao infinito, mas os princípios são sempre os mesmos; sua aplicação é o fruto do gênio que compreende todas as suas faces.

As restrições que o interesse político causam ao comércio não podem ser chamadas de constrangimento; essa liberdade tão facilmente citada e tão raramente compreendida consiste somente em fazer facilmente o comércio permitido pelo interesse geral bem compreendido.

O excesso de produção é uma licença destrutiva do próprio comércio. Falei do interesse geral bem compreendido, porque a aparência de um bem nem sempre é um bem.

As fraudes e a má-fé não podem ser proscritas por demais severamente: o exame desses pontos exige formalidades; seu excesso destrói a liberdade, seu esquecimento total introduz a licença. Logo, não se deve eliminar totalmente essas formalidades, mas restringi-las e assegurar a extrema facilidade de sua execução.

Já provamos a necessidade da concorrência; ela é a alma da liberdade bem compreendida.

Essa parte da administração é uma das mais delicadas, mas seus princípios entram sempre no plano que dê ao estado uma balança geral mais vantajosa que a dos seus vizinhos.

Nós nos propomos a examinar o comércio como ocupação de um cidadão. Só falaremos dele relativamente ao corpo político.

Já que o comércio é sua alma, a ocupação **[699]** de um cidadão com o comércio é honesta, assim como todas aquelas que são úteis. Mas à medida que os cidadãos prestam maiores serviços, eles devem ser mais distinguidos e o comércio não será encorajado nos países que não sabem estabelecer essas diferenças.

Podemos nos ocupar do comércio pessoalmente de três maneiras.

A primeira concerne à compra das produções da terra e da indústria, para revendê-las por pequenas partes a outros cidadãos. Os que exercem esta profissão são chamados varejistas.

Esta ocupação, mais cômoda do que necessária para a sociedade, concorre para a circulação interna.

A segunda é a de um cidadão cuja indústria conduz o trabalho de um número de outros cidadãos, para dar formas às matérias-primas. Os que se aplicam a essa atividade são chamados manufatureiros. Ver *Manufatura*.

Essa indústria é muito necessária, porque aumenta as riquezas reais e relativas.

A terceira espécie de comércio é a ocupação de um cidadão que faz as produções de sua pátria passarem para o estrangeiro, trocando-as por outras produções necessárias, ou por dinheiro. Esse comércio, seja feito por terra ou por mar, na Europa ou em outras partes do mundo, recebe o nome de comércio por atacado. Aquele que a ele se aplica é chamado negociante.

Esta profissão é muito necessária, porque é a alma da navegação e aumenta as riquezas relativas do Estado.

Estas três maneiras de exercer o comércio têm um dever comum que constitui sua atividade; é uma escrupulosa boa-fé. Seu objetivo, igualmente comum, é o ganho. Seu efeito é diferente naquilo que contribuem mais ou menos para o efeito geral do comércio num corpo político. É esse efeito que deve distingui-las aos olhos da pátria, e que torna mais recomendável cada particular na medida em que ele coopera mais.

Não é que o plano imediato do legislador seja o de ter negociantes muito poderosos: eles lhe são preciosos, porque concorreram muito para seus objetivos. Mas seria ainda mais útil, no caso em que o comércio fosse limitado, ter muitos negociantes ricos do que um pequeno número de muito ricos. Vinte negociantes que têm , cada um, cem mil escudos, fazem mais negócios e têm entre si uma soma de crédito maior do que seis milionários. Aliás, as fortunas divididas são um recurso infinitamente maior para a circulação e para as riquezas reais. Entretanto, a grande desproporção das fortunas para o comércio não é onerosa ao Estado, pois elas circulam em geral inteiramente em proveito das artes úteis. Seria mesmo desejável que essas fortunas ficassem no comércio, porque estabelecem muitos agentes no exterior. Esses agentes aumentam os ramos do comércio de sua nação e, além disso, lhe trazem o benefício que tiveram no comércio do qual o país que habitam é suscetível. Essas fortunas não sairiam do comércio se a condição de negociante fosse tão honrada quanto merece sê-lo.

A respeito das grandes empresas de comércio para o governo, não há necessidade senão de seu próprio crédito. Desde que ofereça lucro e segurança, sociedades sólidas se encarregarão do preço abaixo do habitual.

Saber fazer comércio ou saber conduzi-lo são duas coisas muito distintas. Para bem conduzi-lo, é preciso saber como ele é feito. Para fazê-lo com proveito, é inútil saber como ele deve ser conduzido. A ciência do negociante é a dos detalhes dos quais se ocupa; a ciência do político é o partido que se pode tirar desses detalhes. Deve-se, pois, conhecê-los, e é apenas com os negociantes que podemos nos instruir sobre isso. Nunca seria demais conversar com eles para aprender, para deliberar: seus conselhos devem ser admitidos com precaução. Já havíamos distinguido o ganho do comerciante do ganho do Estado. É claro que, absorvidos pelos detalhes, os negociantes raramente têm o golpe de vista geral, a menos que por suas viagens ou por uma extensa e refletida prática eles o tenham adquirido. Os que estão nesse caso podem certamente tomar decisões.

Os negociantes devem à sociedade da qual são membros os sentimentos que um homem honesto, ou seja, um verdadeiro cidadão, sempre tem por ela, a submissão a suas leis e um amor preferencial. Faltar com esse dever, qualquer que seja a profissão que se exerça, é ser culpado diante de Deus e dos homens. Nunca seria demais gravar esse princípio no coração dos homens, que sempre têm ocasião próxima de faltar para com ele.

Entretanto, não é faltar para com este amor fazer passar de um país a outro as mercadorias necessárias ao seu estoque, mesmo que essas mercadorias fossem proscritas pela sociedade do qual se é membro. É evidente que, já que as mercadorias foram necessárias, contribui-se para a riqueza relativa da pátria quando se obtém o lucro que elas dariam à nação que as possui se ela tivesse feito por si mesma a venda.

Insisto particularmente, neste verbete, em relação aos negociantes espalhados no estrangeiro. Costuma-se censurar algumas vezes esse gênero de comércio, pelo qual mesmo com frequência eles chegaram a adquirir para a sua nação a superioridade no país em que habitam. É conhecer mal a natureza do comércio e confundir os princípios do comércio exterior com os do comércio interno.

Pode-se dizer o mesmo da proteção que um negociante particular procura obter num país estrangeiro; é um mau cidadão, se prefere uma proteção estrangeira; mas ele precisa de uma.

A matéria do comércio é imensa. Só pudemos esboçar seus primeiros princípios, dos quais um espírito reto e refletido tirará facilmente as consequências. Para instruir-se mais, pode-se consultar o excelente ensaio do senhor Milton, as *Reflexões políticas* do senhor Dutot, com o seu exame, o *Negociante perfeito*, *O espírito das leis*, os *Regulamentos e ordenações da França*, os *Estatutos da Inglaterra*, e quase todos os livros ingleses sobre o comércio são as fontes mais seguras.

Para o comércio particular de cada Estado, ver as palavras *França*, *Grã-Bretanha*, *Holanda*, *Espanha*, *Veneza*, *Nápoles*, *Gênova*, *Estado eclesiástico*, *Piemonte*, *Alemanha*, *Dinamarca*, *Suécia*, *Moscovia*.

(MGS)

Corte (*História antiga e moderna*), Diderot [4, 355]

Corte é sempre o lugar onde habita o soberano. É composta de príncipes, princesas, ministros, os grandes e os principais oficiais. Não é, pois, de se admirar que ela seja o centro da polidez de uma nação. A polidez subsiste ali pela igualdade na qual a extrema grandeza de um só mantém todos que o rodeiam, e o gosto é ali refinado por causa de um uso contínuo das superfluidades da fortuna. Dentre essas superfluidades encontram-se necessariamente produções artificiais da perfeição mais requintada. O conhecimento dessa perfeição se propaga aos outros objetos muito mais importantes; passa para a linguagem, juízos, sentimentos, para a postura, as maneiras, o tom, a brincadeira, para as obras de espírito, o galanteio, as roupas, para os próprios costumes. Eu quase ousaria afirmar que não há lugar onde a delicadeza nos procedimentos seja mais conhecida, mais rigorosamente observada pelas pessoas honestas e mais finamente afetada pelos cortesãos. O autor de *O espírito das leis* define os modos da corte como a troca de uma grandeza natural por uma grandeza artificial. Não importa qual seja essa definição, esse modo de ser, na sua opinião, é o verniz sedutor sob o qual se escondem a ambição na ociosidade, a baixeza no orgulho, o desejo de enriquecer sem trabalho, a aversão pela verdade; a bajulação, a traição, a perfídia, o abandono de todo compromisso, o desprezo pelos deveres do cidadão, o temor das virtudes do príncipe, a esperança em suas fraquezas etc., em suma, a desonestidade com todo o seu cortejo, sob as aparências da mais verdadeira honestidade, a realidade do vício sempre atrás do fantasma da virtude. Só a falta de sucesso neste país faz com que se dê às ações o nome que merecem. Por isto, só a inabilidade é que tem remorso. Ver o verbete *Cortesão*.

(MGS)

Cortesão (*Moral*), d'Alembert [4, 400]

Tomamos aqui *cortesão* como adjetivo, que não se deve sempre confundir com homem da corte. É o epíteto que se dá a essa espécie de gente que a infelicidade dos reis e dos povos colocou entre os reis e a verdade, para impedi-la de chegar até eles, mesmo quando são expressamente encarregados de torná-la conhecida: o tirano imbecil escuta e ama essa espécie de gente; o tirano hábil se serve dela e a despreza; o rei que sabe sê-lo os expulsa e os pune, e a verdade então se mostra. Pois ela não se esconde a não ser para aqueles que não a procuram sinceramente. Eu disse que não se devia sempre confundir cortesão com homem de corte, sobretudo quando cortesão é adjetivo, pois não pretendo, neste verbete, fazer a sátira daqueles que, por dever ou necessidade, são chamados para junto da pessoa do príncipe. Seria, pois, desejável que se distinguissem sempre essas duas palavras; contudo, o uso talvez seja desculpável por confundi-las, porque com frequência a natureza as confunde. Mas alguns exemplos provam que, a rigor, pode-se ser homem da corte sem ser cortesão. Testemunha disto é o senhor de Montaussier, que desejava tanto se parecer com o misantropo de Molière, e que com efeito se parecia bastante com ele. De resto, é ainda mais fácil ser misantropo na corte, quando não se é cortesão, do que ser simplesmente espectador e filósofo. A misantropia é mesmo, algumas vezes, um meio de ter sucesso na corte, mas a Filosofia aí está quase sempre deslocada e pouco à vontade. Aristóteles acabou por ficar descontente com Alexandre. Platão, na corte de Dionísio, se censurava por ter sofrido, na velhice, os caprichos de um jovem tirano, e Diógenes reprovava Aristipo por usar a roupa de cortesão sob o manto de filósofo. Em vão esse mesmo Aristipo, que se prosternava aos pés de Dionísio, porque tinha, segundo dizia, as orelhas nos pés, procurava se desculpar por habitar na corte, dizendo que os filósofos devem ir lá mais do que em outro lugar, assim como os médicos vão principalmente à casa dos doentes. Poder-se-ia ter respondido a ele que, quando as doenças são incuráveis e contagiosas, o médico que quer curá-las só se expõe a contraí-las ele mesmo. Todavia (pois não queremos exagerar nada), talvez deva haver filósofos na corte, como deve haver, na república das letras, professores de árabe, para ensinar uma língua que quase ninguém estuda, e que eles mesmos estão em perigo de esquecer se não se lembram sem cessar dela por um exercício frequente.

(MGS)

Democracia (*Direito político*), Jaucourt [4, 816]

A *democracia* é uma das formas simples de governo, na qual o povo, em corpo, detém a soberania. Toda república na qual a soberania reside nas mãos do povo é uma democracia. E se o poder soberano residir somente nas mãos de uma parte do povo, temos uma aristocracia. Ver *Aristocracia*.

Embora não pense que a democracia seja a forma mais cômoda e mais estável de governo; embora esteja persuadido de que ela não é vantajosa para os grandes Estados, creio, todavia, que ela é uma das formas mais antigas, entre as nações que adotaram como justa a máxima seguinte: "Que aquilo que interessa a todos os membros da sociedade seja administrado por todos em comum". Falando de Atenas, sua pátria, Platão disse que a equidade natural que existe entre nós faz que procuremos em nosso governo uma igualdade que seja conforme à lei e que, ao mesmo tempo, nos submetamos àqueles dentre nós que têm mais capacidade e sabedoria.

Parece-me que não é sem razão que as democracias se vangloriam de serem elas que alimentam os grandes homens. Com efeito, como não há ninguém nos governos populares que não participe da administração do Estado, cada um segundo sua qualidade e seu mérito; como não há ninguém que não participe da felicidade ou da infelicidade dos acontecimentos, todos os particulares se dedicam e se interessam sem cessar pelo bem comum, pois não podem acontecer revoluções que não sejam úteis ou prejudiciais a todos. Além disso, as democracias elevam os espíritos porque mostram o caminho das honras e da glória mais aberto a todos os cidadãos, mais acessível e menos limitado do que sob o governo de poucas pessoas e sob o governo de um só, nos quais mil obstáculos impedem que isso aconteça. São essas felizes prerrogativas da democracia que formam os homens, as grandes ações, as virtudes heroicas. Para nos convencermos disto, basta lançar os olhos sobre as repúblicas de Atenas e de Roma, que, por sua constituição, se elevaram acima de todos os impérios do mundo. E, por onde quer que sigamos sua conduta e suas máximas, elas produzirão mais ou menos os mesmos efeitos.

Não é, pois, indiferente investigar as leis fundamentais que constituem as democracias, e o princípio que pode conservá-las e mantê-las. É o que me proponho a esboçar aqui.

Mas, antes de passar adiante, é necessário observar que, numa democracia, cada cidadão não tem o poder soberano, nem mesmo uma parte dele. Esse poder reside na assembleia do povo convocada segundo as leis. Assim, o povo, numa democracia, é, em certos aspectos, soberano, e em outros, súdito. É soberano pelos sufrágios, que são suas vontades, e súdito enquanto membro da assembleia revestida de poder soberano. Como, pois, a democracia só se forma propriamente quando cada cidadão remeteu a uma assembleia composta por todos o direito de regulamentar todos os negócios comuns, disto resultam diversas coisas absolutamente necessárias para a constituição desse gênero de governo.

1º) É preciso que haja um certo lugar e um certo tempo regulamentados para deliberar em comum sobre os negócios públicos. Sem isto, os membros do conselho soberano poderiam nunca se reunir, e então não providenciariam nada, ou reunir-se em tempos e lugares diversos, do que nasceriam facções que romperiam a unidade essencial do Estado.

2º) É preciso estabelecer como regra que a pluralidade dos sufrágios passará a ser considerada a vontade de todo o corpo. De outro modo, não se poderia terminar nenhum processo, porque é impossível que um grande número de pessoas tenha sempre a mesma opinião.

3º) É essencial à constituição da democracia que haja magistrados que sejam encarregados de convocar a assembleia do povo nos casos extraordinários e de fazer que se executem os decretos da assembleia soberana. Como o conselho soberano não pode estar sempre reunido, é evidente que não poderia providenciar tudo por si mesmo. Pois, quanto à democracia pura, ou seja, aquela na qual o povo em si e por si executa sozinho todas as funções do governo, não conheço nenhuma assim no mundo, a não ser que seja num lugar pequeno como San Marino, na Itália, onde quinhentos camponeses governam uma rocha que ninguém deseja possuir.

4º) É necessária à constituição democrática dividir o povo em certas classes, **[817]** e sempre foi disto que dependeram a duração e a prosperidade da democracia. Sólon dividiu o povo de Atenas em quatro classes. Conduzido pelo espírito da democracia, não estabeleceu essas classes para determinar quem devia eleger, mas quem poderia ser eleito. Deixando a cada cidadão o direito de sufrágio, quis que cada uma dessas quatro classes pudesse eleger juízes, mas que somente as três primeiras classes, compostas de cidadãos abastados, pudessem eleger magistrados.

As leis que estabelecem o direito de sufrágio são, pois, fundamentais nesse governo. Com efeito, é tão importante regulamentar como, por quem, a quem, sobre o que os sufrágios devem ser dados, quanto é importante numa monarquia saber quem é o monarca e de que maneira ele deve governar. Ao mesmo tempo, é essencial fixar a idade, a qualidade e o número de cidadãos que têm o direito de sufrágio. Sem isto, correr-se-ia o risco de ficar sem saber se foi o povo ou apenas uma parte dele que se manifestou.

Uma outra lei fundamental da democracia diz respeito às regras do sufrágio. Ele pode ser dado por sorte ou escolha, ou por ambos. A sorte deixa a cada cidadão a esperança razoável de servir a sua pátria. Mas, como esse sistema é defeituoso em si mesmo, os grandes legisladores sempre se dedicaram a corrigi-lo. Nesse sentido, Sólon determinou que só poderiam ser eleitos aqueles que se apresentassem, que aquele que tivesse sido eleito seria examinado por juízes e que qualquer um poderia acusá-lo sem indignidade. Isto era válido tanto para a sorte quanto para a escolha. Quando terminava o tempo da magistratura, era preciso ser submetido a novo julgamento, sobre a maneira como o magistrado tinha se comportado em sua função. As pessoas sem capacidade, observa aqui Montesquieu, deveriam sentir repugnância em dar seu nome para serem tirados na sorte.

Uma terceira lei fundamental da democracia fixa como deve ocorrer o sufrágio. A esse respeito, levanta-se uma grande questão, quero dizer, a de saber se os sufrágios devem ser públicos ou secretos. Pois tanto um quanto outro método é praticado de modo diverso nas diferentes democracias. Parece que eles deveriam ser sempre secretos o bastante para garantir a liberdade e públicos o suficiente para torná-los autênticos, para que o povo miúdo fosse esclarecido sobre seus principais e contido pela gravidade de certos personagens. Em Genebra, na eleição dos primeiros magistrados, os cidadãos votam publicamente e depois escrevem seu voto em segredo, de sorte que, assim, a ordem é mantida juntamente com a liberdade.

O povo que possui poder soberano deve fazer por si mesmo tudo o que puder fazer bem, e o que não puder fazer bem deve fazê-lo através de seus ministros. Ora, esses ministros só são seus ministros se forem nomeados. Portanto, uma quarta lei fundamental desse governo é que o povo nomeie seus ministros, ou seja, seus magistrados. Assim como os monarcas, e mais que eles, o povo tem necessidade de ser guiado por um conselho ou senado. Mas, para que tenha confiança nos membros desse conselho, é preciso que os eleja, seja por escolha, como em Atenas, seja através de algum magistrado que estabeleceu para elegê-los, assim como se praticava em Roma em algumas ocasiões. O povo é muito capaz para escolher aqueles a quem deve confiar parte de sua autoridade. Se se pudesse duvidar dessa capacidade que ele tem para discernir o mérito, bastaria lembrar a sequência contínua de escolhas feitas pelos gregos e romanos, que, sem dúvida, não poderiam ser atribuídas ao acaso. Todavia, como a maioria dos cidadãos que têm capacidade para eleger não a tem suficiente para ser eleita, do mesmo modo o povo, que tem capacidade para exigir que se prestem contas da gestão dos outros, não é apto a gerir por si mesmo nem a conduzir os negócios de modo que estes caminhem num certo movimento que não seja rápido demais nem lento demais. Algumas vezes, com 100 mil braços, ele destrói tudo; outras vezes, com 100 mil pés, anda como os insetos.

Enfim, é uma lei fundamental da democracia que o povo seja legislador. Há, entretanto, mil ocasiões em que é necessário que o senado possa estatuir. Frequentemente, é mesmo oportuno experimentar uma lei antes de estabelecê-la. A constituição de Atenas e a de Roma eram muito sábias. Os decretos do senado tinham força de lei durante um ano. Só se tornavam perpétuos pela vontade do povo. Mas, embora toda democracia necessariamente deva ter leis escritas, ordenações e regulamentos estáveis, nada impede que o povo, que os fez, os revogue ou os mude todas as vezes que considerar necessário, a menos que tenha jurado observá-los perpetuamente. E, mesmo nesse caso, o juramento só obriga aqueles que pessoalmente o fizeram.

Tais são as principais leis fundamentais da democracia. Falemos agora da força, do princípio apropriado para a conservação desse gênero de governo. Esse princípio não pode ser outro a não ser a virtude, e é só por ela que as democracias se mantêm. A virtude nas democracias é o amor às leis e à pátria: esse amor, exigindo uma renúncia de si, uma preferência contínua pelo interesse público sobre o próprio interesse, dá origem a todas as virtudes particulares, que não são nada mais do que essa preferência. Esse amor conduz aos bons costumes, e os bons costumes levam ao amor pela pátria. Quanto menos podemos satisfazer nossas paixões particulares, mais nos entregamos às paixões gerais.

A virtude numa democracia encerra ainda o amor pela igualdade e pela frugalidade. Como cada um nesse governo usufrui da mesma felicidade e das mesmas vantagens, deve-se experimentar nele os mesmos prazeres e as mesmas esperanças, coisas que só podem ser esperadas da frugalidade geral. O amor pela igualdade limita a ambição à felicidade de prestar maiores serviços à pátria que os outros cidadãos. Eles não podem todos prestar serviços iguais, mas devem todos igualmente prestar serviço. Assim, na democracia, as distinções nascem do princípio da igualdade, mesmo quando esta parece ter desaparecido por causa de serviços bem-sucedidos ou talentos superiores. O amor pela frugalidade limita o desejo de possuir ao que é necessário para a família e ao que é supérfluo para a pátria.

A própria igualdade e frugalidade, quando se vive num estado onde as leis estabelecem tanto uma quanto a outra, excitam extremamente o amor por ambas. Todavia, há casos em que a igualdade entre os cidadãos pode ser eliminada numa democracia, para utilidade da própria democracia.

Os antigos gregos, persuadidos da necessidade dos povos que viviam sob seu governo de serem educados na prática das virtudes necessárias à manutenção das democracias, estabeleceram instituições singulares para inspirar essas virtudes. Quando lemos na vida de Licurgo as leis que ele deu aos lacedemônios, pensamos estar lendo a história dos sevarambos. As leis de Creta eram o original das leis da Lacedemônia, e as de Platão eram sua correção.

A educação particular deve também ser extremamente atenta em inspirar as virtudes das quais falamos. Mas há um meio seguro para adquiri-las: que os pais as tenham eles mesmos. [818] Somos senhores de dar aos nossos filhos nossos conhecimentos. Nós o somos mais ainda de lhes dar nossas paixões. Se isto não acontece, é porque aquilo que foi feito em casa foi destruído lá fora. Não é que o povo nascente se degenere. Ele só se perde quando os homens feitos já estão corrompidos.

O princípio da democracia se corrompe quando o amor pelas leis e pela pátria começa a degenerar, quando a educação particular e a geral são negligenciadas, quando o trabalho e os deveres passam a ser considerados incômodos. Então, a ambição entra no coração dos que podem recebê-la, e a avareza entra em todos. Essas verdades são confirmadas pela história. Atenas tinha em seu seio as mesmas forças tanto enquanto dominou com tanta glória como enquanto serviu com tanta vergonha. Tinha 20 mil cidadãos quando defendeu os gregos contra os persas, quando disputou o império com a Lacedemônia e quando atacou a Sicília. Tinha os mesmos 20 mil quando Demétrio de Falero os enumerou, como num mercado em que se compram escravos. Quando Filipe ousou dominar na Grécia, os atenienses o temeram não como o inimigo da liberdade, mas como o inimigo dos prazeres. Tinham feito uma lei que punia com a morte aquele que propusesse converter para uso da guerra o dinheiro destinado aos teatros.

Enfim, o princípio da democracia se corrompe não apenas quando se perde o espírito de igualdade, mas também quando este é levado ao extremo, quando cada um é levado a querer ser igual àquele que escolheu para comandá-lo. A partir daí, o povo, não podendo suportar o poder que confiou a outro, quer fazer tudo por si mesmo, deliberar no lugar do Senado, executar no lugar dos magistrados, despojar os juízes. Esse abuso da democracia é com razão chamado de oclocracia. Vide essa palavra. Nesse abuso, não há mais amor pela ordem nem pelos costumes; numa palavra, não há mais virtude. Surgem então os corruptores, os pequenos tiranos que têm todos os vícios de um só. Logo um único tirano eleva-se acima dos outros, e o povo perde tudo, até as vantagens que acreditava obter da corrupção.

Seria uma coisa bem boa se o governo popular pudesse conservar o amor pela virtude, a execução das leis, os costumes e a frugalidade. Se pudesse evitar os dois excessos, entendendo por excessos o espírito de desigualdade que leva à aristocracia e o espírito de igualdade extrema que leva ao despotismo de um só. Mas é raro que a democracia consiga preservar-se desses dois obstáculos durante muito tempo. É o destino desse governo admirável em seu princípio de quase infalivelmente tornar-se a presa da ambição de alguns cidadãos, ou da ambição de estrangeiros, e de passar de uma liberdade preciosa para a maior servidão.

Eis aqui quase um resumo do livro *O espírito das leis* sobre esse assunto. E em qualquer outra obra que não esta, basta remeter àquela. Aos leitores que quiserem aprofundar-se mais no assunto, sugiro que consultem o Cavaleiro Temple, em suas *Obras póstumas*, o *Tratado sobre o governo civil*, de Locke, e o *Discurso sobre o governo*, de Sydney.

(MGS)

Despotismo (*Direito político*), Jaucourt [4, 886]

Despotismo é o governo tirânico, arbitrário e absoluto de um só homem. Tal é o governo da Turquia, do Mogol, do Japão, da Pérsia, e de quase toda a Ásia. Vamos desenvolver seu princípio e seu caráter a partir de escritores célebres, e rendamos graças ao céu por nos ter feito nascer num governo diferente, no qual obedecemos com alegria a um monarca que amamos.

O princípio dos Estados despóticos é que um só príncipe os governe segundo sua própria vontade, [887] não tendo absolutamente outra lei que o dirija a não ser a de seus caprichos. Resulta da natureza desse poder que ele seja posto inteiramente nas mãos daquele a quem é confiado. Essa pessoa, esse vizir, torna-se ele mesmo um déspota, e cada oficial particular torna-se o vizir. O estabelecimento de um vizir decorre do princípio fundamental dos Estados despóticos. Quando os eunucos conseguem enfraquecer o coração dos príncipes do Oriente, deixando-os na ignorância de seu próprio Estado, tiram-nos do palácio e colocam-nos sobre o trono. Eles então instituem um vizir, para que possam entregar-se no serralho aos excessos de paixões estúpidas. Assim, quanto mais povos o príncipe tem para governar, menos ele é apto para o governo; quanto maiores forem os negócios, menos ele delibera sobre eles; essa ocupação pertence ao vizir. Este, incapaz para seu lugar, não pode nem apresentar seus temores ao sultão sobre um acontecimento futuro nem desculpar seus insucessos a partir do capricho da fortuna. Em tal governo, o quinhão dos homens não tem nenhuma diferença em relação ao dos animais: o instinto, a obediência, o castigo. Na Pérsia, quando o sufi desgraçou alguém, pretender falar em seu favor seria falta de respeito. Se esse alguém for condenado, não se pode mais falar com ele nem pedir graça em seu favor. Se ele estivesse fora de si, ou embriagado, o decreto se cumpriria do mesmo modo. Sem isto, o sufi se contradiria, e ele não pode se contradizer.

Mas se, num Estado despótico, um príncipe for feito prisioneiro, será considerado morto, e outro subirá ao trono. Os tratados que faz como prisioneiro são nulos, e seu sucessor não os ratificará. Com efeito, como ele é a lei, o Estado e o príncipe, tão logo não seja mais príncipe, não será nada; se não fosse considerado morto, o Estado seria destruído. A conservação do Estado não está na conservação do príncipe, ou melhor, do palácio onde ele está preso. É por isso que raramente ele participa pessoalmente da guerra.

Apesar de tantas precauções, a sucessão nos Estados despóticos não é assegurada nem poderia sê-lo. Seria inútil estabelecer que o mais velho será o sucessor, pois o príncipe pode sempre escolher um outro. Como cada príncipe da família real tem capacidade igual para ser eleito, acontece que aquele que sobe ao trono antes manda estrangular seus irmãos, como na Turquia; ou manda cegá-los, como na Pérsia; ou os enlouquece, como no Mogol. Se não são tomadas essas precauções, como no Marrocos, cada vacância do trono é seguida de uma horrível guerra civil. Desse modo, nos Estados despóticos ninguém é monarca a não ser de fato.

Vê-se bem que nem o direito natural nem o direito dos povos pode ser o princípio de tais Estados. A honra também não. Como neles os homens são todos iguais, não pode haver preferência por si mesmo; como os homens são todos escravos, não pode haver preferência por nada. Poderíamos menos ainda procurar num tal estado uma centelha de magnanimidade. Como o príncipe daria o que está longe de possuir? Nele não há grandeza nem glória. Todo o apoio de seu governo é fundado no medo da vingança. Esse medo abate qualquer coragem, extingue até o menor sentimento de ambição. A religião, ou melhor, a superstição, faz o resto, porque acrescenta um novo medo ao primeiro. No império maometano, é da religião principalmente que os povos tiram o respeito que têm por seu príncipe.

Entremos em maiores detalhes, para melhor mostrar a natureza e os males dos governos despóticos do Oriente.

Inicialmente, no governo despótico, que se exerce em seus Estados sobre povos tímidos e abatidos, tudo gira em torno de um pequeno número de ideias. A educação se limita a infundir medo no coração e a colocar a servidão em prática. O saber é considerado perigoso, a emulação funesta. É igualmente pernicioso que se raciocine bem ou mal. Basta raciocinar para ofender esse gênero de governo. Nele, portanto, a educação é nula. Só se pode fazer um mau súdito querendo fazer dele um escravo:

O saber, os talentos, a liberdade pública,
Tudo está morto sob o jugo do poder despótico.

As mulheres são escravas. E como é permitido ter várias, mil considerações obrigam a confiná-las. Como os soberanos têm tantas mulheres quantas quiserem, acabam por ter um número tão grande de filhos que não podem ter afeição por eles nem estes por seus irmãos. Aliás, há tantas intrigas em seu serralho, esses lugares onde o artifício, a maldade, a astúcia reinam em silêncio, que o próprio príncipe, tornando-se cada dia mais imbecil, não é de fato nada além de ser o primeiro prisioneiro de seu palácio.

É de uso nos países despóticos que ninguém aborde uma pessoa que esteja acima de si sem lhe oferecer presentes. O imperador do Mogol não aceita os pedidos de seus súditos se não tiver recebido alguma coisa deles. Isto ocorre num governo onde se pensa que o superior não deve nada ao inferior, onde os homens são ligados apenas por castigos que uns impõem aos outros.

A pobreza e a incerteza da sorte tornam a usura natural, e cada um aumenta o preço de seu dinheiro na proporção do perigo que corre ao emprestar. A miséria vem de todas as partes nesses países infelizes. Tudo é tirado, até o recurso dos empréstimos. O governo não poderia ser injusto sem ter mãos que exercem a injustiça. Ora, é impossível que essas mãos não trabalhem para si mesmas. Assim, o peculato é inevitável. Num país onde o príncipe se declara proprietário dos fundos e herdeiro de seus súditos, necessariamente resulta que a cultura das terras seja abandonada, o campo permaneça inculto e tudo se torne deserto. "Quando os selvagens da Luisiânia querem ter o fruto, cortam a árvore na base, e colhem o fruto." Eis o governo despótico, diz o autor de *O espírito das leis*; Rafael não pintou melhor a Escola de Atenas.

Num governo despótico dessa natureza, não há, portanto, leis civis sobre a propriedade das terras, já que elas pertencem ao déspota. Também não há leis sobre sucessão, porque o soberano é o único que detém esse direito. O comércio exclusivo que ele tem com alguns países torna inúteis todas as espécies de leis comerciais. Como não se pode aumentar a servidão extrema, não há nos países despóticos do Oriente novas leis em tempo de guerra para aumentar os impostos, como ocorre nas repúblicas e monarquias, onde a ciência do governo pode lhe proporcionar, se necessário, o crescimento das riquezas. Os casamentos feitos nos países orientais com moças escravas fazem que não haja leis civis sobre os dotes e sobre os direitos das mulheres. Não se pode descobrir se houve leis escritas no Masulipatan. O *Veda* e outros livros semelhantes não contêm leis civis. Na Turquia, onde não há interesse pela fortuna, pela vida e pela honra dos súditos, todas as disputas acabam de um modo ou de outro; o paxá manda distribuir arbitrariamente pauladas nas plantas dos pés dos litigantes e os manda de volta para casa. **[888]**

Se os litigantes são tratados assim, qual não deve ser o rigor dos castigos para aqueles que cometeram alguma falta? Por essa razão, quando lemos nas histórias os exemplos da justiça atroz dos sultões, sentimos com uma espécie de dor os males da natureza humana. No Japão, ainda é pior. Quase todos os crimes são punidos com a morte. Lá não se trata de corrigir os culpados, mas de vingar o imperador. Um homem que arrisca seu dinheiro no jogo é punido com a morte, porque não é nem proprietário nem usufrutuário de seus bens, mas o *kubo*.

O povo, que não possui nada de seu nos países despóticos que acabamos de descrever, não tem nenhum afeto pela pátria e não é ligado a seu senhor por nenhuma obrigação, de sorte que, segundo a observação do senhor La Loubere (na *Relação histórica do Sião*), como os súditos devem sofrer o jugo de qualquer príncipe que seja, e como não seria possível fazê-los suportar um jugo ainda mais pesado, eles não tomam a menor parte no destino daqueles que os governam. À menor perturbação, ao menor atentado, deixam tranquilamente a coroa passar para aquele que tiver mais força, mais habilidade na política, quem quer que seja. Um siamês se expõe alegremente à morte para vingar uma injúria particular, para se libertar de uma vida que lhe é pesada ou para fugir de um suplício cruel. Mas morrer pelo príncipe ou pela pátria é uma virtude desconhecida nesses países. Faltam-lhes os motivos que animam os outros homens; eles não têm liberdade nem bens. Aqueles que são feitos prisioneiros pelo rei de Pegu ficam tranquilamente na nova habitação que lhes é assinalada, porque ela não poderia ser pior do que a primeira. Os habitantes de Pegu agem da mesma forma quando são presos pelos siameses. Esses infelizes, igualmente oprimidos em seu país pela servidão, igualmente indiferentes quanto a mudar de lugar, têm o bom senso de dizer como o asno da fábula:

"Battez vous, et nous laissez paître
Notre ennemi, c'est notre maître."

Lutai, e nous deixai pastar
Nosso inimigo é nosso mestre.

A rebelião de Sacróviro alegrou o povo romano. O ódio universal que Tibério havia atraído para si pelo seu despotismo fez que se desejasse sucesso ao inimigo público: *multi odio praesentium, suis quisque periculis laetabantur*, "muitos, por ódio da situação presente, alegravam-se com os perigos a que cada um deles estava exposto", diz Tácito.

Sei que os reis do Oriente são considerados filhos adotivos do céu. Crê-se que suas almas são celestes e ultrapassam as outras em virtude tanto quanto sua condição ultrapassa em felicidade a condição dos súditos. Entretanto, uma vez que os súditos se revoltam, o povo acaba por duvidar qual é a alma mais estimável, se é a do príncipe legítimo ou a do súdito rebelde, e se a adoção celeste não passou da pessoa do rei para a pessoa do súdito. Aliás, não há pequenas revoltas nesses países. Não há intervalo entre o murmúrio e a sedição, a sedição e a catástrofe: o descontente vai direto ao príncipe, ataca-o, derruba-o, apaga até sua ideia. Num instante, o escravo torna-se o mestre, num momento ele é usurpador e em seguida, legítimo. Nesses lugares, as revoluções não são preparadas por grandes causas. Ao contrário, o menor incidente produz uma grande revolução, frequentemente tão imprevisível para aqueles que a fazem quanto para aqueles contra os quais são feitas. Quando Osman, imperador dos turcos, foi deposto, só se estava pedindo que ele fizesse justiça a respeito de alguns agravos; uma voz, saindo por acaso do meio da multidão, pronunciou o nome de Mustafá, e no mesmo instante Mustafá tornou-se imperador.

O padre Martini alega que os chineses acreditam que, ao trocar de soberano, conformam-se à vontade do céu, e algumas vezes chegaram a preferir um bandido ao príncipe que já estava no trono. Mas, acrescenta ele, além de essa autoridade despótica ser desprovida de defesa, já que seu exercício termina inteiramente no príncipe, ela é enfraquecida pelo fato de não ser repartida e comunicada a outras pessoas. Aquele que quer destronar o príncipe só precisa representar o papel de soberano e assumir o espírito da soberania. A autoridade, estando encerrada num só homem, passa sem dificuldade de um a outro, devido ao fato de não existirem nos empregos ou funções públicas pessoas interessadas em conservar a autoridade real. Portanto, só o príncipe se interessa em defender o príncipe, enquanto 100 mil braços se interessam em defender nossos reis.

Longe, pois, de os déspotas estarem seguros de se manter no trono, ao contrário, estão mais ou menos seguros de cair dele. Longe de estarem seguros de sua vida, estão expostos a verem-na interrompida de maneira violenta e trágica, assim como seu reino. A pessoa de um sultão é frequentemente despedaçada com menos formalidade do que um malfeitor da escória do povo. Se sua autoridade fosse menor, sua segurança seria maior: *nunquam satis fida potentia, ubi nimia*, "nunca é bastante seguro o poder, quando excessivo". Calígula, Domiciano e Cômodo, que reinaram despoticamente, foram estrangulados por aqueles que eles mesmos haviam condenado à morte.

Concluamos que o despotismo é igualmente prejudicial aos príncipes e aos povos em todos os tempos e em todos os lugares, porque ele é, em qualquer lugar, o mesmo em seus princípios e em seus efeitos. São circunstâncias particulares, uma opinião religiosa, preconceitos, exemplos recebidos, maneiras e costumes que estabelecem as diferenças que encontramos no mundo. Mas, quaisquer que sejam essas diferenças, a natureza humana sempre se levanta contra um governo dessa espécie, que causa a infelicidade do príncipe e dos súditos. E se ainda vemos tantas nações idólatras e bárbaras submetidas a esse tipo de governo é porque estão acorrentadas pela superstição, pela educação, pelo hábito e pelo clima.

No cristianismo, ao contrário, não pode haver soberania que seja ilimitada porque, por mais que supuséssemos absoluta essa soberania, ela não poderia encerrar um poder arbitrário e despótico, sem outra regra nem razão a não ser a vontade do monarca cristão. E como a criatura poderia se atribuir um tal poder visto que nem mesmo o ser soberano o possui? Seu domínio absoluto não é fundado numa vontade cega. Sua vontade soberana é sempre determinada pelas regras imutáveis da sabedoria, da justiça e da bondade.

Assim, para me exprimir como La Bruyère, "dizer que um príncipe cristão é árbitro da vida dos homens é dizer somente que os homens, por seus crimes, tornam-se naturalmente submetidos às leis e à justiça, cujo depositário é o príncipe. Acrescentar que ele é mestre absoluto de todos os bens de seus súditos, sem consideração, sem prestar contas e sem discussão é usar a linguagem da bajulação, a opinião de um favorito que se desmentirá na hora da morte" (cap.X, *Do soberano*).

Mas pode-se dizer que um rei é mestre da vida e dos bens dos súditos porque, amando-os com um amor paternal, ele os conserva e tem cuidado com suas fortunas, como daquilo que lhe é mais próprio. Dessa maneira, ele se conduz como se tudo fosse dele, assumindo um poder absoluto sobre todas as suas posses, para protegê-las e defendê-las. É por esse meio que, ganhando o coração de seus povos, e através dele tudo o que eles têm, pode se declarar o seu senhor, **[889]** embora não lhes faça perder nada, exceto no caso ordenado pela lei. Diz um conselheiro de Estado (La Mothe-le-Vayer, no livro intitulado *L'Oeconomique du Prince*, dedicado a Luís XIV, cap.IX): "Não é, Senhor, colocar limites prejudiciais para vossa vontade soberana, conformar esses limites àqueles que Deus impôs à sua própria vontade. Se dizemos que Vossa Majestade deve proteção e justiça a seus súditos, acrescentamos ao mesmo tempo que ela não é obrigada a prestar contas dessa obrigação nem de todas as suas ações a não ser àquele de quem dependem todos os reis da terra. Enfim, nós só não atribuímos nenhuma propriedade de bens a vossos povos para ressaltar a dignidade de vossa monarquia".

Era por isso que Luís XIV reconhecia que nada podia que fosse contrário às leis da natureza, ao direito dos povos e às leis fundamentais do Estado. No *Tratado sobre os direitos da Rainha da França*, escrito em 1667 por ordem desse augusto monarca, para justificar suas pretensões sobre uma parte dos Países Baixos católicos, encontramos estas belas palavras: "que os reis têm esse bem-aventurado poder de nada poder fazer contra as leis de seu país [...] Não é, acrescenta seu autor, nem imperfeição nem fraqueza numa autoridade suprema submeter-se à lei de suas promessas ou à justiça de suas leis. A necessidade de bem fazer e a impotência de falhar são os mais altos graus de toda perfeição. Deus mesmo, segundo o que pensa Fílon, que é judeu, não pode ir além disso. E é nessa divina impotência que os soberanos, que são sua imagem sobre a terra, devem particularmente imitá-lo em seus Estados" (p.279, edição feita segundo a cópia da Imprensa Real).

"Que não se diga, pois", continua o mesmo autor, que fala em nome e com a aprovação de Luís XIV, "que o soberano não está sujeito às leis de seu Estado, já que a proposição contrária é uma verdade do direito dos povos, atacada algumas vezes pela bajulação, mas defendida sempre pelos bons príncipes como divindade tutelar de seus Estados. O quanto é mais legítimo dizer com o sábio Platão que a felicidade perfeita de um reino é que o príncipe seja obedecido pelos súditos, que ele mesmo obedeça à lei, e que a lei seja reta e sempre dirigida para o bem público?". O monarca que pensa e que age assim é bem digno do nome de Grande, e aquele que só pode aumentar sua glória continuando uma dominação cheia de clemência merece sem dúvida o título de Bem-Amado.

(MGS)

Direito natural (*Moral*), Diderot [5, 115]

O uso da expressão *direito natural* é tão familiar que não há quase ninguém que não esteja interiormente convencido de que a coisa lhe é claramente conhecida. Esse sentimento interior é comum ao filósofo e ao homem que não refletiu. Com a diferença de que, diante da questão: O que é o direito?, o último, carecendo logo de termos e de ideias, nos remete ao tribunal da consciência e permanece calado, enquanto o primeiro só fica reduzido ao silêncio e a reflexões mais profundas depois de ter girado num círculo vicioso que o traz de volta ao ponto de partida, ou o lança noutra questão mais difícil ainda de ser resolvida do que aquela que pensava resolver pela sua definição.

Interrogado, o filósofo diz: o direito é o fundamento da justiça. Mas o que é a justiça? É a obrigação de dar a cada um o que lhe pertence. Mas o que pertence mais a um do que a outro numa condição em que tudo seria de todos e na qual talvez a ideia distinta de obrigação ainda não existisse? E o que deveria dar aos outros aquele que lhes permitisse tudo e não pedisse nada? É aqui que o filósofo começa a perceber que, dentre todas as noções, a de direito natural é uma das mais importantes e difíceis de determinar.

Por isto, pensaríamos que estaremos fazendo o bastante neste verbete se conseguíssemos estabelecer claramente princípios que pudessem ajudar a resolver as dificuldades mais consideráveis que se costuma propor contra a noção de direito natural. Para isto, é necessário retomar as coisas do começo e não adiantar nada que não seja evidente, pelo menos do ponto de vista da evidência própria das questões morais, e que satisfaz a qualquer homem sensato.

I) É evidente que, se o homem não é livre, ou se suas determinações instantâneas e mesmo suas oscilações, ao nascerem de algo material exterior à sua alma, fazem que sua escolha não seja um ato puro de uma substância incorporal e de uma faculdade simples dessa substância, então não haverá bondade nem maldade raciocinadas, embora possa haver nele bondade ou maldade animais; não haverá bem nem mal moral, nem justo ou injusto, nem obrigação ou direito. Donde se vê, diga-se de passagem, o quanto é importante estabelecer solidamente a realidade, eu não diria do ato voluntário, mas da liberdade, que muito frequentemente é confundida com aquele.

II) Existimos de maneira pobre, contenciosa, inquieta. Temos paixões e necessidades. A todo momento, o homem injusto e dominado por paixões sente-se levado a fazer a outro o que não gostaria que lhe fizessem. Trata-se de um julgamento pronunciado no fundo de sua alma e do qual não pode se esquivar. É preciso que confesse sua própria maldade, ou então que conceda a cada um a mesma autoridade que atribui a si mesmo.

III) Mas que censuras poderíamos dirigir ao homem atormentado por paixões tão violentas que, se não forem satisfeitas, transformarão sua vida num peso oneroso, e que, para adquirir o direito de dispor da vida dos outros, lhes abandona a sua? O que lhe responderíamos, se ele dissesse intrepidamente: "Sinto que trago terror e perturbação para a espécie humana; mas é preciso que eu ou seja infeliz ou faça a infelicidade dos outros; ninguém me é mais caro do que o sou a mim mesmo. Que não me censurem essa predileção abominável; ela não é livre. A voz da natureza nunca se manifesta mais fortemente do que quando fala em meu favor. Não é em meu coração que ela se faz ouvir com a mesma violência? Oh, homens, é a vós que me dirijo: qual dentre vós que, estando a ponto de morrer, não recuperaria sua vida à custa da maior parte do gênero humano, se estivesse certo da impunidade e do sigilo?". Mas, continuaria ele, "sou justo e sincero. Se minha felicidade exigir que me desfaça de todas as existências que me são importunas, é preciso que um indivíduo, não importa quem seja, também possa se desfazer da minha se for importunada por ela. A razão quer assim, e eu concordo. Não sou injusto a ponto de pedir a um outro um sacrifício que eu não faria por ele".

IV) Percebo de início uma coisa que tanto o bom quanto o mau confessam: que é preciso raciocinar em tudo, porque o homem não é somente um animal, mas um animal que raciocina; e que, consequentemente, há meios de descobrir a verdade no que se refere a essa questão; que aquele que se recusa a procurá-la renuncia à sua qualidade de homem e deve ser tratado pelo resto de sua espécie como um animal feroz; e que, uma vez descoberta a verdade, todo aquele que se recusar a conformar-se a ela é insensato e mau, de uma maldade moral.

V) O que responderemos, então, ao nosso raciocinador violento, antes de estrangulá-lo? Responderemos que todo o seu discurso se reduz a saber se ele adquire um direito sobre a existência dos outros ao entregar-lhes a sua, pois ele não quer apenas ser feliz, mas quer também ser justo, e pela sua equidade afastar para longe o epíteto de mau. Sem isto deveríamos sufocá-lo sem nada responder. Nós o faremos observar que, mesmo que aquilo que abandona lhe pertencesse tão completamente que pudesse dispor dele segundo seu desejo, e mesmo que a condição que propõe aos outros lhes fosse vantajosa, isto não lhe daria nenhuma autoridade legítima que obrigasse os outros a aceitá-la; que aquele que diz "quero viver" tem tanta razão quanto o que diz "quero morrer"; que este só tem uma vida e que, ao abandoná-la, torna-se senhor de uma infinidade de vidas; que sua troca não seria justa mesmo se houvesse sobre a terra apenas ele e outro homem; que é absurdo exigir que os outros queiram o mesmo que ele quer; que não é certo que o perigo ao qual expõe seu semelhante seja igual àquele ao qual quer se expor; que aquilo que ele arrisca pode não ser proporcional àquilo que o outro é forçado a arriscar; que a questão do direito natural é muito mais complicada do que pode parecer; que, no caso, ele é juiz e parte interessada, e que seu tribunal poderia muito bem não ser competente nessa questão.

VI) Mas, se tiramos do indivíduo o direito de decidir sobre a natureza do justo e do injusto, onde apresentaremos essa grande causa? Onde? Diante do gênero humano; é a ele que cabe decidi-la, porque o bem de todos é sua única paixão. As vontades particulares são suspeitas; elas podem ser boas ou más, mas a vontade geral é sempre boa, nunca se engana, nunca se enganará. Se os animais pertencessem a uma ordem como a nossa, se existissem meios seguros de comunicação entre eles e nós, se pudessem transmitir seus sentimentos e pensamentos com clareza e conhecer os nossos com a mesma evidência, numa palavra, se pudessem votar numa assembleia geral, seria necessário convocá-los, e a causa do direito natural não seria mais defendida diante da humanidade, mas diante da animalidade. Mas os animais estão separados de nós por barreiras invariáveis e eternas. Trata-se aqui de uma ordem de ideias e de conhecimentos particulares à espécie humana que emanam de sua dignidade e a constituem.

VII) O indivíduo deve dirigir-se à vontade geral para saber até que ponto deve ser homem, cidadão, súdito, pai, filho, e quando lhe convém viver ou morrer. Cabe à vontade geral fixar os limites de todos os deveres. Tens o mais sagrado direito natural a tudo o que não for contestado pela espécie inteira. É ela que te esclarecerá sobre a natureza de teus pensamentos e desejos. Tudo o que conceberes e meditares será bom, grande, elevado e sublime se for do interesse geral e comum. A única qualidade especial de tua espécie é aquela que exiges também de todos os teus semelhantes para a tua felicidade e para a felicidade deles. Essa conformidade entre ti e todos eles, e deles todos contigo é que irá assinalar quando é que saíste e quando é que permaneceste em tua espécie. Portanto, nunca a percas de vista, sob o risco de ver enfraquecer em teu entendimento as noções de bondade, justiça, humanidade, virtude. Dize-te sempre: "Eu sou homem, e meus únicos direitos naturais verdadeiramente inalienáveis são os da humanidade".

VIII) Mas, me dirás, quem é o depositário dessa vontade geral? Onde irei consultá-la? [...] Nos princípios do direito positivo de todas as nações civilizadas, nas ações sociais dos povos selvagens e bárbaros, nas convenções tácitas dos inimigos do gênero humano entre si e mesmo na indignação e no ressentimento, essas duas paixões que a natureza parece ter colocado até nos animais para compensar a falta de leis sociais e da vingança pública.

IX) Se meditares, pois, atentamente sobre tudo o que precede, ficarás convencido de que:

1º) O homem que só escuta sua vontade particular é inimigo do gênero humano.

2º) A vontade geral é em cada indivíduo um ato puro do entendimento que raciocina no silêncio das paixões sobre aquilo que seu semelhante tem direito de exigir.

3º) Essa consideração da vontade geral da espécie e do desejo comum é a regra de conduta dos particulares de uma mesma sociedade, de um particular em relação à sociedade da qual é membro e da sociedade em relação a outras sociedades.

4º) A submissão à vontade geral é o laço de todas as sociedades, sem excetuar nem mesmo as sociedades criminosas. *Hélas!* A virtude é tão bela que até mesmo os ladrões respeitam sua imagem no fundo das cavernas!

5º) As leis devem ser feitas para todos e não para um. Se não fosse assim, esse ser solitário se pareceria com o raciocinador violento que já sufocamos no quinto parágrafo.

6º) Já que, entre as duas vontades, uma geral e uma particular, a vontade geral não erra nunca; não é difícil ver a qual delas pertence o poder legislador, para que o gênero humano seja feliz, e que veneração devemos ter pelos augustos mortais cuja vontade particular reúne a autoridade e a infalibilidade da vontade geral.

7º) Mesmo que supuséssemos a noção de espécie num fluxo perpétuo, a natureza do direito natural não mudaria, pois seria sempre relativa à vontade geral e ao desejo comum da espécie inteira.

8º) A equidade está para a justiça assim como a causa está para o efeito, ou, em outras palavras, a justiça não é outra coisa senão a equidade declarada.

9º) Enfim, todas essas consequências são evidentes para aquele que raciocina, e aquele que não quer raciocinar, renunciando assim à sua qualidade de homem, deve ser tratado como um ser desnaturado.

(MGS)

Economia (*Moral e Política*), Rousseau [5, 337]

A palavra *economia* vem de *casa* e de *lei*, e significa de ordinário apenas o governo sábio e legítimo da casa, em vista do bem comum de toda a família. O sentido do termo foi em seguida estendido para o governo da grande família que é o Estado. Para distinguir essas duas acepções, neste último caso a denominamos economia geral ou política; e no outro, economia doméstica ou particular. Neste verbete, falaremos apenas da primeira.

Mesmo se existissem tantas relações entre o Estado e a família como o pretendem alguns autores, disto não se seguiria que as regras de conduta próprias para uma dessas sociedades fossem também convenientes para a outra. Ambas diferem por demais em grandeza para que possam ser administradas da mesma maneira, e haverá sempre uma extrema diferença entre o governo doméstico, no qual o pai pode ver tudo por si mesmo, e o governo civil, no qual o chefe não vê quase nada a não ser por meio dos olhos de outro. Para que as coisas ficassem iguais a esse respeito, seria necessário que os talentos, a força e todas as faculdades do pai aumentassem na proporção da grandeza da família, e que a alma de um monarca poderoso fosse, em relação à de um homem comum, o que a extensão de seu império é em relação à herança de um particular.

Mas de que maneira o governo do Estado poderia ser semelhante ao governo da família, cujo fundamento é tão diferente do primeiro? O pai, sendo fisicamente mais forte do que seus filhos, durante todo o tempo em que seu socorro lhes for necessário, faz que o poder paterno, com razão, seja considerado um poder estabelecido pela natureza. Na grande família, na qual todos os membros são iguais, a autoridade política, puramente arbitrária quanto à sua instituição, não pode ser fundada a não ser sobre convenções, nem pode o magistrado comandar os outros senão em virtude das leis. Os deveres do pai lhe são ditados por sentimentos naturais, e com um tom que raramente permite que se lhe desobedeça. Os chefes não têm uma regra semelhante e só se comprometem com o povo em relação àquilo que prometeram fazer, e cuja execução o povo tem direito de exigir. Uma outra diferença, mais importante ainda, é que os filhos nada têm a não ser o que recebem do pai, e é evidente que todos os direitos lhe pertencem ou emanam dele. Na grande família ocorre exatamente o contrário; sua administração geral é estabelecida exclusivamente para assegurar a propriedade particular, que lhe é anterior. O principal objeto dos trabalhos de qualquer casa é conservar e aumentar o patrimônio do pai, a fim de que ele possa um dia reparti-lo entre os filhos sem empobrecê-los, ao passo que a riqueza do fisco é apenas um meio, frequentemente mal compreendido, para manter os particulares na paz e na abundância. Numa palavra, a pequena família está destinada a se extinguir e a se dissolver em várias outras famílias semelhantes; mas a grande família é feita para durar sempre na mesma situação. Assim, é necessário que a pequena aumente para se multiplicar; e não basta somente que a outra se conserve, como pode-se provar facilmente que todo aumento lhe é mais prejudicial do que útil.

O pai é que deve comandar a família, por várias razões extraídas da natureza das coisas. Em primeiro lugar, a autoridade não deve ser igual entre a mãe e o pai; ao contrário, é preciso que o governo seja um, e quando houver diferença de opinião, torna-se necessária uma voz preponderante que decida. Em segundo lugar, por mais leves que consideremos as incomodidades da mulher, como estas constituem sempre para ela um intervalo de inação, esta é uma razão suficiente para excluí-la da primazia, pois, quando a balança é perfeitamente igual, uma palha basta para fazê-la pender para um lado. Além do mais, o marido deve inspecionar a conduta da mulher, porque é importante que tenha certeza de que os filhos, que é obrigado a reconhecer e alimentar, pertencem de fato a ele e não a outro. A mulher, que não precisa temer nada disso, não tem o mesmo direito sobre o marido. Em terceiro lugar, os filhos devem obedecer ao pai, de início por necessidade, em seguida por reconhecimento; depois de ter recebido dele a satisfação de suas necessidades durante metade de sua vida, eles devem consagrar a outra metade a satisfazer as dele. Em quarto lugar, quanto ao que concerne aos criados, eles também lhe devem prestar serviço em troca da manutenção que dele recebem, exceto no caso de o contrato ser rompido, desde que cesse de lhes convir. Não falo aqui absolutamente da escravidão, porque ela é contrária à natureza **[338]** e nenhum direito poderia autorizá-la.

Não existe nada disso na sociedade política. O chefe, longe de se interessar pela felicidade dos particulares, não é raro que procure sua própria felicidade na sua miséria. Se a magistratura é hereditária, é frequente que uma criança comande homens; se é eletiva, mil inconvenientes se apresentam nas eleições, e, tanto num caso como no outro, perdem-se todas as vantagens da paternidade. Se há um só chefe, todos ficam subordinados a um senhor que não tem nenhuma razão para amá-los; se existem vários, é preciso suportar a tirania e suas divisões ao mesmo tempo. Numa palavra, os abusos são inevitáveis e suas consequências são funestas em qualquer sociedade em que o interesse público e as leis não possuem nenhuma força natural e são incessantemente atacados pelo interesse pessoal e pelas paixões do chefe e dos membros.

Embora as funções do pai de família e as do primeiro magistrado devam tender para o mesmo fim, suas vias são diferentes; seus deveres e direitos são de tal modo distintos que não podemos confundi-los sem formar ideias falsas a respeito das leis fundamentais da sociedade e sem cair em erros fatais para o gênero humano. Com efeito, se a voz da natureza é o melhor conselho que um bom pai deve ouvir para cumprir bem seus deveres, para o magistrado ela é um falso guia que trabalha sem cessar para afastá-lo dos seus e que, mais cedo ou mais tarde, leva à sua própria ruína ou à ruína do Estado, se o magistrado não for contido pela mais sublime virtude. A única precaução necessária ao pai de família é a de evitar a depravação e impedir que suas inclinações naturais se corrompam; mas são as inclinações naturais que corrompem o magistrado. Para agir bem, o primeiro precisa apenas consultar seu coração; o outro, no momento em que escutar o seu, tornar-se-á um traidor: até sua própria razão se torna suspeita e ele não pode seguir nenhuma outra regra a não ser a razão pública, que é a lei. Por isso, a natureza fez uma multidão de bons pais de família, mas pode-se duvidar de que, desde que o mundo existe, a sabedoria humana tenha conseguido fazer dez homens capazes de governar seus semelhantes.

De tudo o que acabo de expor, segue-se que é com razão que distinguimos a *economia pública* da *economia particular*, e, como o Estado não tem nada em comum com a família, a não ser a obrigação dos chefes de tornar felizes tanto um quanto outra, as mesmas regras de conduta não poderiam convir aos dois. Acreditei que bastariam essas poucas linhas para destruir o odioso sistema que Filmer estabeleceu numa obra intitulada *Patriarca*, à qual dois homens ilustres fizeram um excesso de honra escrevendo livros para refutá-la. De resto, esse erro é muito antigo, já que o próprio Aristóteles julgou que era bom combatê-lo por razões que podemos encontrar no primeiro livro da *Política*.

Peço aos meus leitores que distingam bem a *economia pública*, da qual falo, e que chamo de *governo*, da autoridade suprema, que chamo de *soberania*. Essa distinção consiste no fato de que uma tem o direito legislativo e obriga em certos casos o próprio corpo da nação, enquanto a outra tem apenas poder executivo e só pode obrigar os particulares.

Que me permitam empregar, por um momento, uma comparação pouco comum e pouco exata sob certos aspectos, mas adequada a me fazer entender melhor.

O corpo político, tomado individualmente, pode ser considerado um corpo organizado, vivo e semelhante ao de um homem. O poder soberano representa a cabeça; as leis e os costumes são o cérebro, princípio dos nervos e sede do entendimento, da vontade e dos sentidos, dos quais os juízes e magistrados são os órgãos; o comércio, a indústria e a agricultura são a boca e o estômago, que preparam a subsistência comum; as finanças públicas são o sangue, que uma sábia economia, cumprindo as funções do coração, faz que distribua alimento e vida por todo o corpo; os cidadãos são o corpo e os membros que fazem a máquina mover-se, viver e trabalhar, de modo que não se pode ferir nenhuma de suas partes sem que logo uma impressão dolorosa seja levada ao cérebro, se o animal estiver com saúde.

A vida de um e de outro é o *eu* comum ao todo, a sensibilidade recíproca, a correspondência interna entre todas as partes. Se essa comunicação cessar, se a unidade formal desaparecer e as partes contíguas só pertencerem uma à outra por justaposição, o que acontece? O homem morre, e o Estado é dissolvido.

O corpo político é, pois, também um ser moral que possui uma vontade. Essa vontade geral, que sempre tende para a conservação e o bem-estar do todo e de cada parte, e que é a fonte das leis, é, para todos os membros do Estado, em relação a eles e ao próprio Estado, a regra do justo e do injusto; verdade que, para dizê-lo de passagem, mostra com quanto senso tantos escritores trataram como roubo a sutileza prescrita às crianças da Lacedemônia, para ganhar sua refeição frugal, como se aquilo que a lei ordena pudesse não ser legítimo. Ver, na palavra *Direito*, a fonte deste grande e luminoso princípio, do qual este verbete é o desenvolvimento

É importante observar que essa regra de justiça, segura em relação a todos os cidadãos, pode ser falha em relação aos estrangeiros, e a razão disso é evidente: é que a vontade do Estado, embora geral no que concerne a seus membros, deixa de ser geral em relação aos outros Estados e seus membros, tornando-se, para esses, uma vontade particular e individual, cuja regra de justiça é a lei da natureza, o que entra igualmente no princípio estabelecido: pois, nesse caso, a grande cidade do mundo torna-se o corpo político do qual a lei da natureza é sempre a vontade geral, da qual os Estados e os diversos povos são apenas membros individuais.

Dessas mesmas distinções aplicadas a cada sociedade política e a seus membros decorrem as regras mais universais e mais seguras a partir das quais se pode julgar um bom ou um mau governo e, em geral, a moralidade de todas as ações humanas.

Toda sociedade política é formada de sociedades menores de diferentes espécies, e cada uma delas possui seus interesses e suas máximas. Mas essas sociedades que cada um percebe, porque possuem uma forma exterior e autorizada, não são, na verdade, as únicas que existem no Estado; todos os particulares reunidos em torno de um interesse comum compõem outras sociedades menores, permanentes ou passageiras, cuja força não é menos real por ser menos aparente, e cujas diversas relações, bem observadas, constituem o verdadeiro conhecimento dos costumes. Trata-se de todas as associações tácitas ou formais que modificam de várias maneiras as aparências da vontade pública, por influência da sua vontade. A vontade das sociedades particulares apresenta sempre duas relações: para os membros da associação, é uma vontade geral; para a grande sociedade, é uma vontade particular, que frequentemente é justa do primeiro ponto de vista e viciosa do segundo. Alguém pode ser padre devoto, ou bravo soldado, ou patrício zeloso, e mau cidadão. Uma deliberação [339] pode ser vantajosa para a pequena comunidade e muito perniciosa para a grande. É verdade que as sociedades particulares, sendo sempre subordinadas àquelas que as contêm, devem sempre obedecer antes a estas do que às outras; os deveres do cidadão devem vir antes dos do senador, e os do homem, antes dos do cidadão: mas, infelizmente, o interesse pessoal está sempre na razão inversa do dever e aumenta à medida que a associação se torna menor e o compromisso se torna menos sagrado; prova irrefutável de que a vontade mais geral é também sempre a mais justa e de que a voz do povo é, com efeito, a voz de Deus.

Disto não se segue que as deliberações públicas sejam sempre justas; elas podem não sê-lo quando se trata de negócios estrangeiros; eu já disse a razão. Assim, não é impossível que uma república bem governada faça uma guerra injusta. Também não é impossível que o conselho de uma democracia edite maus decretos e condene inocentes: mas isso só acontece quando o povo, seduzido por alguns homens de prestígio, hábeis e eloquentes, substitui seus verdadeiros interesses por interesses particulares. Assim, uma coisa será a deliberação pública, outra, a vontade geral. Que não me venham fazer objeção recorrendo à democracia de Atenas, porque Atenas não era uma democracia, mas uma aristocracia muito tirânica, governada por filósofos e oradores. Examinai com cuidado o que se passa em qualquer deliberação e vereis que a vontade geral sempre se volta para o bem comum; mas, frequentemente, ocorre uma cisão secreta, uma confederação tácita que, por meio de vias particulares, sabe alterar a disposição natural da assembleia. Então, o corpo social realmente se divide em outros corpos, cujos membros reconhecem uma vontade geral, boa e justa em relação a esses novos corpos, mas injusta e má em relação ao todo do qual cada um desses corpos faz parte.

Pode-se ver com que facilidade se explicam, com a ajuda desses princípios, as aparentes contradições que observamos na conduta de tantos homens cheios de escrúpulos e de honra sob certos aspectos, enganadores e velhacos sob outros, pisoteando os deveres mais sagrados, e fiéis até a morte a compromissos o mais das vezes ilegítimos. É assim que os homens mais corrompidos de algum modo sempre rendem homenagem à fé pública; é assim que (como já se observou no verbete *Direito*) os próprios bandidos, que são, na grande sociedade, os inimigos da virtude, adoram o seu simulacro dentro de suas cavernas.

Ao estabelecer a vontade geral como o primeiro princípio da economia pública e regra fundamental do governo, não pensei ser necessário examinar seriamente se os magistrados pertencem ao povo ou se o povo pertence aos magistrados, e se, nas questões públicas, deve-se consultar o bem do Estado ou o bem dos chefes. Há muito tempo essa questão já foi decidida, de um certo modo pela prática, e de outro modo pela razão. De maneira geral, seria uma grande loucura esperar que aqueles que de fato são senhores prefiram um outro interesse que não seja o seu. Seria então conveniente dividir ainda a economia pública em popular e tirânica. A primeira é a de todo Estado no qual, entre o povo e os chefes, reina uma unidade de interesses e de vontade; a outra existirá necessariamente em qualquer lugar onde o governo e o povo tiverem interesses diferentes e, consequentemente, vontades opostas. As máximas da economia tirânica estão inscritas ao longo dos arquivos da história e nas sátiras de Maquiavel. As outras só se encontram nos escritos dos filósofos que ousam reclamar os direitos da humanidade.

1º) A primeira e mais importante máxima do governo legítimo ou popular, ou seja, daquele que tem por objeto o bem do povo, é, pois, como já o disse, seguir em tudo a vontade geral. Mas, para segui-la, é preciso conhecê-la e, sobretudo, distingui-la da vontade particular, começando por si mesmo; trata-se de uma distinção muito difícil de ser feita e para a qual só a mais sublime virtude pode oferecer as luzes suficientes. Como para querer é preciso ser livre, surge uma outra dificuldade, que não é menor, que é a de assegurar, ao mesmo tempo, a liberdade pública e a autoridade do governo. Procurai os motivos que levaram os homens, reunidos por suas necessidades mútuas na grande sociedade, a unir-se mais estreitamente por meio das sociedades civis; não encontrareis outro motivo a não ser o de assegurar seus bens e sua vida e a liberdade de cada membro pela proteção de todos: ora, como forçar os homens a defender a liberdade de um dentre eles, sem atingir a liberdade dos outros? E como prover as necessidades públicas sem alterar a propriedade particular daqueles que são forçados a contribuir para essas necessidades públicas? Por mais que se possa colorir a questão com sofismas, é certo que, se algo pode constranger minha vontade, não sou mais livre, e não sou mais senhor de meus bens se qualquer outra pessoa pode tocar neles. Essa dificuldade, que deveria parecer insuperável, foi a primeira a ser resolvida pela mais sublime de todas as instituições humanas, ou melhor, por uma inspiração celeste, que ensinou aos homens a imitarem aqui na terra os decretos imutáveis da divindade. Por meio de que arte inconcebível pôde ser encontrada a maneira de sujeitar os homens para torná-los livres? De empregar para o serviço do Estado os bens, os braços e a própria vida de seus membros, sem coagi-los e sem consultá-los? De acorrentar sua vontade com sua própria permissão? De fazer valer seu consentimento contra sua recusa e forçá-los a punir-se a si mesmos quando fazem o que não queriam? Como é possível que os homens obedeçam e que ninguém comande, que eles sirvam e não tenham senhor, de um modo tanto mais livre quanto, com efeito, sob uma aparente sujeição, ninguém perde sua liberdade a não ser aquele que prejudica a liberdade do outro? Esses prodígios são obra da lei. É exclusivamente à lei que os homens devem a justiça e a liberdade. É esse órgão salutar da vontade de todos que restabelece de direito a igualdade natural entre os homens. É essa voz celeste que dita a cada cidadão os preceitos da razão pública e lhe ensina a agir segundo as máximas de seu próprio julgamento e a não cair em contradição. É ela também que os chefes devem fazer falar quando comandam; pois, tão logo um homem, independente das leis, pretenda submeter um outro à sua vontade privada, nesse instante ele sai do estado civil e coloca-se, em relação a ele, em estado de natureza, no qual a obediência nunca é prescrita a não ser pela necessidade.

O interesse mais urgente do chefe, assim como seu dever mais indispensável, é, pois, o de velar pela observação das leis das quais é ministro e sobre as quais repousa toda sua autoridade. Se ele deve fazer que os outros as obedeçam, com mais forte razão deve obedecê-las ele próprio, ele que goza de todo seu favor. Pois seu exemplo é dotado de tal força que mesmo que o próprio povo quisesse suportar que o chefe se liberasse da lei, ele deveria evitar se aproveitar de uma prerrogativa tão perigosa, pois logo outros se esforçariam para usurpá-la por sua vez e, no mais das vezes, em seu prejuízo. No fundo, como todos os compromissos da sociedade são recíprocos por sua [340] natureza, não é possível colocar-se acima da lei sem renunciar às suas vantagens, e ninguém deve nada a qualquer um que pretenda não dever nada a ninguém. Pela mesma razão, nenhuma isenção da lei será concedida a qualquer título que seja num governo bem constituído. Os próprios cidadãos, que devem receber o mérito da pátria, devem ser recompensados com honrarias e nunca com privilégios: pois a república fica à beira da ruína tão logo alguém possa pensar que é bom não obedecer às leis. Mas se, por acaso, a nobreza ou os militares, ou qualquer ordem do Estado, adotar tal máxima, então tudo estará perdido, sem recurso.

O poder das leis depende ainda mais de sua própria sabedoria do que da severidade de seus ministros, e a vontade pública tira seu maior peso da razão que a ditou: é por isso que Platão considera uma precaução muito importante sempre colocar antes dos éditos um preâmbulo racional que mostre sua justiça e utilidade. Com efeito, a primeira das leis é a de respeitar as leis: o rigor dos castigos é apenas um recurso vão imaginado por espíritos pequenos para substituir pelo terror o respeito que não podem obter. Sempre se observou que os países nos quais os suplícios são mais terríveis são também aqueles onde eles são mais frequentes; de modo que a crueldade das penas não mostra senão a multidão de infratores e que, ao punir tudo com a mesma severidade, forçamos os culpados a cometer crimes para escapar à punição de suas faltas.

Mas, embora o governo não seja o senhor da lei, já é muito que seja a sua garantia e que tenha mil meios de fazer que ela seja amada. É nisto, e apenas nisto, que consiste o talento de reinar. Quando se tem a força nas mãos, não há arte que possa fazer todo mundo tremer e nem mesmo há um meio de ganhar os corações; pois a experiência ensinou o povo há muito tempo a ter em grande conta seus chefes pelo mal que eles não lhe fazem e a adorá-los quando não é odiado. Um imbecil que é obedecido pode, como qualquer outro, punir os crimes; o verdadeiro homem de Estado sabe preveni-los; é sobre as vontades, mais do que sobre as ações, que ele estende seu respeitável império. Se pudesse conseguir que todos fizessem o bem, não teria mais nada a fazer, e a obra-prima de seus trabalhos seria a de poder ficar ocioso. É certo, pelo menos, que o maior talento dos chefes é o de disfarçar seu poder para torná-lo menos odioso e conduzir o Estado tão pacificamente que ele pareça não precisar de condutores.

Concluo, pois, que, assim como o primeiro dever do legislador é conformar as leis à vontade geral, a primeira regra da *economia política* é que a administração seja conforme às leis. Para que o Estado não seja mal governado, não basta que o legislador tenha provido tudo o que é exigido pelo clima, o solo, os costumes, a vizinhança e todas as relações particulares do povo que irá instituir. Não se trata apenas do fato de que resta ainda uma infinidade de detalhes de organização e de economia entregues à sabedoria do governo. Há sempre duas regras infalíveis para bem se conduzir nessas ocasiões; uma é que o espírito da lei deve servir para a decisão nos casos que ela não prevê; a outra é que a vontade geral, fonte e suplemento de todas as leis, na falta destas, deve sempre ser consultada. Perguntar-me-ão como conhecer a vontade geral nos casos em que ela não se manifesta. Seria necessário reunir toda a nação a cada acontecimento imprevisto? Não se necessitaria reuni-la porque não é certo que sua decisão fosse a expressão da vontade geral; esse meio é impraticável num grande povo e raramente necessário quando o governo é bem-intencionado. Pois os chefes sabem muito bem que a vontade geral está sempre do lado mais favorável ao interesse público, ou seja, do lado da justiça. De modo que basta ser justo para estar certo de seguir a vontade geral. Frequentemente, quando é abertamente atacada, ela se faz perceber, apesar do freio terrível da autoridade pública. Procuro exemplos os mais próximos possíveis para serem seguidos em casos semelhantes. Na

China, o príncipe tem como máxima constante condenar seus oficiais em todas as altercações que se levantam entre eles e o povo. Se o pão encarecer numa província, o intendente é preso; se noutra província ocorre uma rebelião, o governador é cassado, e cada mandarim responde com sua cabeça por todo mal que acontecer em seu departamento. Em seguida, a questão é examinada num processo regular; mas uma longa experiência fez que se antecipasse o julgamento desse modo. Raramente ocorre que uma injustiça deva ser reparada; e o imperador, persuadido de que o clamor público nunca se levanta sem razão, sempre resolve, por detrás dos gritos sediciosos que pune, as justas afrontas que corrige.

Já é muito ter feito reinar a ordem e a paz em todas as partes da república; também já é muito que o Estado esteja tranquilo e que a lei seja respeitada; mas, se não se faz nada além disso, só haverá em tudo isso mais aparência do que realidade, e o governo dificilmente será obedecido se limitar-se apenas à obediência. Se é bom saber empregar os homens tais como eles são, é ainda melhor torná-los tais como é necessário que sejam; a autoridade mais absoluta é a que penetra até o interior do homem e não se exerce menos sobre sua vontade do que sobre suas ações. É certo que os povos, com o tempo, são aquilo que o governo os faz ser. Guerreiros, cidadãos, homens, quando o quer; populacho e corja quando isso lhe agrada; e todo príncipe que despreza seus súditos desonra-se a si mesmo, mostrando que não soube torná-los estimáveis. Portanto, formai homens, se quiserdes comandar homens; se quereis que se obedeçam às leis, fazei que elas sejam amadas; para fazer o que se deve, basta pensar que se deve fazê-lo. Esta era a grande arte dos governos antigos, nos tempos longínquos, nos quais os filósofos davam leis aos povos e só empregavam sua autoridade para torná-los sábios e felizes. Daí vêm tantas leis suntuárias, regulamentos sobre os costumes, tantas máximas públicas admitidas ou rejeitadas com o maior cuidado. Até os próprios tiranos não esqueciam essa parte importante da administração e se ocupavam em corromper seus escravos com o mesmo cuidado com o qual os magistrados corrigiam os costumes de seus concidadãos. Mas nossos governos modernos, que creem já ter feito tudo quando recolheram dinheiro, nem imaginam que seja necessário ou possível ir além disso.

2º) A segunda regra essencial da economia política não é menos importante do que a primeira. Quereis que a vontade geral seja cumprida? Fazei com que todas as vontades particulares convirjam para ela; e como a virtude não é senão essa conformidade da vontade particular à geral, para dizer a mesma coisa em uma palavra, fazei reinar a virtude.

Se os políticos fossem menos cegados por sua ambição, veriam o quanto é impossível que qualquer estabelecimento que seja possa seguir o espírito de sua instituição se não for dirigido segundo a lei do dever; sentiriam que [341] a maior força da autoridade pública reside no coração dos cidadãos e que nada pode substituir os costumes na manutenção do governo. Não somente pessoas de bem sabem administrar as leis, mas também, no fundo, apenas pessoas honestas sabem obedecer a elas. Aquele que consegue superar o remorso logo poderá enfrentar os suplícios, castigo menos rigoroso, menos contínuo e do qual se tem esperança de escapar. Por maiores que sejam as precauções tomadas, aqueles que só aguardam a impunidade para fazer o mal não carecem de meios para se esquivar da lei ou escapar da pena. Então, como todos os interesses particulares se reúnem contra o interesse geral, que não é o interesse de mais ninguém, os vícios públicos têm mais força para enfraquecer as leis do que as leis para reprimir os vícios; e a corrupção do povo e dos chefes se estende até o governo, por mais sábio que ele seja; o pior de todos os abusos é o de aparentemente obedecer às leis para infringi-las com mais segurança. Logo as melhores leis tornar-se-ão funestas: seria cem vezes melhor que elas não existissem. Isto seria ainda um recurso quando não restasse mais nada. Numa tal situação, em vão se acumulam decretos sobre decretos, regulamentos sobre regulamentos. Tudo isso só serve para introduzir outros abusos para corrigir os primeiros. Quanto mais multiplicamos as leis, mais as tornamos desprezíveis, e todos os vigilantes que instituirdes serão apenas novos infratores destinados a compartilhar com os antigos ou a pilhar por sua própria conta. Logo o preço da virtude se torna o preço da extorsão: os homens mais vis são os que obterão mais crédito; quanto maiores forem, mais desprezíveis serão; sua infâmia brilha com suas dignidades e eles são desonrados por suas honras. Se compram os votos dos chefes ou a proteção das mulheres é para vender por sua vez a justiça, o dever e o Estado, e o povo, que não vê que seus vícios são a primeira causa de sua infelicidade, murmura e grita, gemendo: "Todos os meus males vêm daqueles que pago para me proteger deles".

É então que os chefes substituem a voz do dever, que não fala mais aos corações, pelo grito do terror ou pelo engano de um interesse aparente com o qual eles enganam suas criaturas. É então que é preciso recorrer a todas as pequenas astúcias que eles denominam *máximas de Estado* e *mistérios de gabinete*. Todo o vigor que resta ao governo é empregado por seus membros para corromper-se e suplantar uns aos outros, enquanto os negócios permanecem abandonados ou só são feitos na medida em que o interesse pessoal o exige e os dirige. Enfim, toda a habilidade dos grandes políticos é utilizada para fascinar de tal modo os olhos dos quais necessitam que cada um crê trabalhar em seu próprio interesse enquanto trabalha para *o deles*. Digo deles, pois, com efeito, o verdadeiro interesse dos chefes é aniquilar os povos para submetê-los e arruinar seu próprio bem para assegurar-se de sua possessão.

Mas, quando os cidadãos amam seu dever, e os depositários da autoridade pública dedicam-se a alimentar esse amor com seu exemplo e seus cuidados, todas as dificuldades desaparecem, a administração ganha uma facilidade que a dispensa dessa arte tenebrosa, cujo mistério vem inteiramente de sua obscuridade. Esses espíritos vastos, tão perigosos e tão admirados, todos esses grandes ministros cuja glória se confunde com os males do povo, não são mais lamentados: os costumes públicos tomam o lugar do gênio dos chefes; e, quanto mais a virtude reina, menos os talentos são necessários. A própria ambição é mais bem servida pelo dever do que pela usurpação: o povo, convencido de que seus chefes só trabalham para sua felicidade, dispensa-os, por sua deferência, de trabalharem para afirmar seu poder. E a história nos mostra em mil lugares que a autoridade que o povo concede aos que ama e pelos quais é amado é cem vezes mais absoluta do que a tirania dos usurpadores. Isto não significa que o governo deva ter medo de usar seu poder, mas que só deve usá-lo de maneira legítima. Encontraremos na história mil exemplos de chefes ambiciosos ou pusilânimes, arruinados pela preguiça ou pelo orgulho, e nenhum que tenha se dado mal por ter sido justo. Mas não se deve confundir negligência com moderação, nem doçura com fraqueza. Deve-se ser severo para ser justo: tolerar a maldade que podemos por direito reprimir é ser mau também.

Não basta dizer aos cidadãos: sejam bons; é preciso ensiná-los a sê-lo. E até o próprio exemplo, que, nesse caso, é a primeira lição, não é o único meio que se deve empregar: o amor pela pátria é o mais eficaz, pois, como eu já disse, todo homem é virtuoso quando sua vontade particular é conforme em tudo à vontade geral, e desejamos voluntariamente o que desejam aqueles que amamos.

Parece que o sentimento de humanidade se evapora e se enfraquece ao estender-se sobre toda a terra e que não conseguiríamos ser afetados pelas calamidades da Tartária ou do Japão como por aquelas de um povo europeu. De qualquer modo, deve-se limitar e comprimir o interesse e a comiseração para que ele possa atuar. Ora, como essa inclinação em nós só pode ser útil àqueles com quem devemos viver, é bom que a humanidade, concentrada entre os cidadãos, assuma neles uma nova força, pelo hábito de se ver e pelo interesse comum que os reúne. É certo que os maiores prodígios da virtude foram produzidos pelo amor à pátria: esse sentimento doce e vivo, que une a força do amor próprio a toda a beleza da virtude, lhe dá uma energia que, sem desfigurá-la, faz dela a mais heroica de todas as paixões. É o amor pela pátria que produz tantas ações imortais, cujo brilho ofusca nossos fracos olhos, e tantos grandes homens, cujas virtudes antigas são consideradas fábulas desde que esse amor tornou-se objeto de escárnio. Não nos espantemos com isso; os entusiasmos de nossos corações ternos parecem quimeras para aqueles que não os sentiram; e o amor pela pátria, cem vezes mais vivo e mais delicioso do que o de uma amante, só pode ser concebido se o experimentarmos: mas é fácil de observar em todos os corações por ele aquecidos, em todas as ações que ele inspira, esse ardor fervente e sublime cuja virtude mais pura não brilha quando dele é separada. Ousemos opor Sócrates a Catão: um era mais filósofo, o outro mais cidadão. Atenas já estava perdida, e Sócrates tinha como pátria o mundo inteiro; Catão trazia sempre a sua no coração; só vivia para ela e não pôde sobreviver a ela. A virtude de Sócrates é a do mais sábio dos homens; mas, entre César e Pompeu, Catão parece um deus entre os mortais. Um instrui alguns particulares, combate os sofistas e morre pela verdade; o outro defende o Estado, a liberdade, as leis contra os conquistadores do mundo, e deixa enfim a terra quando não vê aqui mais nenhuma pátria para servir. Um digno discípulo de Sócrates seria o mais virtuoso de seus contemporâneos; um digno êmulo de Catão seria o maior. A virtude do primeiro bastaria para sua felicidade; o segundo procuraria sua felicidade na de todos. Seríamos instruídos por um e conduzidos por outro, e só isso decidiria a preferência, pois nunca se fez um povo de sábios, [342] mas não é impossível tornar um povo feliz.

Queremos que os povos sejam virtuosos? Comecemos, pois, fazendo-os amar a pátria. Mas como a amar, se a pátria não é para eles nada mais do que é para os estrangeiros, e não lhes dá senão o que não pode recusar a ninguém? Seria bem pior se aí eles não gozassem nem mesmo da segurança civil e que seus bens, sua vida ou sua liberdade estivessem entregues a homens poderosos, sem que lhes fosse possível ou permitido ousar reclamar das leis. Então, submetidos aos deveres do estado civil, sem gozar nem mesmo dos direitos do estado de natureza e sem poder empregar suas forças para se defender, estariam, consequentemente, na pior condição em que podem se encontrar homens livres, e a palavra *pátria* não poderia ter para eles senão um sentido odioso ou ridículo. Não se deve crer que se possa ferir ou cortar um braço sem que a dor chegue até a cabeça; e não é mais digno de crença que a vontade geral consinta que um membro do Estado, qualquer que seja, fira ou destrua outro, do que o é que os dedos do homem que usa a razão venham a lhe furar os olhos. A segurança particular está de tal modo ligada à confederação pública que, sem o respeito que se deve à fraqueza humana, essa convenção seria de direito dissolvida se um único cidadão que pudesse ser socorrido perecesse, se se retivesse equivocadamente um único cidadão na prisão e se se perdesse um único processo com uma injustiça evidente: pois, sendo infringidas as convenções fundamentais, não se vê mais com que direito nem que interesse poderia manter o povo na união social, a menos que ele permanecesse nela pela única força que promove a dissolução do estado civil.

Com efeito, o compromisso do corpo da nação não é o de prover a conservação do último de seus membros com tanto cuidado quanto a conservação de todos os outros? E a segurança de um cidadão é menos causa comum do que a segurança de todo o Estado? Que nos digam que é bom que um pereça por todos, admirarei essa sentença na boca de um digno e virtuoso patriota, que se consagra voluntariamente e por dever à morte pela salvação de seu país; mas se se entende que seja permitido ao governo sacrificar um inocente em favor da multidão, considero essa máxima a mais execrável que a tirania inventou, a mais falsa que se possa formular, a mais perigosa que se possa admitir e a mais diretamente oposta às leis fundamentais da sociedade. Longe de um só dever perecer por todos, todos comprometeram seus bens e sua vida na defesa de cada um deles, a fim de que a fraqueza particular fosse sempre protegida pela força pública, e cada membro, por todo o Estado. Depois de ter, por suposição, tirado do povo um indivíduo após o outro, pressionai os partidários dessa máxima para que expliquem melhor o que entendem por *corpo do Estado*, e vereis que eles o reduzirão no final a um pequeno número de homens que não são o povo, mas oficiais do povo que, sendo obrigados por um juramento particular a perecer eles mesmos pela sua segurança, pretendem provar com isto que cabe ao povo perecer pela deles.

Queremos encontrar exemplos da proteção que o Estado deve aos seus membros e do respeito que deve a suas pessoas? Não devemos procurá-los entre as mais ilustres e corajosas nações da terra, e é apenas entre povos livres que se sabe o que vale um homem. Em Esparta, sabe-se que a república ficava perplexa quando se tratava de punir um cidadão culpado. Na Macedônia, a vida de um homem era uma questão tão importante que, com toda a sua grandeza, Alexandre, esse poderoso monarca, não ousaria de sangue-frio mandar matar um macedônio criminoso, a não ser que o acusado tivesse comparecido diante de seus concidadãos para se defender e fosse por eles condenado. Mas os romanos se distinguiram acima de todos os povos da terra pelo respeito do governo para com os particulares e por sua atenção escrupulosa em respeitar os direitos invioláveis de todos os membros do Estado. Não havia nada mais sagrado do que a vida dos simples cidadãos; era necessária nada mais, nada menos do que a assembleia de todo o povo para condenar um deles: nem o próprio Senado nem os cônsules, em toda a sua majestade, tinham esse direito, e, entre o mais poderoso povo do mundo, o crime e a pena de um cidadão eram uma desolação pública; por essa razão, parecia-lhes tão duro derramar o sangue por qualquer crime que fosse que, pela Lei Porcia, a pena de morte foi substituída pela de exílio, para todos aqueles que quisessem sobreviver à perda de uma pátria tão doce. Em Roma e nos exércitos, tudo respirava esse amor dos concidadãos uns pelos outros e esse respeito pelo nome romano, que elevava a coragem e animava a virtude de quem quer que tivesse a honra de carregá-lo. O chapéu de um cidadão libertado da escravidão, a coroa cívica daquele que havia salvado a vida de outro eram olhados com mais prazer na pompa dos triunfos; cabe observar que, entre as coroas com as quais se honravam as belas ações na guerra, somente a cívica e a dos triunfantes eram de erva e de folhas; todas as outras eram de ouro. Foi assim que Roma foi virtuosa e tornou-se senhora do mundo. Chefes ambiciosos! Um pastor governa seus cães e seus rebanhos, e é apenas o último dos homens. Se é belo comandar, é quando aqueles que nos obedecem podem nos honrar: respeitai pois vossos concidadãos, e vos tornareis respeitáveis; respeitai a liberdade, e vosso poder aumentará todos os dias: não ultrapassai jamais vossos direitos, e logo eles não terão mais limites.

Que a pátria se torne a mãe comum dos cidadãos; que os benefícios dos quais eles usufruem no país o tornem mais caro a eles; que o governo lhes deixe parte suficiente na administração pública para que sintam que estão em sua casa, e que as leis não sejam aos seus olhos senão as garantias da liberdade comum. Esses direitos, por mais belos que sejam, pertencem a todos os homens; mas, sem parecer atacá-los diretamente, a má vontade dos chefes os reduz facilmente a nada. A lei da qual se abusa serve ao poderoso ao mesmo tempo de arma ofensiva e de escudo contra o fraco, e o pretexto do bem público é sempre o mais perigoso flagelo do povo. O que há de mais necessário e talvez mais difícil no governo é uma integridade severa para oferecer justiça a todos e, sobretudo, para proteger o pobre contra a tirania do rico. O mal pior já foi feito quando se tem pobres para defender e ricos para serem contidos. A força das leis se exerce apenas na mediania; elas são igualmente impotentes contra os tesouros do rico e a miséria do pobre; o primeiro as infringe, o segundo delas escapa; um rasga o tecido, o outro passa através dele.

Portanto, uma das tarefas mais importantes do governo é prevenir a extrema desigualdade das fortunas, não tomando o tesouro de seus proprietários, mas tirando destes os meios de acumular mais; nem construindo hospitais para os pobres, mas garantindo os cidadãos contra a pobreza. Os homens igualmente distribuídos sobre o território e amontoados num lugar enquanto outros se despovoam; as artes do lazer e da pura indústria **[343]** favorecidas às expensas das artes úteis e penosas; a agricultura sacrificada ao comércio; o publicano se tornando necessário pela má administração do Estado; enfim, a venalidade levada a tal excesso que a consideração é contada com moedas, e as próprias virtudes se vendem a dinheiro: tais são as causas mais sensíveis da opulência e da miséria, do interesse público substituído pelo interesse particular, do ódio mútuo entre os cidadãos, de sua indiferença pela causa comum, da corrupção do povo e do enfraquecimento de todas as forças do governo. Tais são, por consequência, os males que dificilmente podem ser curados quando já se fazem sentir, mas que uma sábia administração deve prevenir para manter, com os bons costumes, o respeito pelas leis, o amor pela pátria e o vigor da vontade geral.

Mas todas essas precauções são insuficientes se não se tiver mais cuidado ainda. Acabo aqui esta parte da *economia* pública, por onde deveria ter começado. A pátria não pode subsistir sem liberdade, nem a liberdade sem a virtude, nem a virtude sem os cidadãos; tereis tudo se formais cidadãos; sem isto tereis apenas escravos cruéis, a começar pelos chefes de Estado. Ora, formar cidadãos não é tarefa de um dia, e, para ter homens, é preciso instruir as crianças. Que me digam que qualquer um que tem homens para governar não deve procurar fora de sua natureza uma perfeição da qual eles não são suscetíveis; que não se deve querer destruir neles as paixões e que a execução de um tal projeto não seria igualmente desejável nem possível. Concordarei com tudo isso, mesmo porque um homem que não tem paixões certamente seria um mau cidadão: mas deve-se convir também que se não se ensina os homens a amar nada, não é impossível ensiná-los a amar um objeto de preferência a outro, e aquilo que é verdadeiramente belo, em vez do que é disforme. Se, por exemplo, nós os exercitamos bem cedo a nunca considerar sua individualidade a não ser em suas relações com o corpo do Estado e a perceber, por assim dizer, sua própria existência apenas como uma parte daquele, eles poderão enfim chegar a identificar-se de algum modo com esse grande todo, a se sentir membros da pátria, a amá-la com esse sentimento precioso que todo homem isolado só tem por si mesmo, a elevar perpetuamente sua alma em direção a esse grande objeto e a transformar, assim, em virtude sublime essa disposição perigosa da qual nascem todos os vícios. Não somente a Filosofia demonstra a possibilidade dessas novas direções, mas a História fornece a esse respeito mil exemplos brilhantes: se são tão raros entre nós é porque ninguém se preocupa que haja cidadãos, e muito menos com o fato de que se deve começar bem cedo para formá-los. Não há mais tempo para mudar nossas inclinações naturais quando elas já tomaram seu curso e quando o hábito se juntou ao amor-próprio; não há mais tempo de sairmos de nós mesmos quando o *eu humano* concentrado em nossos corações já adquiriu aí essa atividade desprezível que absorve qualquer virtude e constitui a vida das almas pequenas. De que modo o amor pela pátria poderia germinar no meio de tantas outras paixões que o sufocam? E o que resta para os concidadãos de um coração já dividido entre a avareza, uma amante e a vaidade?

É desde o primeiro momento da vida que se deve aprender a merecer viver, e como ao nascer passamos a participar do direito dos cidadãos, o instante de nosso nascimento deve ser o começo do exercício de nossos deveres. Se há leis para a idade madura, deve haver também leis para a infância, que ensinem a obedecer aos outros; e como não se deixa a razão de cada homem ser o único árbitro de seus deveres, muito menos se deve abandonar às luzes e aos preconceitos dos pais a educação de suas crianças, já que ela importa ainda mais ao Estado do que aos pais. Pois, segundo as leis da natureza, a morte do pai lhes tira frequentemente os últimos frutos dessa educação, mas a pátria cedo ou tarde sentirá seus efeitos; o Estado permanece, a família se dissolve. Os pais não terão motivo para se queixar se a autoridade pública, ao assumir seu lugar e encarregar-se dessa importante missão, adquire seus direitos cumprindo seus deveres, pois, nesse caso, os pais na verdade apenas trocam de nome e terão em comum, sob o nome de cidadãos, a mesma autoridade que exerciam sobre seus filhos sob o nome de pais, e não serão menos obedecidos falando em nome da lei do que o eram falando em nome da natureza. A educação pública, fundada em regras prescritas pelo governo e pelos magistrados estabelecidos pelo soberano, é, pois, uma das máximas fundamentais do governo popular ou legítimo. Se as crianças são educadas em comum no seio da igualdade, se são imbuídas das leis do Estado e das máximas da vontade geral, se são instruídas a respeitá-las acima de todas as coisas, se são cercadas de exemplos e de objetos que sem cessar lhes falam da mãe terna que as alimenta, do amor que tem por elas, dos bens inestimáveis que dela recebem e do retorno que lhe devem, não duvidemos que aprenderão assim a gostar uns dos outros como irmãos, a nunca querer a não ser o que a sociedade quer, a substituir o estéril e inútil balbuciar dos sofistas por ações de homens e de cidadãos e a se tornar um dia os defensores e os pais da pátria da qual foram filhas durante tanto tempo.

Não falarei dos magistrados destinados a presidir essa educação, que certamente é a tarefa mais importante do Estado. Percebe-se que, se tais marcas de confiança pública fossem concedidas levianamente, se essa função sublime não fosse, para aqueles que teriam dignamente cumprido todas as outras, o preço de seu trabalho, o honroso e doce repouso da velhice, e o cúmulo de todas as honras, todo o empreendimento seria inútil e a educação fracassaria; pois, em qualquer lugar em que a lição não for sustentada pelo Estado e o preceito pelo exemplo, a instrução permanece sem fruto, e a própria virtude perde seu crédito na boca daquele que não a pratica. Mas se guerreiros ilustres, curvados sob o peso de seus louros, pregarem a coragem, se magistrados íntegros, purificados na púrpura e nos tribunais, ensinarem a justiça, tanto uns quanto outros formarão assim sucessores virtuosos e transmitirão de época em época às gerações seguintes a experiência e os talentos dos chefes, a coragem e a virtude de cidadãos e a emulação comum a todos de viver e morrer pela pátria.

Conheço somente três povos que outrora praticaram a educação pública, a saber, os cretenses, os lacedemônios e os antigos persas: em todos os três, ela teve grande sucesso e, entre os últimos, fez prodígios. Quando o mundo se encontrou dividido em nações muito grandes para poderem ser bem governadas, esse meio tornou-se impraticável, e outras razões que o leitor pode facilmente ver impediram ainda que a educação pública fosse tentada em algum dentre os povos modernos. É notável que os romanos tenham podido passar sem ela; mas Roma foi, durante quinhentos anos, um milagre contínuo que o mundo não deve mais esperar rever. A virtude dos romanos, engendrada pelo horror pela tirania e pelos crimes dos tiranos e pelo amor inato pela pátria, fez de cada casa **[344]** uma escola de cidadãos; e o poder sem limites dos pais sobre seus filhos pôs tanta severidade na organização particular que o pai, mais temido do que os magistrados, era, em seu tribunal doméstico, o censor dos costumes e o vingador das leis.

É assim que um governo atento e bem-intencionado, vigiando sem cessar para manter ou lembrar o povo do amor pela pátria e pelos bons costumes, previne de longe os males que mais cedo ou mais tarde resultam da indiferença dos cidadãos pela sorte da república e contém em limites estreitos esse interesse pessoal que isola de tal modo os particulares, que o Estado se enfraquece por causa do poder deles e não tem mais nada a esperar de sua boa vontade. Em todo lugar em que o povo ama seu país, respeita as leis e vive com simplicidade, falta pouca coisa a fazer para torná-lo feliz; e na administração pública na qual a fortuna toma menos parte na sorte dos particulares, a sabedoria está tão próxima da felicidade que as duas se confundem.

3º) Não basta ter cidadãos e protegê-los; é preciso ainda pensar em sua subsistência; e prover as necessidades públicas é uma consequência evidente da vontade geral e o terceiro dever essencial do governo. Esse dever não é, como se pode perceber, o de encher os celeiros dos particulares e dispensá-los do trabalho, mas o de manter a abundância de tal modo ao seu alcance que, para adquiri-la, o trabalho sempre seja necessário e nunca seja inútil. Ele estende-se também a todas as operações que dizem respeito à manutenção do fisco e às despesas da administração pública. Assim, depois de ter falado da *economia* geral em relação ao governo das pessoas, resta-nos considerá-la em relação à administração dos bens.

Essa parte não oferece menos dificuldades a serem resolvidas nem menos contradições a serem superadas do que a precedente. É certo que o direito de propriedade é o mais sagrado de todos os direitos dos cidadãos e mais importante, sob certos aspectos, do que a própria liberdade; seja porque está ligado mais fortemente à conservação da vida, seja porque, sendo os bens mais fáceis de serem usurpados e mais difíceis de defender do que a pessoa, deve-se respeitar mais o que pode ser roubado mais facilmente, seja, enfim, porque a propriedade é o verdadeiro fundamento da sociedade civil e a verdadeira garantia dos compromissos dos cidadãos: pois, se os bens não correspondessem às pessoas, nada seria mais fácil do que faltar aos deveres e zombar das leis. De outro lado, não é menos certo que a manutenção do Estado e do governo exige despesas e custos. E, como qualquer um que concorde com os fins não pode recusar os meios, segue-se que os membros da sociedade devem contribuir com seus bens para sua manutenção. Além do mais, é difícil assegurar a propriedade dos particulares de um lado sem atacá-la de outro, e não é possível que nenhum regulamento que concerne à ordem das sucessões, dos testamentos dos contratos, não crie dificuldade aos cidadãos, sob certos aspectos, na disposição de seu próprio bem e, consequentemente, no seu direito de propriedade.

Mas, além do que já disse antes sobre o acordo que reina entre a autoridade da lei e a liberdade do cidadão, há, em relação à disposição dos bens, uma importante observação a fazer, e que levanta muitas dificuldades.

Como mostrou Puffendorf, o direito de propriedade, por natureza, não se estende para além da vida do proprietário, e, no instante em que o homem morre, seu bem não lhe pertence mais. Assim, prescrever as condições a partir das quais o proprietário pode dispor de seu bem é, no fundo, menos alterar seu direito aparente do que estendê-lo de fato.

Em geral, embora a instituição das leis que regem o poder dos particulares na disposição de seu próprio bem só pertença ao soberano, o espírito dessas leis, que o governo deve seguir em sua aplicação, é de que, de pai para filho e de próximo em próximo, os bens da família saiam e se alienem dela o menos possível. Há uma razão sensível para isto em favor dos filhos, a quem o direito de propriedade seria inútil se o pai não lhes deixasse nada, e que, além disso, tendo frequentemente contribuído com seu trabalho para a aquisição dos bens do pai, são, por si mesmos, associados ao seu direito. Mas uma outra razão, mais distante e não menos importante, é que nada é mais funesto aos costumes e à república do que mudanças contínuas de condição e de fortuna entre os cidadãos; mudanças que são a prova e a fonte de mil desordens, que abalam e confundem tudo, e pelas quais, dentre aqueles que, sendo educados para uma coisa, se encontram destinados a outra, nem os que sobem nem os que descem podem assumir as máximas e as luzes convenientes a seu novo estado, e muito menos cumprir seus deveres. Passo ao assunto das finanças públicas.

Se o povo se governasse a si mesmo e se não houvesse intermediário entre a administração do Estado e os cidadãos, bastaria que eles se cotizassem quando fosse a ocasião, na proporção das necessidades públicas e das possibilidades dos particulares; e como ninguém jamais perderia de vista a recuperação nem o emprego do dinheiro, não poderia se introduzir fraude nem abuso em seu manejo: o Estado nunca seria onerado com dívidas, nem o povo sobrecarregado de impostos, ou, pelo menos, a segurança de seu emprego o consolaria da dureza das taxas. Mas as coisas não poderiam caminhar assim. Por mais limitado que seja um Estado, a sociedade civil é sempre por demais numerosa para poder ser governada por todos os seus membros. É preciso que o dinheiro público passe necessariamente pelas mãos de chefes, os quais, além do interesse pelo Estado, têm todos o seu interesse particular, que não é o último a ser ouvido. O povo, por sua vez, que percebe mais a avidez dos chefes e suas loucas despesas do que as necessidades públicas, reclama ao ver-se privado do necessário para prover o supérfluo de outros, e se essas manobras o irritarem até certo ponto, a administração mais íntegra não conseguirá restabelecer sua confiança. Então, se as contribuições são voluntárias, não produzem nada; se são obrigatórias, são ilegítimas; e é nessa cruel alternativa de deixar o Estado perecer ou atacar o sagrado direito de propriedade, que é o seu fundamento, que consiste a dificuldade de uma economia justa e sábia.

A primeira coisa que o instituidor de uma república deve fazer após o estabelecimento das leis é encontrar um fundo suficiente para a manutenção dos magistrados e outros oficiais e para todas as outras despesas públicas. Esse fundo chama-se *aerarium* ou *fisco*, se for em dinheiro, *domínio público*, se for em terras, e este último é preferível ao outro, por razões fáceis de se ver. Qualquer um que tiver refletido o suficiente sobre esse assunto não poderá ter, a esse respeito, senão a opinião de Bodin, que considera o domínio público o mais honesto e mais seguro de todos os meios de prover as necessidades do Estado. Cabe observar que o primeiro cuidado de Rômulo na divisão das terras foi destinar um terço delas para esse uso. Confesso que não é impossível que o produto do domínio mal administrado se reduza a nada; mas não é da essência do domínio ser mal administrado.

Antes de qualquer emprego, esse fundo deve ser aprovado ou aceito pela assembleia do povo ou dos estados do país, que em seguida deve determinar seu uso. [345] Depois dessa solenidade, que torna o fundo inalienável, ele, por assim dizer, troca de natureza, e seus lucros se tornam de tal modo sagrados que desviar qualquer parte dele em prejuízo de sua destinação é não somente o mais infame de todos os roubos como também um crime de lesa-majestade. Foi uma grande desonra para Roma o fato de a integridade do questor Catão ter sido objeto de comentário, e que um imperador, recompensando com algum dinheiro o talento de um cantor, tenha tido a necessidade de acrescentar que esse dinheiro vinha dos bens de sua família, e não do Estado. Mas, se há poucos Galba, onde encontraremos Catões? E, se o vício não for mais considerado desonra, quais serão os chefes suficientemente escrupulosos para abster-se de tocar no dinheiro público, abandonados à sua disposição, para logo iludirem a si mesmos, afetando confundir suas vãs e escandalosas dissipações com a glória do Estado, e os meios de estender sua autoridade com os de aumentar seu poder? É sobretudo nessa delicada parte da administração que a virtude é o único instrumento eficaz e que a integridade do magistrado é o único freio capaz de conter sua avareza. Os livros e todas as contas dos administradores servem mais para encobrir suas irregularidades do que para revelá-las; e a prudência nunca é suficientemente rápida para imaginar novas precauções quanto a gatunice o é para iludir. Deixai, portanto, registros e documentos, e colocai as finanças em mãos fiéis; esse é o único meio para que sejam bem regidas.

Quando os fundos públicos são estabelecidos, os chefes de Estado são, de direito, seus administradores; pois essa administração é uma parte do governo, sempre essencial, embora nem sempre igualmente: sua influência aumenta à medida que a das outras diminui. Pode-se dizer que um governo chegou ao seu último grau de corrupção quando não tem outro nervo senão o dinheiro: ora, como todo governo tende sem cessar ao relaxamento, essa única razão mostra por que nenhum Estado pode subsistir se suas rendas não aumentarem incessantemente.

O primeiro sinal da necessidade desse aumento é também o primeiro sinal da desordem interior do Estado. O sábio administrador, pensando em conseguir dinheiro para uma necessidade presente, não negligencia em procurar a causa longínqua dessa nova necessidade, assim como um marinheiro que, vendo a água entrar em seu navio, não esquece, enquanto faz a bomba funcionar, de mandar também procurar e tapar o furo.

Dessa regra decorre a máxima mais importante da administração das finanças, que é a de trabalhar com muito mais cuidado para prevenir as necessidades do que para aumentar as rendas. Não importa a diligência que se possa fazer, o socorro que só vem depois do mal, e mais lentamente, deixa sempre o Estado em sofrimento: enquanto se pensa em remediar um inconveniente, um outro já se faz sentir, e os próprios recursos produzem novos inconvenientes, de sorte que, ao final, a nação fica onerada, o povo é sobrecarregado, o governo perde todo o vigor e faz poucas coisas com muito dinheiro. Creio que dessa máxima bem estabelecida decorrem os prodígios dos governos antigos, que faziam mais, com parcimônia, do que os nossos com todos os seus tesouros; e foi talvez daí que se derivou a acepção vulgar de economia, que é entendida mais como o sábio uso daquilo que se tem do que como um meio de se adquirir o que não se tem.

Independentemente do domínio público, que rende para o Estado na proporção da probidade daqueles que o administram, se conhecêssemos suficientemente a administração geral, sobretudo quando ela se limita aos meios legítimos, ficaríamos espantados com os recursos de que dispõem os chefes para prover a todas as necessidades públicas sem tocar nos bens dos particulares. Como eles são os senhores de todo o comércio do Estado, nada lhes é tão fácil quanto dirigi-lo de uma maneira que possa prover tudo, frequentemente sem que pareçam se ocupar disto. A distribuição dos víveres, do dinheiro e das mercadorias em proporções justas, segundo os tempos e os lugares, é o verdadeiro segredo das finanças e a fonte de riquezas, desde que aqueles que os administram saibam ter uma visão a longo prazo e, se for necessário, permitir uma perda aparente e próxima, para realmente obter lucros imensos num tempo maior. Quando se vê um governo pagar, ao invés de receber, para vender trigo em tempos de abundância e para comprá-lo em tempos de escassez, somos levados a pensar que isso se passou com os romanos, ou antigamente; é preciso ter esses fatos sob os olhos para acreditar que são verdadeiros. Suponhamos que para prevenir a escassez nos anos ruins fosse proposta a criação de depósitos públicos. Em quantos países a manutenção desses estabelecimentos tão úteis não serviria de pretexto para novos impostos? Em Genebra, os celeiros estabelecidos e mantidos por uma sábia administração constituem o recurso público nos anos ruins e a principal renda do Estado em qualquer tempo; *Alit et ditat* [Alimenta e enriquece] é a bela inscrição que se lê na fachada do edifício. Para expor aqui o sistema econômico de um bom governo, frequentemente voltei os olhos para o governo dessa república, feliz por encontrar assim em minha pátria o exemplo da sabedoria e de felicidade que gostaria de ver reinando em todos os países.

Se examinarmos como as necessidades do Estado aumentam, veremos que isto ocorre sempre mais ou menos como ocorre entre os particulares, menos por uma verdadeira necessidade do que por um crescimento de desejos inúteis, e que frequentemente se aumenta a despesa para ter um pretexto para aumentar a receita. De sorte que o Estado sairia ganhando algumas vezes passando-se por rico, e essa riqueza aparente no fundo lhe é mais onerosa do que seria a própria pobreza. É verdade que se pode esperar manter os povos numa dependência mais estreita dando-lhes com uma mão o que se tira com a outra, e que esta foi a política que José usou com os egípcios; mas esse sofisma vão é tanto mais funesto ao Estado quanto o dinheiro que não entra mais nas mesmas mãos das quais saiu, e que, com semelhantes máximas, só enriquecemos os que não fazem nada com os despojos dos homens úteis.

O gosto pelas conquistas é uma das causas mais sensíveis e mais perigosas desse aumento. Esse gosto, frequentemente gerado por uma espécie de ambição diferente daquela que é manifesta, não é sempre o que parece ser e não tem como verdadeiro motivo engrandecer a nação, e sim o desejo escondido de aumentar, no interior do país, a autoridade dos chefes, com o auxílio do aumento das tropas, e em favor da diversão que os objetos de guerra provocam no espírito dos cidadãos.

O que há pelo menos de muito certo é que nada é tão desprezado e tão miserável quanto os povos conquistadores, e até seus sucessos aumentam sua miséria: se a história não nos ensinasse isto, bastaria a razão para nos demonstrar que, quanto maior é um Estado, mais as despesas se tornam proporcionalmente grandes e pesadas; pois, nesse caso, é preciso que todas as províncias forneçam **[346]** seus contingentes, à custa da administração geral, e cada província, além disto, faça sua própria despesa particular como se fosse independente. Acrescentemos que, nessa situação, todas as fortunas são produzidas num lugar e consumidas noutro, o que logo rompe o equilíbrio entre a produção e o consumo e empobrece muitos países para enriquecer uma só cidade.

Há uma outra fonte do aumento das necessidades públicas que está ligada à precedente. Pode chegar um tempo em que os cidadãos, não se considerando mais interessados na causa comum, deixariam de ser defensores da pátria, e os magistrados prefeririam comandar mercenários do que homens livres, mesmo que fosse para empregar num primeiro tempo e lugar os primeiros para em seguida sujeitar os outros. Esta foi a situação de Roma ao final da república e sob os imperadores, pois todas as vitórias dos primeiros romanos, assim como aquelas de Alexandre, tinham sido obtidas por bravos cidadãos que, se necessário, sabiam dar seu sangue pela pátria, mas que nunca o venderiam. Mário foi o primeiro que, na guerra de Jugurta, desonrou as legiões, introduzindo nelas libertos, vagabundos e outros mercenários. Transformados em inimigos dos povos que deveriam tornar felizes, os tiranos estabeleceram tropas organizadas, aparentemente para conter o estrangeiro, mas, na verdade, para oprimir o habitante. Para formar essas tropas, foi necessário tirar cultivadores das terras; sua falta diminuiu a quantidade de víveres, e sua manutenção introduziu impostos que, por sua vez, aumentaram os preços. Essa primeira desordem provocou reclamações por parte dos povos: para reprimi-los, foi preciso aumentar as tropas e, consequentemente, a miséria; e, quanto mais aumentava o desespero, mais se era obrigado a aumentar as tropas para evitar seus efeitos. De outro lado, esses mercenários, que podiam ser julgados pelo preço pelo qual se vendiam, orgulhosos de seu próprio aviltamento, desprezando as leis que os protegiam e seus irmãos, cujo pão comiam, acreditaram que seriam mais honrados sendo satélites de César do que sendo defensores de Roma e, dedicados a uma obediência cega, mantinham, por meio do Estado, o punhal levantado contra seus concidadãos, prontos para estrangular qualquer um ao primeiro sinal. Não seria difícil mostrar que essa foi uma das principais causas da ruína do Império Romano.

Hoje em dia, a invenção da artilharia e das fortificações forçou os soberanos da Europa a restabelecer o uso de tropas organizadas para manter suas fortalezas; mas, com motivos mais legítimos, pode-se temer que o efeito seja igualmente funesto. Não será necessário mais do que isto para despovoar os campos a fim de formar exércitos e guarnições; para mantê-los, será preciso explorar os povos; e esses perigosos estabelecimentos crescem, nos últimos tempos, com tal rapidez em todos os climas que podemos prever, a partir daí, o despovoamento próximo da Europa e, mais cedo ou mais tarde, a ruína dos povos que nela habitam.

De qualquer modo, deve-se perceber que tais instituições necessariamente derrubam o verdadeiro sistema econômico, que tira sua principal renda do domínio público, e só deixam sobreviver o recurso desagradável dos subsídios e dos impostos, dos quais me resta falar.

Devemos lembrar aqui que o fundamento do pacto social é a propriedade, e que sua primeira condição é que cada um seja mantido no gozo pacífico do que lhe pertence. É verdade que, pelo mesmo tratado, todos se obrigam, pelo menos tacitamente, a se cotizar nas necessidades públicas; mas, como esse compromisso não pode prejudicar a lei fundamental, e supondo que a evidência da necessidade seja reconhecida pelos contribuintes, vê-se que, para ser legítima, essa cotização deve ser voluntária; não por parte de uma vontade particular, como se fosse necessário obter o consentimento de cada cidadão, que deveria fornecer aquilo que julgasse necessário, mas por parte da vontade geral, pela maioria de votos, e com uma tarifa proporcional que não permita nada de arbitrário na imposição.

Essa verdade, segundo a qual os impostos não podem ser legitimamente estabelecidos a não ser com o consentimento do povo ou de seus representantes, foi reconhecida em geral por todos os filósofos e jurisconsultos que adquiriram alguma reputação nos assuntos do direito político, sem excetuar o próprio Bodin. Se alguns estabeleceram máximas contrárias a ela, é fácil ver os motivos particulares que os levaram a fazê-lo; além disso, eles estabelecem tantas condições e restrições que, no fundo, as coisas dão no mesmo. Pois é indiferente quanto ao direito que o povo possa recusar e que o soberano não deva exigir; e, se for uma questão de força, a coisa mais inútil é examinar o que é legítimo ou não.

As contribuições que são cobradas do povo são de dois tipos: umas são reais e são cobradas sobre as coisas; as outras, pessoais, são pagas por cabeça. Dá-se a ambas o nome de impostos ou subsídios: quando o povo é que fixa a soma, ela se chama subsídio; quando ele paga o produto de uma taxa, então trata-se de um imposto. No livro *O espírito das leis*, lemos que a imposição por cabeça é mais adequada ao sistema da servidão, e a taxa real mais conveniente à liberdade. Isto seria incontestável se os contingentes por cabeça fossem iguais; mas não haveria nada mais desproporcional do que semelhante taxa, e é sobretudo nas proporções o mais exatamente observadas que se encontra o espírito de liberdade. Mas se a taxa por cabeça for exatamente proporcional aos meios dos particulares, como poderia ser aquela que na França tem o nome de capitação e que, dessa maneira, é ao mesmo tempo real e pessoal? Ela é a mais justa e, consequentemente, a mais adequada a homens livres. Essas proporções parecem, à primeira vista, muito fáceis de serem observadas porque, sendo relativas à situação de cada um no mundo, as indicações sempre serão públicas; mas como, além da avareza, o prestígio e a fraude sabem enganar até a evidência, é raro que nos cálculos se leve em conta todos os elementos que nele devem entrar. Em primeiro lugar, deve-se considerar a relação entre as quantidades, segundo a qual, sendo todas as coisas iguais, aquele que tem dez vezes mais bens do que outro deve pagar dez vezes mais. Em segundo lugar, a relação entre os usos, ou seja, a distinção entre o necessário e o supérfluo. Aquele que só tem o necessário não deve pagar absolutamente nada; a taxa daquele que possui o supérfluo pode ir, se for o caso, até o ponto da contribuição de tudo o que excede o necessário. A isto ele poderia objetar que, por causa de sua posição, o que seria supérfluo para um homem inferior para ele é necessário. Mas trata-se de uma mentira; pois um grande tem duas pernas, assim como um boiadeiro, e também não tem nenhuma barriga a mais. Além do mais, esse pretenso necessário é tão pouco essencial à sua posição que, se soubesse renunciar a ele por uma causa louvável, seria mais respeitado por isto. O povo se prosternaria diante de um ministro que fosse a pé ao conselho por ter vendido suas carruagens numa necessidade urgente do Estado. Enfim, a lei não prescreve a magnificência a ninguém, e o decoro nunca é uma razão contra o direito.

Uma terceira relação que nunca é considerada, [347] e que deveria sempre vir em primeiro lugar, é a dos benefícios que cada um retira da confederação social, que protege fortemente as imensas posses dos ricos e deixa um miserável gozar apenas da choupana que construiu com suas próprias mãos. Todas as vantagens da sociedade não são para os poderosos e os ricos? Todos os empregos lucrativos não são ocupados apenas por eles? Todos os favores, as isenções, não lhes são reservadas? E a autoridade pública não está sempre a seu favor? Se um homem de consideração roubar seus credores ou fizer outras trapaças, não estará ele sempre seguro de sua impunidade? As pauladas que distribui, as violências que comete, até as mortes, os assassinatos dos quais é culpado não são casos sempre atenuados, e dos quais não se fala mais ao final de seis meses? Se esse homem for roubado, logo a polícia se põe em ação, e coitados daqueles que forem suspeitos! Se ele passa por um lugar perigoso, eis a escolta que o acompanha. Se o eixo da roda de sua carruagem se quebra, todo mundo voa para socorrê-lo. Se fazem barulho à sua porta, basta uma palavra sua e todos se calam; se a multidão o incomoda, ele faz um sinal e tudo se ajeita; se um carroceiro fica em sua passagem, as pessoas quase chegam a espancá-lo; e se prefere que sejam esmagados cinquenta pedestres honestos indo para seu trabalho a que um patife ocioso chegue atrasado com sua comitiva. Todos esses cuidados não lhe custam um tostão; eles são o direito do homem rico, e não o preço da riqueza. Como é diferente o quadro do pobre! Quanto mais a humanidade lhe deve, mais a sociedade lhe recusa: todas as portas lhe são fechadas, mesmo quando tem o direito de mandar abri-las; e se alguma vez obtém justiça, é com mais dificuldade do que o outro obteria favores. Se há um trabalho penoso a fazer, uma milícia a ser recrutada, é a ele que se dá preferência; sempre carrega, além de sua própria carga, aquela da qual seu vizinho rico tem o prestígio para se livrar; ao menor acidente que lhe acontece, todos se afastam; se sua pobre charrete é derrubada, longe ser ajudado por alguém, fica feliz se, ao passar, evita as afrontas dos empregados levianos de um jovem duque. Numa palavra, toda assistência gratuita lhe escapa na necessidade, precisamente porque ele não tem com que pagá-la; e, se tiver a infelicidade de ter uma alma honesta, uma filha amável e um vizinho poderoso, estará perdido.

Outra coisa na qual se deve prestar bastante atenção é que as perdas dos pobres são muito mais difíceis de serem reparadas do que as do rico, e que a dificuldade de adquirir cresce na proporção da necessidade. Não se faz nada com o nada; isto é verdadeiro tanto nos negócios quanto na Física: o dinheiro é semente de dinheiro, e a primeira moeda algumas vezes é mais difícil de ganhar do que o segundo milhão. Há mais ainda: tudo o que o pobre paga está para sempre perdido para ele, e permanece ou retorna às mãos do rico; e, como o produto dos impostos cai, mais cedo ou mais tarde, apenas nas mãos dos homens do governo ou dos que se aproximam dele, os ricos, mesmo pagando sua parte, têm um interesse sensível em aumentar esses impostos.

Resumamos em quatro palavras o pacto social das duas situações. *Tendes necessidade de mim, pois sou rico e sois pobre; façamos pois um acordo entre nós: permitirei que possais ter a honra de me servir, com a condição de que me dareis o pouco que vos resta, pelo trabalho que terei em vos comandar.*

Se combinarmos com cuidado todas essas coisas, veremos que, para repartir as taxas de maneira justa e verdadeiramente proporcional, a imposição dessas taxas não deve ser feita somente em razão dos bens dos contribuintes, mas em razão composta da diferença entre suas condições e o supérfluo de seus bens. Operação muito importante e muito difícil, que multidões de comissários honestos e que sabem aritmética fazem todos os dias, mas da qual os Platões e os Montesquieus não ousariam se encarregar a não ser tremendo e pedindo ao céu as luzes e a integridade.

Um outro inconveniente da taxa pessoal é o de se fazer sentir demais e de ser cobrada com muita dureza, o que não impede que seja sujeita a não produzir renda, porque é mais fácil livrar a cabeça das perseguições do que suas posses.

Dentre todos os outros tributos, o censo sobre as terras sempre foi considerado o mais vantajoso nos países em que se cuida mais da quantidade do produto e da segurança da recuperação do que do menor incômodo do povo. Ousou-se mesmo dizer que era preciso sobrecarregar o camponês para acordá-lo da preguiça e que ele não faria nada se não tivesse de pagar. Mas a experiência, em todos os povos do mundo, desmente essa máxima ridícula: é na Holanda, na Inglaterra, onde o cultivador paga pouca coisa, e na China, onde ele não paga nada, que a terra é mais bem cultivada. Ao contrário, em todo lugar em que o agricultor é taxado na proporção de seu campo, ele o deixa em descanso, ou então só retira dele o necessário para viver. Pois, para aquele que perde o fruto de seu trabalho, não fazer nada é ganhar; e multar o trabalho é uma maneira singular de banir a preguiça.

Das taxas sobre as terras ou sobre o trigo, particularmente quando são excessivas, resultam dois inconvenientes tão terríveis que, a longo prazo, devem despovoar e arruinar os países onde são estabelecidas.

O primeiro vem da falta de circulação do dinheiro, pois o comércio e a indústria atraem para as capitais todo o numerário do campo, e, como o imposto destrói a proporção que deveria existir ainda entre as necessidades do agricultor e o preço de seu trigo, o dinheiro vem sem cessar e nunca volta; quanto mais rica for a cidade, mais miserável será o país. O produto das talhas passa das mãos do príncipe ou do financista para as dos artesãos e mercadores; e o agricultor, que não recebe disso senão a menor parte, se esgota enfim, pagando sempre igualmente e recebendo sempre menos. Como se quer que permaneça vivo um homem que só tem veias e não tem artérias, ou cujas artérias só levam o sangue até a quatro dedos do coração? Chardin diz que na Pérsia os direitos do rei sobre os víveres são pagos também em víveres; esse costume, que Heródoto afirma ter sido praticado outrora nesse país até Dario, pode evitar o mal do qual acabo de falar. Mas, a menos que na Pérsia os intendentes, diretores, comissários e guardas de depósitos sejam de uma espécie diferente da de outros lugares, tenho dificuldade de acreditar que chegue até o rei a menor parte de todos esses produtos, que o trigo não se estrague em todos os celeiros e que o fogo não consuma a maioria dos depósitos.

O segundo inconveniente vem de uma aparente vantagem, que deixa os males se agravarem antes que sejam percebidos. É que o trigo é um dos produtos que não encarecem nos países que o produzem, e, apesar de sua absoluta necessidade, sua quantidade diminui, sem que seu preço aumente. Isto faz com que muitas pessoas morram de fome, embora o trigo continue barato, e o agricultor fique sozinho, sobrecarregado com o imposto que não pôde recuperar no preço de venda. É preciso prestar muita atenção no fato de que não se deve pensar **[348]** a talha real como todas as taxas sobre as mercadorias que fazem aumentar seu preço e são assim pagas menos pelos mercadores e mais pelos compradores. Pois essas taxas, por mais altas que sejam, são, contudo, voluntárias, e não são pagas pelo mercador a não ser na proporção das mercadorias que compra e, como ele só compra na proporção de seu débito, ele passa a obrigação ao comprador. Mas o agricultor, que, vendendo ou não, é obrigado a pagar em termos fixos pelo terreno que cultiva, não pode esperar que se dê aos víveres o preço que quiser? E se ele não vender para se manter, seria forçado a vendê-la para pagar a talha, de modo que é algumas vezes a enormidade da tributação que mantém o preço vil dos víveres.

Observai ainda que os recursos do comércio e da indústria, longe de tornar a talha mais suportável pela abundância de dinheiro, não a tornam senão mais pesada. Não insistirei sobre uma coisa muito evidente, a saber, se a maior ou menor quantidade de dinheiro num Estado pode lhe dar maior ou menor crédito no exterior; ela não muda de modo algum em função da fortuna real dos cidadãos e não lhes dá nem mais nem menos bem-estar. Mas farei duas observações importantes: uma, que, a menos que o Estado tenha víveres supérfluos e que a abundância do dinheiro venha de seu débito no estrangeiro, as cidades em que se faz o comércio sentem-se sozinhas nessa abundância, e o camponês não faz senão tornar-se mais pobre; a outra, que, aumentando o preço de todas as coisas e multiplicando-se o dinheiro, os impostos também aumentam nessa proporção, de modo que o cultivador se vê sobrecarregado sem ter maiores recursos.

Deve-se perceber que a talha sobre as terras é um verdadeiro imposto sobre seu produto. Entretanto, todos reconhecem que nada é tão perigoso quanto um imposto sobre o trigo pago pelo comprador. Como não ver que o mal é cem vezes pior quando esse imposto é pago pelo próprio agricultor? Isto não seria atacar a subsistência do Estado em sua própria fonte?

Não é trabalhar tão diretamente quanto possível para despovoar o país e, consequentemente, para arruiná-lo a longo prazo? Pois não há pior escassez para uma nação do que a escassez de homens.

Cabe somente ao verdadeiro homem de Estado, a respeito da base dos impostos, elevar sua visão acima do objeto das finanças, transformar os encargos onerosos em regulamentos úteis de disciplina e fazer que os povos pressintam que tais estabelecimentos tiveram como fim muito mais o bem da nação do que o produto das taxas.

Os impostos sobre a importação das mercadorias estrangeiras das quais os habitantes são ávidos sem que o país tenha necessidade delas, sobre a exportação daquelas que são do país e as quais ele não possui suficientemente e os estrangeiros não podem dispensar, sobre as produções das artes inúteis e muito lucrativas, sobre as entradas nas cidades das coisas de pura diversão e em geral sobre os objetos de luxo preencherão esse duplo objeto. É por meio desses impostos, que aliviam a pobreza e oneram a riqueza, que se deve evitar o aumento contínuo da desigualdade das fortunas, a sujeição de uma multidão de operários e de servidores inúteis aos ricos, a multiplicação de pessoas ociosas nas cidades e a fuga do campo.

É importante estabelecer entre o preço das coisas e os impostos com os quais elas são oneradas uma proporção tal que a avidez dos particulares não seja por demais levada à fraude pela grandeza dos lucros. Deve-se ainda evitar a facilidade do contrabando, preferindo as mercadorias mais difíceis de esconder. Enfim, convém que o imposto seja pago por aquele que emprega a coisa taxada, mais do que por aquele que a vende, ao qual a quantidade de impostos que o sobrecarregaria daria mais tentação e meios de fraudá-los. É esse o uso constante na China, o país onde os impostos são maiores e mais bem pagos: o mercador nada paga; somente o comprador quita o imposto, sem que disto resultem reclamações e sedições; porque, como os víveres necessários à vida, como o arroz e o trigo são absolutamente livres de impostos, o povo não é explorado, e o imposto só recai sobre as pessoas de posses. De resto, todas essas precauções não devem ser ditadas pelo medo do contrabando, mas pela atenção que o governo deve ter para garantir os particulares contra a sedução por lucros ilegítimos que, depois de ter feito maus cidadãos, não tardarão a fazer pessoas desonestas.

Que sejam estabelecidas taxas sobre a criadagem, carruagens, espelhos, lustres e móveis, tecidos e douraduras, sobre os pátios e jardins das casas, sobre os espetáculos de toda espécie, sobre as profissões supérfluas, tais como a dos dançarinos, cantores, comediantes, em suma, sobre essa multidão de objetos de luxo, de divertimento e de ociosidade que fascinam os olhos e que não podem se esconder, já que sua própria utilidade é a de se mostrar, e que seriam inúteis se não fossem vistos. Não acreditemos que esses objetos sejam arbitrários, pelo fato de se fundarem apenas sobre coisas que não são de necessidade absoluta. Seria conhecer bem mal os homens crer que, depois de se deixarem seduzir uma primeira vez pelo luxo, consigam a ele renunciar; eles renunciariam cem vezes ao necessário e prefeririam morrer de fome a morrer de vergonha. O aumento das despesas seria até uma razão a mais para sustentá-las, quando a vaidade de exibir opulência puder tirar proveito do preço da coisa e do custo das taxas. Enquanto houver ricos, eles desejarão se distinguir dos pobres, e o Estado não poderia ter uma renda menos onerosa nem mais segura do que essa distinção.

Pela mesma razão, a indústria não sofreria nada da parte de uma ordem econômica que enriquecesse as finanças, reanimasse a agricultura ao aliviar o agricultor, e aproximasse insensivelmente todas as fortunas de um meio termo que é a verdadeira força de um Estado. Poderia acontecer, confesso, que os impostos contribuíssem para que algumas modas passassem mais depressa; mas isto só ocorreria para substituí-las por outras sobre as quais o trabalhador ganhasse alguma coisa sem que o fisco viesse a perder. Numa palavra, suponhamos que o espírito do governo seja constantemente o de fazer incidir todas as taxas sobre o supérfluo das riquezas. Acontecerá, então, uma de duas coisas: ou os ricos renunciarão às suas despesas supérfluas para fazer despesas úteis, que retornariam em benefício do Estado e, então, a base dos impostos terá produzido o efeito das melhores leis suntuárias; as despesas do Estado necessariamente diminuirão, assim como a dos particulares, e o fisco não receberia menos, pois teria menos a reembolsar; ou, se os ricos não diminuírem nada de suas prodigalidades, o fisco terá o produto dos impostos, recursos que buscava para prover às necessidades reais do Estado. No primeiro caso, o fisco se enriquece com toda a diminuição de despesas a fazer; no segundo, ele se enriquece mais ainda com as despesas inúteis dos particulares.

Acrescentemos a tudo isso uma distinção importante em matéria de direito político e à qual os governos, ciosos de tudo fazer por si mesmos, [349] deveriam prestar a maior atenção. Eu disse que as taxas pessoais e os impostos sobre as coisas de absoluta necessidade, ao atacar diretamente o direito de propriedade e, consequentemente, o verdadeiro fundamento da sociedade política, sempre estão sujeitos a efeitos perigosos se não forem estabelecidos com o consentimento expresso do povo ou de seus representantes. O mesmo não acontece com os impostos sobre as coisas cujo uso pode ser proibido, pois, nesse caso, o particular, não sendo absolutamente obrigado a pagar, pode ter sua contribuição considerada voluntária, de modo que o consentimento particular de cada um dos contribuintes substitui o consentimento geral e, de certa maneira, até mesmo o supõe. Mas por que o povo iria se opor a qualquer tributação que só recai sobre aquele que quer pagá-la? Parece-me certo que tudo o que não é proscrito pela lei nem contrário aos costumes e que o governo pode proibir, esse mesmo governo pode permitir por meio da cobrança de um imposto. Se, por exemplo, o governo pode proibir o uso de carruagens, com mais forte razão ele pode exigir um imposto sobre as carruagens, o que é um meio sábio e útil de censurar seu uso sem fazê-lo cessar. Então, pode-se considerar a taxa como uma espécie de multa, cujo produto recompensa o abuso que ela pune.

Alguém poderá me objetar que talvez aqueles que Bodin chama de *impostores*, ou seja, aqueles que impõem ou imaginam taxas, sendo da classe dos ricos, não se preocuparão em poupar os outros à sua própria custa e em se sobrecarregar para aliviar os pobres. Mas devem-se repelir tais ideias. Se, em cada nação, aqueles a quem o soberano encarrega do governo dos povos fossem inimigos desses povos, não valeria a pena investigar o que eles devem fazer para torná-los felizes.

(MGS)

Família (*Direito natural*), Jaucourt [6, 390]

Em latim, *familia*. Sociedade doméstica que constitui o primeiro dos estados acessórios e naturais do homem.

Com efeito, uma *família* é uma sociedade civil, estabelecida pela natureza: essa sociedade é a mais natural e a mais antiga de todas. Ela serve de fundamento à sociedade nacional, pois um povo, ou uma nação, não é senão um composto de várias famílias. **[391]**

As famílias começam com o casamento, e é a própria natureza que convida os homens a essa união. Dela nascem as crianças, que, ao perpetuar as famílias, mantêm a sociedade humana e reparam as perdas que são causadas pela morte todos os dias.

Quando se toma a palavra família num sentido estrito, ela é composta: 1º) pelo pai de família; 2º) pela mãe de família, que, segundo a opinião aceita por todos, passa para a família do marido; 3º) pelos filhos, que, se pudermos falar assim, sendo formados pela substância do pai e da mãe, pertencem necessariamente à família. Mas, quando se toma o termo família num sentido mais extenso, compreende-se então por ele todos os parentes. Pois, embora após a morte do pai de família cada filho estabeleça uma família particular, todos os que descendem de um mesmo ramo e, consequentemente, são de um mesmo sangue, são considerados membros de uma mesma família.

Como todos os homens nascem de uma família e recebem seu estado da própria natureza, segue-se que esse estado, essa qualidade ou condição dos homens, não somente não lhes pode ser tirada, mas também os torna participantes das vantagens, dos bens e das prerrogativas ligadas à família na qual nasceram. Contudo, o estado de família se perde na sociedade pela proscrição, em virtude da qual um homem é condenado à morte e declarado privado de todos os direitos de cidadão.

É tão verdadeiro que uma família é uma espécie de propriedade que um homem que tem filhos de um sexo que não a perpetua nunca está contente como quando tem filhos que a perpetuam: assim, a lei que fixa a família numa sequência de pessoas do mesmo sexo contribui muito, independentemente dos primeiros motivos, para a propagação da espécie humana. Acrescentemos que os nomes que dão aos homens a ideia de uma coisa que parece não dever perecer são muito próprios para inspirar a cada família o desejo de estender sua duração. É por isto que aprovamos mais o costume dos povos entre os quais os próprios nomes distinguem as famílias, do que o daquele entre os quais não se distinguem senão as pessoas.

De resto, o estado de família produz diversas relações muito importantes; entre o marido e a mulher, entre o pai, a mãe e os filhos, irmãos e irmãs, e entre todos os outros graus de parentesco que são o primeiro laço dos homens entre si. Não falaremos dessas diversas relações.

(MGS)

Família (*História antiga*), Diderot [6, 391]

A palavra latina *familia* não correspondeu sempre à nossa palavra. *Familia* vinha de *famulia*, e abarcava em sua acepção todos os empregados de uma casa, onde havia pelo menos quinze deles. Entendia-se ainda por *familia* um corpo de trabalhadores conduzidos e comandados pelo prefeito das águas. Havia dois desses corpos: um público, que havia sido instituído por Agripa, e outro, privado, que foi formado sob Cláudio. A tropa dos gladiadores que faziam seus exercícios sob um chefe comum também se chamava *familia*: esse chefe levava o nome de *lanista*.

As famílias romanas, *familiae*, eram divisões do que se chamava de *gens*: elas tinham um ancestral comum. Assim, Cecilius foi o chefe que deu nome à *gens* Cecilioe, e a *gens* Cecilioe compreendia as famílias dos Balearici, Calvi, Caprarii, Celeres, Cretici, Dalmatici, Dentrices, Macedonici, Metelli, Nepotes, Numidici, Pii, Scipiones, Flacci e Vittatores. Havia famílias patrícias e plebeias, do mesmo modo que havia *gens patricia* e *plebeiae*. Havia até mesmo as que eram em parte patrícias e em parte plebeias, *partim nobiles, partim novae*, segundo tivessem tido desde sempre o *jus imaginum*, ou que o tivessem adquirido recentemente. Podia-se sair de uma família patrícia e cair numa família plebeia, por degeneração, e subir de uma plebeia para uma patrícia, sobretudo por adoção. Vem daí a confusão que reina nas genealogias romanas; confusão que aumentou mais ainda pela identidade dos nomes nas patrícias e nas plebeias. Assim, quando o patrício Q. Caepio adotou o plebeu M. Brutus, esse Brutus e os seus descendentes se tornaram patrícios, e o resto da família permaneceu plebeu. Ao contrário, quando o plebeu Q. Metellus adotou o patrício P. Scipio, este e todos os seus descendentes se tornaram plebeus, e o resto da família permaneceu patrício. Os escravos libertos tomaram os nomes de seus mestres e permaneceram plebeus; é outra fonte de obscuridade. Acrescentai a isto que os autores, com frequência, empregaram indistintamente as palavras *gens* e *familia*; uns designaram por *gens* o que outros designaram por *familia*, e reciprocamente. Mas o que acabamos de observar basta para se prevenir contra os erros nos quais seria fácil cair.

(MGS)

Filosofia política (*Filosofia*), Anônimo [12, 917]

A *Filosofia política* é aquela que ensina os homens a se conduzir com prudência, seja à frente de um Estado, seja à frente de uma família. Essa importante parte da Filosofia não foi esquecida pelos antigos, sobretudo pela Escola da Aristóteles. Esse filósofo, educado na corte de Filipe e testemunha dos grandes golpes de política que tornaram esse rei tão célebre, não perdeu uma ocasião tão favorável para penetrar nos segredos dessa ciência tão útil e tão perigosa. Mas não ficou se divertindo, como fez Platão, seu mestre, em inventar uma república imaginária nem em fazer leis para homens que não existem. Ao contrário, serviu-se das luzes que extraiu do contato familiar com Alexandre, o Grande, com Antipater, com Antíoco, para prescrever leis conformes à condição dos homens e à natureza de cada governo. Vede sua moral e sua política. Entretanto, por mais estimáveis que sejam os preceitos que se encontram nos escritos desse filósofo, é preciso confessar que a maior parte deles seria pouco apropriada para governar os Estados que dividem atualmente o mundo. A face da terra sofreu tantas revoluções, e os costumes mudaram tanto, que aquilo que era sábio no tempo em que Aristóteles escrevia não mais o seria se fosse colocado em prática agora. Eis, sem dúvida, a razão pela qual, de todas as partes da Filosofia, a Política é aquela que mais experimentou mudanças e também pela qual, dentre o grande número de autores que trataram dessa ciência, não há um só que não tenha proposto uma maneira diferente de governar. Só falaremos aqui daqueles entre os modernos que se tornaram mais célebres por suas obras sobre a Política.

Jean Bodin, nascido em Anjou, foi primeiramente religioso da Ordem do Carmo. Mas, como tinha feito seus votos na primeira juventude, foi dispensado deles e dedicou-se ao estudo com muita assiduidade. Tinha o espírito tão vasto que, depois de ter adquirido um extraordinário conhecimento de línguas, alcançou todas as artes e ciências. De início, ligou-se ao tribunal de Paris. Mas, entediado dessa guerra de palavras e escritos, aplicou-se inteiramente à composição e fez sua primeira tentativa com as *Cinegéticas de Oppian*, que traduziu em latim com elegância e explicou com comentários eruditos. O rei Henrique III esteve diversas vezes com ele, e suas conversas muito o honraram. Pois, como tinha o espírito atento e as riquezas de seu espírito, por assim dizer, em dinheiro vivo, ostentava uma inacreditável abundância de coisas curiosas que sua excelente memória lhe fornecia imediatamente. Em seguida, depois que a inveja de algumas pessoas lhe tirou o favor do rei, retirou-se para junto do duque de Alençon, a quem, algum tempo após, os holandeses entregaram a soberania de suas províncias, e foi extremamente considerado por esse príncipe por causa de sua rara erudição e seus belos conhecimentos. Acompanhou esse duque em suas viagens pela Inglaterra e depois de sua morte afastou-se para Laon, onde recebeu a judicatura e exerceu a função de juiz com muita integridade até o ano de 1588. Enfim, morreu da peste com mais de 70 anos (De Thou, livro CXVII).

O senhor Diecman, em *Do naturalismo de Bodin* (*De naturalismo bodini*), descobriu no século passado um manuscrito de Bodin intitulado *Colóquio em sete partes sobre os recônditos arcanos das coisas sublimes* (*Colloquium heptalomeres de abditis rerum sublimium arcanis*). Cada interlocutor tem seu papel nessa obra. Uns atacam, outros defendem. A Igreja romana é atacada em primeiro lugar, os luteranos vêm em seguida. O terceiro golpe cai sobre todas as seitas em geral; o quarto, sobre os naturalistas; o quinto, sobre os calvinistas; o sexto, sobre os judeus, e o último, sobre os discípulos de Maomé. O autor dirige de tal forma os combatentes que os cristãos são sempre vencidos. O triunfo é para os outros e sobretudo para os naturalistas e para os judeus. Bodin acabou essa obra ruim em 1588, quando tinha mais ou menos 63 anos, e morreu em 1596, sem que pareça ter renunciado aos sentimentos que havia exposto no seu livro. Ao contrário, diz-se que morreu como judeu.

A mais considerável de suas obras, e aquela que mais o honra, são os seus *Seis livros da República*, da qual o senhor De Thou fala nestes termos: "Publicou em francês a sua grande obra, o *Da República*, e nela, assim como deu testemunho de que sua inteligência não estava impregnada por todos os gêneros de conhecimento, mas deles tinha apenas um verniz, assim também, segundo os que o julgam corretamente, absolutamente não se mostrou isento do vício de ostentação, inato em seu povo". *Opus magnus republica Gallice publicavit, in quo, ut omni scientiarum genere, non tincti, sed imbuti ingenii fidem fecit, sic nonullis, qui recte judicant, non omninò ab ostentationis innato genti vitio vacuum se probavit.* Ele sustentou perfeitamente em sua conduta as máximas que tinha escrito em suas obras, pois, tendo sido deputado em 1576 pelo Terceiro Estado de Vermandois aos Estados de Blois, defendeu com força os direitos do povo. "Ele advertiu", diz Mezeray, "com uma liberdade gaulesa, que as propriedades do domínio real pertenciam às províncias e que o rei era apenas um simples usuário delas. O que o rei Henrique III não desaprovou, dizendo que Bodin era homem de bem."

Alguns autores disputaram com Bodin a qualidade de escritor exato e sensato, mas pelo menos ninguém pode lhe negar um grande gênio, um vasto saber, uma memória e uma leitura prodigiosas. Montaigne diz que ele tinha muito mais julgamento do que a maioria dos escrevinhadores de seu século e que merece ser lido e considerado. Vide Bayle, *Dicionário*, tomo II, p.33.

Baltasar Gracián, jesuíta espanhol, morreu em 1658 com 54 anos. Suas obras são *O homem da corte*, *O herói*, *O crítico* e *O discreto*. A primeira, diz o senhor Amelot, que a traduziu, "é uma espécie de rudimento de corte", "e de código político, ou uma antologia das melhores e mais delicadas máximas da vida civil e da vida da corte". Na segunda, Gracián teve a intenção de formar o coração de um grande homem. A terceira é apenas uma censura bastante engenhosa dos vícios, e na última o autor encarregou-se de dar uma ideia do homem perfeito. Esse autor certamente tem coisas muito boas, mas suas obras estão cheias de ideias pouco naturais e expressões por demais requintadas e enfáticas. *O homem da corte* é sua melhor obra. "Pode-se considerá-la", diz Bayle, "a quintessência de tudo o que um longo costume no mundo e uma reflexão contínua sobre o espírito e o coração humano podem ensinar para a melhor conduta no caso de uma grande fortuna. E não devemos estranhar se a sábia condessa de Aranda, Luiza de Padilha, se espantava que os belos pensamentos de Gracián se tornassem comuns pela impressão. De sorte que o menor burguês podia ter por escudo coisas que, por sua **[918]** excelência, não poderiam ficar bem em suas mãos. Poderíamos aplicar a esse autor o elogio que foi feito para Tácito, de não ter escrito com tinta, mas com o suor precioso de seu vigoroso espírito."

Trajano Boccalini era nativo de Roma. Sua inclinação para a sátira manifestou-se logo cedo, e seus primeiros ensaios foram nesse gênero pernicioso. É ao seu humor divertido e maldizente que devemos seus *Relatos do Parnasso*, obra recomendável pela variedade de assuntos, pelo prazer do estilo e pela maneira engenhosa com a qual critica os vícios. Boccalini caiu no defeito comum aos satíricos e, depois de ter atacado impunemente os vícios em geral, ousou elevar-se contra as cabeças coroadas e sobretudo contra a Espanha. Pretendeu mostrar que a grande ideia que se fazia das forças dessa coroa era apenas um preconceito e indicou meios bastante apropriados para rebaixar esse poder. Vede sua obra intitulada *Lapis lydius politicus*. A sagacidade com a qual descobriu as fraquezas da coroa lhe valeu o nome de grande político, mas lhe foi funesta. Foi assassinado em Veneza por alguns soldados. De resto, esse homem que encontrava defeitos em todos os governos e censurava toda a terra mostrou que é mais fácil inventar regras do que aplicá-las. A jurisdição que exerceu em alguns lugares do Estado eclesiástico sublevou todo o mundo contra ele. Eis como Nicio Eritreu, que escreveu sua vida, fala dele: "Por isso, frequentemente chegavam a Roma queixas sobre injustiças cometidas por ele e fazia-se oportuno o provérbio no qual se diz que há três gêneros de homens que quase nada utilizam das leis que impõem aos outros: os jurisconsultos, é claro, os médicos e os teólogos. É que, em seus negócios, ninguém mais que os jurisconsultos se afasta do direito e da equidade: ninguém menos que os médicos mantém o princípio de defender a saúde; ninguém menos que os teólogos teme os espinhos da consciência [...] o que, entretanto deve-se entender somente a respeito dos que se dedicam àqueles estudos não séria e zelosamente, mas só na aparência e por rotina" (*quamobrem siebat ut Romam erebra de ipsius injuriis querimoniae deserrentur; ac locus proverbio furet, quo dicitur, tria esse hominum genera, qui nihil fere legibus, quas ipsi aliis imponunt, utantur, nimirum jurisconsultus, medicos atque theologos; nulli enim magis in negociis ab jure, ab equitate discendunt, quam jurisconsulti; nulli tocendae valetudinis rationem minus servant quam medici; nulli conscientiae aculeos minus metuunt quam theologi* [...] *quod tamen de iis tantum intelligendam qiui ea studia non seriò ac sedulò, verum in speciem, et dici causas, profitentur*).

Nicolau Maquiavel nasceu em Florença. Diz-se que recebeu da natureza um espírito tão vivo e tão penetrante que não teve necessidade de cultivá-lo pelo estudo das letras gregas e latinas. Entretanto, é difícil acreditar que ele foi tão ignorante quanto se diz. Sabe-se que fez algumas comédias, à imitação de Aristófanes e de Plauto, que lhe valeram elogios de Leão X. Aliás, seus discursos sobre Tito Lívio não deixam nenhuma dúvida de que conhecia bem a história antiga e de que, consequentemente, a tinha estudado com atenção. Seu gênio brilhou principalmente na sua maneira de tratar a história moderna. Não se importou, a exemplo de autores de seu tempo, com todas essas minúcias históricas que tornam esse estudo tão enfadonho, mas captou, com a superioridade de um gênio, os verdadeiros princípios da constituição dos Estados, penetrou em suas forças com fineza, explicou as causas de suas revoluções. Numa palavra, ele abriu para si um caminho novo e sondou todas as profundezas da política. Para reconduzir os homens ao amor pelo dever e pela virtude, seria necessário desprezar até os talentos que ousam violar suas regras. Os louvores que lhe foram dados aqueceram seu gênio, que era naturalmente ousado, e o determinaram a estabelecer os princípios que transformaram a tirania numa arte e que ensinaram os príncipes a zombar dos homens. Seu zelo pelo Estado republicano lhe atraiu o ódio da casa dos Médicis, contra a qual ele se tinha declarado. Suspeitou-se que tinha entrado para uma facção oposta a essa casa poderosa. Como consequência, foi preso e torturado, mas, nada tendo confessado, foi posto em liberdade. Foi encarregado de escrever a história de sua pátria e recebeu pagamento considerável. Mas novos tumultos o tiraram de seu trabalho e o fizeram perder sua pensão. Formou-se uma conjuração contra os Médicis, que eram acusados de querer construir seu poder sobre as ruínas da liberdade pública. Quando a conjuração foi descoberta, Maquiavel foi acusado de tê-la animado, fornecendo aos conjurados os exemplos de Brutus e Cássio. Isso não foi provado, mas a suspeita permaneceu, e, como sua pensão não foi devolvida, ele caiu em extrema miséria. Morreu alguns anos depois, aos 48 anos.

De Maquiavel temos várias obras que foram traduzidas em todas as espécies de línguas. Tais são sua *Dissertação sobre Tito Lívio*, sua *História de Florença*, que foi considerada pelos conhecedores. Mas a que fez mais barulho foi a intitulada *O príncipe de Maquiavel*. Foi aí que ele desenvolveu os princípios de política que as outras obras contêm apenas em germe. É dela que vem a acusação de que ele transformou a traição em arte e ciência, fez da virtude a escrava de uma previdência à qual ele ensina que tudo deve ser sacrificado e encobriu com o nome de política a má-fé dos príncipes. Funesta cegueira, que sob o véu de uma precaução afetada esconde a fraude, o perjúrio e a dissimulação. Em vão se argumenta que a condição dos príncipes exige a dissimulação. Entre a má-fé e a maneira sábia e prudente de governar há uma grande diferença. Que monarca teve mais candura e boa-fé do que Henrique IV? A franqueza e a sinceridade desse grande rei não destruíram todos os projetos inúteis da política espanhola? Aqueles que imaginam que um príncipe só é grande se for patife caem num erro lamentável. Como já dissemos, há uma grande diferença entre a prudência e a má-fé. E, embora neste século corrompido elas recebam o mesmo nome, o sábio as distingue facilmente. A verdadeira prudência não tem necessidade de regras que lhe ensinem a sacudir o jugo da virtude e da honra. Um rei não é obrigado a revelar seus desígnios a seus inimigos, ele deve até mesmo escondê-los se for necessário, mas também não deve, sob vãs promessas, sob a isca de uma acomodação fingida e sob o véu de uma amizade disfarçada, conseguir sucesso nas emboscadas que lhes arma. Um grande coração, em qualquer condição que estiver, toma sempre a virtude como guia. O crime é sempre um crime, e nada o faz perder sua perfídia. Quantos males não seriam evitados no mundo se os homens fossem escravos de seus juramentos? Que paz e que tranquilidade não reinariam no universo? Os reis teriam sempre súditos fiéis e submetidos à obediência que terão prometido; os soberanos, por sua vez, atentos em cumprir o que prometeram executar ao subir ao trono, tornar-se-iam os pais de um povo sempre pronto a obedecer, porque só estaria obedecendo à justiça e à equidade.

Os antimaquiavelistas. Não devemos esquecer aqui os autores que estimaram a felicidade dos povos e ao mesmo tempo a verdadeira grandeza dos príncipes, para mostrar com clareza a falsidade de uma doutrina tão oposta a esses dois assuntos. Apresentaríamos aqui um catálogo bastante longo, se nosso objetivo fosse fazer uma biblioteca filosófica. Sobre esse assunto, podem-se consultar Struvius, *Biblioteca filosófica*, cap.VII, Reinhardus, *In theatro prudentiae civilis*, Budé, *História teológica e filosófica*. Indicaremos apenas aqueles que são os mais considerados. 1. De todos aqueles que escreveram contra Maquiavel, Possevin e Thomas Bossius foram os que mais o maltrataram. O primeiro, em seu livro intitulado *Julgamentos sobre quatro* **[919]** *autores*; o segundo, em várias obras e sobretudo naquela que tem por título *O império da virtude*. 2. Maquiavel teve ainda como adversário temível um autor anônimo que nos deu *Três livros de comentários para ensinar a governar qualquer Estado que seja*, contra Maquiavel. Esse livro foi impresso em Lausanne e teve várias edições consecutivas. Conjetura-se que se trata de Vicent Gentillet, nascido no Dauphiné.

Mas, dentre todas as obras feitas contra Maquiavel, a mais estimável, sem dúvida, seja pela solidez, seja pelo nome respeitável de seu autor, é o *Antimaquiavel*, que se atribui geralmente a um homem cuja menor qualidade é a de ser monarca. O fim que nos propomos aqui nos impede de nos estendermos sobre o mérito dessa excelente obra. Diremos somente, como Platão: Feliz será o Estado quando o rei for filósofo, ou quando um filósofo for rei.

(MGS)

Financista (*Política*), Pesselier [6, 814]

Financista é o homem que maneja as finanças, ou seja, as rendas do rei; que, na percepção dos impostos, nos negócios de Sua Majestade, *quaestorius operarii collector* [um questor é um coletor operário].

Os melhores dicionários se limitam a pouca coisa nessa matéria. O povo (deve-se entender por essa palavra o vulgo de qualquer condição) acrescenta a essa definição a ideia de um homem enriquecido, e não vê nele outra coisa senão isso. O filósofo, ou seja, o homem sem prevenção, pode ver no nome não somente a possibilidade, mas também a realidade de um cidadão útil à pátria, quando ele reúne à inteligência, aos recursos, à capacidade exigidas pelos trabalhos de um financista (considerado de modo elevado), a probidade indispensável em todas as profissões e o desinteresse mais particularmente necessário às que por si mesmas são lucrativas.

Em relação à definição de financista, eis os diferentes aspectos nos quais pode ser considerada essa profissão, que não era desprezada pelos cavaleiros romanos.

Um financista pode ser considerado:

1º) participante da administração das finanças, de uma maneira mais ou menos direta, mais **[815]** ou menos próxima, mais ou menos decisiva;

2º) como fazendo por sua conta, na qualidade de arrendatário ou alienatário, ou por conta do rei, na qualidade de intendente, a percepção dos impostos;

3º) encarregado de empreendimentos de guerra ou de paz;

4º) depositário dos fundos que formam o tesouro do soberano, ou da caixa dos particulares que devem prestar contas ao Estado.

Se examinarmos filosoficamente essas diferentes subdivisões de uma profissão que se tornou muito importante e considerável no Estado, ficaremos convencidos de que não há nenhuma outra que exija, para ser dignamente cumprida, o concurso das maiores qualidades do espírito e do coração, as luzes do homem de Estado, as intenções do cidadão, e a mais escrupulosa exatidão do homem verdadeiramente honesto, pois esse título respeitável algumas vezes é prodigado levianamente.

Ver-se-á que é indispensável:

1º) que o intendente gerencie, receba e administre como se fosse para si mesmo;

2º) que o arrendatário ou alienatário evite igualmente a negligência que compromete o direito e o rigor que o torna odioso;

3º) que o empresário execute os tratados com uma exatidão que mereça a dos pagamentos;

4º) que os tesoureiros e outros cargos ou empregos de administração deem incessantemente provas de uma probidade que responda por tudo e de uma inteligência que não se prive de nada;

5º) que todos, enfim, sendo, por sua função, ou pelo governo, responsáveis e fiadores de tudo o que se faz em seu nome, não devem empregar (sob suas ordens) na percepção dos impostos e nas outras operações das quais são encarregados, a não ser pessoas humanas solváveis, inteligentes e de probidade bem constatada.

É assim que todos os financistas, cada um em seu gênero, e na ordem da proporção de luzes, funções, capacidades que lhes são próprias e particulares, podem ser estimados, considerados, amados pela nação, ouvidos, consultados, seguidos pelo governo.

Esse retrato do financista ferirá talvez uma parte das ideias mais aceitas; mas essas ideias foram aceitas com conhecimento de causa? E se elas se justificarem por alguns exemplos, deve-se a partir daí extrair consequências universais?

Responder-se-á provavelmente que seria injusto e insensato aplicá-la indistintamente a todos os financistas. O que se pode pensar dessa aplicação indistinta e geral, num autor considerado por seu mérito e sua reputação?

Abro *O espírito das leis*, esse livro que tanto honra as letras, a razão, a humanidade, e vejo, nessa obra célebre, essa espécie de anátema lançado contra os financistas que aparentamos confundir com as injuriosas denominações de *tratantes* e *publicanos*.

"Há uma propriedade para cada profissão; a dos que recebem os tributos é a riqueza, e as recompensas dessa riqueza são a própria riqueza. A glória e a honra são para a nobreza, que não conhece, não vê, não sente o verdadeiro bem senão na honra e na glória; o respeito e a consideração são para os ministros e para esses magistrados que, só encontrando trabalho após trabalho, cuidam dia e noite da felicidade do império."

Mas como é que um filósofo, um legislador tão sábio, pôde supor que houvesse no reino uma profissão que não ganhasse, não merecesse senão dinheiro e que fosse excluída por seu estado de qualquer outra espécie de recompensa?

Sabe-se tudo o que a pátria merece: a nobreza que dá seu sangue para defendê-la, o ministério que a governa, a magistratura que a julga. Mas não se conhece enfim senão uma espécie de glória e de honra, uma espécie de respeito e de consideração? E não há nenhuma à qual a finança possa aspirar?

As recompensas devem ser proporcionais aos serviços; a glória, aos sacrifícios; o respeito, às virtudes.

Um financista não será sem dúvida nem recompensado, nem respeitado, nem considerado como um Turenne, um Colbert, um Seguier... Os serviços que ele presta, os sacrifícios que faz, as virtudes que manifesta, não são da mesma natureza nem do mesmo preço. Mas pode-se, mas deve-se, decentemente, com justiça, razoavelmente, concluir disto que eles não têm nenhum tipo de valor e de realidade? E quando um homem de finanças, tal como se acaba de retratá-lo e tal como se concebe que ele deve ser, vem justificar a ideia que se tem dele, sua capacidade não presta ao Estado serviços essenciais? Seu desinteresse não faz sacrifícios? E sua virtude não dá exemplos a ser seguidos por aqueles mesmos que querem degradá-lo?

É certo, e se deve convir (como amigos da verdade), que nessa profissão há pessoas cujo espírito, costumes, conduta, mereceram que se lançasse sobre eles, de mãos cheias, o sal do sarcasmo e da zombaria e (o que deveria tocá-los ainda mais) o rancor das censuras mais bem fundadas.

Mas esse corpo é o único que tem membros que devem ser amputados? Serão recusadas à nobreza, ao ministério, à magistratura, os elogios, as recompensas, e as distinções que merecem porque algumas vezes se viu faltar coragem ao militar, visão nos ministérios ou saber e integridade na magistratura?

Reclamar-se-ia com razão contra essa injustiça. A finança não tem o direito de reclamar o mesmo de *O espírito das leis*? Não deve ela fazê-lo com tanta força quanto mais perigoso é o autor, pelas opiniões que quer propagar, tendo ele mais mérito e celebridade? A menor crítica que se pode fazer nesta ocasião a esse escritor, cuja memória será sempre cara à nação, é a de ter apresentado como tese geral uma observação pessoal e particular sobre alguns financistas, o que não impede que a maioria não deseje, não busque, não mereça e não obtenha o tipo de recompensa e de glória, de respeito e consideração que lhe é própria.

Apresentamos este verbete pelas razões já expostas na palavra *Administrador de impostos (Finança)*. Longe de querer fazer alguma crítica odiosa e injusta àqueles dentre os nossos financistas que fazem um uso respeitável de sua opulência e de privá-los do tributo de estima pessoal que lhes é devida, desejamos somente apresentar às pessoas instruídas nessas matérias a ocasião de discutir a importante questão da utilidade da finança considerada em si mesma: o ilustre autor de *O espírito das leis* era incapaz de pensar de outro modo a esse respeito; ao escrever contra a finança em geral (assunto no qual não pretendemos tomar partido), ele sabia fazer justiça aos particulares esclarecidos e virtuosos que fazem parte desse corpo.

(MGS)

Genebra (*História e Política*), d'Alembert [7, 578]

Cidade situada sobre duas colinas, na extremidade do lago que hoje leva o seu nome, anteriormente chamado de Lago Leman. Sua localização é muito agradável, vendo-se, de um lado, o lago, de outro o rio Ródano, ao redor campos verdejantes, as encostas ao longo do lago, cobertas por casas de campo, não longe os cumes sempre resfriados dos Alpes, se assemelham a montanhas de prata (quando banhados pela luz do sol). O porto de Genebra, no lago, com seu cais, seus barcos, seus mercados, aliado à localização da cidade, **[578a]** entre a França, a Itália e a Alemanha, tornaram-na industriosa, rica e ativa no comércio. Tem numerosos belos edifícios e passeios agradáveis. As ruas são iluminadas à noite, e construiu-se sobre o Ródano uma máquina de bombear bastante simples, que fornece água a todos os bairros, inclusive os mais elevados, a cem pés de altura. O lago tem cerca de dezoito léguas de comprimento e quatro a cinco de largura. É uma espécie de mar em miniatura, com suas tempestades e outros fenômenos curiosos. Ver *Tromba-d'água*, e *Histoire de l'Académie des Sciences des Années 1741 e 1742*. A latitude de Genebra é 46d. 12', a longitude é 23d. 45'.

Júlio César refere-se a Genebra como uma cidade dos Alobroges, então província romana; utilizou-a para deter o avanço dos helvéticos, posteriormente chamados de suíços. Desde a introdução do cristianismo na cidade, tornou-se uma sede episcopal, eleitora de Viena. No início do século V, o imperador Honório cedeu-a aos Bourguignons, dela privados em 534 pelos reis francos. Quando Carlos Magno, em fins do século IX, declarou guerra aos lombardos para libertar o papa (que generosamente o recompensou com a coroa imperial), esse príncipe instalou-se em Genebra e fez dela o quartel-general de seu exército. Em seguida, a cidade foi anexada como herança ao Império Germânico, e nela Conrado recebeu a coroa imperial, em 1034. Os que o sucederam, porém, ocupados com importantes solicitações dos papas, negligenciaram-na por mais de trezentos anos. Insensivelmente, tornou-se uma vila imperial, sucumbindo ao jugo de seu bispo, como se fosse um príncipe, ou melhor, um senhor, pois a autoridade do bispo era moderada pela dos cidadãos. As insígnias desde então adotadas por ela exprimem bem essa constituição mista: uma águia imperial de um lado e, de outro, uma chave, representando o poder de sua Igreja, com a seguinte divisa: *post tenebras lux*, depois das trevas, a luz. A cidade de Genebra conservou seus exércitos após ter renunciado à igreja romana; a única coisa que tem em comum com o papado são as chaves que traz em seu escudo. É muito curioso que as tenha conservado mesmo após romper com todos os laços que a ligavam a Roma. Tudo indica que se considerou que a adoção da divisa *post tenebras lux*, que exprime perfeitamente, no entender de seus habitantes, sua atual posição em relação à religião, permitiria que nada mudasse no resto de suas insígnias.

Os duques da Savoia, vizinhos de Genebra, com eventual apoio dos bispos, realizaram ardilosos e repetidos esforços para estabelecer sua autoridade sobre essa vila, mas ela resistiu corajosamente, aliando-se a Friburgo e a Berna. Foi então, por volta de 1526, que o conselho dos duzentos se estabeleceu. As opiniões de Lutero e de Zuínglio começaram a ser introduzidas; Berna as adotara; Genebra as admirava, e por fim as adotou em 1635. O papado foi abolido, e o bispo, que mantém até hoje o título de bispo de Genebra, sem ter maior jurisdição que o bispo da Babilônia sobre a sua diocese, passou desde então a residir em Annecy.

Encontra-se nos dois portões da prefeitura de Genebra uma inscrição em latim em memória da abolição da religião católica. O papa é chamado de *anticristo*; essa palavra, que o fanatismo da liberdade e da inovação se permitiu num século ainda semibárbaro, parece-nos pouco digna de uma cidade hoje em dia tão filosófica. Ousamos convidá-la a substituir esse monumento injurioso e grosseiro por uma inscrição mais verdadeira, mais nobre e mais simples. Para os católicos, o papa é o chefe da verdadeira igreja; para os protestantes sábios e moderados, é um soberano que respeitam como príncipe, sem porém obedecê-lo. Num século como o nosso, ninguém mais o considera o anticristo.

Para defender sua liberdade contra as investidas dos duques da Savoia e dos bispos, Genebra se fortaleceu ainda mais, aliando-se a Zurique e sobretudo à França. Foi com os recursos desta que ela resistiu às armas de Carlos Emanuel e aos fundos de Filipe II, príncipe cuja ambição, despotismo, crueldade e superstição garantem que sua memória será execrada pela posteridade. Henrique IV, que socorrera Genebra com trezentos soldados, precisou ele mesmo, logo depois, de socorro. Genebra não lhe foi inútil na época da liga e em outras ocasiões. Vêm daí os privilégios de que gozam os genebrinos entre os franceses, bem como entre os suíços.

Esses povos, ansiosos por tornar célebre a cidade, convidaram Calvino a instalar-se nela (que com justiça gozava de grande reputação) literato de primeira ordem, tão bom escritor em latim, na medida em que é possível sê-lo numa língua morta, quanto em francês, que ele manipulava com uma pureza singular para o seu tempo – pureza como a que os nossos gramáticos continuam a admirar e que torna os seus escritos muito superiores a quase todos os do mesmo século. Pela mesma razão, ainda em nossos dias as obras de Port-Royal distinguem-se das bárbaras rapsódias de seus adversários ou contemporâneos. Calvino, jurisconsulto hábil e teólogo tão esclarecido quanto é possível para um herético, elaborou, juntamente com os magistrados, um compêndio de leis civis e eclesiásticas que em 1543 foi aprovado pelo povo e se tornou o código fundamental da república. A abundância de bens eclesiásticos, que antes da reforma serviam para alimentar o luxo dos bispos e de seus subalternos, foi aplicada à fundação de um hospital, de um colégio e de uma academia. Mas as guerras travadas por Genebra ao longo de sessenta anos impediram que as artes e o comércio florescessem tanto quanto as ciências. Por fim, o malogro, em 1602, do golpe planejado pelo duque da Savoia, inaugurou a época de tranquilidade dessa república. Os genebrinos aprisionaram seus inimigos, que os haviam atacado de surpresa, e, para desencorajar outras tentativas futuras, prenderam treze de seus principais generais. Trataram como bandoleiros de beira de estrada homens que haviam atacado sua cidade sem declaração de guerra. Essa política singular e inédita, que consiste em travar guerra sem tê-la declarado, que não era ainda conhecida na Europa e que desde então foi praticada pelos grandes Estados, é extremamente prejudicial para os pequenos, que preferem repudiá-la.

O duque Carlos Emanuel, vendo-se repelido e com seus generais encarcerados, renunciou à pretensão de apoderar-se de Genebra. Seu exemplo serviu de lição a seus sucessores, e desde essa época a cidade tornou-se cada vez mais populosa, mais rica e mais bela, vivendo no seio da paz. Algumas desavenças internas, a última delas irrompida em 1738, perturbaram, de tempos em tempos, a tranquilidade da república. Mas todas elas, felizmente, foram pacificadas com a mediação da França e dos cantões confederados, e a estabilidade instaurou-se mais fortemente do que nunca, com a celebração de dois tratados, com a França em 1749 e com o rei da Sardenha em 1754.

É um fenômeno bastante singular que uma cidade com menos de 24 mil habitantes e cujo território total não contém trinta vilarejos tenha se tornado um Estado soberano e uma das cidades mais prósperas da Europa. Enriquecida por sua liberdade e por seu comércio, ela viu ao seu redor tudo em chamas, sem jamais se incendiar; os eventos **[578b]** que agitam a Europa são para ela como um espetáculo, de que desfruta sem tomar parte. Ligada aos franceses por tratados e pelo comércio, aos ingleses pelo comércio e pela religião, pronuncia-se com imparcialidade sobre a justiça das guerras que essas poderosas nações travam entre si, mas é sábia demais para tomar partido; julga todos os soberanos da Europa, sem bajulá-los, agredi-los ou irritá-los.

A cidade é bem fortificada, principalmente na fronteira com o príncipe de que mais desconfia, o rei da Sardenha. Na fronteira com a França, é praticamente aberta e sem vigilância. O seu serviço militar, porém, é tratado como o de uma cidade em guerra: os arsenais e os armazéns são bem estocados; cada cidadão é soldado, como na Suíça e na antiga Roma. Permite-se aos genebrinos que sirvam em tropas estrangeiras; mas o Estado não oferece suas tropas a nenhuma potência e proíbe o recrutamento em seu território.

Embora a cidade seja rica, o Estado é pobre, por causa da repugnância do povo em relação a novos impostos, mesmo aos não muito onerosos. A receita do Estado não chega a 5 mil libras, em moeda francesa, mas a economia admirável com que é administrada faz com que seja suficiente, e chega mesmo a produzir reservas para necessidades extraordinárias.

Distinguem-se em Genebra quatro ordens de pessoas: os cidadãos filhos de burgueses e nascidos na cidade são os únicos que podem chegar à magistratura; os burgueses filhos de burgueses ou de cidadãos, mas nascidos em país estrangeiro, ou que, estrangeiros, adquiriram o direito de burguesia que o magistrado pode lhes conceder, podem aspirar a um assento no conselho geral e mesmo no grande conselho, chamado dos duzentos; os habitantes são estrangeiros que receberam permissão do magistrado para permanecer na cidade e que nada mais podem ser; por fim, os nativos são os filhos dos habitantes, têm alguns privilégios a mais do que seus pais, mas são excluídos do governo.

À frente da república estão quatro síndicos, que podem ocupar o cargo por um ano e só podem voltar a ele após quatro anos. Aos síndicos acrescenta-se o pequeno conselho, composto de vinte conselheiros, um tesoureiro e dois secretários de Estado, e um outro corpo, chamado de justiça. Problemas cotidianos que precisam de resolução rápida, sejam eles criminais ou civis, são objeto dos dois corpos. O grande conselho é composto por 250 membros, cidadãos ou burgueses; julga as grandes causas civis, concede perdão, cunha moeda, elege membros do pequeno conselho, delibera sobre o que deve ser encaminhado ao conselho geral. Este abarca o corpo inteiro dos cidadãos e dos burgueses, excetuados aqueles abaixo de 25 anos, os que estejam falidos e os que tenham algum desdouro. A essa assembleia cabem o poder legislativo, o direito de guerra e paz, as alianças, os impostos e a eleição dos principais magistrados, realizada na catedral de maneira ordenada e decente, apesar dos cerca de 1.500 votantes.

Esse detalhe mostra que o governo de Genebra tem todas as vantagens e nenhum dos inconvenientes da democracia; tudo se encontra sob a direção dos síndicos, tudo emana do pequeno conselho por deliberação, e tudo retorna a ele para execução. Assim, parece que a cidade de Genebra tomou como modelo esta sábia lei do governo dos antigos germânicos, *de minoribus rebus principes consultant, de majoribus omnes, ita tamen, ut ea quorum penes plebem arbitrium est, apud principes praetractentur.* "Consultam os principais quando se trata de assuntos menores, os maiores são tratados por todos; entretanto, mas de tal modo que também estes últimos, cuja decisão cabe ao povo, são previamente tratados entre os principais." Tácito, *De moribus germanicus.*

O direito civil de Genebra é extraído quase que inteiramente do direito romano, com algumas modificações. Por exemplo, um pai só pode dispor como bem entender de metade de seus bens, a outra metade é dividida igualmente entre seus filhos. Essa lei garante de um lado a independência dos filhos e, de outro, previne a injustiça dos pais.

O Sr. Montesquieu diz com razão que é uma bela lei a que exclui dos encargos da república os cidadãos que não saldam as dívidas de seus pais após a morte destes, e com mais razão ainda os que não saldam as próprias dívidas.

Ignoram-se outros graus de parentesco como impedimento ao casamento além dos assinalados pelo Levítico. Assim, primos paralelos podem casar-se entre si; mas não há exceção para os casos proibidos. Concede-se o divórcio em caso de adultério ou de deserção mal-intencionada, após proclamações jurídicas.

A justiça criminal é exercida mais com exatidão do que com rigor. A tortura, já abolida em diversos Estados, e que deveria sê-lo em todos, por ser cruel e inútil, é proscrita em Genebra; aplica-se somente a criminosos já condenados à morte, para descobrir seus cúmplices, se necessário. O acusado pode pedir vistas do processo e ser auxiliado por parentes ou por um advogado para defender sua causa diante dos juízes, aos olhos de todos. As sentenças criminais são proclamadas em praça pública pelos síndicos, com pompa e circunstância.

Não se reconhece em Genebra a dignidade hereditária; o filho de um magistrado de primeira ordem confunde-se com a multidão, caso não se destaque por seu mérito. A nobreza e a riqueza não proporcionam posição social ou prerrogativas, nem facilitam a nomeação a cargos. As intrigas são proibidas com severidade. Os empregos são tão pouco lucrativos que não têm como excitar a cupidez; são desejados apenas pelas almas nobres, pelo prestígio que conferem.

Veem-se poucos processos; a maioria das querelas é resolvida por amigos em comum, pelos próprios advogados ou pelos juízes.

Leis suntuárias proíbem o uso de joias, limitam os gastos funerários e obrigam todos os cidadãos a caminhar a pé pelas ruas. O uso de carruagens é restrito ao campo. Essas leis, que na França seriam consideradas demasiado severas, quase bárbaras e inumanas, na verdade não atingem as verdadeiras comodidades da vida, que podem ser obtidas a custo baixo; apenas restringem o luxo, que não contribui em nada para o bem e arruína sem ser útil.

Talvez em nenhuma outra cidade existam tantos casamentos felizes. A esse respeito, Genebra está duzentos anos à frente de nossos costumes. As regulamentações contra o luxo impedem que se receiem muitos filhos; e assim o luxo não é, como na França, um dos grandes obstáculos para o aumento da população.

A comédia não é permitida em Genebra. Não tanto por se reprovarem os espetáculos em si mesmos quanto por se recear, segundo se diz, o gosto por adereços, pela dissipação e pela libertinagem, que as trupes de comediantes disseminam entre a juventude. Mas não seria possível remediar esse inconveniente com leis severas e bem executadas, sobre a conduta dos comediantes? Desse modo, Genebra teria espetáculos e costumes, e gozaria da vantagem de ambos: as representações teatrais formariam o gosto dos cidadãos e lhes dariam uma fineza de tato, uma delicadeza de sentimento que dificilmente poderia ser adquirida sem esse auxílio; a literatura prosperaria, sem que a libertinagem progredisse, [578c] e Genebra reuniria à sabedoria da Lacedemônia a polidez de Atenas. Outra consideração digna de uma república tão sábia e tão esclarecida talvez a levasse a permitir os espetáculos. O preconceito bárbaro contra a profissão de comediante, a espécie de aviltamento em que lançamos esses homens tão necessários ao progresso e ao sustento das artes é certamente uma das principais causas que contribui para o desregramento de que são acusados. É que eles procuram compensar com os prazeres a estima recusada à sua condição. Para nós, um comediante dotado de costumes é duplamente respeitável, mas dificilmente lhe concedemos algum respeito. O tratante que insulta a indigência do público e que dela se alimenta, o cortesão que rasteja e nunca paga as suas dívidas, eis a espécie de homens que mais honramos. Se os comediantes fossem não apenas aceitos em Genebra, mas desde o início disciplinados por regulamentações sábias, e depois protegidos, e mesmo estimados, desde que fossem dignos, e finalmente colocados em condição de igualdade com outros cidadãos, essa cidade teria a inegável vantagem de possuir algo que acreditamos ser muito raro, mas que na verdade só o é por culpa nossa: uma trupe respeitável de comediantes. Acrescentemos: essa trupe logo se tornaria a melhor da Europa, e muitas pessoas de ótimo gosto e simpáticas ao teatro, mas que receiam ser desonradas por frequentá-lo, acudiriam a Genebra para cultivar um talento tão agradável e tão pouco comum, não somente sem se sentirem envergonhadas, como também, ao contrário, sentido-se respeitadas. Então, a estadia nessa cidade, que muitos franceses consideram triste por ser privada de espetáculos, seria repleta de prazeres honestos, além daqueles da filosofia e da liberdade, e os estrangeiros não mais se surpreenderiam ao ver que, numa cidade em que os espetáculos decentes e regulares são defendidos, permitem-se farsas grosseiras e sem espírito, tão contrárias ao bom gosto quanto às boas maneiras. Isso não é tudo. Aos poucos, o exemplo dos comediantes de Genebra, a regularidade de sua conduta e o respeito que adquiririam por ela ofereceriam um modelo para os comediantes de outras nações e seriam lição para aqueles que até aqui os trataram com tanto rigor, e mesmo de modo inconsequente. Deixariam de ser, de um lado, sustentados por pensões do governo, e, de outro, tratados como objeto de anátema; nossos sacerdotes perderiam o hábito de excomungá-los, e nossos burgueses, o de vê-los com desprezo. Uma pequena república teria assim a glória de ter reformado a Europa quanto a esse ponto, talvez mais importante do que se pensa.

Genebra dispõe de uma universidade, denominada *academia*, em que a juventude é instruída gratuitamente. Os professores podem tornar-se magistrados e muitos efetivamente se tornam, o que contribui para fomentar a emulação entre eles e a celebridade da própria academia. Há poucos anos estabeleceu-se também uma escola de desenho. Os advogados, os notários, os médicos etc. formam corporações, que podem ser frequentadas pelos que prestam exames públicos; todas as corporações de ofício têm também suas regulamentações, seus currículos e suas obras-primas.

A biblioteca pública é sortida, contém 26 mil volumes e um bom número de manuscritos. Emprestam-se livros a todos os cidadãos, e, assim, cada um lê e se esclarece. O povo de Genebra é muito mais instruído do que outros. Não existe a percepção, como entre nós, de que isso seria um mal. Talvez os genebrinos e nossos políticos estejam ambos com a razão.

Genebra foi a primeira, depois da Inglaterra, a promover a inoculação contra a varíola, que tem tanta dificuldade para estabelecer na França, mas que, apesar disso, se estabelecerá, por mais que muitos de nossos médicos continuem a se opor a ela, como seus predecessores se opuseram à circulação do sangue,ao emético e a tantas outras verdades incontestáveis e práticas úteis.

Todas as ciências e quase todas as artes foram tão bem cultivadas em Genebra que nos surpreenderia ver a lista de doutos e artistas de todo gênero produzidos por essa cidade, após dois séculos. Teve mesmo, por vezes, a vantagem de possuir estrangeiros célebres, atraídos a ela por sua localização agradável e pela liberdade de que nela se goza. O Sr. Voltaire, que há trinta anos ali se instalou, recebe desses republicanos as mesmas marcas de estima e de consideração que recebeu de tantos monarcas.

A indústria que mais floresce em Genebra é a da relojoaria. Emprega mais de 5 mil pessoas, ou seja, mais do que a quinta parte da população. As demais artes não são negligenciadas, com destaque para a agricultura. A escassa fertilidade do terreno é remediada por força de cuidados especiais e de muito trabalho.

Todas as casas são construídas em pedra, o que costuma prevenir contra os incêndios, combatidos prontamente pela brigada formada para esse fim.

Os hospitais em Genebra não são, como alhures, um simples retiro para os pobres doentes e os enfermos. A hospitalidade é exercida em relação aos pobres campesinos, mas o mais importante é a distribuição, por eles realizada, de uma pequena pensão às famílias mais pobres, para ajudá-las a sobreviver sem que tenham que se deslocar e renunciar ao seu trabalho. Os hospitais gastam por ano mais de um terço do que arrecadam, tão abundantes são as doações de toda espécie.

Resta-nos falar sobre aa religião de Genebra; é a parte deste verbete que talvez mais interesse aos filósofos. Por isso, entraremos em detalhes a respeito, mas rogamos ao leitor que se lembre de que somos aqui meros historiadores, e não polemistas. Nossos artigos de Teologia estão destinados a servir de antídoto ao presente verbete, e relatar não é aprovar. Recomendamos por isso ao leitor os verbetes *Eucaristia*, *Inferno*, *Fé*, *Cristianismo* etc., para preveni-lo de antemão em relação ao que iremos dizer.

A constituição eclesiástica de Genebra é puramente presbiteriana; não tem bispos, menos ainda cônegos. Não é que se reprove o episcopado; mas, como não se crê que seja de direito divino, pensou-se que pastores menos ricos e menos importantes do que bispos seriam mais convenientes a uma república pequena.

Os ministros são ou pastores, como os nossos curas, ou aspirantes, como os nossos padres, mas sem benefícios. A renda dos pastores não ultrapassa 1.200 libras, e eles não recebem adicionais; é o Estado que lhes paga, pois a igreja não tem nada. Para ser ministro é preciso ter mais do que 24 anos, passar por exames muito rígidos, de ciência e de costumes. Seria desejável que nossas igrejas católicas seguissem esse exemplo.

Os eclesiásticos não têm papel algum nos funerais, que são um simples ato de polícia, realizado sem ostentação. Considera-se ridículo em Genebra ser pomposo após a morte. Os enterros são realizados num amplo cemitério, fora da cidade, costume que deveria ser adotado universalmente. Vide o verbete *Exalação*.

O clero de Genebra tem costumes exemplares. Os ministros convivem em grande união; não são vistos, como em outros países, em amargas querelas sobre matérias ininteligíveis, perseguindo-se uns aos outros, vergonhosamente acusando-se diante de magistrados. O que não significa que tenham todos a mesma opinião acerca de artigos **[578d]** de religião alhures considerados como de suma importância. Muitos não creem mais na divindade de Jesus Cristo, zelosamente defendida por seu mestre Calvino, que em nome dela queimou Servet. Quando se menciona a eles esse suplício, que não faz jus à caridade e à moderação de seu patriarca, não tentam justificá-lo; reconhecem que Calvino cometeu um ato totalmente censurável e contentam-se (se têm diante de si um católico) de contrapor ao suplício de Servet a abominável Noite de São Bartolomeu, que todo francês decente desejaria apagar de nossa história com o próprio sangue, e o suplício de Jean Hus, que nem mesmo os católicos tentam justificar, em que a humanidade e a boa-fé foram igualmente violadas e que há de cobrir a memória do imperador Sigismundo com um opróbrio eterno.

"Não seria um exemplo, ainda que pequeno, do progresso da humanidade", pergunta o Sr. Voltaire, "que tenha sido impresso em Genebra, com aprovação do poder público, um ensaio sobre a história universal (do próprio autor) em que se afirma que Calvino tinha uma alma atroz, assim como um espírito esclarecido? A morte de Servet seria vista hoje como um evento abominável." Acreditamos que os elogios dedicados a essa nobre liberdade de pensar e de escrever deveriam ser compartilhados pelo próprio autor, por seu século e por Genebra. Quantos países não há em que a Filosofia não realizou menos progressos, mas onde a verdade permanece cativa, em que a razão não ousa elevar a voz para denunciar o que ela condena em silêncio, em que muitos escritos pusilânimes, chamados de sábios, respeitam os preconceitos que poderiam combater com decência e certeza?

O inferno, que é um dos principais pontos de nossa crença, deixou de sê-lo para muitos ministros de Genebra. Seria uma injúria contra a divindade, dizem eles, imaginar que esse ser pleno de bondade e justiça seria capaz de punir nossos erros com uma eternidade de tormentos. Explicam, na medida em que lhes é possível, as passagens explícitas da Escritura que são contrárias a sua opinião, alegando que não se deve jamais tomar ao pé da letra, nos livros sagrados, o que possa ser contrário à humanidade e à razão. Acreditam que há punições numa outra vida, mas apenas por um tempo. Assim, o purgatório, uma das principais causas da separação entre os protestantes e a Igreja romana, é hoje em dia a única punição que muitos deles admitem após a morte: um capítulo a mais na história das contradições humanas.

Em suma, muitos pastores de Genebra têm por religião um perfeito socinianismo, rejeitam por completo os chamados mistérios e imaginam que o principal princípio de uma verdadeira religião é não conceder à crença nada que possa ferir a razão. Pressionados em relação à necessidade da revelação, dogma tão essencial ao cristianismo, muitos substituem essencial por útil, termo que lhes parece mais suave. Quanto a isso, se não são ortodoxos, ao menos são consequentes em relação aos seus princípios.

Um clero que pensa assim é necessariamente tolerante e a tal ponto que não é bem-visto pelos ministros de outras igrejas reformadas. É preciso reconhecer, mesmo que não se concorde com outros pontos da religião de Genebra, que há poucos países em que os teólogos e os eclesiásticos são tão inimigos da superstição. Em compensação, como a intolerância e a superstição servem apenas para multiplicar os incrédulos, há menos queixas em Genebra do que em outros lugares a respeito do progresso da incredulidade, o que não surpreende. A religião em Genebra é quase reduzida à adoração de um único Deus, ao menos para os que não fazem parte do povo. O respeito por Jesus Cristo e pelas Escrituras é talvez a única coisa que distingue o cristianismo de Genebra do puro deísmo.

Os eclesiásticos genebrinos não se restringem a ser tolerantes. Dedicam-se exclusivamente a suas funções, e são os primeiros a dar aos cidadãos o exemplo de submissão às leis. O consistório estabelecido para velar pelos costumes inflige punições exclusivamente espirituais. A grande querela entre sacerdócio e império, que em séculos de ignorância abalou a coroa de tantos imperadores e que, como sabemos muito bem, causa problemas sérios mesmo em séculos mais esclarecidos, é desconhecida em Genebra. O clero não dá um passo sem a aprovação do magistrado.

O culto é bastante simples. Nada de imagens, nada de luminárias, nada de ornamentos nas igrejas. Construiu-se, no entanto, um portão de muito bom gosto para a catedral; pode ser que os interiores de templos venham a ser decorados. E por que seria inconveniente, com efeito, ter quadros e estátuas, advertindo-se o povo, se necessário, que não os cultue e considere-os exclusivamente como monumentos destinados a reconstituir, de maneira memorável e agradável, os principais eventos da religião? As artes ganhariam sem que a superstição tirasse proveito. Referimo-nos aqui, como o leitor deve ter percebido, aos princípios dos pastores de Genebra, não àqueles da Igreja Católica.

O serviço divino tem dois elementos, as predicações e o canto. As predicações restringem-se quase unicamente à moral, e não valem mais do que ela. O canto é de muito mau gosto, e os versos franceses entoados são ainda piores. É de esperar que Genebra venha a reformar esses dois pontos. Instalou-se um órgão na catedral, e quem sabe se Deus não será louvado numa língua mais adequada e com uma música melhor. De resto, a verdade obriga-nos a dizer que o ser supremo é honrado em Genebra com uma decência e um recato que não se observa em nossas igrejas.

Provavelmente não dedicaremos verbetes tão extensos quanto este a monarquias mais vastas do que esta República. Aos olhos do filósofo, porém, a *república das abelhas* não é menos interessante que a história dos grandes impérios, e talvez seja apenas nos pequenos Estados que se pode encontrar o modelo de uma administração política perfeita. Se a religião não nos permite pensar que os genebrinos trabalharam eficazmente para se assegurar de uma fortuna venturosa no outro mundo, a razão obriga-nos a crer que eles estão muito perto da maior felicidade que se pode ter neste:

O fortunatos nimiùm, sua si bona norint! "Oh, como seriam afortunados os camponeses, se eles soubessem qual é o seu próprio bem!" (Virgílio, *Geórgicas*, II, 458)

(PPP)

Governo (*Direito natural, Política*), Jaucourt [7, 778]

Governo é a maneira pela qual a soberania é exercida em cada Estado. Examinemos a origem, as formas e as causas da dissolução dos governos. Este assunto merece os olhares atentos dos povos e dos soberanos.

Nos primeiros tempos, um pai era de direito o príncipe e o governante nato de seus filhos, pois lhes teria sido muito difícil viver juntos sem nenhuma espécie de governo. Que governo mais simples e mais conveniente se poderia imaginar senão aquele pelo qual um pai exercia na sua família o poder executivo das leis da natureza?

Uma vez tendo se tornado homens feitos, era difícil para os filhos não permanecerem sob a autoridade do governo do pai por um consentimento tácito. Estavam acostumados a se deixar conduzir pelos seus cuidados e a levar suas diferenças diante de seu tribunal. Estabelecida a comunidade de bens entre eles, as fontes do desejo de ter, ainda desconhecidas, não deixavam que germinassem as disputas de avareza. E se, por acaso, houvesse alguma, quem poderia julgá-la melhor do que um pai cheio de luzes e ternura?

Nesses tempos, não se distinguia entre maioridade e minoridade. E se a criança tivesse chegado a uma idade que pudesse dispor de sua pessoa e dos bens que o pai lhe dava, não desejava sair de sua tutela, porque nada a levava a isto. Assim, o governo ao qual cada um havia se submetido livremente continuava sempre a satisfazer a cada um, e era antes uma proteção e uma salvaguarda do que um freio ou uma sujeição. Enfim, os filhos não poderiam encontrar em outro lugar segurança maior para sua paz, sua liberdade e sua felicidade do que na conduta e no governo paterno.

É por isso que os pais se tornaram os monarcas políticos de suas famílias, e, como viviam durante muito tempo e deixavam ordinariamente herdeiros capazes e dignos de sucedê-los, lançavam assim os fundamentos dos reinos hereditários ou eletivos, que depois foram regulados por diversas constituições e por diversas leis, de acordo com o país, os lugares, as conjunturas e as ocasiões.

Se, após a morte do pai, o herdeiro mais próximo que deixava não fosse capaz de governar, por causa da pouca idade ou por falta de sabedoria, prudência, coragem ou outra qualidade qualquer, ou bem se diversas famílias concordassem em unir-se e viver juntas numa sociedade, não se pode duvidar que todos os que compunham essas famílias usassem sua liberdade natural para estabelecer sobre eles aquele que julgassem o mais capaz de governá-los. Observamos que os povos da América que vivem longe da espada dos conquistadores e da dominação sanguinária dos dois grandes impérios do Peru e do México gozam ainda de sua liberdade natural e se conduzem dessa maneira. Ora escolhem como chefe o herdeiro do antigo governante, ora o mais valente e mais corajoso dentre eles. É, portanto, provável que todo povo, por mais numeroso que tenha se tornado, por mais vasto que seja o país que ocupa, deve seu começo a uma ou várias famílias associadas. Não se pode fundar o estabelecimento das nações sobre as conquistas. Esses acontecimentos são efeito da corrupção do estado primitivo dos povos e de seus desejos imoderados.

Já que é certo que todas as nações devem seu começo a uma ou várias famílias, elas devem, pelo menos por algum tempo, ter conservado a forma do governo paterno, ou seja, obedecendo apenas às leis, com um sentimento de afeição e ternura pelos irmãos e próximos, excitados e fomentados pelo exemplo do pai. Doce autoridade que lhes torna comuns todos os bens e não atribui a si mesma a propriedade de nada!

Assim, cada povo da terra, no seu nascimento e no seu país natal, foi governado como vemos que o são hoje em dia as tribos da América, e como se diz que eram governados os antigos citas, que foram como que a sementeira das outras nações. Mas, à medida que esses povos cresceram em número e na extensão das famílias, os sentimentos de união fraternal devem ter enfraquecido.

Dentre essas nações, aquelas que permaneceram menos numerosas e ficaram mais tempo em sua pátria conservaram mais sua primeira forma de governo inteiramente simples e natural. Mas as nações que, muito apertadas em seu país, foram forçadas a migrar, viram-se obrigadas, pelas circunstâncias e dificuldades de uma viagem, ou pela situação e natureza do país para onde foram, a estabelecer, de livre consentimento, as formas de governo que melhor convinham ao seu caráter, à sua posição e ao seu número.

Todos os governos públicos parecem ter sido formados por deliberação, consulta e acordo. Quem duvida, por exemplo, que Roma e Atenas não tenham começado com homens livres e independentes uns em relação aos outros, entre os quais não havia superioridade nem sujeição natural, e que concordaram em formar uma sociedade governada? Entretanto, considerando a própria natureza, não é impossível que os homens possam viver sem governo público algum. Os habitantes do Peru não tinham governo. Ainda hoje, os chericanas, os floridianos e outros vivem em bandos, sem regras e sem leis. Mas, em geral, como entre os povos menos selvagens era necessário repelir com mais segurança as injúrias particulares, foi tomado o partido de escolher uma espécie de governo e de submeter-se a ele, tendo reconhecido que as desordens não teriam fim se não se desse autoridade e poder a alguém dentre eles de decidir sobre todas as querelas, já que ninguém de direito poderia, sem essa autoridade, erigir-se em senhor e juiz de qualquer outro. Foi assim que se conduziram aqueles que vieram de Esparta com Falanto, e dos quais fala Justino. Numa palavra, todas as sociedades políticas começaram por uma união voluntária de particulares que, de livre escolha, estabeleceram uma espécie de governo. Em seguida, os inconvenientes da forma de alguns desses governos obrigaram os mesmos homens que eram membros deles a reformá-los, mudá-los e estabelecer outros. **[789]**

Nessa espécie de instituição, se por acaso aconteceu (o que é provável) que os homens se contentaram em entregar tudo à sabedoria e à vontade daquele ou daqueles que foram escolhidos como primeiros governantes, a experiência mostrou que esse governo arbitrário destruiria o bem público e agravaria o mal ao invés de remediá-lo. Por isso foram feitas as leis, nas quais todos podem ler o seu dever e conhecer a punição merecida por aqueles que as violam.

A principal dessas leis dizia que cada um teria e possuiria em segurança aquilo que lhe pertencesse. Essa lei é de direito natural. Qualquer que seja o poder que se atribua àqueles que governam, eles não têm o direito de se apropriar dos bens próprios de nenhum súdito nem mesmo da menor porção de seus bens, contra o consentimento do proprietário. O poder mais absoluto, embora seja absoluto quando é necessário que o seja, não pode ser arbitrário a respeito desse assunto. A salvação de um exército e de um

Estado exige que se obedeça cegamente aos oficiais superiores: um soldado que dá sinais de contestar é punido com a morte. Todavia, o general, mesmo com todo seu poder de vida e de morte, não tem o poder de dispor de um centavo dos bens desse soldado nem de se apropriar da menor parte dos bens que pertencem a este.

Sei que o general pode fazer conquistas e que há autores que consideram a conquista como origem e fundamento dos governos. Mas as conquistas estão tão longe de ser a origem e o fundamento dos governos quanto a demolição de uma casa está longe de ser a verdadeira causa da construção de uma outra casa no mesmo lugar. Na verdade, a destruição de um Estado prepara um novo Estado. Mas a conquista que o estabelece pela força é apenas uma injustiça a mais. Todo poder soberano legítimo deve emanar do consentimento livre dos povos.

Alguns desses povos entregaram esse poder soberano a todos os chefes de família reunidos, e reunidos em conselho, ao qual é dado o poder de fazer as leis para o bem público e de mandar executar essas leis através de magistrados comissionados para esse efeito. Neste caso, a forma de governo se chama democracia. Ver *Democracia*.

Outros povos atribuíram toda autoridade soberana a um conselho composto pelos principais cidadãos; neste caso, a forma de governo é a aristocracia. Ver *Aristocracia*.

Outras nações confiaram de modo indiviso a soberania e todos os direitos que lhes são essenciais nas mãos de um só homem, rei, monarca ou imperador. A forma de governo então é uma monarquia. Ver *Monarquia*.

Quando o poder é posto nas mãos de um único homem e seus herdeiros, temos uma monarquia hereditária, e se ele for confiado somente durante sua vida, com a condição de que após sua morte o poder retorne àqueles que o haviam dado, que, por sua vez, nomearão um sucessor, trata-se de uma monarquia eletiva.

Outros povos, fazendo uma espécie de divisão da soberania e misturando, por assim dizer, as formas de governo das quais acabamos de falar, confiaram diferentes partes do poder a diferentes mãos, temperaram a monarquia com a aristocracia e ao mesmo tempo deram ao povo uma parte na soberania.

É certo que uma sociedade tem a liberdade de formar o governo da maneira que lhe convier e de misturar e combinar as diferentes formas. Se o poder legislativo foi dado por um povo a uma pessoa, ou a várias, por toda a vida ou por tempo limitado, quando termina esse tempo, o poder soberano retorna à sociedade da qual ele emana. Desde o momento que isso acontece, a sociedade pode novamente dispor dele como quiser, colocá-lo nas mãos de quem julgar melhor, da maneira que julgar mais conveniente e, assim, erigir uma nova forma de governo. Puffendorf que diga quanto quiser que as formas de governo mistas são irregulares. A verdadeira regularidade será sempre aquela que for mais conforme ao bem das sociedades civis.

Alguns escritores políticos pretendem que, como todos os homens nascem sob um governo, não têm a liberdade de escolher um novo. Dizem que cada um nasce súdito de seu pai ou de seu príncipe e, consequentemente, está numa perpétua obrigação de sujeição ou de fidelidade. Esse raciocínio é mais especioso que sólido. Nunca os homens consideraram nenhuma sujeição natural na qual tenham nascido, em relação a seu pai ou ao príncipe, como um laço que os obriga à submissão sem seu consentimento. A história sagrada e a profana nos fornecem exemplos frequentes de uma multidão de pessoas que se retiraram da sujeição e da jurisdição sob a qual tinham nascido, da família e da comunidade na qual tinham crescido, para estabelecer em outro lugar novas sociedades e novos governos.

Foram essas emigrações, igualmente livres e legítimas, que produziram tão grande número de pequenas sociedades, as quais se espalharam em diferentes regiões, multiplicaram-se e aí permaneceram enquanto encontraram de que subsistir, ou até que os mais fortes engoliram os mais fracos, estabeleceram sobre seus destroços grandes impérios, que por sua vez foram destruídos e dissolvidos em diversas dominações pequenas. Se fosse verdade que os homens não têm a liberdade natural de se separar de suas famílias e de seus governos, quaisquer que eles tenham sido, para erigir novos governos de acordo com sua fantasia, nos primeiros séculos, em vez de uma grande quantidade de reinos, haveria uma só monarquia.

É claro, tanto pela prática dos governos quanto pelas leis da reta razão, que uma criança não nasce súdita de nenhum país nem de nenhum governo. Ela permanece sob a tutela e autoridade do pai até atingir a idade da razão. Quando adquire essa idade, é homem livre, senhor de escolher o governo sob o qual julgar bom viver e de unir-se ao corpo político que mais lhe agradar. Nada é capaz de submetê-lo a algum poder sobre a terra a não ser seu consentimento. Esse consentimento, que o submete a algum governo, pode ser expresso ou tácito. O consentimento expresso torna-o, sem sombra de dúvida, membro da sociedade que adota. O consentimento tácito liga-o ao governo no qual ele goza de alguma possessão, mas, se sua obrigação começa com suas posses, acaba também com seu gozo. Nesse caso, os proprietários dessa natureza são senhores de incorporar-se a uma outra comunidade e de erigir uma nova, *in vacuis locis*, como se diz em termos de direito, num deserto ou em qualquer outro lugar do mundo que não tenha proprietário nem habitações.

Todavia, embora os homens sejam livres de deixar um governo para submeter-se a outro, não se deve concluir daí que o governo ao qual preferem submeter-se seja mais legítimo do que aquele que deixaram. Os governos, de qualquer espécie que sejam, que tiverem como fundamento o consentimento livre dos povos, seja expresso, seja justificado por uma longa e pacífica possessão, são igualmente legítimos, pelo menos por um tempo tão longo quanto tenderem para a felicidade **[790]** dos povos, segundo a intenção do soberano. Nada pode degradar um governo a não ser uma violência aberta e atual, seja no seu estabelecimento, seja no seu exercício, quero dizer, a usurpação e a tirania. Ver *Tirania*.

Mas a questão que mais divide os espíritos é a que determina qual é a melhor forma de governo. Desde o conselho reunido pelos persas até os dias de hoje, essa questão foi julgada de diversas maneiras, discutida outrora por Heródoto e quase sempre foi decidida pelo gosto do hábito ou da inclinação, mais do que por um gosto esclarecido e refletido.

É certo que cada forma de governo tem suas vantagens e seus inconvenientes, que são inseparáveis dela. Não há governo perfeito sobre a terra, e por mais perfeito que pareça na especulação, na prática e nas mãos dos homens, está sempre acompanhado de instabilidade, de revoluções e de vicissitudes. Enfim, o melhor deles se destruirá enquanto forem homens que governem homens.

Poder-se-ia, entretanto, responder de maneira geral à questão proposta dizendo que é preciso encontrar a ideia da melhor forma de governo num caráter próprio para reprimir a licença sem degenerar em opressão. Essa melhor forma será aquela que, evitando os extremos, puder propiciar a boa ordem, atender às necessidades do interior e de fora e, deixando ao povo segurança suficiente, não se afastar desse fim.

O legislador da Lacedemônia, vendo que os três tipos de governo tinham cada um os seus inconvenientes, que a monarquia degenerava facilmente em poder arbitrário, a aristocracia, num governo injusto de algum particular, e a democracia, numa dominação cega e sem regras, Licurgo, digo, acreditou dever fazer essas três formas entrarem no governo de sua pátria e fundi-las, por assim dizer, numa só, de sorte que servissem uma à outra como balança e contrapeso. Esse sábio mortal não se enganou. Pelo menos nenhuma república conservou por tanto tempo suas leis, seus usos e sua liberdade como a da Lacedemônia.

Há na Europa um Estado extremamente florescente, no qual os três poderes estão misturados de um modo ainda melhor do que na república dos espartanos. A liberdade política é o objeto direto da constituição desse Estado, que, segundo todas as aparências, só poderá perecer por desordens no interior se o Poder Legislativo for mais corrompido do que o Executivo. Ninguém apresentou melhor o belo sistema de governo do qual falo do que o autor de *O espírito das leis*.

De resto, é necessário observar que nem todo governo convém igualmente a todos os povos. Sua forma deve depender infinitamente do local, do clima, assim como do espírito, do gênio, do caráter da nação e de sua extensão.

Qualquer que seja a forma que se prefira, há sempre um fim em todo governo, que deve ser inspirado no bem geral de toda a nação. E, a partir desse princípio, o melhor governo é aquele que torna felizes o maior número de homens. Qualquer que seja a forma do governo político, o dever de qualquer um que for encarregado dele, de qualquer modo que seja, é de trabalhar para tornar os súditos felizes, oferecendo-lhes, de um lado, as comodidades da vida, a segurança e a tranquilidade, e, de outro, todos os meios que podem contribuir para suas virtudes. A lei soberana de todo bom governo é o bem público: A salvação do povo é a lei suprema (*salus populi, suprema lex est*). Por essa razão, na divisão dos governos da qual tratamos, concorda-se de forma unânime que esta é uma verdade.

Sem dúvida, é importante investigar, partindo desse princípio, qual seria no mundo o mais perfeito governo que pudesse ser estabelecido, embora os outros sirvam aos fins da sociedade para os quais foram instituídos. E, apesar de não ser tão fácil fundar um novo governo quanto construir um navio com uma nova teoria, o súdito não deixa de ser por isso um dos objetos mais dignos de nossa curiosidade. Mesmo no caso em que a questão sobre a melhor forma de governo for decidida pelo consentimento universal dos políticos, quem sabe se dentro de alguns séculos não se poderia encontrar uma ocasião de passar da teoria para a prática, seja pela dissolução de um antigo governo, seja por outros acontecimentos que exigiriam o estabelecimento de um novo governo em algum lugar? Em todos os casos, para nós é vantajoso conhecer o que há de mais perfeito na espécie, a fim de nos colocarmos em condições de aproximar tanto quanto for possível todas as constituições de governo desse ponto de perfeição, por meio de novas leis, alterações imperceptíveis naquelas que são estabelecidas, e por inovações vantajosas para o bem da sociedade. A sucessão dos séculos serviu para aperfeiçoar várias artes e várias ciências. Por que não serviria para aperfeiçoar os diferentes tipos de governo e para lhes dar a melhor forma?

Através de princípios esclarecidos e experiências conhecidas, já se evitariam, numa nova constituição, todos os defeitos palpáveis que se opõem ou não deixariam de se opor ao seu crescimento, à sua força e à sua prosperidade.

Um defeito dos governos ocorre quando as leis e os costumes de um Estado não são conformes ao natural do povo ou às qualidades e à situação do país. Por exemplo, se as leis tendem para dirigir para o lado das armas um povo próprio às artes da paz, ou se essas mesmas leis deixam de encorajar, honrar o comércio e as manufaturas num país situado de modo favorável a retirar grande proveito delas. Outros defeitos de um governo ocorrem quando a constituição das leis fundamentais só é vantajosa para os grandes, quando ela torna a solução dos processos igualmente difícil e lenta. Tais são as leis que devem ser reformadas na Polônia, onde, de um lado, aquele que matou um camponês fica livre pagando uma multa, e, de outro, a oposição de um só dos membros da assembleia rompe a dieta, que, aliás, é limitada por um tempo muito curto para a expedição dos negócios. Enfim (pois não tenho a intenção de fazer aqui a sátira dos Estados), em todo lugar em que houver regulamentos e usos contrários às máximas capitais da boa política, haverá defeitos consideráveis no governo. E se, por infelicidade, se puder colorir esses defeitos com o pretexto especioso da religião, seus efeitos serão muito mais funestos.

Não basta anular as leis defeituosas num Estado. É preciso também que o bem do povo seja o objetivo do governo. Os governantes são nomeados para cumprir esse objetivo, e a constituição civil que os reveste desse poder está comprometida com as leis da natureza e com a lei da razão, que determinou essa finalidade para toda forma de governo, como a força motriz de sua felicidade. O maior bem do povo é a liberdade. Ela é para o corpo do Estado o que a saúde é para o indivíduo. Sem saúde, o homem não pode gozar prazer algum. Sem a liberdade, a felicidade é banida dos Estados. Um governante patriota verá, pois, [791] que o direito de defender e manter a liberdade é o mais sagrado de seus deveres.

Em seguida, a preocupação principal do governante é a de trabalhar para prevenir todas as tristes causas da dissolução dos governos. Essa dissolução pode se dar por causa de desordens internas e pela violência vinda de fora.

1º) A dissolução do governo pode acontecer quando o poder legislativo é alterado. Ele é a alma do corpo político, é dele que os membros do Estado tiram tudo o que é necessário para sua conservação, para sua união e para sua felicidade. Se, portanto, o poder legislativo for arruinado, o resultado é a dissolução e a morte do corpo político.

2º) Um governo pode se dissolver quando aquele que detém o poder supremo e executivo abandonar sua função, de tal modo que as leis já feitas não possam ser postas em execução. Essas leis não se estabelecem por si mesmas. Foram feitas para que se constituíssem como laços da sociedade, que é composta por cada membro em sua função. Se as leis cessam, o governo cessa ao mesmo tempo, o povo volta a ser uma multidão confusa, sem ordem e sem freio. Quando a justiça não é mais administrada, e, consequentemente, os direitos de cada um não são mais garantidos, não há mais governo. Desde que as leis não sejam executadas, é como se não houvesse leis. Um governo sem leis é um mistério na política, inconcebível para o espírito do homem e incompatível com a sociedade humana.

3º) Os governos podem se dissolver quando o poder legislativo ou o executivo agem pela força, para além da autoridade que lhes foi confiada, e de uma maneira oposta à confiança que foi depositada neles. É o que acontece, por exemplo, quando aqueles que são revestidos desse poder invadem os bens dos cidadãos e tornam-se árbitros absolutos do que pertence à comunidade, quero dizer, a vida, a liberdade, as riquezas do povo. A razão pela qual entramos na sociedade política é a conservação dos próprios bens, e a função da autoridade legislativa ou executiva concedida a certas pessoas é proteger e conservar o que pertence a toda a sociedade.

Se acontecer de aqueles que têm as rédeas do governo encontrarem resistência quando se servirem do poder para a destruição, e não para a conservação das coisas que pertencem ao povo, a culpa é deles mesmos, porque o bem público e o interesse da sociedade são o fim de todo governo. De onde resulta necessariamente que o poder não pode ser arbitrário e que deve ser exercido segundo leis estabelecidas, a fim de que o povo possa conhecer seu dever e ficar em segurança à sombra das leis, a fim, ao mesmo tempo, de que os governantes sejam mantidos dentro de justos limites e não sejam tentados a empregar o poder que têm em mãos para fazer coisas prejudiciais à sociedade política.

4º) Enfim, uma força estrangeira, prevista ou imprevista, pode dissolver inteiramente uma sociedade política. Quando essa sociedade é assim destruída, é certo que seu governo não pode subsistir. Assim, a espada de um conquistador confunde e destrói todas as coisas, e por ela a sociedade e o governo são despedaçados, porque os que foram subjugados são privados da proteção desse governo do qual dependiam e que era destinado a defendê-los. Todo mundo vê facilmente que, quando a sociedade é dissolvida, o governo não pode subsistir. É tão impossível que ele subsista nessa condição quanto é impossível que a estrutura de uma casa subsista quando os materiais dos quais ela foi feita tiverem sido separados uns dos outros por um furacão, ou amontoados uns sobre os outros por um tremor de terra.

Independentemente dessas desventuras, é preciso convir que não há estabilidade absoluta na humanidade. Pois o que existe imutavelmente existe necessariamente, e esse atributo do ser supremo não pode pertencer ao homem nem às suas obras. Estabelecei com Licurgo as melhores leis. Imaginai com Sidney os meios de fundar a mais sábia república. Fazei com Alfred que uma nação numerosa encontre sua felicidade numa monarquia, tudo isto só durará um certo tempo. Os Estados, após terem crescido e se engrandecido, tendem em seguida para a decadência e para a dissolução. Assim, a única via para prolongar a duração de um governo florescente é trazê-lo de volta, em cada ocasião favorável, aos princípios sobre os quais foi fundado. Quando essas ocasiões se apresentam com frequência e são bem aproveitadas, os governos são mais felizes e duráveis. Quando ocorrem raramente, ou são mal aproveitadas, os corpos políticos dessecam, fenecem e morrem.

(MGS)

Hobbesianismo, ou Filosofia de Hobbes (*História da Filosofia antiga e moderna*), Diderot [8, 232]

Dividiremos este verbete em duas partes: na primeira, daremos um resumo da vida de Hobbes; na segunda, exporemos os princípios fundamentais de sua filosofia.

Thomas Hobbes nasceu na Inglaterra, em Malmesbury, em 5 de abril de 1588. Seu pai era um obscuro eclesiástico da região. A frota que Filipe II, rei da Espanha, havia enviado contra os ingleses lançara a nação numa consternação geral. Por essa razão, o parto de Hobbes foi adiantado, e sua mãe pôs no mundo essa criança antes do termo da gravidez.

Desde logo, o menino foi encaminhado aos estudos. Apesar da fragilidade de sua saúde, superou com surpreendente facilidade as dificuldades das línguas eruditas e traduziu em versos latinos a *Medeia*, de Eurípedes, numa idade em que as outras crianças mal conhecem o nome desse autor.

Aos 14 anos, foi enviado à Universidade de Oxford, onde cursou o que chamamos de Filosofia. De lá passou para a casa de Guilherme Cavendish, barão de Hardwick, pouco tempo depois conde de Devonshire, que lhe confiou a educação de seu filho mais velho.

A doçura de caráter de Hobbes e os progressos do aluno o tornaram caro a toda a família, que o escolheu para acompanhar o jovem conde em suas viagens. Percorreu a França e a Itália, procurando contato com homens célebres, estudando as leis, os usos, os costumes, o gênio, a Constituição, os interesses e os gostos das duas nações.

De volta à Inglaterra, entregou-se inteiramente à cultura das letras e às meditações da Filosofia. Havia desenvolvido aversão às coisas que eram ensinadas nas escolas e à maneira de ensiná-las. Não via nelas nenhuma aplicação para a conduta geral ou particular dos homens. A Lógica e a Metafísica dos peripatéticos lhe pareciam ser um tecido de tolices difíceis; sua moral, um objeto de disputas vazias de sentido, e sua Física, fantasias sobre a natureza e os fenômenos.

Ávido por um alimento mais sólido, voltou à leitura dos antigos. Devorou os filósofos, poetas, oradores e historiadores da Antiguidade. Nessa ocasião, foi apresentado ao chanceler Bacon, que o admitiu na sociedade de grandes homens que o rodeavam. O governo começava a inclinar-se para a democracia, e nosso filósofo, assustado com os males que acompanham sempre as grandes revoluções, lançou os fundamentos de seu sistema político. Acreditava de boa-fé que a voz de um filósofo poderia ser ouvida no meio dos clamores de um povo rebelde.

Alimentava-se dessa ideia que é tão sedutora quanto vã, e escrevia, quando perdeu seu aluno, protetor e amigo; tinha então 40 anos, idade em que se pensa no futuro. Não possuía fortuna. Um único momento havia derrubado todas as suas esperanças. Gervaise Clifton havia pedido que acompanhasse seu filho nas suas viagens, e ele aceitou. Encarregou-se em seguida da educação de um filho da condessa de Devonshire, com quem ainda reviu a França e a Itália.

Foi entre essas distrações que se instruiu nas Matemáticas, que considerava serem as únicas ciências capazes de fortalecer o julgamento. Nessa época, já pensava que tudo se executa através de leis mecânicas e que era nessas únicas propriedades da matéria que se deveria procurar a razão dos fenômenos, tanto dos corpos brutos quanto dos seres organizados.

Ao estudo das Matemáticas seguiram-se os de História Natural e Física experimental. Estava então em Paris, onde se ligou a Gassendi, que trabalhava para tirar do esquecimento a filosofia de Epicuro. Um sistema que explica tudo através do movimento e dos átomos tinha tudo para agradar Hobbes. Ele adotou esse sistema e estendeu sua aplicação dos fenômenos da natureza às sensações e às ideias. Gassendi dizia que não conhecia alma mais intrépida, espírito mais livre de preconceitos, homem que penetrasse mais profundamente nas coisas do que Hobbes. E o historiador de Hobbes disse a respeito do padre Mersenne que seu estado de religioso não o havia impedido de amar o filósofo de Malmesbury nem de reconhecer a retidão dos costumes e os talentos desse homem, apesar das diferenças que havia entre eles quanto à confissão religiosa e aos princípios.

Foi então que Hobbes publicou seu livro *Do cidadão*. A acolhida que essa obra teve por parte do público e os conselhos de amigos o fizeram interessar-se mais pelo estudo do homem e de seus costumes.

Estava ocupado com esse assunto quando partiu para a Itália. Em Pisa, conheceu o célebre Galileu. Entre os dois homens, nasceu prontamente uma estreita amizade. A perseguição acabou de fortalecer os laços que os uniam.

As perturbações que logo iriam inundar de sangue a Inglaterra estavam a ponto de explodir. Foi nessas circunstâncias que Hobbes publicou o seu *Leviatã*. A obra provocou grande ruído, ou seja, teve alguns leitores, alguns defensores e muitos inimigos. Nela Hobbes dizia: "Não há segurança sem a paz. Não há paz sem um poder absoluto. Não há poder absoluto sem armas. Não há armas sem impostos. E o temor das armas não conseguirá estabelecer a paz, se um temor mais terrível do que o [233] da morte não influenciar os espíritos. Tal é o temor da condenação eterna. Um povo sábio começará, pois, por aceitar as coisas necessárias à salvação". *Sine pace impossibilem esse incolumitatem; sine imperio pacem; sine armis imperium; sine opibus in unam manum collatis, nihil valent arma; neque metu armorum quicquam ad pacem proficere illos, quos ad pugnandum concitat malum morte magis formidandum. Nempe dum consensum non sit de iis rebus quae ad felicitatem aeternam necessariae credantur, pacem inter cives esse non posse.* Enquanto os nobres faziam ressoar nos templos a doutrina regicida, distribuíam punhais aos cidadãos para que eles se degolassem mutuamente e pregavam a rebelião e a ruptura do pacto civil, um filósofo dizia: "Meus amigos, meus concidadãos, escutai-me. Não procuro vossa admiração nem vossos elogios; ocupo-me de vosso bem, de vós mesmos. Gostaria de vos esclarecer a respeito de algumas verdades que vos poupariam crimes: gostaria que concebêsseis que tudo tem seus inconvenientes, e que os inconvenientes de vosso governo são bem menores que os males que estais preparando. Sofro com impaciência com o fato de homens ambiciosos estarem abusando de vós e cimentando seu próprio engrandecimento com o vosso sangue. Tendes uma cidade e tendes leis. Considerareis a justiça de vossos procedimentos segundo as sugestões de alguns particulares ou segundo vossa felicidade comum? Meus amigos, meus concidadãos, parai, considerai as coisas, e vereis que aqueles que pretendem escapar à autoridade civil, afastar de si sua parte dos encargos públicos, e todavia usufruir da cidade, ser defendidos por ela e viver tranquilos à sombra de suas muralhas, não são vossos concidadãos, mas vossos inimigos; e não acreditareis estupidamente naquilo que eles têm a impudência e a temeridade de vos anunciar publicamente ou em segredo como se fosse a vontade e a palavra de Deus". *Feci non eo consilio ut laudarer, sed vestri causa, qui cum doctrinam quam affero, cognitam et perspectam haberetis, sperabam fore ut aliqua incommoda in re familiari, quoniam res humanae sine incommodo esse non possunt, aequo animo ferre, quam reipublicae statum conturbare malletis. Ut justitiam earum rerum, quas facere cogitatis, non sermone vel consilio privatorum, sed legibus civitatis metientes, non amplius sanguine vestro ad suam potentiam ambitiosos homines abuti pateremini. Ut statu praesenti, licet non optimo, vos ipsos frui, quam bello excitato, vobis imfectis, vel aetate consumptis, alios homines alio saeculo statum hebere reformationem satius duceretis. Praetera qui magistratui civili subditos sese ese nolunt, onerumque publicoruym immunes esse volunt, in civitati tamen esse, atque ab ea protegi et vi et injuriis postulant, ne illos cives, sed hostes exploratoresque putaretis; neque omnia quae illi pro verbo Dei vobis vel palam, vel secreto proponunt, temere reciperetis.*

Hobbes acrescenta as coisas mais fortes contra os parricidas, que rompem o elo que liga o povo ao seu rei e o rei ao seu povo e que ousam dizer que um soberano, submetido às leis como um simples súdito, é mais culpável ainda por sua infração e pode ser julgado e condenado.

Do cidadão e o *Leviatã* caíram nas mãos de Descartes, que logo reconheceu nessas obras o zelo de um cidadão fortemente ligado ao seu rei e à sua pátria e o ódio pela sedição e pelos sediciosos.

O que há de mais natural ao homem de letras, ao filósofo, do que as disposições pacíficas? Qual dentre nós ignora que não há filosofia sem repouso, não há repouso sem paz e não há paz sem submissão no interior e respeito no exterior?

Entretanto, o Parlamento estava separado da Corte, e o fogo da guerra civil era ateado por toda parte. Hobbes, defensor da majestade soberana, foi alvo do ódio dos democratas. Vendo então as leis pisoteadas, o trono cambaleante, os homens arrastados como se fosse por uma vertigem geral para as ações mais atrozes, pensou que a natureza humana era má, e daí vem toda a sua fábula ou sua história do estado de natureza. As circunstâncias fizeram sua filosofia: ele tomou alguns acidentes momentâneos por regras invariáveis da natureza e tornou-se o agressor da humanidade e o apologista da tirania.

Em novembro de 1611 houve, todavia, uma assembleia da nação; esperava-se dela tudo em favor do rei. Foi um engano. Os espíritos se exasperavam cada vez mais, e Hobbes acreditou que não estava mais em segurança.

Retira-se para a França, onde encontra seus amigos, sendo acolhido por eles. Ocupa-se com a Física, a Matemática, a Filosofia, as Belas-Letras e a Política. O cardeal De Richelieu chefiava o ministério, e sua grande alma aquecia todas as outras.

Mersenne, que era como o ponto comum para o qual convergiam todos os fios que ligavam os filósofos entre si, põe o filósofo inglês em correspondência com Descartes. Dois espíritos tão imperiosos não eram feitos para ficar muito tempo de acordo. Descartes acabava de propor as leis do movimento. Hobbes atacou-as. Descartes havia enviado a Mersenne suas *Meditações* sobre o espírito, a matéria, Deus, a alma humana e outros pontos mais importantes da Metafísica. Essas *Meditações* foram mostradas a Hobbes, que estava bem longe de convir que a matéria era incapaz de pensar. Descartes havia dito: "Penso, logo existo". Hobbes dizia: "Penso, logo a matéria pode pensar". *Ex hoc primo axiomate quos Cartesius statuminaverat, ego cogito, ergo sum, concludebat rem cogitantem esse corporeum quid.* Objetava ainda a seu adversário que, qualquer que fosse o objeto do pensamento, nunca se apresentava ao entendimento a não ser sob uma forma corporal.

Apesar da ousadia de sua filosofia, vivia tranquilo em Paris. E quando se tratou de encontrar um professor de Matemática para o príncipe de Gales, foi escolhido entre um grande número de outros que desejavam o posto.

Hobbes teve uma outra polêmica filosófica com Bramhall, bispo de Derry. Na casa do bispo de Newcastle, ambos haviam discutido acerca da liberdade, da necessidade, do destino e de seu efeito sobre as ações humanas. Bramhall enviou a Hobbes uma dissertação manuscrita sobre esse assunto. Hobbes respondeu. Havia exigido que sua resposta não fosse publicada, com medo de que os espíritos pouco familiarizados com esses princípios ficassem assustados. Bramhall replicou. Hobbes não ficou devendo ao seu antagonista. Nesse meio-tempo, os documentos dessa disputa tornaram-se públicos e produziram o efeito que Hobbes temia. Neles se lia que cabia ao soberano decidir o que se devia acreditar a respeito de Deus e das coisas divinas; que Deus não poderia ser chamado de justo, já que não havia nenhum ser mais poderoso que pudesse comandá-lo, constrangê-lo ou puni-lo por desobediência; que seu direito de reinar e de punir só era fundado sobre a irresistibilidade de seu poder; que, tirada essa condição, de tal modo que um só ou todos reunidos pudessem coagi-lo, esse poder se reduziria a nada; [234] que ele não era a causa das boas ações nem das más, mas que apenas por sua vontade essas ações se tornavam boas ou más, e que ele podia tornar culpado quem é inocente e punir sem injustiça até aquele que não pecou.

Todas essas ideias sobre a soberania e a justiça de Deus são as mesmas que Hobbes havia estabelecido para a soberania e a justiça dos reis. Ele as havia transportado do temporal para o espiritual. Os teólogos concluíam daí que, segundo Hobbes, não havia justiça nem injustiça absolutas, que as ações não agradavam a Deus porque eram boas, mas que eram boas porque lhe agradavam, e que a virtude, tanto neste mundo como no outro, consistia em fazer a vontade do mais forte que comanda, a quem não conseguimos nos opor com vantagem.

Em 1649, Hobbes foi atacado por uma febre perigosa. O padre Mersenne, que por amizade havia permanecido ao lado de seu leito, achou que era o momento de lhe falar sobre a Igreja Católica e sua autoridade. "Meu padre", respondeu Hobbes, "eu não esperei este momento para pensar nisto, e não estou em condições de discutir. Vós tendes coisas mais agradáveis para me dizer. Faz tempo que vistes Gassendi?" *"Mi pater, hoec omnia jandudum mecum disputavi; eadem disputare nunc malestum erit; habes quoe dicas ameniora. Quando vidisti Gassendum?"* O bom religioso entendeu que o filósofo estava decidido a morrer na religião de seu país, não o pressionou mais, e Hobbes recebeu a unção segundo os ritos da Igreja Anglicana.

Curou-se dessa doença e no ano seguinte publicou seus tratados *Sobre a natureza humana* e *Sobre o corpo político*. Sethus Wardus, célebre professor de Astronomia em Sevilha e em seguida bispo de Salisbury, publicou contra ele uma espécie de sátira, na qual se vê apenas uma coisa: que esse homem, por mais hábil que fosse em outras coisas, refutava um filósofo que não entendia e pensava substituir boas razões por brincadeiras de mau gosto. Richard Steele, que tinha conhecimento de literatura e filosofia, considerava essas obras de Hobbes as mais perfeitas que nosso filósofo produziu.

Entretanto, à medida que adquiria reputação, Hobbes perdia seu sossego. As críticas vinham de todos os lados. Foi acusado de ter passado do partido do rei para o do usurpador. Essa calúnia se popularizou. Hobbes achou que não estava mais seguro em Paris, onde seus inimigos eram todos poderosos, e retornou à Inglaterra, onde aproximou-se de dois homens célebres: Harvey e Selden. A família de Devonshire lhe concedeu refúgio, e foi longe do tumulto e das facções que compôs sua lógica, sua física, seu livro sobre os princípios e elementos dos corpos, sua geometria e seu tratado do homem, de suas faculdades, de seus objetos, paixões, apetites, imaginação, memória, razão, sobre o justo, o injusto, o honesto, o desonesto etc.

Em 1660, quando a tirania foi derrotada, o repouso voltou à Inglaterra e Carlos foi chamado de novo ao trono, a face das coisas mudou, Hobbes voltou do campo e reapareceu.

O monarca a quem outrora ele havia ensinado as Matemáticas o reconheceu e o acolheu. E, passando um dia próximo da casa em que ele morava, mandou chamá-lo, acariciou-o e lhe deu a mão para ser beijada.

Hobbes suspendeu por um tempo seus estudos filosóficos para instruir-se acerca das leis de seu país e deixou sobre esse assunto um comentário escrito que é bem considerado.

Acreditava que a Geometria estava desfigurada por paralogismos. A maioria dos problemas, tais como o da quadratura do círculo, da trissecção do ângulo, da duplicação do cubo, só permaneciam insolúveis porque as noções que se tinha da relação, da quantidade, do número, do ponto, da linha, da superfície e do sólido não eram as verdadeiras. Ocupou-se, então, em aperfeiçoar-se nas Matemáticas, cujo estudo havia iniciado muito tarde, e que não conhecia o suficiente para pretender ser o seu reformador.

Teve a honra de ser visitado por Cosme de Médici, que adquiriu suas obras e transportou-as juntamente com seu busto para a célebre biblioteca de sua casa.

Tinha chegado, então, a uma idade avançada, e tudo parecia lhe prometer tranquilidade em seus últimos momentos. Porém não foi assim. A juventude, ávida de sua doutrina, alimentava-se dela, que tinha se tornado o assunto das pessoas do mundo e de disputa nas escolas. Um jovem bacharel na Universidade de Cambridge, chamado Scargil, teve a imprudência de inserir algumas proposições de sua doutrina numa tese e de sustentar que o direito do soberano só era fundado na força, que a sanção das leis civis constituía toda a moralidade das ações, que os livros santos só tinham força de lei num Estado por causa da vontade do magistrado, e que era preciso obedecer a essa vontade, fossem ou não esses decretos conformes àquilo que se considerava como vontade divina.

O escândalo provocado por essa tese foi geral. O poder eclesiástico chamou em seu socorro a autoridade secular. O jovem bacharel foi perseguido. Hobbes foi implicado no caso. Por mais que o filósofo reclamasse, pretendesse e demonstrasse que Scargil não o tinha entendido, ninguém o ouviu. A tese foi rasgada, Scargil perdeu seu grau de bacharel, e ficou sobre Hobbes o peso odioso dessa aventura, que só poderá ser mais bem julgada após a exposição de seus princípios.

Cansado do contato com os homens, Hobbes retornou ao campo, do qual não deveria ter saído, e passou a divertir-se com as Matemáticas, a poesia e a Física. Traduziu em versos as obras de Homero, quando já tinha 90 anos. Escreveu contra o bispo de Laney sobre a liberdade e a necessidade das ações humanas. Publicou seu *Decameron fisiológico* e acabou sua *História da guerra civil*.

O rei, a quem o manuscrito da obra havia sido mostrado, desaprovou-a. Entretanto, ela foi publicada, e Hobbes teve medo de perseguições que ela teria suscitado, se a morte não as tivesse evitado. No mês de outubro de 1679, foi atacado de uma retenção de urina, seguida de uma paralisia do lado direito que lhe tirou a fala e que o levou poucos dias depois. Morreu com 91 anos. Tinha nascido com uma constituição fraca, fortalecida pelo exercício e pela sobriedade. Viveu no celibato, sem, todavia, ser inimigo do contato com as mulheres.

Os homens de gênio têm comumente, no decorrer de seus estudos, uma trajetória particular que os caracteriza. Hobbes publicou em primeiro lugar o seu *Do cidadão*. Em vez de responder às críticas que lhe foram feitas, compôs seu *Tratado do homem*; deste passou ao exame da natureza animal e depois ao estudo da Física ou dos fenômenos da natureza, que o conduziram à pesquisa sobre as propriedades gerais da matéria e do encadeamento universal das causas e dos efeitos. Terminou esses diferentes tratados com sua Lógica e seus livros de Matemáticas. Essas diferentes produções foram colocadas numa ordem invertida. Vamos aqui expor seus princípios, com o cuidado de citar o texto sempre que a superstição, **[235]** a ignorância e a calúnia forem tentadas a nos atribuir sentimentos dos quais somos apenas os historiadores.

Princípios elementares e gerais – As coisas que não existem fora de nós tornam-se objeto de nossa razão, ou, para falar a linguagem de nosso filósofo, são inteligíveis e comparáveis, pelos nomes que nós lhes impomos. É assim que discorremos sobre os fantasmas de nossa imaginação, mesmo na ausência das coisas reais a partir das quais as havíamos imaginado.

O espaço é um fantasma das coisas existentes, *phantasma rei existentis*, abstração feita de todas as propriedades dessas coisas, exceto daquela de parecer fora daquele que imagina.

O tempo é um fantasma do movimento considerado do ponto de vista que nos faz discernir nele prioridade e posterioridade, ou sucessão.

Um espaço é parte de um espaço, um tempo é parte de um tempo, quando o primeiro é contido no segundo, e quando há mais neste último.

Dividir um espaço ou um tempo é discernir neles uma parte, depois uma outra, e assim por diante.

Um espaço e um tempo são um quando os distinguimos de outros tempos e outros espaços.

O número é uma adição de uma unidade a outra, a uma terceira, e assim por diante.

Compor um espaço e um tempo é considerar, depois de um espaço e de um tempo, um segundo, um terceiro, um quarto, e considerar todos esses tempos ou espaços como um só.

O todo é o que foi gerado pela composição; as partes são o que foi encontrado pela divisão.

Não há nada de verdadeiro que não se imagine como composto de partes nas quais possa ser dividido.

Dois espaços são contíguos se não há espaço entre eles.

Num todo composto de três partes, a parte média é aquela que é contígua às outras duas; e as duas extremas são contíguas à média.

Um tempo ou espaço é finito em potência quando podemos assinalar um número de tempos ou de espaços finitos que podem medi-lo exatamente ou com excesso.

Um espaço ou um tempo é infinito em potência quando se pode assinalar um número de espaços ou de tempos finitos que o mede e que não o excede.

Tudo o que se divide, divide-se em partes divisíveis, e essas partes em outras partes divisíveis. Portanto, não há divisível que seja o menor divisível.

Denomino corpos o que existe independentemente de meu pensamento, coextenso ou coincidente com qualquer parte do espaço.

O acidente é uma propriedade do corpo com a qual ele é imaginado, ou que entra necessariamente no conceito que ele nos imprime.

A extensão de um corpo ou sua grandeza independente de nosso pensamento são a mesma coisa.

O espaço coincidente com a grandeza de um corpo é o lugar do corpo; o lugar forma sempre um sólido; sua extensão difere da extensão do corpo; ele termina por uma superfície coincidente com a superfície do corpo.

O espaço ocupado por um corpo é um espaço pleno; o que não é ocupado por um corpo é vazio.

Os corpos entre os quais não há espaço são contíguos; os corpos contíguos que têm uma parte comum são contínuos; e há pluralidade se há continuidade entre contíguos quaisquer.

O movimento é a passagem contínua de um lugar a outro.

Estar em repouso é permanecer um tempo qualquer num mesmo lugar. Ter-se movimentado é ter estado num lugar diferente daquele que se ocupa.

Dois corpos são iguais se podem ocupar um mesmo lugar.

A extensão de um corpo uno e idêntico é una e idêntica. O movimento de dois corpos iguais é igual quando a velocidade considerada em toda a extensão de um é igual à velocidade considerada em toda a extensão do outro.

A quantidade de movimento considerada sob esse aspecto chama-se também força.

Concebe-se que o que está em repouso permaneça em repouso sempre, sem a suposição de um corpo que perturbe o repouso.

Um corpo não pode gerar-se a si mesmo nem perecer. Ele passa por estados sucessivos aos quais damos nomes diferentes. São os acidentes dos corpos que têm começo e fim. É impropriamente que dizemos que se movem.

O acidente que dá nome ao seu objeto é o que se chama essência.

A matéria primeira ou o corpo considerado em geral é apenas uma palavra.

Um corpo age sobre outro quando produz ou destrói nele um acidente.

O acidente no agente ou no paciente, sem o qual o efeito não pode ser produzido, *causa sine qua non*, é necessário por hipótese.

Do agregado de todos os acidentes, no agente ou no paciente, conclui-se a necessidade de um efeito; e reciprocamente conclui-se a impossibilidade do efeito da falta de um só acidente, seja no agente, seja no paciente.

O agregado de todos os acidentes necessários à produção de efeito chama-se, no agente, causa completa, *causa simpliciter*.

A causa simples ou completa chama-se, depois da produção do efeito, causa eficiente no agente, causa material no paciente. Onde o efeito for nulo, a causa é nula.

A causa completa sempre tem seu efeito. No momento em que ela está inteira, o efeito é produzido é necessário.

A geração dos efeitos é contínua.

Se os agentes e pacientes são os mesmos, e dispostos da mesma maneira, os efeitos serão os mesmos em tempos diferentes.

A causa de um movimento só pode ser o movimento de um corpo contíguo.

Toda mudança é movimento.

Os acidentes considerados em relação a outros que os precederam e sem nenhuma dependência de efeito e de causa são chamados contingentes.

A causa está para o efeito como a potência está para o ato, ou antes, são a mesma coisa.

No momento em que a potência está inteira e plena, o ato se produz.

A potência ativa e a potência passiva são apenas partes da potência plena e inteira.

O ato para a produção do qual nunca houver potência plena e inteira é impossível.

O ato que não é impossível é necessário. Se for possível produzi-lo, ele o será. De outro modo, ele seria impossível.

Assim, todo ato futuro o é necessariamente.

O que acontece, acontece por causas necessárias; e não há efeitos contingentes a não ser em relação a outros efeitos com os quais os primeiros não têm ligação nem dependência.

A potência ativa consiste no movimento.

A causa formal ou a essência, a causa final ou o termo dependem das causas eficientes. **[236]**

Conhecer a essência é conhecer a coisa; um segue o outro.

Dois corpos diferem se pudermos dizer de um alguma coisa que não se pode dizer de outro no momento em que são comparados.

Todos os corpos diferem numericamente.

A relação de um corpo com outro consiste na sua igualdade ou desigualdade, similitude ou diferença.

A relação não é um novo acidente, mas uma qualidade de um e de outro corpo, antes de ser feita a comparação.

As causas dos acidentes de dois correlativos são as causas da correlação.

A ideia de quantidade nasce da ideia de limites. Só há grande e pequeno por comparação.

A relação é uma avaliação da quantidade por comparação, e a comparação é aritmética ou geométrica.

O esforço ou *nisus* é um movimento por um espaço e por um tempo menores do que qualquer um que seja dado.

O *impetus*, ou quantidade do esforço, é a própria velocidade considerada no momento do transporte.

A resistência é a oposição de dois esforços ou *nisus* no momento do contato.

A força é o *impetus* multiplicado, ou por si mesmo, ou pela grandeza do móvel.

A grandeza e a duração do todo nos serão desconhecidas para sempre.

Não há vazio absoluto no universo.

A queda dos graves não é neles a consequência de um apetite, mas o efeito de uma ação da Terra sobre eles.

A diferença da gravitação nasce da diferença das ações ou esforços excitados sobre as partes elementares dos graves.

Há duas maneiras de proceder em Filosofia: ou se desce da geração aos efeitos possíveis, ou se sobe dos efeitos às gerações possíveis.

Depois de ter estabelecido esses princípios comuns a todas as partes do universo, Hobbes passa à consideração da porção que sente, ou ao animal, e, desta, à porção que reflete e pensa, ou ao homem.

Do animal – A sensação naquele que sente é o movimento de algumas de suas partes.

A causa imediata da sensação está no objeto que afeta o órgão.

A definição geral da sensação é, pois, a aplicação do órgão ao objeto externo; há entre um e outro uma reação, de onde nasce a impressão ou fantasma.

O sujeito da sensação é o ser que sente; seu objeto, o ser que faz sentir; o fantasma é o efeito.

Não se pode experimentar duas sensações ao mesmo tempo.

A imaginação é uma sensação enfraquecida pelo distanciamento do objeto.

O despertar de fantasmas no ser que sente constata a atividade de sua alma. É comum ao homem e ao animal.

O sonho é o fantasma daquele que dorme.

O medo, a consciência do crime, a noite, os lugares sagrados, os contos que ouvimos despertam em nós os fantasmas que denominamos espectros; é ao realizarmos nossos espectros fora de nós através de nomes vazios de sentido que nos vem a ideia de incorporeidade. *Et metus et sceleris et conscientia et nox et loca consecraa, adjuta apparitionum historiis phantasmata horribilia etiam vigilantibus excitant, quae spectrorum et substantiarum incorporearum nomina pro veris rebus imponunt.*

Há sensações de outro gênero: são o prazer e a dor. Consistem no movimento contínuo que se transmite da extremidade de um órgão em direção ao coração.

O desejo e a aversão são as causas do primeiro esforço animal; os espíritos vão para os nervos ou se retiram deles; os músculos se contraem ou relaxam; os membros se estendem ou encolhem, e o animal se move ou para.

Se o desejo é seguido de um encadeamento de fantasmas, o animal pensa, delibera, quer.

Se a causa do desejo for plena e inteira, o animal quer necessariamente. Querer não é ser livre; é, no máximo, ser livre para fazer o que se quer, mas não ser livre de querer. *Causa appetitus existente integra, necessário sequitur voluntas; adeoque voluntati libertas a necessitate non convenit; concedi tamen potest libertas faciendi ea quae volumus.*

Do homem – O discurso é um tecido artificial de vozes instituídas pelos homens para comunicar a sequência de seus conceitos.

Os sinais que nos são sugeridos ou arrancados pela natureza não formam uma língua.

A ciência e a demonstração nascem do conhecimento das causas.

As demonstrações só ocorrem em ocasiões nas quais as causas estão em nosso poder. Afora isto, tudo o que podemos demonstrar é que a coisa é possível.

As causas do desejo e da aversão, do prazer e da dor, são os próprios objetos dos sentidos. Portanto, se o homem é livre para agir, ele não é livre para odiar ou desejar.

Damos às coisas o nome de boas quando as desejamos, e de más quando as tememos.

O bem é aparente ou real. A conservação de um ser é para ele um bem real, o primeiro dos bens. Sua destruição é um mal real, o primeiro dos males.

As afecções ou perturbações da alma são movimentos alternativos de desejo e de aversão que nascem das circunstâncias e que movem nossa alma incerta.

O sangue é levado com velocidade aos órgãos da ação e volta com prontidão; o animal está prestes a se mover; no instante seguinte é retido; e, entrementes, desperta nele uma sequência de fantasmas alternativamente assustadores e terríveis.

Não se deve procurar a origem das paixões noutro lugar que não a organização, o sangue, as fibras, os espíritos, os humores etc.

O caráter nasce do temperamento, da experiência, do hábito, da prosperidade, da adversidade, das reflexões, dos discursos, do exemplo, das circunstâncias. Mudai essas coisas, e o caráter mudará.

Os costumes se formam quando o hábito se transporta para o caráter, e nós passamos a nos submeter sem dificuldade e sem esforço ao que se exige de nós. Se os costumes são bons, são chamados de virtudes; se maus, são chamados de vícios.

Mas nem tudo é igualmente bom ou mau para todos. Os costumes que são virtuosos aos olhos de uns são viciosos aos olhos de outros.

As leis da sociedade são, portanto, a única medida comum do bem e do mal, dos vícios e das virtudes. Não se é verdadeiramente bom ou mau a não ser na cidade. *Nisi in vita civili virtutum et vitiorum communi mensura non invenitur. Quae mensura ob eam causam alia esse non potest praeter inius cujusque civitatis leges.*

O culto exterior que os homens rendem com sinceridade a Deus é o que chamamos de religião.

A fé que tem por objeto apenas as coisas que estão acima de nossa razão é, a não ser por um milagre, uma opinião fundada sobre a autoridade daqueles que nos falam. Em matéria de religião, um homem não pode, pois, exigir crença de outro a não ser a partir de um milagre. *Homini privato sine miraculo fides haberi in religionis actu non potest.* [237]

Na falta de milagres, a religião fica entregue ao julgamento dos particulares ou é sustentada por leis civis.

Assim, a religião é uma questão de legislação e não de filosofia. É uma convenção pública que é preciso cumprir, e não discutir a seu respeito. *Quod si religio ab hominibus privatis non dependet, tunc oportet, cessantibus miraculis, ut dependeat a legibus. Philosophia non est, sed in omni civitate lex non disputanda sed implenda.*

Não há culto público sem cerimônias. Pois o que é um culto público senão a marca exterior da veneração que todos os cidadãos têm pelo Deus da pátria, marca prescrita segundo os tempos e os lugares por aquele que governa? *Cultus publicus signum honoris Deo exhibiti, idque locis et temporibus constitutis a civitate. Non a natura operis tantum, sed ab arbitrio civitatis pendet.*

Cabe àquele que governa decidir o que convém e o que não convém a esse ramo da administração, assim como a qualquer outro. Os sinais da veneração dos povos em relação ao seu Deus não são menos subordinados à vontade do senhor que comanda do que à natureza da coisa.

Eis as proposições sobre as quais o filósofo de Malmesbury pretendia estabelecer o sistema que nos apresenta na obra que ele intitulou de *Leviatã*, e que iremos analisar.

Do Leviatã de Hobbes. Não há noções na alma que não tenham preexistido na sensação.

Os sentidos são a origem de tudo. Os objetos que agem sobre os sentidos os afetam e impressionam. São a causa da sensação.

A reação do objeto sobre os sentidos e dos sentidos sobre o objeto é a causa dos fantasmas.

Longe de nós, esses simulacros imaginários que emanam dos objetos passam para nós e se fixam em nós.

Se um corpo se move, continuará a mover-se eternamente, se um movimento diferente ou contrário não se opuser. Essa lei é observada na matéria bruta e no homem.

A imaginação é uma sensação que se enfraquece e desaparece pela ausência de seu objeto e pela presença de um outro.

Imaginação, memória, mesma qualidade sob dois nomes diferentes. Imaginação, se resta no ser sensível uma imagem ou um fantasma. Memória, se o fantasma desaparece e só resta uma palavra.

A experiência é a memória de muitas coisas.

Há imaginação simples e imaginação composta, que diferem entre si, assim como a palavra difere do discurso, uma figura de um quadro.

Os fantasmas mais estranhos que a imaginação compõe no sono preexistiram na sensação. São movimentos confusos e tumultuados das partes interiores do corpo que, sucedendo-se e combinando-se de uma infinidade de maneiras diferentes, dão origem à variedade dos sonhos.

É difícil distinguir os fantasmas do sonho dos fantasmas do sono, e tanto uns como outros da presença do objeto, quando se passa do sono à vigília sem perceber, ou quando, na vigília, a agitação das partes do corpo é muito violenta. Nessa situação, Marcus Brutus acreditará que viu o espectro terrível com o qual sonhou.

Eliminai o medo dos espectros e banireis da sociedade a superstição, a fraude e a maior parte das trapaças que são utilizadas para enganar o espírito dos homens nas sociedades mal governadas.

O que é o entendimento? A espécie de imaginação factícia que nasce da instituição dos signos. Ela é comum ao homem e ao animal.

O discurso mental, ou atividade da alma, ou sua conversação consigo mesma, é apenas um encadeamento involuntário de conceitos ou fantasmas que se sucedem.

O espírito não pode passar de um conceito a outro, ou de um fantasma a outro, a não ser que essa mesma sucessão já tenha preexistido na natureza ou na sensação.

Há duas espécies de discurso mental: um irregular, vago e incoerente; outro regular e contínuo e tendendo a um fim.

Esse último chama-se pesquisa, investigação. É uma espécie de busca na qual o espírito segue a pista de uma causa ou de um efeito presente ou passado. Eu a denomino reminiscência.

O discurso ou raciocínio sobre um acontecimento futuro é chamado previdência.

Um acontecimento que sucedeu indica outro que precedeu e do qual ele é o signo.

Nada há no homem que lhe seja inato e que ele possa utilizar sem o hábito. O homem nasce e tem sentidos. O resto ele adquire.

Tudo o que concebemos é finito. A palavra *infinito* é, pois, vazia de ideia. Se pronunciamos o nome de Deus, não o compreendemos mais por isto. Por essa razão, não é necessário fazê-lo. Basta reconhecê-lo e adorá-lo.

Só podemos conceber o que está num lugar, é divisível e limitado. Não podemos conceber que uma coisa possa estar inteira num lugar e inteira num outro num mesmo instante, e que duas ou várias coisas possam estar ao mesmo tempo num mesmo lugar.

O discurso oratório é a tradução do pensamento. É composto de palavras. As palavras são próprias ou comuns.

A verdade ou a falsidade não estão nas coisas, mas no discurso. Onde não há discurso, não há verdadeiro nem falso, embora possa haver erro.

A verdade consiste numa justa aplicação das palavras. Daí a necessidade de defini-las.

Se uma coisa é designada por um nome, ela pertence ao número daquelas que podem entrar no pensamento ou no raciocínio, ou formar uma quantidade, ou ser tirada dela.

O ato do raciocínio chama-se silogismo e é a expressão da ligação de uma palavra a outra.

Há palavras vazias de sentido, que não são definidas, e cuja ideia permanecerá sempre vaga, inconsistente e duvidosa; por exemplo: substância incorporal. *Dantur nomina insignificantia, hujus generis est substantia incorporea.* A inteligência própria do homem é efeito do discurso. Os animais não a têm.

Não se pode conceber que uma afirmação possa ser universal e falsa.

Aquele que raciocina procura ou um todo por adição de partes, ou um resto por subtração. Se se serve de palavras, seu raciocínio é apenas a expressão da ligação da palavra *todo* à palavra *parte*, ou das palavras *todo* e *parte* à palavra *resto*. Aquilo que o geômetra executa sobre os números e as linhas, o lógico executa sobre as palavras.

Raciocinamos de modo tão justo quanto é possível, se partimos de palavras gerais ou admitidas como tais pelo uso.

O uso da razão consiste na investigação das ligações longínquas das palavras entre si.

Se raciocinamos sem nos servir das palavras, supomos algum fenômeno que provavelmente precedeu, ou que deve provavelmente se seguir. Se a suposição for falsa, haverá erro.

Se nos servimos de termos universais e chegamos a uma conclusão universal e falsa, é porque havia absurdo nos termos. Eles eram vazios de sentido. **[238]**

Não ocorre com a razão o mesmo que ocorre com os sentidos e a memória. A razão não nasce conosco. Nós a adquirimos pela indústria e a formamos pelo exercício e pela experiência. É preciso saber impor palavras às coisas, passar das palavras impostas à proposição, da proposição ao silogismo e chegar ao conhecimento da relação das palavras entre si.

Muita experiência é prudência; muita ciência é sabedoria.

Aquele que sabe tem condições de ensinar e convencer.

Há no animal duas espécies de movimento que lhe são próprias: um vital, o outro animal. Um involuntário, outro voluntário.

A tendência da alma para a causa de seu *impetus* chama-se desejo. O movimento contrário, aversão. Há um movimento real num e noutro caso.

Ama-se aquilo que se deseja; odeia-se aquilo que se evita; despreza-se aquilo que não se deseja nem evita.

Qualquer que seja o desejo ou seu objeto, ele é bom; qualquer que seja a aversão ou seu objeto, ela é má.

O bem que nos é anunciado através de sinais aparentes chama-se belo. O mal que nos ameaça através de sinais aparentes chama-se feio. As espécies de bondade variam. A bondade anunciada por sinais que a prometem é beleza. Na coisa, ela guarda o nome de bondade; na finalidade, é chamada prazer, e nos meios, utilidade.

Todo objeto produz na alma um movimento que leva o animal a aproximar-se ou afastar-se dele.

O nascimento desse movimento é o nascimento do prazer ou da dor. Ambos começam no mesmo instante. Todo desejo é acompanhado de algum prazer; toda aversão é acompanhada de alguma dor.

Toda voluptuosidade nasce ou da sensação de um objeto presente, e é então sensual, ou da esperança de uma coisa, da previsão dos fins, da importância das consequências, e então é intelectual, alegria ou dor.

O apetite, o desejo, o amor, a aversão, o ódio, a alegria, a dor, tomam nomes diferentes segundo o grau, a ordem, o objeto e outras circunstâncias.

Foram essas circunstâncias que multiplicaram as palavras ao infinito. A religião é o medo dos poderes invisíveis. Se esses poderes são reconhecidos pela lei civil, o medo que se tem deles chama-se religião. Se não são reconhecidos pela lei civil, o medo toma o nome de superstição. Se esses poderes são reais, a religião é verdadeira. Se são quiméricos, a religião é falsa. *Hinc oriuntur passionum nomina. Verbi gratia, religio, metus potentiarum invisibilium, quae si publice acceptae, religio; secus, superstitio etc.* A deliberação nasce do agregado de diversas paixões que surgem e se sucedem continuamente na alma até que o efeito seja produzido.

A vontade é o último desejo que nos aproxima de alguma coisa, ou a última aversão que nos afasta dela. O animal delibera. Portanto, ele quer.

O que é a felicidade? Um sucesso constante nas coisas que se deseja.

Opinião é um pensamento de que uma coisa é ou não é, acontecerá ou não acontecerá, e que deixa apenas presunção.

Do mesmo modo que, na deliberação, o último desejo é a vontade, nas questões de passado e de futuro, o último julgamento é a opinião.

A dúvida é constituída pela sucessão completa de opiniões alternativas, diversas ou contrárias.

A consciência é o conhecimento interior e secreto de um pensamento ou ação.

Se o raciocínio é fundado no testemunho de uma pessoa cujas luzes e veracidade não nos são suspeitas, temos fé, cremos. A fé é relativa à pessoa; a crença, ao fato.

A qualidade em tudo é alguma coisa que afeta pelo seu grau ou sua grandeza. Mas toda grandeza é relativa. A própria virtude só é virtude por comparação. As virtudes ou qualidades intelectuais são faculdades da alma que louvamos nos outros e desejamos para nós. Algumas são naturais; outras, adquiridas.

A facilidade de perceber nas coisas semelhanças e diferenças que escapam aos outros chama-se bom espírito; nos pensamentos, bom juízo.

Aquilo que se adquire pelo estudo e pelo método, sem a arte da palavra, reduz-se a pouca coisa.

A diversidade dos espíritos nasce da diversidade das paixões, e da diversidade das paixões nasce a diversidade dos temperamentos, dos humores, dos hábitos, das circunstâncias, da educação.

A loucura é o grau extremo da paixão. Tais eram os endemoninhados do Evangelho. *Tales fuerunt quos historia sacra vocavit judaico stylo daemoniacos.* O poder de um homem é o agregado de todos os meios para chegar a um fim. Ele pode ser natural ou instrumental.

De todos os poderes humanos, o maior é aquele que reúne numa só pessoa, pelo consentimento, o poder dividido de um grande número de outros homens, seja essa pessoa natural, como um homem, seja artificial, como o cidadão.

A dignidade e o valor de um homem são a mesma coisa. Um homem vale tanto quanto um outro quiser pagar por ele, segundo a necessidade que tiver dele.

Demonstrar estima ou necessidade é honrar. Pode-se honrar o outro pelo louvor, por sinais, amizade, fé, confiança, pelo socorro que se implora, pelo conselho que se pede, pela precedência que se cede, pelo respeito que se tem, pela imitação que se faz, pelo culto que se presta, pela adoração que se rende.

Os costumes relativos à espécie humana consistem nas qualidades que tendem para o estabelecimento da paz e para assegurar a duração do estado civil.

A felicidade na vida não deve ser procurada na tranquilidade ou no repouso da alma, que são impossíveis.

A felicidade é uma passagem perpétua de um desejo satisfeito a outro desejo satisfeito. As ações não conduzem todos à felicidade de uma mesma maneira. Alguns precisam de poder, honras, riquezas. Outros, de conhecimentos, elogios, até mesmo depois da morte. Disto deriva a diversidade dos costumes.

O desejo de conhecer leva o homem ao estudo dos efeitos. Ele retrocede de um efeito a uma causa, desta a uma outra e assim por diante, até chegar à ideia de uma causa eterna, que não é precedida por nenhuma outra.

Aquele, pois, que se dedicar à contemplação das coisas naturais, adquirirá necessariamente uma tendência a reconhecer um Deus, embora a natureza divina permaneça para ele obscura e desconhecida.

A ansiedade nasce da ignorância das causas. Dessa ansiedade nasce o temor dos poderes invisíveis, e desse temor nasce a religião.

Temor dos poderes invisíveis, ignorância das causas segundas, tendência a honrar o que se teme, acontecimentos fortuitos tomados como prognósticos: sementes de religião.

Duas espécies de homens aproveitaram essa inclinação e cultivaram essas sementes: os de imaginação ardente, que se tornaram chefes de seitas, e os da revelação, a quem os poderes invisíveis se manifestaram. Religião, parte da política para uns. Política, parte da religião para outros.

A natureza deu a todos as mesmas faculdades de espírito e de corpo. **[239]**

A natureza deu a todos o direito a tudo, mesmo com o prejuízo de outro. Pois não se deve a ninguém tanto quanto se deve a si mesmo.

No meio de tantos interesses diversos, prevenir-se contra o concorrente é o melhor meio de se conservar.

Daí o direito de comandar que cada um adquire pela necessidade de se conservar.

Daí a guerra de cada um contra cada um, enquanto não houver nenhum poder coercitivo. Daí uma infinidade de males no meio dos quais nenhuma segurança, a não ser por uma preeminência de espírito ou de corpo; nenhum lugar para a indústria, nenhuma recompensa para o trabalho, nenhuma agricultura, nem artes, nem sociedade, mas temor perpétuo de uma morte violenta.

Da guerra de cada um contra cada um segue-se ainda que tudo fica entregue à fraude e à força, que ninguém tem nada de próprio; nenhuma possessão real, nenhuma injustiça.

As paixões que fazem o homem tender para a paz são o medo, sobretudo de uma morte violenta, o desejo das coisas necessárias para uma vida tranquila e doce e a esperança de adquiri-las através do trabalho.

O direito natural é a liberdade de cada um de usar seu poder da maneira que lhe parecer mais conveniente para sua própria conservação.

A liberdade é a ausência de obstáculos exteriores.

A lei natural é uma regra geral ditada pela razão em consequência da qual se tem a liberdade de fazer tudo o que não for contrário ao seu próprio interesse.

No estado de natureza, todos têm direito a tudo, sem excetuar a vida de seu semelhante. Enquanto os homens conservarem esse direito, não haverá nenhuma segurança, nem mesmo para o mais forte.

Daí nasce uma primeira lei geral, ditada pela razão, de procurar a paz, se houver alguma esperança de alcançá-la; ou, na impossibilidade de obter a paz, de procurar auxílio de todo tipo.

Uma segunda lei de razão ordena que, depois de ter garantido sua defesa e conservação, renunciemos ao nosso direito a tudo e retenhamos de nossa liberdade apenas a porção que se deixou também aos outros, sem inconveniente para nós mesmos.

Renunciar ao direito a alguma coisa é renunciar à liberdade de impedir os outros de usarem de seu direito sobre essa coisa.

Abandona-se um direito ou por renúncia simples, que, por assim dizer, lança esse direito no meio de todos sem atribuí-lo a ninguém, ou transferindo-o a outra pessoa, e nesse caso é preciso que haja sinais convencionados.

Não se concebe que um homem confira seu direito a um outro sem receber em troca algum outro bem ou algum outro direito.

A concessão recíproca de direitos se chama contrato.

Aquele que cede o direito à coisa abandona também o uso da coisa, na mesma medida em que pode abandoná-la.

No estado de natureza, o pacto obtido através do medo é válido.

Um primeiro pacto torna inválido um pacto posterior. Dois motivos concorrem para obrigar ao cumprimento do pacto: a baixeza que existe no ato de enganar e o temor das consequências nefastas da infração. Ora, esse medo é religioso ou civil, dos poderes invisíveis ou dos poderes humanos. Se o medo civil for nulo, o temor religioso será o único que poderá dar força ao pacto. É essa a razão do juramento.

A justiça comutativa é a justiça entre contratantes; a justiça distributiva é a justiça entre o árbitro e aqueles que contratam.

Uma terceira lei da razão ordena cumprir os pactos. Eis o fundamento da justiça. A justiça e a santidade começam quando há sociedade e força coercitiva.

Uma quarta regra da razão diz que aquele que recebeu gratuitamente um dom nunca dê ao seu benfeitor motivos de se arrepender do que fez.

Uma quinta lei da razão ordena acomodar-se aos outros, que, como nós, têm o seu próprio caráter.

Uma sexta lei ordena que, tendo tomado precauções para o futuro, concedamos o perdão das injúrias passadas àqueles que se arrependeram.

Uma sétima ordena não considerar na vingança a grandeza do mal cometido, mas a grandeza do bem que deva resultar do castigo.

Uma oitava regra ordena não demonstrar a outro nem ódio, nem desprezo, seja pela ação, pelo discurso, pelo olhar ou pelo gesto.

A nona pede que os homens sejam tratados como iguais por natureza.

A décima diz que, no tratado de paz geral, ninguém retenha o direito que não quer conceder a outro.

A décima primeira ordena que seja deixado ao uso comum o que não foi objeto de partilha.

A décima segunda ordena que o árbitro, escolhido por ambas as partes, seja justo.

A décima terceira diz que, no caso de uma coisa não poder ser partilhada, será tirada a sorte pela posse do direito inteiro, ou a primeira possessão.

A décima quarta afirma que há duas espécies de condição: a do primeiro ocupante ou a do filho mais velho, cujo direito só deve ser admitido em relação às coisas que, por sua natureza, não são divisíveis.

A décima quinta diz que a segurança de ir e vir é devida aos mediadores da paz geral.

A décima sexta ordena que a decisão do árbitro seja obedecida.

A décima sétima afirma que ninguém pode ser árbitro em sua própria causa.

A décima oitava ordena que os julgamentos sejam feitos segundo testemunhas, em questões de fato.

A décima nona diz que uma causa deverá ser levada ao árbitro todas as vezes em que houver algum interesse para uma das partes de preferência a outra.

A vigésima diz que as leis da natureza, que obrigam sempre no foro interior, não obrigam sempre no exterior. Esta é a diferença entre o vício e o crime.

A moral é a ciência das leis naturais, ou das coisas que são boas ou más na sociedade dos homens.

Aquele que age em seu nome ou em nome de outro é chamado pessoa. Se age em seu nome, é pessoa própria; se age em nome de outra, é pessoa representativa.

Após o que acabamos de dizer sobre a filosofia de Hobbes, resta-nos deduzir as suas consequências, e, então, teremos um esboço de sua política.

Foi o interesse pela sua própria conservação e por uma vida mais amena que tirou os homens do estado de guerra de todos contra todos, para reuni-los em sociedade.

As leis e os pactos não bastam para fazer cessar o estado natural de guerra. É necessário um poder coercitivo que submeta os homens.

A associação de um pequeno número não garante a segurança; é preciso a de uma multidão.

A diversidade dos juízos não permite que se espere paz e segurança numa sociedade governada por uma multidão. [**240**]

Não importa por quanto tempo se governa ou se é governado; o que importa é que seja o mesmo tempo que duram o perigo e a presença do inimigo.

Só há um meio de constituir um poder que garanta a segurança: transferir sua vontade para um só ou para um certo número.

Após essa transferência, a multidão se transforma numa pessoa que chamamos cidade, sociedade ou república.

A sociedade pode usar toda sua autoridade para coagir os particulares a viver em paz entre si e a reunir-se contra o inimigo comum.

A sociedade é uma pessoa cuja ação foi autorizada pelo consentimento e pelos pactos, na qual se conservou o direito de usar o poder de todos para a conservação da paz e a defesa comum.

A sociedade se forma por instituição ou por aquisição. Ela é formada por instituição quando, através de um consentimento unânime, os homens cedem a um só, ou a um certo número dentre eles, o direito de governá-los e lhe prometem obediência.

Não se pode tirar a autoridade soberana daquele que a possui, nem mesmo por causa de uma má administração.

Não importa o que faça aquele a quem se confiou a autoridade soberana, ele não pode ser suspeito para aquele que lhe conferiu essa autoridade.

Aquele a quem se conferiu a autoridade soberana, já que não pode ser culpado, não pode também ser julgado nem castigado, nem punido.

Cabe à autoridade soberana decidir sobre tudo o que concerne à conservação da paz e sua ruptura e prescrever regras a partir das quais cada um conheça e goze tranquilamente do que é seu.

Pertence à autoridade soberana o direito de declarar a guerra, de fazer a paz, de escolher seus ministros e de criar títulos honoríficos.

A monarquia é preferível à democracia, à aristocracia e a qualquer outra forma de governo misto.

A sociedade é formada por aquisição ou conquista quando a autoridade soberana sobre seus semelhantes é obtida pela força, de modo que o medo da morte ou da escravidão submete a multidão à obediência a um só ou a vários.

Os direitos do soberano são os mesmos tanto na sociedade formada por instituição quanto na formada por aquisição.

A autoridade pode ainda ser adquirida por geração; tal é a autoridade dos pais sobre os filhos. Pode também ser adquirida pelas armas; tal é a autoridade dos tiranos sobre seus escravos.

A autoridade conferida a um ou a vários deve ser tão grande quanto possa sê-lo, não importando os inconvenientes de uma alienação completa, pois, no nosso mundo, não há nada que não tenha inconvenientes.

O medo, a liberdade e a necessidade que chamamos de natureza ou causas podem subsistir juntos. Aquele que é livre pode tirar todas as vantagens que quiser de sua força ou de suas outras faculdades.

As leis da sociedade circunscrevem a liberdade. Mas não tiram do soberano o direito de vida e de morte. Se o soberano exerce esse direito sobre um inocente, ele peca diante de Deus; comete iniquidade, mas não injustiça: *ubi in innocentem exercetur, agit quidem inique, et in deum peccat imperans, non vero injuste agit.* Conserva-se, na sociedade, o direito a tudo que não pode ser objeto de renúncia e transferência, e a tudo que não está expresso nas leis sobre a soberania. O silêncio das leis favorece o súdito. *Manet libertas circa res de quibus leges silent pro summae potestatis imperio.* Os súditos permanecem obrigados ao soberano enquanto durar seu poder de protegê-los. *Obligatio civium erga eum qui summam habet potestatem tandem nec diutius permanere intelligitur, quam manet potentia cives protegendi.* Eis a máxima que tornou Hobbes suspeito de ter abandonado o partido de seu rei, que, nessa ocasião, estava reduzido a uma condição tão extrema que seus súditos não podiam esperar dele nenhum recurso.

O que é uma sociedade? Um agregado de interesses opostos; um sistema no qual, pela autoridade confiada a um só, esses interesses são temperados. O sistema pode ser regular ou irregular, absoluto ou subordinado etc.

Um ministro com autoridade soberana é aquele que age nos negócios públicos em nome do poder que o governa e que o representa.

A lei civil é uma regra que define o bem e o mal para o cidadão. Ela não obriga o soberano: *hac imperans non tenetur.* O longo uso cria força de lei. O silêncio do soberano demonstra que tal é a sua vontade.

As leis civis só obrigam após sua promulgação.

A razão instrui sobre as leis naturais. As leis civis só são conhecidas após sua promulgação.

Não cabe aos doutores nem aos filósofos interpretar as leis da natureza. Esta é uma tarefa do soberano. Não é a verdade, mas a autoridade que faz a lei: *Non veritas, sed auctoritas facit legem.* A interpretação da lei natural é um juízo do soberano pelo qual ele manifesta sua vontade num caso particular.

A ignorância, o erro ou a paixão são as causas da transgressão da lei e do crime.

O castigo é um mal imposto ao transgressor publicamente, a fim de que o medo do suplício contenha os outros na obediência.

É preciso considerar a lei pública como a consciência do cidadão: *Lex publica civi pro conscientia subeunda.* O fim da autoridade soberana, ou a salvação dos povos, é a medida da extensão dos deveres do soberano: *Imperantis officia dimetienda ex fine, qui est salus populi.* Tal é o sistema político de Hobbes. Sua obra foi dividida em duas partes. Numa das partes, ele trata da sociedade civil e estabelece os princípios que acabamos de expor. Na outra, examina a sociedade cristã e aplica ao poder eterno as mesmas ideias que tinha formado para o poder temporal.

Caráter de Hobbes. Hobbes havia recebido da natureza essa ousadia no pensar e esses dons com os quais nos tornamos capazes de nos impor aos homens. Tinha um espírito justo e vasto, penetrante e profundo. Seus sentimentos lhe eram próprios, e sua filosofia é pouco comum. Embora tivesse estudado muito e tivesse muito saber, não fez muito caso dos conhecimentos adquiridos. Isto era consequência de sua inclinação para a meditação. Essa inclinação o conduziu, geralmente, à descoberta dos grandes motivos que conduzem os homens. Mesmo seus erros serviram mais ao progresso do espírito humano do que uma imensa quantidade de obras cheias de verdades comuns. Ele tinha o defeito próprio dos sistemáticos: o de generalizar fatos particulares e ajustá-los com habilidade a suas hipóteses. A leitura de suas obras exige maturidade e circunspecção. Ninguém mais do que ele caminha tão firmemente e de modo tão consequente. Evitai aceitar seus primeiros princípios, se não quiserdes segui-lo por todo lugar onde ele quiser vos conduzir. A filosofia do senhor Rousseau de Genebra é quase inversa à de Hobbes. Um crê que o homem é [241] por natureza bom, o outro, que o homem é naturalmente mau. Segundo o filósofo de Genebra, o estado de natureza é um estado de paz. Segundo o filósofo de Malmesbury, é um estado de guerra. Se acreditarmos em Hobbes, são as leis e a formação da sociedade que tornam o homem melhor. Se acreditarmos em Rousseau, são as leis e a sociedade que o depravam. Um tinha nascido no meio do tumulto e das facções; o outro vivia no mundo e no meio de sábios. Outros tempos, outra filosofia. Rousseau é eloquente e patético. Hobbes é austero e rigoroso.

Este via o trono abalado, seus concidadãos armados uns contra os outros, sua pátria inundada de sangue pelos furores do fanatismo presbiteriano, e tinha adquirido uma aversão por Deus, pelo ministro e pelos altares. Aquele via homens versados em todos os conhecimentos se ultrajarem, se odiarem, entregarem-se a suas paixões, desejarem a consideração, a riqueza, as dignidades e se conduzirem de maneira pouco conforme às luzes que tinham recebido, e desprezou a ciência e os sábios. Ambos exageraram. Entre o sistema de um e de outro, talvez haja um outro que seja verdadeiro: é que, embora o estado da espécie humana esteja numa vicissitude perpétua, sua bondade e sua maldade são sempre as mesmas; sua felicidade e sua desventura são circunscritas por limites que o homem não pode ultrapassar. Todas as vantagens artificiais são contrabalançadas por males; todos os males naturais são compensados por bens. Hobbes, cheio de confiança em seus juízos, filosofou segundo ele mesmo. Foi um homem honesto, súdito fiel a seu rei, cidadão zeloso, homem simples, direito, aberto e benevolente. Teve amigos e inimigos. Foi louvado e censurado sem medida. A maior parte daqueles que não podem escutar seu nome sem estremecer não o leu nem tem condições de ler uma página de suas obras. Quer se pense mal ou bem dessas obras, Hobbes deixou a face do mundo exatamente como era antes. Deu pouca importância à filosofia experimental. Dizia que se fosse preciso dar o nome de filósofos aos fazedores de experiências, então o cozinheiro, o perfumista, o destilador também são filósofos. Desprezou Boyle, e foi por ele desprezado. Acabou de derrubar o ídolo da Escola, que tinha sido abalado por Bacon. Costuma-se censurá-lo por ter introduzido termos novos em sua filosofia, mas, com sua maneira particular de considerar as coisas, era impossível para ele limitar-se às palavras estabelecidas. Se não chega a ser ateu, é preciso pelo menos confessar que seu Deus difere pouco do Deus de Espinosa. Sua definição do homem mau me parece sublime. O mau é para Hobbes como uma criança robusta: *malus est puer robustus*. Com efeito, a maldade é tanto maior quanto mais fraca for a razão e mais fortes forem as paixões. Suponhamos que uma criança tivesse, com 6 semanas, a imbecilidade de juízo própria de sua idade e as paixões e a força de um homem de 40 anos. É certo que ela bateria em seu pai, violaria a mãe, estrangularia a ama, e não haveria nenhuma segurança para o quer que fosse que se aproximasse dela. Portanto, ou a definição de Hobbes é falsa, ou o homem torna-se bom à medida que se instrui. Colocou-se no início de sua biografia a seguinte epígrafe, tirada de Ângelo Politiano:

Qui nos damnant, histriones sunt maximi,
Nam Curios simulant et bacchanalia vivunt
Hi sunt precipue quidam clamosi, leves, Novo verso?, lignipedes, cincti funibus,
Superciliosi, incurvi-cervicum pecus
Qui, quod ab aliis et cultu dissentiunt,
Tristesque vultu vendunt sanctimonias
Censuram sibi quamdam et tyrannidem occupant,Pavidamque plebem territant minaciis.

Os que nos condenam são grandíssimos histriões, Pois se fazem de Cúrios e vivem bacanais.
Eles são, sobretudo, uns gritalhões, uns levianos.
Encapuzados, calçados com tamancos e cingidos com cordões.
Carrancudos, um gado de cabeça baixa.
Eles, porque diferem dos outros pelo modo de vestir e viver,
E com cara triste vendem santidades, Arrogam para si o papel do censor e do tirano,
E com ameaças aterrorizam a medrosa plebe.

Além das obras filosóficas de Hobbes, há outras das quais não falamos por não serem objeto deste verbete.

(MGS)

Igualdade natural (*Direito natural*), Jaucourt [415]

Igualdade natural é aquela que existe entre os homens tão somente pela constituição de sua natureza. Essa igualdade é o princípio e o fundamento da liberdade.

A igualdade natural ou moral é, pois, fundada sobre a constituição da natureza humana, comum a todos os homens, que nascem, crescem, subsistem e morrem da mesma maneira.

Já que a natureza é a mesma em todos os homens, é claro que, segundo o direito natural, cada um deve estimar e tratar os outros como seres que lhe são naturalmente iguais, ou seja, homens tanto quanto ele.

Desse princípio da igualdade natural entre os homens resultam várias consequências. Percorrerei aqui as principais.

1. Resulta desse princípio que todos os homens são naturalmente livres e que a razão só os tornou dependentes uns dos outros para sua felicidade.

2. Que, apesar de todas as desigualdades produzidas no governo político pelas diferenças de condição, pela nobreza, pelo poder, pela riqueza etc., os que são elevados acima dos outros devem tratar seus inferiores como lhes sendo naturalmente iguais, evitando qualquer ultraje, não exigindo nada além do que é devido e exigindo com humanidade o que é devido do modo mais incontestável.

3. Que qualquer um que não tenha adquirido um direito particular, em virtude do qual possa exigir alguma preferência, não deve pretender nada mais do que os outros, mas, ao contrário, deixá-los gozar igualmente dos mesmos direitos que atribui a si mesmo.

4. Que uma coisa que é de direito comum deve ser, ou de gozo comum, ou possuída alternadamente, ou dividida em porções iguais entre aqueles que têm o mesmo direito, ou por compensação equitativa e regrada; ou, enfim, se isto for impossível, deve-se deixar a decisão para sorteio: expediente muito cômodo, que acaba com toda suspeita de engano ou parcialidade sem diminuir em nada a estima das pessoas às quais o sorteio não foi favorável.

Enfim, para dizer mais, juntamente com o judicioso Hooker, estabeleço o princípio incontestável da igualdade natural como fundamento de todos os deveres de caridade, de humanidade e de justiça, aos quais os homens são obrigados uns em relação aos outros, e não seria difícil demonstrá-lo.

O leitor tirará outras consequências que nascem do princípio da igualdade natural dos homens. Observarei somente que foi a violação desse princípio que estabeleceu a escravidão política e civil. Aconteceu daí que, nos países submetidos ao poder arbitrário, os príncipes, os cortesãos, os primeiros-ministros, os que manejam as finanças, possuem todas as riquezas da nação, enquanto o resto dos cidadãos tem apenas o necessário, e a maior parte do povo geme na pobreza.

Entretanto, que não se enganem supondo que, por um espírito de fanatismo, eu aprove, num Estado, essa quimera da igualdade absoluta, que pode apenas engendrar uma república ideal. Não falo aqui da igualdade natural entre os homens; conheço bastante a necessidade de condições diferentes, dos graus, das honras, das distinções, prerrogativas, subordinações que devem reinar em todos os governos. E acrescento mesmo que a igualdade natural ou moral não se opõe a elas. No estado de natureza, os homens nascem sim na igualdade, mas não poderiam permanecer nela; a sociedade faz que a percam, e eles só voltam a ser iguais pelas leis. Aristóteles conta que Faléas de Calcedônia tinha imaginado uma maneira de tornar as fortunas iguais nas repúblicas onde elas não o eram. Queria que os ricos dessem dotes aos pobres e não recebessem nada; e que os pobres recebessem dinheiro por suas filhas e não o dessem. "Mas (como diz o autor de *O espírito das leis*) alguma república alguma vez se acomodou a tal regulamento? Ele coloca os cidadãos sob condições em que diferenças são tão marcantes que eles passariam a odiar essa mesma igualdade que se quer estabelecer, e que seríamos loucos de querer introduzir."

(MGS)

Imposto (*Direito político e Finanças*), Jaucourt [601]

Imposto é a contribuição que os particulares devem pagar ao Estado para a conservação de sua vida e de seus bens.

Essa contribuição é necessária à manutenção do governo e do soberano, pois é por meio de subsídios que ele pode oferecer tranquilidade aos cidadãos; por isso, estes não poderiam recusar-se a um pagamento razoável sem trair seus próprios interesses.

Mas de que modo a percepção dos impostos deve ser feita? Eles devem incidir sobre as pessoas, as terras, o consumo, as mercadorias, ou sobre outros objetos? Cada uma dessas questões e as que se relacionam com elas em discussões detalhadas exigiriam um tratado profundo e que fosse, além disso, adaptado aos diferentes países, de acordo com sua posição, sua extensão, seu governo, seu produto e seu comércio.

Entretanto, podemos estabelecer princípios decisivos sobre essa importante matéria. Tiremo-los dos escritos luminosos de excelentes cidadãos e façamo-los passar para uma obra que manifeste os progressos dos conhecimentos, o amor pela humanidade, a glória dos soberanos e a felicidade dos súditos.

A glória do soberano está em exigir tão somente subsídios justos, absolutamente necessários, e a felicidade dos súditos está em só pagar subsídios de tal natureza. Se o direito do príncipe na percepção dos impostos está fundado nas necessidades do Estado, ele só pode exigir o tributo conforme essas necessidades, restituí-los quando elas forem satisfeitas, só empregar seu produto com os mesmos fins e não desviá-lo para usos particulares nem para prodigalidades para com pessoas que não contribuem para o bem público.

Em um Estado, os impostos são como as velas em um navio: para o conduzir, dar-lhe segurança, levá-lo ao porto, não para sobrecarregá-lo, mantê-lo sempre no mar e, finalmente, afundá-lo.

Como os impostos são estabelecidos para satisfazer às necessidades indispensáveis, e como todos os súditos contribuem com uma parte do bem que lhes pertence como propriedade, é conveniente que sejam recebidos diretamente, sem taxas, e que entrem prontamente nos cofres do Estado. Assim, o soberano deve vigiar a conduta das pessoas encarregadas de sua percepção, para impedir e punir suas habituais exações. Nero, em seus belos dias, fez um decreto muito sábio. Ordenou que os magistrados de Roma e das províncias recebessem a qualquer hora as queixas contra os cobradores de impostos públicos e que os julgassem imediatamente. Trajano queria que, nos casos duvidosos a sentença fosse contra os cobradores.

Quando em um Estado todos os particulares são cidadãos, e cada um possui, por seu domínio, o que o príncipe possui por seu império, podem-se exigir impostos sobre as pessoas, as terras, o consumo, as mercadorias, sobre uma ou duas dessas coisas juntas, segundo a urgência dos casos que requerem uma necessidade absoluta.

O imposto sobre a pessoa ou por cabeça tem todos os inconvenientes da arbitrariedade, e seu método não é popular. Entretanto, pode servir de recurso quando se tem necessidade essencial de somas que seriam necessariamente lançadas sobre o comércio, sobre as terras ou sobre seu produto. Essa taxa é ainda admissível, desde que seja proporcional e caia numa proporção maior sobre as pessoas mais ricas, e não deve se estender sobre a última classe do povo. Embora todos os súditos gozem igualmente de proteção do governo e da segurança que ele oferece, a desigualdade de suas fortunas e os benefícios que se retiram delas requerem imposições conformes a essa desigualdade, e, por assim dizer, em progressão geométrica, dois, quatro, oito, sobre os mais ricos; pois esse imposto não deve absolutamente se estender sobre o necessário.

Em Atenas, os cidadãos estavam divididos em quatro classes: os que extraíam de seus bens quinhentas medidas de frutos secos ou líquidos pagavam ao público um talento, ou seja, sessenta moedas de prata. Os que retiravam trezentas medidas deviam meio **[602]** talento. Os que tinham duzentas medidas pagavam dez moedas de prata. Os da quarta classe não pagavam nada. A taxa era equitativa: não seguia a proporção dos bens, mas a proporção das necessidades. Julgou-se que cada um tinha igual necessidade física, que esse necessário físico não devia ser taxado, que o que era abundante devia sê-lo e que o supérfluo mais ainda.

Enquanto os impostos de um reino não forem estabelecidos de modo que se exija dos particulares em razão de sua riqueza, esse reino não pode aperfeiçoar-se; uma parte dos súditos viverá na opulência e comerá numa refeição o alimento de cem famílias, enquanto a outra não terá senão o pão e se enfraquecerá dia a dia. Esse imposto, que tiraria por ano cinco, dez, trinta, cinquenta luíses sobre as despesas frívolas de cada família rica, bastaria, junto com as rendas correntes, para recompensar os gastos do Estado, ou para as despesas de uma guerra justa, sem que o trabalhador não tivesse nem ouvido falar disso a não ser nas preces públicas.

Acredita-se que, na França, uma taxa imposta somente nas cidades sobre os vidros, a prataria, os cocheiros, os lacaios, as carruagens, as liteiras, os tecidos pintados da Índia e outros objetos semelhantes renderia anualmente 15 ou 20 milhões. Ela não seria menos necessária para pôr um freio à diminuição da população do campo do que para repartir os impostos do modo mais conforme à justiça distributiva. Essa maneira de se conduzir consiste em estender os impostos sobre o maior luxo como algo mais oneroso para o Estado. É uma verdade incontestável que o peso dos tributos se faz sentir neste reino sobretudo pela desigualdade de sua base, e que a força total do corpo político é prodigiosa.

Passemos à taxa sobre as terras, muito adequada quando é feita segundo uma contagem ou uma estimativa verdadeira e exata. Trata-se de executar a sua percepção com pouca despesa, como se pratica na Inglaterra. Na França, faz-se a lista dos contribuintes na qual se assinalam as diversas classes de fundos. Não há nada a dizer quanto essas classes são diferenciadas com justiça e com luzes. Mas é difícil conhecer bem as diferenças de valores e de fundos e mais difícil ainda encontrar pessoas que não estejam interessadas em desconhecê-las na confecção das listas. Há, pois, duas espécies de injustiça que devemos temer, a injustiça do homem e a injustiça da coisa. Entretanto, se a taxa for módica em relação ao povo, algumas injustiças particulares relativas às pessoas mais ricas não mereceriam grande atenção. Se, ao contrário, não se deixa ao povo de que sobreviver honestamente por causa da taxa, a injustiça se tornará das mais gritantes e da maior consequência. Que alguns súditos, na multidão, não paguem o bastante, é um mal tolerável. Mas se vários cidadãos que têm apenas o suficiente pagam demais, sua ruína se volta contra o público. Quando o Estado tornar a sua fortuna proporcional à do povo, o bem-estar do povo logo fará aumentar a fortuna do Estado.

Não deve acontecer, portanto, que a taxa sobre o arrendatário de uma terra, na proporção de sua atividade, seja muito alta ou de tal modo desencorajadora por sua natureza, que ele evite cultivar um novo campo, aumentar o número de seus animais, ou mostrar uma nova atividade, com medo do aumento da taxa arbitrária que não conseguiria pagar. Se fosse assim, ele não seria mais estimulado a adquirir, e, perdendo a esperança de ficar rico, seu interesse seria mostrar-se mais pobre do que o é realmente. As pessoas que pretendem que o camponês não deve viver bem pronunciam uma máxima tão falsa quanto contrária à humanidade.

Taxar a indústria dos artesãos seria também sinal de má administração. Significaria fazê-los pagar ao Estado precisamente porque produzem no Estado um valor que não existia, e seria um meio de aniquilar a atividade, arruinar o Estado e lhe cortar a fonte de subsídios.

Os impostos moderados e proporcionais sobre o consumo de víveres e mercadorias são os menos onerosos para o povo, os que mais rendem para o soberano e os mais justos. São menos onerosos para o povo porque são pagos imperceptivelmente e diariamente, sem desencorajar a indústria, tanto mais porque são o fruto da vontade e da capacidade de consumir. Rendem mais ao soberano do que qualquer outro porque se estendem sobre todas as coisas que são consumidas todos os dias. Enfim, são os mais justos porque são proporcionais, porque aquele que possui riquezas não pode usufruir delas sem pagar na proporção de seus poderes. Essas verdades, apesar de sua evidência, poderiam estar apoiadas pela experiência constante da Inglaterra, da Holanda, da Prússia e de algumas cidades da Itália, se for verdade que os exemplos ajudam a persuadir.

Mas não se devem acrescentar impostos sobre o consumo a impostos pessoais já consideráveis. Isto seria esmagar o povo, ao passo que substituir um imposto pessoal por um imposto sobre o consumo é obter mais dinheiro de um modo mais ameno e mais imperceptível.

Ao empregar esse imposto, deve-se observar que o estrangeiro paga uma grande parte dos direitos acrescentados aos preços das mercadorias que compra da nação. Assim, as mercadorias que só servem ao luxo e que vêm dos países estrangeiros devem ser submetidas a grandes impostos. Dar-se-á mais ênfase aos direitos de entrada quando essas mercadorias consistirem em coisas que podem aumentar ou ser igualmente fabricadas no país, e encorajarão a sua fabricação ou o seu cultivo. Quanto às mercadorias que podem ser transportadas para o estrangeiro, se for em benefício público que elas saiam, suprimir-se-ão os direitos de saída, ou então se facilitará a saída por meio de gratificações.

Enfim, os impostos sobre os víveres e mercadorias que são consumidas no país são aqueles que os povos sentem menos, porque não é feita uma exigência formal. Essa espécie de direitos pode ser tão sabiamente administrada que o povo quase ignorará que os paga.

Para esse efeito, é de grande consequência que seja o vendedor da mercadoria que pague o direito. Ele sabe bem que não o paga para si, e o comprador, que dá o dinheiro, o paga e o confunde com o preço. Além do mais, quando é o cidadão que paga, resulta disto toda espécie de constrangimento, até mesmo buscas feitas na sua casa. Nada é mais contrário à liberdade. Os que estabelecem esse tipo de imposto não têm a felicidade de ter encontrado a melhor forma de administração.

A fim de que o preço da coisa e o imposto sobre ela possam se confundir no espírito daquele que paga, é preciso que haja alguma relação entre o valor da mercadoria e o imposto. Que não se cobre um imposto excessivo sobre um produto de pouco valor. Há países nos quais o direito excede de quinze a vinte vezes o valor do produto, e de um produto essencial à vida. Assim, o príncipe que impõe taxas sobre esse produto tira a ilusão de seus súditos; eles veem que se lhes impõem taxas de tal modo irracionais que não sentem mais nada senão sua **[603]** miséria e servidão. Aliás, para que o príncipe possa retirar um direito tão desproporcional ao valor da coisa, seria necessário que ele fosse pago pelo produtor e que o povo só pudesse comprá-lo dos produtores, o que causaria mil desastres.

Como a fraude nesse caso seria muito lucrativa, a pena natural para ela, aquela que a razão exige, que é o confisco da mercadoria, torna-se incapaz de impedi-la. Deve-se, pois, recorrer a penas japonesas, semelhantes às que se inflige para os crimes maiores. Pessoas que não poderiam ser consideradas más são punidas como se fossem bandidos, e toda a proporção das penas é excluída.

Acrescentemos que, quanto mais se puser o povo na necessidade de fraudar esse cultivador, mais este enriquece e mais se empobrece aquele. O cultivador, ávido por impedir a fraude, não para de se queixar, pedir, confiscar, obter meios de vexações extraordinárias, e tudo se perde.

Em suma, os benefícios do imposto sobre o consumo consistem na moderação dos direitos sobre os víveres essenciais à vida, na liberdade de contribuição para seu consumo e na uniformidade da imposição. Sem isto, essa espécie de imposto admirável em seu princípio só tem inconvenientes. Vede a prova disso na excelente obra intitulada *Recherches et considérations sur les finances*, 1758, *in* 4º, 2 volumes.

O imposto arbitrário por cabeça é mais conforme à servidão do que qualquer outro. O imposto sobre as mercadorias convém à liberdade do povo comerciante. Esse imposto é propriamente pago pelo comprador, embora o vendedor o adiante ao comprador e ao Estado. Quanto mais o governo for moderado, mais reinará o espírito de liberdade, maior segurança terão as fortunas, mais fácil será para os negociantes adiantar para o Estado e para os particulares direitos consideráveis. Na Inglaterra, um mercador empresta efetivamente ao Estado 50 libras esterlinas a cada barril de vinho que recebe da França. Qual é o mercador que ousaria fazer uma coisa desse gênero num país governado como a Turquia? E quando ele ousar fazê-lo, como o poderia, com uma fortuna suspeita, incerta, arruinada?

A maioria das repúblicas pode aumentar os impostos nas necessidades prementes porque o cidadão que crê pagá-los para si mesmo tem a vontade de pagá-los e tem ordinariamente poder para isto, pelo efeito da natureza do governo. Na monarquia moderada, os impostos podem aumentar, porque a sabedoria e a habilidade do governo podem proporcionar riquezas; é como a recompensa do príncipe, por causa do respeito que ele tem pelas leis.

Entretanto, quanto mais ele as respeita, mais deve limitar os impostos que é obrigado a estabelecer, distribuí-los proporcionalmente aos recursos, fazer que sejam recebidos com ordem, sem encargos e sem despesas. A justiça na percepção de tributos da cidade de Roma estava vinculada ao princípio fundamental do governo, fundado por Sérvio Túlio, e não poderia ser desobedecida sem que a república não fosse abalada ao mesmo tempo, como a experiência mostrou.

A imposição estabelecida por Aristides em toda a Grécia, para manter os gastos da guerra contra os persas, foi repartida com tanta amenidade e justiça que os contribuintes nomearam essa taxa *a sorte feliz dos gregos*; e é verossímil que tenha sido a única vez que ela teve essa bela qualificação. A taxa chegava a 450 talentos; logo Péricles a aumentou de um terço; enfim, tendo sido triplicada em seguida, sem que a guerra fosse mais dispendiosa por sua duração ou pelos diversos acidentes da fortuna, esse peso do imposto interrompeu o progresso das conquistas, esgotou as veias do povo, que, muito fraco para resistir a Filipe, caiu sob o jugo de seu império.

Tenhamos, pois, como máxima fundamental, não medir os impostos pelo que o povo pode dar, mas pelo que ele deve dar equitativamente; e se algumas vezes se foi obrigado a medir os impostos pelo que o povo pode dar, pelo menos que seja o que ele pode sempre dar. Sem esse cuidado, acontecerá que se será forçado a sobrecarregar esse infeliz povo, ou seja, a arruinar o Estado, ou a fazer empréstimos à perpetuidade, o que conduz à sobrecarga perpétua da imposição, já que é preciso pagar os juros. Finalmente, resulta disto tudo uma desordem certa nas finanças, sem contar uma infinidade de inconvenientes durante o curso dos empréstimos. O princípio que se acaba de estabelecer é bem mais constante, de efeito mais extenso e mais favorável à monarquia do que os tesouros acumulados pelos reis.

O soberano deve eliminar todos os impostos viciosos por sua natureza, sem procurar reprimir os abusos, porque isto não é possível. Quando um imposto é vicioso por si mesmo, como o são todos os tributos arbitrários, a forma da administração, por melhor que seja, não muda senão o nome dos excessos, mas não corrige a sua causa.

A máxima dos grandes impérios do Oriente de remeter os tributos para as províncias que sofreram prejuízos deveria ser levada para todos os Estados monárquicos. Há alguns em que ela foi adotada, mas onde, ao mesmo tempo, ela oprime tanto ou mais do que se não fosse aceita, porque o príncipe, não recolhendo nem mais nem menos, todo o Estado fica comprometido. Para aliviar uma cidade que paga mal, encarrega-se da dívida uma outra cidade que paga melhor. Não se restabelece a primeira, destrói-se a segunda. O povo fica desesperado entre a necessidade de pagar para evitar as execuções que se seguem prontamente e o perigo de pagar, por medo da sobrecarga.

Ousou-se afirmar que a estabilidade dos habitantes de uma mesma cidade era razoável porque se podia supor um complô fraudulento de sua parte. Mas no que é que se fundou essa ideia de que, a partir de suposições, se deva estabelecer uma coisa injusta por si mesma e dispendiosa para o Estado? Diz-se que é necessário que a percepção dos impostos seja fixa para corresponder às despesas que são fixas. Sim, no caso da percepção dos impostos que não sejam injustos nem dispendiosos demais. Restabelecei sem hesitar tais impostos e eles frutificarão inevitavelmente. Entretanto, não se pode cortar partes dessas despesas chamadas fixas? O que o consenso pode fazer na casa de um particular não o poderia fazer na administração do Estado? Não há recursos para economizar em tempos de paz, liberar-se se estiver endividado, fazer poupança para os casos fortuitos, consagrá-los ao bem público, e, enquanto isto, fazê-los sempre circular nas mãos dos tesoureiros, recebedores, em empréstimos a companhias sólidas, que estabeleceriam caixas de hipotecas ou outros empregos?

Há cem projetos para tornar rico o Estado, mas há um só para fazer que cada particular usufrua da riqueza do Estado. Glória, grandeza, poder de um reino! O quanto essas palavras são vazias de sentido, perto da liberdade, do bem-estar, da felicidade dos súditos! Ora! Fazer que cada um de seus membros participe das riquezas do Estado não seria tornar uma nação rica e poderosa? Quereis ter sucesso na França? Os meios para isso se apresentam numerosos ao espírito; citarei **[604]** alguns sem os quais eu não poderia terminar melhor este verbete.

1º) Trata-se de favorecer fortemente a agricultura, a população e o comércio, fontes de riquezas para o súdito e o soberano. 2º) Proporcionar às finanças o benefício que é dado ao negócio e ao cultivo das terras em geral. Pois, assim, as empresas de finanças serão ainda melhores, já que não correrão riscos, além de que não se deve jamais esquecer que o lucro dos financistas é sempre a diminuição da renda do povo e do rei. 3º) Restringir o uso imoderado das riquezas e cargos inúteis. 4º) Abolir os monopólios, os pedágios, os privilégios exclusivos, as cartas de domínio, o direito de dádiva, os direitos dos feudos livres, o número de vexações do cultivador. 5º) Cortar a maior parte das festas. 6º) Corrigir os abusos e a sujeição da talha, da milícia e da imposição sobre o sal. 7º) Não fazer tratados extraordinários nem enfraquecimento das moedas. 8º) Tolerar o transporte em espécie, porque é uma coisa justa e vantajosa. 9º) Manter os juros sobre o dinheiro tão baixos quanto permita o número combinado dos que emprestam e dos que pegam emprestado no Estado. 10º) Enfim, aliviar os impostos e reparti-los segundo os princípios da justiça distributiva, pela qual os reis são representantes de Deus na terra. A França seria muito poderosa e os franceses seriam mais felizes se esses meios fossem utilizados. Mas a aurora de um dia tão bonito assim estará por vir?

(MGS)

Imprensa (*Direito político*), Jaucourt [13, 320]

Pergunta-se se a liberdade de *imprensa* é vantajosa ou prejudicial a um Estado. A resposta não é difícil. É da mais alta importância conservar esse costume em todos os Estados fundados na liberdade. Digo mais: os inconvenientes dessa liberdade são tão pouco consideráveis diante de suas vantagens, que esse deveria ser o direito comum do universo e ser conservado em todos os governos.

Não podemos de modo algum inferir da liberdade de imprensa as consequências lamentáveis que se seguiam às arengas de Atenas e dos tribunos de Roma. Um homem, em seu gabinete, lê um livro ou uma sátira, sozinho, e muito friamente. Não se deve temer que ele contraia as paixões e o entusiasmo de outrem, nem que fique fora de si pela veemência de uma declamação. Mesmo que adquirisse pela leitura uma disposição para a revolta, ele nunca tem ao seu dispor as ocasiões para fazer que seus sentimentos irrompam com violência. A liberdade da imprensa não pode, portanto, qualquer que seja o abuso que se possa fazer dela, excitar os tumultos populares. Quanto às queixas e aos descontentamentos secretos aos quais ela pode dar origem, não é vantajoso que, explodindo apenas em palavras, advirtam a tempo os magistrados para que os remedeiem? Deve-se convir que, em todo lugar, o público tem uma grande disposição para crer no que lhe é dito contra os que o governam. Mas essa disposição é a mesma nos países de liberdade e de servidão. Uma opinião dita ao ouvido pode correr tão depressa e produzir tão grandes efeitos quanto uma brochura. Pode ser mesmo igualmente perniciosa nos países em que as pessoas não estão acostumadas a pensar de modo elevado e a discernir o verdadeiro do falso. Entretanto, não devemos nos preocupar com tais discursos.

Enfim, nada pode multiplicar tanto as sedições e os libelos num país em que o governo subsiste numa condição de independência do que proibir essa impressão não autorizada ou dar a alguém poderes ilimitados para punir tudo o que desagrada. Tais concessões de poderes, num país livre, se tornariam um atentado contra a liberdade, de modo que se pode assegurar que essa liberdade estaria perdida na Grã-Bretanha, por exemplo, se as tentativas da restrição da imprensa tivessem sucesso. Por essa razão, evita-se estabelecer essa espécie de inquisição.

(MGS)

Intolerância (*Moral*), Diderot [8, 843]

Por *intolerância* entende-se normalmente essa paixão feroz que leva a odiar e a perseguir aqueles que estão no erro. Mas, para não confundir coisas diferentes, é preciso distinguir a intolerância eclesiástica da intolerância civil.

A intolerância eclesiástica consiste em considerar como falsa toda religião que não seja aquela que se professa e a demonstrar isto abertamente, sem ser impedido por nenhum terror, por nenhum respeito humano, mesmo com o risco de perder a vida. Neste verbete, não trataremos desse heroísmo que fez tantos mártires em todos os séculos da Igreja.

A intolerância civil consiste em romper toda relação e em perseguir por todos os meios violentos aqueles que têm uma maneira diferente da nossa de pensar sobre Deus e sobre seu culto.

Algumas linhas tiradas da Santa Escritura, dos pais da Igreja e dos concílios bastarão para demonstrar que o intolerante, tomado nesse último sentido, é um homem mau, um mau cristão, um súdito perigoso e um mau cidadão.

Mas, antes de entrar no assunto, devemos dizer, em louvor dos nossos teólogos católicos, que encontramos vários deles que concordaram, sem a menor restrição, com aquilo que vamos expor segundo respeitáveis autoridades.

Tertualiano diz (Apolog. ad Scapul.): *Humani juris et naturalis potestatis est unicuique quod putaverit, colere; nec alii obest aut prodest alterius religio. Sed nec religionis est cogere religionem quae sponte suscipi debeat, non vi; cum et hostiae ab animo lubenti expostulentur.* "A justiça humana e a potestade natural são cultivadas de modo que se julgou que eram únicas; uma nem prejudica uma religião nem ajuda outra. Mas não é a religião que limita a religião; o que consiste em sua vontade deve ser acolhido, mas não pela força, quando as vítimas de um espírito voluntário são exigidas."

Eis o que os cristãos frágeis e perseguidos representavam para os idólatras que os arrastavam aos pés de seus altares.

É ímpio expor a religião às imputações odiosas de tirania, de dureza, de insociabilidade, mesmo que seja com o fim de trazer de volta aqueles que infelizmente ter-se-iam afastado dela.

O espírito não pode concordar senão com o que lhe parece verdadeiro. A violência fará do homem um hipócrita, se ele for fraco, e um mártir, se ele for corajoso. Fraco ou corajoso, esse homem sentirá a injustiça e a perseguição e se indignará.

A instrução, a persuasão e a prece, eis os únicos meios legítimos de estender a religião.

Todo meio que excite o ódio, a indignação e o desprezo é ímpio.

Todo meio que desperte as paixões e está ligado a fins interesseiros é ímpio.

Todo meio que enfraqueça os laços naturais e afaste o pai dos filhos é ímpio.

Todo meio que tender a sublevar os homens, a armar as nações e encharcar a terra de sangue é ímpio.

É ímpio querer impor leis à consciência, regra universal das ações. Deve-se esclarecê-la e não constrangê-la.

Os homens que se enganam são dignos de pena, nunca de punição.

Não se deve atormentar os homens de boa-fé, nem os homens de má-fé, mas deixar o julgamento a Deus.

Se rompermos o laço com aquele que é chamado ímpio, logo romperemos com o que é chamado avaro, impudico, ambicioso, colérico, vicioso. Se aconselharmos essa ruptura aos outros, três ou quatro intolerantes bastarão para estraçalhar toda a sociedade.

Se pudermos arrancar um fio de cabelo daquele que pensa diferentemente de nós, poderemos dispor de sua cabeça. Porque não há limites para a injustiça. Serão o interesse, ou o fanatismo, ou o momento, ou a circunstância que decidirão o maior ou menor mal que nos permitiremos fazer.

Se um príncipe infiel perguntasse aos missionários de uma religião intolerante o que ela faz com os que não creem, eles seriam obrigados a confessar uma coisa odiosa, ou então a mentir ou guardar o silêncio vergonhoso.

O que o Cristo recomendou a seus discípulos quando os enviou às nações? Matar ou morrer? Perseguir ou sofrer?

São Paulo escrevia aos tessalonicenses: "se alguém vem vos anunciar um outro Cristo, vos propor um outro espírito, vos pregar um outro evangelho, vós o tolerareis". *Intolerantes*, é assim que tratais aquele que não vos anuncia nada, que não vos prega nada?

Ele escrevia ainda: "Não tratai como inimigo aquele que não tem a mesma opinião que a vossa, mas adverti-o como irmão". *Intolerantes*, é assim que fazeis?

Se vossas opiniões vos autorizam a me odiar, por que minhas opiniões não me autorizariam também a odiar-vos?

Se gritais que tendes a verdade de vosso lado, gritarei também tão alto quanto vós que sou eu que tenho a verdade do meu lado; mas acrescentarei: que importa quem se engana, vós ou eu, desde que a paz esteja entre nós? Se sou cego, ireis estapear o rosto de um cego?

Se um intolerante explicasse claramente quem ele é, que canto da terra não seria fechado **[844]** para ele? E qual o homem sensato que ousaria abordar o país habitado pelo intolerante?

Lê-se em Orígenes, em Minutius-Felix, nos pais dos primeiros séculos: "não se ordena a religião; se persuade. O homem deve ser livre na escolha de seu culto. O perseguidor faz que seu próprio Deus seja odiado; o perseguidor calunia a religião". Digam-me se é a ignorância ou a impostura que fizeram essas máximas.

Num Estado intolerante, o príncipe seria tão somente um carrasco pago pelos padres. O príncipe é o pai comum de seus súditos e seu apostolado é o de tornar todos felizes.

Se bastasse publicar uma lei para estar no direito de ser cruel, não haveria tiranos.

Há circunstâncias nas quais se é tão fortemente persuadido do erro quanto da verdade. Isto não pode ser contestado a não ser por aquele que nunca esteve sinceramente no erro.

Se vossa verdade me proscreve, meu erro, que tomo por verdade, vos proscreverá.

Deixai de ser violentos, ou deixai de censurar a violência aos pagãos e aos muçulmanos.

Quando odiais vosso irmão e pregais o ódio ao vosso próximo, é o espírito de Deus que vos inspira?

O Cristo disse: "meu reino não é deste mundo". E vós, discípulo dele, quereis tiranizar este mundo?

Ele disse: "sou manso e humilde de coração"; sois vós manso e humilde de coração?

Ele disse: "bem-aventurados os bons, os pacíficos, os misericordiosos". Sondai vossa consciência e vede se mereceis essa bênção; sois bons, pacíficos, misericordiosos?

Ele disse: "sou o cordeiro que é levado à fogueira sem se queixar". E vós estais sempre pronto a pegar a faca do açougueiro e a estrangular aquele por quem correu o sangue do cordeiro.

Ele disse: "se vos perseguirem, fugi". E vós expulsais aqueles que vos deixam falar e que só pedem para pastar tranquilos ao vosso lado.

Ele disse: "gostaríeis que eu fizesse cair o fogo do céu sobre vossos inimigos; não sabeis que espírito vos anima". E eu vos repito com ele: *intolerantes*, não sabeis que espírito vos anima.

Escutai são João: "meus filhos, amai-vos uns aos outros".

Santo Atanásio: "se eles perseguem, só isto é uma prova manifesta que não têm piedade nem temor a Deus. É próprio da piedade não constranger, mas persuadir, à imitação do Salvador, que deixava a cada um a liberdade de segui-lo. Quanto ao diabo, como ele não tem a verdade, ele vem com machados e coices".

São João Crisóstomo: "Jesus Cristo pede a seus discípulos se querem ir embora também, porque estas devem ser palavras de quem não usa de violência".

Salviano: "Estes homens estão no erro, mas não sabem disto; enganam-se entre nós, mas não entre eles. Consideram-se tão bons católicos que nos chamam de hereges. O que eles são para nós, nós somos para eles; erram, mas com boa intenção. Qual será sua sorte no futuro? Só o grande juiz sabe. Enquanto isto, ele os tolera".

Santo Agostinho: "aqueles que vos maltratam ignoram com que dificuldade se encontra a verdade e o quanto é difícil garantir-se contra o erro. Aqueles que vos maltratam não sabem o quanto é raro e penoso vencer os fantasmas da carne. Os que vos maltratam não sabem o quanto se deve gemer e suspirar para compreender qualquer coisa em Deus. Que vos maltratem os que não caíram no erro".

Santo Hilário: "Servi-vos do constrangimento numa causa em que só devemos nos servir da razão. Empregais a força onde só se precisa da luz".

As constituições do papa São Clemente: "O Salvador deixou aos homens o uso de seu livre-arbítrio, não os punindo de uma morte temporal, mas destinando-os ao outro mundo para que lá prestem contas de suas ações".

Os padres de um Concílio de Toledo: "Não fazei a ninguém nenhuma espécie de violência para trazê-lo à fé, pois Deus usa de misericórdia para com quem quiser e se endurece com quem desejar".

Poder-se-iam encher volumes inteiros com essas citações esquecidas pelos cristãos de hoje.

São Martim arrependeu-se a vida inteira por ter se comunicado com perseguidores heréticos.

Todos os homens sábios desaprovaram a violência que o imperador Justiniano usou para com os samaritanos.

Os escritores que aconselharam leis penais contra a incredulidade foram todos detestados.

Nestes últimos tempos, aquele que fizer a apologia da revogação do Édito de Nantes será considerado um homem sanguinário com o qual não se deve compartilhar o mesmo teto.

Qual é a via da humanidade? É a do perseguidor que bate ou a do perseguido que se queixa?

Se um príncipe incrédulo tem um direito incontestável de ser obedecido, um súdito descrente tem um direito incontestável à proteção de seu príncipe. É uma obrigação recíproca.

Se o príncipe diz que o súdito descrente é indigno de viver, não se deve temer que o súdito lhe diga que o príncipe infiel é indigno de reinar? Intolerantes, homens sanguinários, vede o séquito de vossos príncipes e temei. Homens que amo, quaisquer que sejam vossas opiniões, é para vós que recolhi esses pensamentos, sobre os quais vos conjuro a meditar. Meditai sobre eles e abdicareis de um sistema atroz que não convém à retidão do espírito nem à bondade do coração.

Fazei vossa salvação. Orai pela minha, e crede que tudo o que vos permitirdes para além disto é de uma injustiça abominável aos olhos de Deus e dos homens.

(MGS)

Lei natural (*Direito natural*), Jaucourt [11, 46]

Define-se como *lei natural* uma lei que Deus impõe a todos os homens e que eles podem descobrir através das luzes de sua razão, considerando atentamente sua natureza e seu estado.

O direito natural é o sistema dessas mesmas leis, e a jurisprudência natural é a arte de explicar as leis da natureza e de aplicá-las às ações humanas.

O sábio bispo de Peterborough define como leis naturais certas proposições de uma verdade imutável que servem para dirigir os atos voluntários de nossa alma na busca de bens ou na fuga dos males e que nos impõem a obrigação de regular nossas ações de uma certa maneira, independentemente de qualquer lei civil, e colocadas à parte as convenções pelas quais o governo é estabelecido. Esta definição de Cumberland significa a mesma coisa que a nossa.

As leis naturais são assim chamadas porque derivam unicamente da constituição de nosso ser antes do estabelecimento das sociedades. A lei que, ao imprimir em nós a ideia de um criador, leva-nos em sua direção é a primeira das leis naturais por sua importância, mas não na ordem de suas leis. O homem no estado de natureza, acrescenta Montesquieu, teria antes a faculdade de conhecer do que propriamente conhecimentos. É claro que suas primeiras ideias não seriam especulativas. Ele pensaria na conservação de seu ser antes de procurar sua origem.

Tal homem sentiria de início apenas sua fraqueza. Sua timidez seria extrema. E, se tivermos necessidade de experiência a esse respeito, temos conhecimento de homens selvagens encontrados nas florestas; tudo os faz tremer, tudo os afugenta. Os homens nesse estado de natureza não procuram atacar-se, e a paz é a primeira lei natural.

Ao sentimento de sua fraqueza, o homem acrescenta o sentimento de suas necessidades. Assim, uma outra lei natural é aquela que lhe inspira a procura de alimento.

Digo que o temor levaria os homens a fugir uns dos outros; mas os sinais de um temor recíproco logo os levaria a se aproximar. Aliás, eles seriam levados a isso pelo prazer que um animal sente com a aproximação de um animal de sua espécie. Além do mais, o encanto que os dois sexos se inspiram por sua diferença aumentaria esse prazer, e a súplica que eles fazem sempre um ao outro seria a terceira lei.

Chegando a adquirir conhecimentos, os homens passam a ter um novo motivo para unir-se para seu bem comum. Assim, o desejo de viver em sociedade é a quarta lei natural.

Podemos estabelecer três princípios das leis naturais, a saber: a religião, o amor de si e a sociabilidade, ou a benevolência em relação aos outros homens.

A religião é o princípio das leis naturais que têm Deus como objeto. Como a razão nos faz conhecer o Ser Supremo como nosso criador, nosso conservador e benfeitor, segue-se que devemos reconhecer nossa dependência absoluta em relação a ele. O que, por uma consequência natural, deve produzir em nós sentimentos de respeito, de amor e de medo e uma inteira dedicação à sua vontade. Estes são os sentimentos que constituem a religião.

O amor de si, entendendo por isto um amor esclarecido e razoável, é o princípio das leis naturais que nos concernem. É da última evidência que Deus, ao nos criar, se propôs a nossa conservação, nossa perfeição e nossa felicidade. É o que parece manifesto, tanto pelas faculdades com as quais o homem é enriquecido, quanto por essa forte inclinação que nos leva a procurar o bem e a fugir do mal. Deus quer, pois, que cada um trabalhe por sua própria conservação e perfeição, para adquirir toda a felicidade de que é capaz, conforme sua natureza e sua condição.

A sociabilidade, ou a benevolência em relação aos outros homens, é o princípio do qual se podem deduzir as leis naturais que dizem respeito aos nossos deveres recíprocos e que têm por objeto a sociedade, ou seja, os humanos com os quais vivemos. A maior parte das faculdades humanas, suas inclinações naturais, sua fraqueza e suas necessidades, são como laços que formam a união do gênero humano, da qual depende a conservação e a felicidade da vida. Assim, tudo nos convida à sociabilidade. A necessidade nos impõe sua exigência; a inclinação a transforma num prazer; e as disposições que trazemos naturalmente para isto nos mostram que, de fato, é essa a intenção de nosso criador.

Mas, como a sociedade humana não pode subsistir a menos que os homens tenham uns pelos outros sentimentos de afeição e de benevolência, segue-se que Deus quer que cada um seja animado por esses sentimentos e faça tudo que estiver em seu poder para manter essa sociedade num estado vantajoso e agradável e para estreitar cada vez mais os laços que os unem através de serviços e benefícios recíprocos.

Esses três princípios, a religião, o amor de si e a sociabilidade, têm todas as características que devem possuir os princípios das leis. São verdadeiros, porque são tomados da natureza do homem, da sua constituição e da condição em que Deus o colocou. São simples e ao alcance de todos, o que é importante, pois, em matéria de deveres, são necessários princípios que cada um possa facilmente apreender, e porque sempre há perigo na sutileza do espírito que procura caminhos singulares e novos. Enfim, esses mesmos princípios são suficientes e muito fecundos, pois abarcam todos os objetos dos nossos deveres e nos mostram a vontade de Deus para todas as condições e relações do homem.

1º) As leis naturais são suficientemente conhecidas pelos homens, pois pode-se descobrir os seus princípios e daí deduzir todos os nossos deveres, pelo uso da razão cultivada. Além disso, a maior parte dessas leis está ao alcance dos espíritos mais medíocres.

2º) As leis naturais não dependem de uma instituição arbitrária. Dependem da instituição divina, fundada, de um lado, sobre a natureza e constituição do homem e, de outro, sobre a sabedoria de Deus, que não poderia desejar um fim sem desejar ao mesmo tempo os meios que podem conduzir a ele.

3º) Uma outra característica essencial das leis naturais é que elas são universais, ou seja, obrigam a todos os homens sem exceção. Pois, não apenas os homens são igualmente submetidos ao império de Deus, mas também as leis naturais, de modo manifesto, convêm essencialmente a todos e obrigam a todos sem distinção, já que se fundam na constituição e no estado dos homens e lhes são mostradas pela razão, não importando a diferença de fato que possa haver entre eles e o estado em que suponhamos que estejam. É isto que distingue as leis naturais das leis positivas. Pois uma lei positiva só concerne a algumas pessoas ou certas sociedades em particular. [47]

4º) As leis naturais são imutáveis e não admitem nenhuma isenção. Eis aqui mais uma característica que as distingue das leis positivas, divinas ou humanas. Essa imutabilidade das leis naturais não tem nada que possa contradizer a independência, o soberano poder ou a liberdade do Ser todo perfeito. Sendo ele mesmo o autor de nossa constituição, só poderia prescrever ou proibir as coisas que fossem convenientes ou inconvenientes em relação a essa mesma constituição. Consequentemente, ele nada poderia mudar nas leis naturais, ou dispensar delas. Em Deus, não poder nunca se desmentir é uma gloriosa necessidade.

Termino este artigo com esta bela passagem de Cícero (*Legum*, livro II): a lei, diz ele, não é uma invenção do espírito humano nem um estabelecimento arbitrário que os povos tenham feito, mas a expressão da razão eterna que governa o universo. O ultraje que Tarquínio fez a Lucrécio não deixou de ser um crime porque não havia ainda em Roma uma lei escrita contra essa espécie de violência. Tarquínio pecou contra a lei eterna, que era lei em todos os tempos, e não apenas depois do momento em que se tornou lei escrita. Sua origem é tão antiga quanto o espírito divino, pois a verdadeira, a primitiva e a principal lei não é outra coisa senão a razão do grande Júpiter.

Essa lei, diz Cícero em outro lugar, é universal, eterna, imutável. Não varia segundo os lugares e os tempos, não é diferente hoje do que era antigamente. Ela não é uma em Roma, outra em Atenas. A mesma lei imortal rege todas as nações, porque há apenas um só Deus que a publicou (Cícero, *A República*, livro III, apud Lactâncio, *Instituição divina*, livro VI, cap.VIII).

Isto é o bastante a respeito das leis naturais consideradas de maneira geral. Mas, como elas são o fundamento de toda moral e de toda política, o leitor não poderia conhecer o seu sistema completo a não ser estudando as grandes e belas obras sobre esse assunto: as de Grotius, Puffendorf, Tomasius, Budé, Sharrock, Selden, Cumberland, Wollaston, Locke e outros sábios dessa ordem.

(MGS)

Liberdade civil (*Direito das nações*), Anônimo [9, 472]

Liberdade civil é a liberdade natural despojada dessa parte que constituía a independência dos particulares e a comunidade de bens, em troca de uma vida sob leis que proporcionem a segurança e a propriedade. Essa liberdade civil consiste ao mesmo tempo em não poder ser forçado a fazer aquilo que a lei não ordena, e só nos encontramos nesse estado se formos governados por leis civis. Assim, quanto melhores forem essas leis, melhor será essa liberdade.

Como diz Montesquieu, não há palavra que tenha tocado os espíritos de modos tão diferentes quanto a palavra *liberdade*. Alguns a tomaram como a facilidade de depor aquele a quem tinham dado um poder tirânico; outros, como a facilidade de eleger aquele a quem deveriam obedecer; estes consideraram essa palavra como o direito de estar armado e de poder exercer a violência; aqueles, como o privilégio de só serem governados por um homem de sua própria nação, ou por suas próprias leis. Vários ligaram esse nome a uma forma de governo e excluíram as outras. Os que haviam experimentado o governo republicano a colocaram nesse governo enquanto aqueles que tinham usufruído do governo monárquico a situaram na monarquia. Enfim, cada um chamou de liberdade o governo que era conforme aos seus costumes e suas inclinações. Mas a liberdade é o direito de fazer tudo o que as leis permitem, e se um cidadão pudesse fazer o que elas proíbem, não haveria mais liberdade, porque os outros teriam do mesmo modo esse poder. É verdade que essa liberdade só se encontra nos governos cuja constituição é tal que ninguém é constrangido a fazer as coisas que a lei não obriga e a não fazer o que ela permite.

A liberdade civil é, pois, fundada nas melhores leis possíveis. E num Estado que tivesse tais leis, um homem que fosse processado segundo as leis, e que devesse ser enforcado no dia seguinte, seria mais livre do que um paxá da Turquia. Consequentemente, não há liberdade onde o poder legislativo e o poder executivo estiverem nas mesmas mãos. Por mais forte razão, não há liberdade onde o poder de julgar estiver reunido ao executivo e ao legislativo.

(MGS)

Liberdade natural (*Direito natural*), Anônimo [9, 471]

Liberdade natural é o direito que a natureza dá a todos os homens de dispor de sua pessoa e de seus bens da maneira que julgarem mais conveniente para a sua felicidade, sob a restrição de que o façam dentro dos limites da lei natural e não abusem dela em prejuízo dos outros homens. As leis naturais são, então, a regra e a medida dessa liberdade, pois, embora os homens, no estado primitivo de natureza, sejam independentes em relação a outros, estão todos sob a dependência das leis naturais, segundo as quais devem dirigir suas ações.

O primeiro estado que o homem adquire por natureza, e que se considera o mais precioso de todos os bens que se possa possuir, é o estado de liberdade. Esse estado não pode ser trocado por outro, nem ser vendido, nem perder-se, pois, naturalmente, todos os homens nascem livres, ou seja, não estão submetidos ao poder de nenhum outro senhor, e ninguém tem propriedade sobre eles.

Em virtude disso, todos os homens têm, por sua própria natureza, o poder de fazer o que bom lhes parecer e dispor de acordo com sua vontade de suas ações e de seus bens, desde que não ajam contra as leis do governo ao qual estão submetidos.

Entre os romanos, um homem perdia sua liberdade natural quando era preso pelo inimigo numa guerra, ou era reduzido à condição de escravo como punição por um crime qualquer. Mas os cristãos aboliram a servidão na paz e na guerra, até o ponto de que os prisioneiros que faziam guerra contra os infiéis são considerados homens livres, de modo que aquele que matasse um desses homens seria punido como homicida.

Além disto, todas as potências cristãs julgaram que uma servidão que desse ao senhor o direito de vida e morte sobre seus escravos era incompatível com a perfeição para a qual a religião convida os homens. Mas, como essas potências não julgaram que essa [472] mesma religião, independentemente do direito natural, reclamava contra a escravidão dos negros? É que elas tinham necessidade dos escravos em suas colônias, suas plantações e suas minas. *Auri sacra fames!* "Execrável fome de ouro."

MGS

Liberdade política (*Direito político*), Jaucourt [9, 472]

A *liberdade política* de um Estado é formada pelas leis fundamentais que estabelecem a distribuição do poder legislativo e do poder executivo das coisas que dependem do direito dos povos, e do poder executivo das coisas que dependem do direito civil, de maneira que esses três poderes estejam ligados uns aos outros.

A liberdade política do cidadão é essa tranquilidade do espírito que procede da opinião de cada um a respeito de sua segurança. E para que haja essa segurança é preciso que o governo seja tal que um cidadão não possa temer outro. Boas leis civis e políticas asseguram essa liberdade; ela triunfa ainda quando as leis criminais extraem cada pena da natureza particular do crime.

Há no mundo uma nação que tem como objeto de sua constituição a liberdade política. E, se os princípios sobre os quais ela a fundamenta são sólidos, é preciso reconhecer suas vantagens. É a esse respeito que me lembro de ter ouvido dizer a um belo gênio da Inglaterra que Corneille pintou melhor os sentimentos inspirados na liberdade política do que qualquer um de seus poetas, neste discurso de Viriato a Sertório:

Atravessemos o Tejo, e deixemos correr o Tibre:
A liberdade nada é quando todos são livres,
mas é belo ser livre, e ver todo o universo suspirar sob o jugo, guerra sob os ferros.
É belo mostrar essa prerrogativa
aos olhos do Reno escravo e de Roma cativa, e ver os povos nascidos invejarem
esse respeito do forte pelas virtudes.

Não pretendo decidir se os ingleses atualmente gozam da prerrogativa de que falo. Basta-me dizer com Montesquieu que ela é estabelecida por suas leis e que, no final das contas, essa liberdade política extrema não deve mortificar aqueles que a têm moderada, porque nem mesmo o excesso de razão é desejável. Os homens em geral se acomodam melhor no meio do que nas extremidades.

(MGS)

Manufatura, Anônimo [10, 58]

É o lugar no qual vários operários ocupam-se de uma mesma espécie de obra.

Todo mundo concorda com a necessidade e utilidade das manufaturas, e não foi escrita nenhuma obra ou memória sobre o comércio geral do reino e sobre o comércio particular a cada província, sem que esse assunto tenha sido tratado. Ele foi mesmo tratado com tanta frequência e tão amplamente que, assim como os objetos que estão ao alcance de todos, este assunto é daqueles que se deixa passar ou que se lê com desgosto em todos os escritos onde se fala dele. Entretanto, não se deve crer que seja um assunto esgotado, como poderia ser, se não tivesse sido tratado senão por pessoas que não teriam acrescentado a experiência à teoria; mas os fabricantes escrevem pouco, e aqueles que não o são não têm senão ideias muito superficiais sobre aquilo que só se aprende na experiência.

Entende-se comumente pela palavra manufatura um número considerável de operários, reunidos num mesmo lugar, para fazer uma espécie de obra sob os olhos de um empresário. É verdade que, como há vários lugares desta espécie, e que grandes ateliês sobretudo chocam a vista e excitam a curiosidade, é natural que se tenha assim reduzido essa ideia. Esse nome, entretanto, deve ser dado ainda a uma outra espécie de fábrica, aquela que, não estando reunida num único local, ou mesmo numa mesma cidade, é composta de todos aqueles que aí trabalham e concorrem particularmente, sem procurar outro interesse que não seja o que cada um dos particulares daí retira para si mesmo.

A partir daí se pode distinguir dois tipos de manufaturas: umas reunidas e outras dispersas. As do primeiro gênero são estabelecidas necessariamente para as obras que só podem ser executadas por um grande número de mãos reunidas, que exigem, seja para o primeiro estabelecimento, seja para as operações que aí se fazem, investimentos consideráveis, nas quais as obras recebem sucessivamente diferentes preparações, e que são tais que é necessário que elas se sigam prontamente; e enfim, aquelas que, por sua natureza, são sujeitas a ser colocadas num mesmo terreno. Tais são as forjas, as serrarias, as trefilarias, as vidraçarias, as manufaturas de porcelana, as tapeçarias e outras semelhantes. Para que essas manufaturas sejam úteis ao empresários, é preciso que:

1º) os objetos dos quais elas se ocupam não sejam expostos ao capricho da moda, ou que pelo menos não o sejam senão para as variedades nas espécies do mesmo gênero.

2º) o lucro seja o suficientemente fixo e considerável para compensar todos os inconvenientes aos quais elas estão necessariamente expostas, dos quais falaremos em seguida.

3º) elas sejam situadas, tanto quanto possível, nos próprios lugares em que se recolhem as matérias primas, em que os operários dos quais ela tem necessidade possam facilmente ser encontrados, e onde a importação dessas matérias-primas e a exportação das obras possam ser feitas e com pouca despesa.

Enfim é preciso que elas sejam protegidas pelo governo. Essa proteção deve ter o objetivo de facilitar a fabricação das obras, moderando as taxas sobre as matérias primas que consomem e atribuindo alguns privilégios e algumas isenções aos operários mais necessários, e cuja ocupação exija conhecimentos e talentos, mas também reduzindo-os aos operários dessa espécie; uma maior extensão desses privilégios e isenções seria inútil à manufatura e onerosa para o resto do público. Não seria justo, por exemplo, numa manufatura de porcelanas, dar as mesmas distinções àquele que joga a madeira no forno e ao que a pinta e modela. Ocasionalmente, dir-se-á que se as isenções são úteis para excitar a emulação e fazer sobressaírem os talentos, elas se tornam, quando mal aplicadas, muito nocivas para o resto da sociedade, porque, ao recair sobre elas, tiram o gosto por outras profissões, não menos úteis do que aquelas que se quer favorecer. Observarei ainda aqui que vi com frequência acontecer que, sendo o último projeto sempre aquele pelo qual se que ser honrado, sacrificam-se quase sempre os mais antigos. Daí o povo e principalmente os trabalhadores, que são os primeiros e mais úteis manufatureiros do Estado, sempre foram imolados às outras ordens;

e, pela única razão de serem os mais antigos, foram sempre os menos protegidos. Um outro meio de proteger as manufaturas é diminuir as taxas de saída para o estrangeiro e as de transporte e de varejo no interior do Estado.

Esta é a ocasião de dizer que a primeira, a mais geral e a mais importante máxima que se deve seguir sobre o estabelecimento das manufaturas é de não permitir nenhuma (fora o caso de absoluta [59] necessidade) cujo objetivo seja empregar as principais matérias-primas vindo do estrangeiro, sobretudo se se puder substituí-las pelas do país, mesmo de qualidade inferior.

A outra espécie de manufatura é das que podemos chamar de dispersas, e assim devem ser todas aquelas cujo objetivo não seja sujeito às necessidades indicadas acima. Assim, todas as obras que podem ser executadas por cada um em sua casa, cujas matérias-primas podem ser obtidas por cada operário, para fabricá-las no seio de sua família, com o auxílio de seus filhos, seus criados ou seus companheiros, pode e deve ser o objetivo dessas fábricas dispersas. Tais são as fábricas de tecidos, sarjas, lonas, veludos, pequenos tecidos de lã, seda e outros semelhantes. Uma comparação exata entre as vantagens e inconvenientes destas duas espécies mostrarão facilmente isso.

Uma manufatura reunida só pode ser estabelecida e mantida com grandes gastos com edifícios, manutenção dos prédios, diretores, contramestres, guarda-livros, caixas, prepostos, valetes e outras pessoas semelhantes, e enfim com grandes estoques. É preciso que todas essas despesas se dividam pelas obras que são aí fabricadas. As mercadorias que saem dela só podem, entretanto, ter o preço que o público está acostumado a pagar e que os pequenos fabricantes exigem. Resulta daí que quase sempre os grandes estabelecimentos dessa espécie são ruinosos no início para aqueles que os criam, e tornam-se úteis para os que, aproveitando os baixos preços da derrota dos primeiros e corrigindo os abusos, conduzem-se com simplicidade e economia; vários exemplos que poderíamos citar provam isso.

As fábricas dispersas não estão expostas a esse inconveniente. Um tecelão, por exemplo, ou emprega a lã que ele colheu ou a compra por preço medíocre, e, quando tem ocasião, possui em sua casa um a máquina de tecer, onde faz seus tecidos, tão bem quanto se fosse num atelier construído com grande custo. Ele é, sozinho, seu próprio diretor, contramestre, guarda--livros, caixa, e é ajudado por sua mulher e seus filhos, ou por um ou vários companheiros com os quais vive. Ele pode, consequentemente, vender seu tecido a um preço bem menor do que o do empresário de uma manufatura.

Além das despesas que o último é obrigado a fazer, ele tem ainda a desvantagem de ser muito mais roubado. Mesmo que tenha todos os auxiliares do mundo, não consegue vigiar satisfatoriamente as grandes distribuições, as grandes e frequentes pesagens e pequenos roubos multiplicados, o que pode fazer o pequeno fabricante que tem tudo sob seus olhos e sob sua mão e é senhor de seu tempo.

Na grande manufatura tudo se faz segundo o relógio. Os operários são mais constrangidos e se exige mais deles. Os encarregados, acostumados a mostrar um ar de superioridade e de comando, que verdadeiramente é necessário ter com a multidão, tratam-nos duramente e com desprezo. Daí resulta que esses operários são mais caros, ou então apenas passam pela manufatura enquanto não encontram emprego num outro lugar.

Quanto ao pequeno fabricante, o companheiro é camarada do mestre, vive com ele como seu igual. Tem seu lugar junto ao fogo e à luz das velas e mais liberdade. Prefere enfim trabalhar com ele. Vemos isso todos os dias nos lugares em que há manufaturas reunidas e fabricantes particulares. Essas grandes manufaturas têm como operários apenas aqueles que não podem se empregar com os pequenos fabricantes, ou inconstantes que se engajam e deixam o trabalho todos os dias, e o resto do tempo vagabundeiam enquanto têm algum dinheiro. O empresário é obrigado a aceitá-los quando os encontra; o trabalho precisa ser feito. O pequeno fabricante é dono de seu tempo e não tem despesas extraordinárias para pagar quando sua máquina está parada, escolhe e espera a ocasião com desvantagem bem menor. O primeiro perde seu tempo e seus custos, e se tem material para entregar num tempo determinado, e não conseguir entregar, perde seu crédito; o pequeno fabricante não está na mesma situação; como precisa de pouco, espera sua venda vivendo de suas economias ou tomando emprestadas pequenas somas.

Quando o empresário compra matérias-primas, todo o país fica sabendo e segura o preço fixo. Como ele não pode comprar em pequenas quantidades, compra quase sempre de segunda mão.

O pequeno fabricante compra uma libra de cada vez, toma seu tempo, vai sem barulho e sem aparato procurar sua mercadoria e não espera que lhe tragam; escolhe com mais atenção, negocia melhor e a conserva com mais cuidado. O mesmo ocorre com a venda. O grande fabricante é obrigado quase sempre a ter entrepostos nos lugares onde faz entregas e sobretudo nas grandes cidades, em que há mais taxas para pagar. O pequeno fabricante vende sua mercadoria no seu lugar mesmo, na porta do mercado ou na feira, e escolhe para suas entregas lugares nos quais se paga menos e se tem menos despesas.

Todas as vantagens mencionadas acima tem uma relação mais direta com a utilidade pessoal do manufatureiro ou do pequeno fabricante do que com o bem geral do Estado. Mas se consideramos esse bem geral, quase não há comparação possível entre essas duas espécies de fábrica. É certo e aceito por todos os que pensaram e escreveram sobre as vantagens do comércio, que a primeira e mais geral vantagem é empregar, o mais que se puder, o tempo e as mãos dos súditos. Quanto mais o gosto pelo trabalho e pela indústria for difundido, mais barata será a mão de obra; quanto mais baixo for esse preço, mais vantajosa será a produção da mercadoria, pois dará subsistência a um número maior de homens. Se o comércio do Estado puder fornecer mercadorias para o estrangeiro, a baixo preço e de igual qualidade, a nação obterá a preferência sobre aquelas em que a mão de obra é mais dispendiosa. Ora, a manufatura dispersa tem essa vantagem sobre a reunida. Um agricultor, um diarista do campo, ou outro homem dessa espécie, tem, no decorrer do ano, um grande número de dias e de horas nas quais não pode ocupar-se da cultura da terra ou de seu trabalho ordinário. Se esse homem tiver em sua casa uma máquina de tecer, ele emprega nela um tempo que de outro modo seria perdido para ele e para o Estado. Como esse trabalho não é a sua principal ocupação, ele não o considera como objeto de lucro tão forte quanto aquele que tem nele seu único recurso. Esse trabalho é mesmo para ele uma espécie de descanso dos trabalhos mais rudes da cultura da terra, e, por esse meio, ele tem condições e o hábito de se contentar com um lucro menor. Esses pequenos lucros multiplicados são bens muito reais. Ajudam na subsistência daqueles que os obtêm; mantêm a mão de obra a um preço baixo. (60) Ora, além da vantagem desse baixo preço que resulta para o comércio geral, resulta também uma outra vantagem para a própria cultura das terras. Se a mão de obra das manufaturas dispersas estivesse num ponto tal que o operário visse nela uma utilidade superior à de trabalhador da terra, ele abandonaria logo essa cultura. É verdade que, por uma revolução necessária, os víveres que servem para alimento vindo a aumentar na proporção da mão de obra, ele seria obrigado a retomar seu primeiro trabalho, como mais seguro. Mas ele não se sentiria mais feito para isso, seu gosto pela cultura se teria perdido. Para que tudo vá bem, é preciso que a cultura da terra seja a ocupação da maioria, e que, entretanto, pelo menos uma grande parte daqueles que trabalham nela ocupe-se também de outro ofício, e sobretudo no tempo em que não podem trabalhar no campo. Ora, esses tempos perdidos para a agricultura são muito frequentes. Não há país mais rico do que aquele no qual o gosto pelo trabalho se estabeleceu, e não há objeção que se sustente contra a experiência. É sobre o princípio da experiência que se fundam todas as reflexões que compõem esse verbete. Aquele que o redigiu viu pequenas fábricas derrubarem as grandes, sem outra operação do que a de vender a baixo preço. Ele viu também grandes estabelecimentos prestes a cair, pela única razão de que eram grandes. Os distribuidores, vendo-os cheios de mercadorias prontas, e na necessidade urgente de vendê-las para saldar seus compromissos ou para sua despesa corrente, combinavam de não se apressar em comprar e obrigavam o empresário a rebaixar seu preço e a se arruinar. É verdade que ele viu também, e deve dizê-lo em honra do ministério, o governo vir em auxílio dessas manufaturas e ajudá-las a manter seu crédito e seu estabelecimento.

Poder-se-á objetar sem dúvida a essas reflexões com o exemplo de algumas manufaturas reunidas que não somente se mantiveram, mas honraram a nação na qual estavam, embora seu objetivo fosse produzir objetos que teriam podido igualmente ser feitos numa casa particular. Citar-se-á por exemplo a manufatura de tecidos finos de Abbeville; mas essa objeção foi prevista. Concorda-se que quando se tratar de fazer tecidos com a perfeição daqueles de Vanrobais, pode tornar-se útil ou mesmo necessário criar estabelecimentos semelhantes àquele onde eles se fabricam; mas, como, nesse caso, não há fabricante que seja rico o suficiente para criar tal estabelecimento, é necessário que o governo concorra também, por meio de adiantamentos e de favores dos quais se falou acima. Mas, ainda nesse caso, é necessário também que as obras feitas sejam de uma tal necessidade ou de uma distribuição tão assegurada, e que o preço seja elevado a um ponto que possa compensar o empresário de todas as desvantagens que nascem naturalmente do tamanho de seu estabelecimento, e que a mão de obra seja paga muito alto pelos estrangeiros para compensar o inconveniente de tirar de outros lugares as matérias-primas que aí são consumidas. Ora, não é certo que mesmo nesse caso as somas que foram gastas para criar uma tal fábrica, se tivessem sido dadas para o povo para criar outras pequenas, não tivessem sido tão proveitosas. Se não tivéssemos conhecido os tecidos de Vanrobais, nos acostumaríamos a usar outros de qualidades inferiores e essas qualidades talvez pudessem ser executadas em fábricas menos dispendiosas e mais multiplicadas.

(MGS)

Maquiavelismo (*História da Filosofia*), Diderot [9, 793]

Maquiavelismo é uma espécie de política detestável que se pode definir em duas palavras: é a arte de tiranizar, cujos princípios Maquiavel difundiu em suas obras.

Maquiavel foi homem de um gênio profundo e de uma erudição muito variada. Sabia as línguas antigas e modernas. Dominava a História. Ocupou-se da Moral e da Política. Não negligenciou as letras. Escreveu algumas comédias que têm seu mérito. Pretende-se que ensinou César Borgia a reinar. O que há de certo é que o poder despótico da casa dos Médicis lhe foi odioso e que esse ódio, que pelos seus princípios era bom dissimular, o expôs a longas e cruéis perseguições. Suspeitou-se que ele havia entrado na conjuração de Soderini. Foi apanhado e posto na prisão. Mas a coragem com a qual resistiu aos tormentos da questão que sofreu lhe salvou a vida. Os Médicis, que não puderam arruiná-lo nessa ocasião, o protegeram e o comprometeram, com esses favores, a escrever a história. Ele o fez. A experiência do passado não o tornou mais circunspecto. Mergulhou ainda num projeto de alguns cidadãos de assassinar o cardeal Júlio de Médicis, que foi em seguida elevado ao soberano pontificado com o nome de Clemente VII. Só puderam lhe objetar os elogios contínuos que ele tinha feito a Brutus e Cássio. Se não havia motivo bastante para o condenar à morte, havia pelo menos tanto ou mais motivos do que era necessário para castigá-lo com a perda de suas pensões, o que de fato aconteceu. Esse novo fracasso o precipitou na miséria, que ele suportou durante algum tempo. Morreu com a idade de 48 anos, em 1527, de um medicamento que ele mesmo tomou como um preservativo contra a doença. Deixou um filho chamado Luc Maquiavel. Seus últimos discursos, se é que se pode acreditar nisso, foram da mais alta impiedade. Dizia que preferia estar no inferno com Sócrates, Alcibíades, César e Pompeu e outros grandes homens da Antiguidade do que no céu com os fundadores do cristianismo.

Temos dele oito livros da história de Florença, sete livros da arte da guerra, quatro da república, três discursos sobre Tito Lívio, a vida de Castruccio, e os tratados do príncipe e do senador.

Há poucas obras que fizeram tanto barulho quanto o tratado do príncipe. É nele que Maquiavel ensina aos soberanos a desprezar a religião, as regras da justiça, a santidade dos pactos e tudo o que há de sagrado, quando o interesse o exigir. Os capítulos 15 e 25 poderiam ser chamados de circunstâncias nas quais convém ao príncipe ser um criminoso.

Como explicar que um dos mais ardentes defensores da monarquia tenha se tornado de repente um infame apologista da tirania? Eis a causa. Aliás, não exponho aqui minha opinião senão como uma ideia que não é inteiramente destituída de verossimilhança. Quando Maquiavel escreveu seu tratado do príncipe, é como se ele dissesse aos seus concidadãos: "leiam bem esta obra. Se alguma vez aceitarem um senhor, ele será tal como o descrevo; eis a besta feroz à qual vós vos entregareis". Assim, se seus contemporâneos ignoraram seu objetivo, a culpa é deles. Viram a sátira como um elogio. Bacon, o chanceler, não se enganou quando disse: este homem não ensina nada aos tiranos; eles sabem muito bem o que devem fazer. Mas eles instrui os povos sobre o que devem temer. *Est quod gratias agamus Machiavello & hujus modi scriptoribus, qui aperte & indissimulanter proferunt quod homines facere soleant, non quod debeant.* "É por isso que agradecemos a Maquiavel e a escritores como ele, que abertamente e sem subterfúgios proferiram o que os homens eram acostumados a fazer e não o que eles deveriam fazer." De qualquer modo, não se pode duvidar que pelo menos Maquiavel pressentiu que mais cedo ou mais tarde se elevaria um grito geral contra sua obra, e que seus adversários nunca conseguiriam mostrar que seu príncipe não era uma imagem fiel da maioria daqueles que comandaram os homens com mais esplendor.

Ouvi dizer que um filósofo, interrogado por um grande príncipe sobre uma refutação que acabava de publicar sobre o maquiavelismo, lhe havia respondido: "Senhor, penso que a primeira lição que o maquiavelismo teria dado a seu discípulo teria sido a de refutar a sua obra".

(MGS)

Monarquia (*Governo político*), Jaucourt [10, 636]

Monarquia, forma de governo na qual um só governa segundo leis fixas e estabelecidas.

A monarquia é esse Estado no qual o poder soberano, e todos os direitos que lhe são essenciais, reside indivisivelmente num único homem chamado rei, monarca ou imperador.

Estabeleçamos, segundo Montesquieu, o princípio desse governo, sua utilidade, sua manutenção e sua degeneração.

A natureza da monarquia consiste no fato de o monarca ser a fonte de todo poder político e civil e reger sozinho o Estado por meio de leis fundamentais. Pois, se houvesse no Estado apenas a vontade momentânea e caprichosa de um só, sem as leis fundamentais, seria um governo despótico, no qual um só homem arrastaria tudo por sua própria vontade. Mas a monarquia governa por leis, que estão como em depósito nas mãos dos corpos políticos, que as anunciam quando são feitas e fazem que se lembre delas quando são esquecidas.

O governo monárquico não tem a bondade dos costumes como princípio, como ocorre com o governo republicano. Nele, as leis tomam o lugar da virtude, independentemente do amor à pátria, do desejo da verdadeira glória, da renúncia a si mesmo, do sacrifício dos próprios interesses e de todas as virtudes heroicas dos antigos das quais nós apenas ouvimos falar. Na monarquia, os costumes nunca são tão puros quanto nos governos republicanos, e as virtudes que nele se manifestam são sempre menos o que se deve aos outros e mais o que se deve a si mesmo. Elas não são tanto o que nos chama em direção aos nossos concidadãos quanto o que nos distingue deles. A honra, ou seja, o preconceito de cada indivíduo e cada condição, toma, na monarquia, o lugar da virtude política e a representa. Ela entra em todas as maneiras de pensar e em todas as maneiras de sentir. Estende ou limita os deveres à fantasia, quer sua força venha da religião, quer venha da política ou da moral. Contudo, ela pode inspirar as mais belas ações, e pode até mesmo, reunida à forma das leis, conduzir ao objetivo do governo do mesmo modo que a própria virtude.

Tal é a força do governo monárquico, que usa a seu bel-prazer todos os membros que a compõem. Como é apenas do príncipe que se esperam as riquezas, dignidades e recompensas, o desvelo para merecê-las constitui o apoio de seu trono. Além disto, como os negócios são levados por um só, a ordem, a diligência, o segredo, a subordinação, os mais importantes objetos, as mais rápidas execuções são os seus efeitos mais seguros. Mesmo nos períodos de agitação, a segurança do príncipe está ligada à incorruptibilidade de todas as diferentes ordens do Estado ao mesmo tempo. E os sediciosos, que não possuem a vontade nem a esperança de derrubar o Estado, não podem nem querem derrubar o príncipe.

Se o monarca for virtuoso, se distribuir recompensas e punições com justiça e discernimento, todos se esforçarão para merecer seus benefícios, e seu reino será um século de ouro. Mas, se ele não se conduzir dessa maneira, o princípio que serve para elevar a alma de seus súditos para participar de suas graças e para se destacar da multidão por meio de belas acões se degenera em baixeza e escravidão. Romanos, triunfastes sob os dois primeiros césares, e sob os outros fostes os mais vis dos mortais.

O princípio da monarquia se corrompe quando as primeiras dignidades são a marca da primeira servidão, quando se tira dos grandes o respeito dos povos, tornando-os, assim, instrumentos do poder arbitrário.

Ele se corrompe quando as almas particularmente covardes sentem-se vaidosas da grandeza que poderia advir de sua servidão; quando acreditam que aquilo que faz que se deva tudo ao príncipe faz também que não se deva nada à pátria. E, mais ainda, quando em adulação, com uma caixinha de pó de arroz na mão, esforçam-se para persuadir aquele que carrega o cetro de que os homens são em relação aos soberanos aquilo que a natureza inteira é em relação ao seu autor.

O princípio da monarquia se corrompe quando o príncipe transforma a justiça em severidade, quando coloca, assim como os imperadores romanos, uma cabeça de Medusa sobre o peito; quando assume esse ar ameaçador e terrível que Cômodo mandava dar às suas estátuas.

A monarquia está perdida quando um príncipe crê que mostra mais poder mudando a ordem das coisas do que seguindo-a; quando priva o corpo do Estado de suas prerrogativas; quando tira as funções naturais de uns para entregá-las arbitrariamente a outros; quando se apaixona por suas fantasias frívolas.

A monarquia está perdida quando o monarca, concentrando tudo diretamente em si mesmo, reduz o Estado à sua capital, a capital à sua corte e a corte à sua pessoa.

A monarquia está perdida quando um príncipe desconhece sua autoridade, sua situação, o amor de seus povos, e não sente que um monarca deve se julgar em segurança assim como um déspota deve se julgar em perigo.

A monarquia está perdida quando um príncipe, enganado por seus ministros, vem a acreditar que, quanto mais pobres forem seus súditos, mais numerosas serão as famílias e que, quanto mais eles forem sobrecarregados de impostos, mais terão condições de pagá-los: dois sofismas que considero crimes de lesa-majestade, que sempre arruinaram e que para sempre arruinarão todas as monarquias. As repúblicas acabam por causa do luxo; as monarquias, pela diminuição da população e pela pobreza.

Enfim, a monarquia está absolutamente perdida quando é transformada em despotismo, situação que logo lança o Estado na barbárie e, daí, num aniquilamento total, no qual com ela cai o pesado jugo que nele a precipitara.

Mas alguém dirá aos súditos de uma monarquia cujo princípio está para cair: nasceu um príncipe que a restabelecerá em todo o seu brilho. A natureza dotou esse sucessor do império de virtudes e qualidades que farão as vossas delícias. Basta ajudar no seu desenvolvimento. Ai de vós, povos! Eu ainda tremo de medo de que as esperanças que vos são dadas não sejam realizadas. Monstros desbotarão e sufocarão essa bela flor desde o seu nascimento. Seu sopro envenenador apagará essas felizes faculdades desse herdeiro do trono para governá-lo segundo sua vontade: encherão sua alma de erros, preconceitos e superstições. Inspirar-lhe-ão com ignorância suas perniciosas máximas. Infectarão essa tenra criança com o espírito de dominação do qual estão possuídos.

Tais são as principais causas da decadência e da queda das mais florescentes monarquias. *Heu! Quam pereunt brevibus ingentia causis!* "Ah! A que ponto grandes coisas são destruídas por causas leves!"

Monarquia absoluta: Forma de monarquia na qual todo o corpo dos cidadãos acreditou dever conferir a soberania ao príncipe com a extensão e o poder absoluto que nele residia originariamente e sem acrescentar nenhuma restrição particular, a não ser aquela das leis estabelecidas. Não se deve confundir o poder absoluto de um tal monarca com o poder arbitrário e despótico, pois a origem e a natureza da monarquia absoluta são limitadas, por sua própria natureza, pela intenção daqueles de quem o monarca o recebe poder e pelas leis fundamentais do Estado. Assim como os povos que vivem sob uma boa polícia são mais felizes do que aqueles que, sem regras e sem chefes, erram nas florestas, do mesmo modo os monarcas que vivem sob leis fundamentais de seu Estado são mais felizes do que os príncipes despóticos, que não têm nada que possa regrar o coração de seu povo nem seu próprio coração. **[10, 637]**

Monarquia eletiva: Dá-se esse nome a todo governo no qual só se chega à realeza por eleição. Sem dúvida, trata-se de uma maneira muito legítima de adquirir a soberania, já que é fundada no consentimento e na escolha livre do povo.

A eleição de um monarca é o ato pelo qual a nação designa quem ela julga mais capaz de suceder ao rei falecido para governar o Estado. E tão logo essa pessoa tenha aceitado a oferta do povo, é então revestida de soberania.

Podem-se distinguir duas espécies de monarquias eletivas. Uma na qual a eleição é inteiramente livre, outra na qual a eleição é limitada sob alguns aspectos. A primeira ocorre quando o povo pode escolher livremente para monarca quem julgar melhor. A segunda ocorre quando o povo, pela constituição do Estado, é constrangido a eleger como soberano uma pessoa que seja de uma determinada nação, de uma certa família, de uma certa religião etc. Entre os antigos persas, segundo Cícero, ninguém podia ser eleito rei se não fosse instruído pelos magos.

Mas uma nação que goza do privilégio de elevar à condição de rei um dos seus cidadãos, e principalmente uma nação que, além disto, fosse submetida à lei da natureza, não teria ela o direito de proferir, diante do cidadão que elegeu, o discurso seguinte?

"Estamos bem contentes em colocar o poder em vossas mãos, mas, ao mesmo tempo recomendamos que observeis as convenções feitas entre nós; e como essas convenções tendem a manter uma reciprocidade de auxílio tão perfeita de modo que, se for possível, a ninguém falte o necessário e o útil, pedimos que cuideis do melhor modo que for possível da conservação dessa ordem, que nos faciliteis os meios eficazes para mantê-la e encorajeis o seu uso. A razão nos prescreveu essa regra, e nós vos pedimos que nos lembreis disso sem cessar. Nós vos conferimos o poder e a autoridade das leis sobre cada um de nós; nós vos transformamos no órgão e no arauto das leis. Comprometemo-nos a vos ajudar e a coagir convosco quem quer que seja o bastante desprovido de bom senso para desobedecer. Deveis, ao mesmo tempo, conceber que se vós mesmos chegardes a nos impor algum jugo contrário às leis, essas mesmas leis vos declararão desprovido de qualquer poder e autoridade.

"Nós vos julgamos capaz de nos governar, abandonamo-nos com confiança à direção de vossos conselhos: esta é a primeira homenagem que prestamos à superioridade de talentos com os quais a natureza vos dotou. Se vós fordes fiel a vossos deveres, nós vos amaremos como a um presente do céu, respeitar-vos-emos como a um pai: eis nossa recompensa, nossa glória, nossa grandeza. Que felicidade poder merecer que muitos milhões de mortais, vossos iguais, se interessem ternamente por vossa existência e vossa conservação!

"Deus é um ser soberanamente benfeitor; ele nos fez sociáveis, fazei com que permaneçamos na sociedade que escolhemos; assim como ele é o motor da natureza inteira, na qual mantém uma ordem admirável, sede o motor do nosso corpo político: assim vos assemelhareis ao Ser Supremo. De resto, lembrai-vos de que, quanto ao que vos concerne pessoalmente, tendes como direitos incontestáveis, como poderes, apenas aqueles que unem os cidadãos comuns, porque não tendes necessidades e prazeres diferentes dos deles. Se pensarmos que alguém dentre os vossos fosse depois de vós capaz do mesmo mandamento, nós o respeitaremos, mas por meio de uma escolha livre e independente de qualquer pretensão de sua parte."

Que capitulação, qual direito antigo pode prescrever contra a verdade desse édito perpétuo e libertar dele os soberanos eleitos nessas condições? Eu digo que isto significaria privá-los de um privilégio que os reveste do poder dos supremos benfeitores e os torna, por isso, verdadeiramente semelhantes à divindade. Que se julgue a partir desta exposição a forma ordinária dos governos!

Monarquia limitada: É uma espécie de monarquia na qual os três poderes são de tal modo unidos que um serve ao outro de balança e de contrapeso. A monarquia limitada hereditária parece ser a melhor forma de monarquia, porque, independentemente de sua estabilidade, nela o cargo legislativo é composto de duas partes, das quais cada uma controla a outra por meio de sua faculdade mútua de se restringir, e ambas são ligadas ao Poder Executivo, que por sua vez é também ligado ao Legislativo. É esse o governo da Inglaterra, cujas raízes, sempre cortadas, sempre sangrando, produziram enfim, depois de séculos, para espanto das nações, uma mistura igual de liberdade e realeza. Em outras monarquias europeias que conhecemos, os três poderes não estão unidos dessa maneira; cada um tem sua atribuição particular, segundo a qual aproximam-se mais ou menos da liberdade política. Parece que, na Suécia, pode-se usufruir dessa liberdade tanto quanto se está longe dela na Dinamarca: mas a monarquia na Rússia é um despotismo.

(MGS)

Nobreza (*Governo político*), Jaucourt [11, 166]

Pode-se considerar a *nobreza*, assim como faz Lorde Bacon, de dois modos: ou como fazendo parte de um Estado, ou como uma condição particular.

Como parte de um Estado, toda monarquia em que não há nobreza é pura tirania: a nobreza entra de algum modo na essência da monarquia, cuja máxima fundamental é: sem nobreza não há monarca, mas um despotismo, como na Turquia.

A nobreza tempera a soberania e, por seu próprio esplendor, acostuma os olhos do povo a fixar e enfrentar o brilho da realeza sem ficar aterrorizado. Uma nobreza grande e poderosa aumenta o esplendor de um príncipe, embora diminua seu poder quando for poderosa demais. É bom para o príncipe e para a justiça que a nobreza não tenha poder excessivo e que conserve, contudo, uma grandeza considerável, suficiente para reprimir a insolência popular e impedir que se ataque a majestade do trono. Num Estado monárquico, o poder intermediário subordinado mais natural é o da nobreza. Aboli suas prerrogativas e logo tereis um Estado popular, ou então um Estado despótico.

A honra governa a nobreza, prescrevendo-lhe a obediência às vontades do príncipe. Mas essa honra lhe dita, ao mesmo tempo, que o príncipe jamais deve lhe ordenar uma ação desonrosa. Não há nada que a honra prescreva mais à nobreza do que servir o príncipe na guerra: esta é a profissão distintiva que convém aos nobres, porque seus acasos, seus sucessos e suas infelicidades mesmas conduzem à grandeza.

É preciso, pois, que numa monarquia as leis trabalhem para manter a nobreza e para torná-la hereditária, não para ser o limite entre o poder do príncipe e a fraqueza do povo, mas para ser o elo entre os dois. As prerrogativas concedidas à nobreza lhe serão particulares na monarquia e não passarão para o povo, se não se quiser contrariar o princípio do governo, se não se quiser diminuir a força da nobreza e a do povo. Entretanto, uma nobreza por demais numerosa ordinariamente torna um Estado monárquico menos poderoso, pois, além de haver uma sobrecarga de despesas, acontece que a maioria dos nobres com o tempo se torna pobre, o que cria uma espécie de desproporção entre as honras e os bens.

Na aristocracia, a nobreza tende sempre a usufruir de uma autoridade sem limites. É por isto que, quando os nobres são em grande número, deve haver um Senado que regule os negócios que o corpo de nobres não poderia decidir, e que prepare aqueles que ele decide. Tanto quanto é fácil para o corpo de nobres reprimir os outros na aristocracia, é difícil que ele se reprima a si mesmo: tal é a natureza dessa constituição que parece que ela põe as mesmas pessoas sob o poder da lei e que as retira dele. Ora, um corpo como esse não pode se reprimir a não ser de duas maneiras: ou por uma grande virtude, o que faz que os nobres fiquem de algum modo iguais ao povo, o que pode criar uma espécie de república, ou por uma virtude menor, que é uma certa moderação, que torna os nobres menos iguais entre si, o que resulta em sua conservação.

A pobreza extrema dos nobres e suas riquezas exorbitantes são duas coisas perniciosas na aristocracia. Para evitar sua pobreza, é preciso sobretudo obrigá-los a pagar logo suas dívidas. Para moderar suas riquezas, são necessárias disposições sábias e insensíveis e não confiscos, leis agrárias, nem abolição de dívidas, que causam males infinitos.

Na aristocracia, as leis devem tirar o direito de progenitura entre os nobres, como foi estabelecido em Veneza, a fim de que, pela partilha contínua das sucessões, as fortunas sejam repostas sempre na igualdade. Consequentemente, não deve haver de modo algum substituições, retiradas de linhagens, bens transmitidos ao filho mais velho, adoções: em suma, todos os meios inventados para manter a nobreza nos Estados monárquicos tenderiam a estabelecer a tirania na aristocracia.

Quando as leis tornam as famílias iguais, resta-lhes manter a união entre elas. As disputas entre os nobres devem ser prontamente resolvidas; sem isto, as contestações entre as pessoas tornam-se contestações entre famílias. Árbitros podem encerrar os processos ou impedi-los de surgir.

Enfim, não se deve deixar que as leis favoreçam as distinções que a vaidade faz surgir entre as famílias, sob o pretexto de que elas são mais nobres e mais antigas. Isto deve ser tratado como mesquinharia dos particulares.

As democracias não precisam de nobreza; são mesmo mais tranquilas quando não há famílias nobres, pois, assim, se considera a coisa proposta, e não aquele que a propõe. Ou, quando acontece que se considere quem propõe, seja apenas tanto quanto possa ser útil na questão, e não por causa das armas e da genealogia. A república dos suíços, por exemplo, se mantém muito bem, apesar da diversidade de religião e dos cantões, porque a utilidade, e não o respeito, produz o seu vínculo. O governo das Províncias Unidas tem a vantagem de que lá a igualdade entre as pessoas produz a igualdade nos conselhos e faz que as taxas e as contribuições sejam pagas com a maior boa vontade.

A respeito da nobreza dos particulares, tem-se uma espécie de respeito por um velho castelo ou por uma construção que resistiu ao tempo, ou até mesmo por uma bela e grande árvore que está sadia e inteira, apesar de sua velhice. Quanto respeito não se deve ter por uma família antiga que se manteve contra os abalos do tempo? A nobreza nova é obra do poder do príncipe, mas a antiga é obra apenas do tempo: esta inspira mais talentos, a outra, mais grandeza de alma.

Os primeiros que foram elevados à nobreza ordinariamente têm mais gênio, mas menos inocência do que seus descendentes. A estrada das honras é cortada por pequenos caminhos tortuosos que se seguem com frequência, mais do que se toma o caminho da retidão.

Um nascimento nobre enfraquece comumente a indústria e a emulação. Os nobres não têm tanto caminho a percorrer quanto os outros para subir aos mais altos graus. E aquele que ficou parado enquanto os outros sobem experimentou ordinariamente movimentos de inveja. Mas, como a nobreza tem o privilégio de usufruir das honras, isto extingue a inveja que se teria por ela se ela usufruísse das honras há pouco tempo. Os reis que podem escolher para sua nobreza pessoas prudentes e capazes têm, ao empregá-las, muitas vantagens e facilidade: o povo se dobra naturalmente diante delas, [167] como diante de pessoas nascidas para comandar.

(MGS)

Pacificação (*História moderna*), Diderot [11, 736]

Pacificação, ação de recolocar ou de restabelecer a paz e a tranquilidade num Estado.

Em nossa história, entende-se por éditos de pacificação várias ordenações dos reis da França, feitas para pacificar os conflitos de religião que ocorreram no reino durante o século XVI.

Francisco I e Henrique II tinham feito éditos muito severos contra aqueles que professassem as novas opiniões de Lutero e de Calvino. Carlos IX, em 1561, seguiu, a esse respeito, os passos de seus predecessores; mas os homens sempre suportarão com impaciência serem constrangidos por causa de um assunto sobre o qual creem que só devem prestar contas a Deus. Por essa razão, o príncipe foi obrigado, em janeiro de 1562, a revogar seu primeiro édito e substituí-lo por um novo que concedia aos pretensos reformados o livre exercício de sua religião, exceto nas cidades e burgos do reino. Em 1563, ele publicou em Amboise um segundo édito de pacificação que concedia aos gentis-homens e aos altos funcionários da justiça a permissão de pregar em suas casas, apenas para suas famílias e seus subordinados. Esse privilégio foi estendido até mesmo às cidades, mas com restrições que o tornaram pouco favorável aos calvinistas, já que os obrigava a restituir aos católicos as igrejas que haviam usurpado. Seguiu-se o Édito de Lonjumeau, em 1568. Mas, como os dois partidos que procuravam enganar-se mutuamente entraram pouco tempo depois em guerra, Carlos IX, por um édito feito em Saint-Maur no mês de setembro de 1568, revogou todos os éditos de pacificação precedentes. Entretanto, como a paz se deu em 8 de agosto do mesmo mês, esse príncipe fez um novo édito que, aos privilégios concedidos pelos precedentes, acrescentou o estabelecimento de quatro locais de segurança para os protestantes, a saber, La Rochelle, Montauban, Coignac e Charité, para lhes servir de asilo durante dois anos.

O massacre da noite de São Bartolomeu e um édito que se seguiu logo após anularam todas as condições. Mas Henrique III, em 1576, publicou um novo édito de pacificação, mais favorável aos calvinistas do que qualquer dos anteriores. Começou então a Liga, que fez que esse édito fosse revogado nos estados de Blois, no final do mesmo ano. Mas o rei se viu obrigado a fazer, em seu favor, o Édito de Poitiers, de 8 de setembro de 1577, pelo qual, restabelecendo o anterior em alguns aspectos e restringindo em outros os privilégios concedidos pelos precedentes quanto ao livre exercício de sua religião, permitiu os tribunais mistos e oito locais de segurança por seis anos: Montpellier, Aiguesmortes, Nyons, Seyne, a Grand Tour e Serres em Dauphiné; Périgueux, a Réole e o sítio de Verdun na região de Guienne. Mas, em 1585, a Liga obteve desse príncipe a revogação total desses éditos.

Enfim, Henrique IV, em 1591, cassou os últimos éditos de Henrique III e, em 1598, publicou em Nantes esse famoso édito de pacificação, que, entre outras coisas, permitia aos pretensos reformados o exercício público de sua religião em todos os lugares em que isso havia sido feito publicamente durante os anos 1596 e 1597, e lhes concedia o exercício particular a uma distância de duas léguas das principais cidades, em cada jurisdição na qual não se poderia restabelecer seu exercício público sem perturbações. Luís XIII o confirmou em Nîmes em 1610, e Luís XIV em 1652, durante as desordens do período de minoridade, mas o revogou em 1656 e o suprimiu em 1685.

Os protestantes se queixaram com amargura da revogação do Édito de Nantes e suas queixas se fortaleceram com as de todas as pessoas de bem católicas, que toleram tanto mais facilmente o apreço dos protestantes a suas opiniões quanto teriam mais dificuldade em suportar que fossem perturbados na profissão das suas próprias opiniões; foram também fortalecidas pelas queixas dos filósofos, que sabem o quanto nossa maneira de pensar a religião [737] depende pouco de nós e que sem cessar pregam aos soberanos a tolerância geral, e aos povos o amor e a concórdia; também pela opinião de todos os bons políticos, que sabem as perdas imensas do Estado provocadas por esse édito de revogação que exilou do reino uma infinidade de famílias e mandou nossos artesãos e manufaturas para o estrangeiro.

É certo que se violou a confiança nos tratados feitos e confirmados por tantos reis em relação aos protestantes. É o que Bayle demonstra sem réplica em suas *Cartas críticas* sobre a história do calvinismo. Sem entrar aqui na questão de se o príncipe tem direito ou não de não tolerar as seitas opostas à religião dominante em seu Estado, digo que aquele que pensasse hoje que um príncipe deve trazer pela força todos os seus súditos para a mesma crença passaria por um homem sanguinário. Graças a uma infinidade de sábios escritores, compreendeu-se que nada é mais contrário à sã religião, à justiça, à boa política e ao interesse público do que a tirania sobre as almas.

Não se pode negar que um Estado fica em perigo iminente quando está dividido por dois cultos opostos e que é difícil estabelecer uma paz sólida entre esses dois cultos. Mas isto seria uma razão para exterminar os adeptos de uma delas? Não seria, ao contrário, uma razão para enfraquecer o espírito do fanatismo, favorecendo todos os cultos indistintamente? Esse recurso atrairia ao mesmo tempo para o Estado uma infinidade de estrangeiros, o que permitiria que um homem tivesse condições de ver sem cessar um outro, separado dele pela maneira de pensar a religião, praticar contudo as mesmas virtudes, tratar com a mesma boa-fé, exercer os mesmos atos de caridade, de humanidade e de benevolência, e isso aproximaria os súditos uns dos outros, inspirar-lhes-ia o respeito pela lei civil, protegeria a todos igualmente e daria à moral que a natureza gravou em todos os corações a preferência que ela merece.

Se os primeiros cristãos morriam abençoando os imperadores pagãos e não lhes arrancavam à força éditos favoráveis à religião, também não se queixavam menos amargamente da liberdade que lhes era tirada de servir a Deus segundo a luz de sua consciência.

Na Inglaterra, por éditos de pacificação entende-se aqueles que Carlos I fez para pôr um fim às desordens civis entre a Inglaterra e a Escócia em 1638.

Chamam-se também de pacificação na Hungria as condições propostas pelos Estados do reino e aceitas pelo arquiduque Leopoldo em 1655; mas esse príncipe, ao tornar-se imperador, não se importou em observá-las exatamente, o que causou novas perturbações nesse reino durante todo o seu reinado.

(MGS)

Pena (*Direito natural, civil e político*), Jaucourt [12, 246]

A *pena* é um mal com o qual o soberano ameaça os súditos dispostos a violar as leis e que ele inflige efetivamente e numa justa proporção, quando aqueles as violam, independentemente da reparação do dano, tendo em vista um bem futuro e, em última instância, a segurança e a tranquilidade da sociedade.

Dizemos, em primeiro lugar, que a pena é um mal que pode ser de diferentes naturezas, segundo afetar a vida, o corpo, a estima ou os bens: pode consistir num trabalho penoso, ou então em sofrer alguma coisa aflitiva.

Acrescentamos, em segundo lugar, que só o soberano dispensa as penas. Não que toda pena em geral suponha a soberania, mas porque tratamos aqui do direito de punir na sociedade civil como sendo um ramo do poder do soberano. Portanto, só o soberano pode infligir penas na sociedade civil, e os particulares não poderiam fazer justiça por si mesmos sem se tornarem culpados de um atentado contra os direitos do soberano.

Em terceiro lugar, dizemos *com o qual o soberano ameaça* etc. para assinalar as primeiras intenções do soberano. Ele ameaça primeiro, depois pune, se a ameaça não for suficiente para impedir o crime. Parece, a partir daí, que a pena supõe sempre o crime, e, consequentemente, que não se deve colocar na lista das penas propriamente ditas todos os males aos quais os homens se veem expostos, sem ter cometido antes algum crime.

Acrescentamos, em quarto lugar, que a pena é infligida independentemente da reparação do dano, para mostrar que são duas coisas muito distintas e que não devem ser confundidas. Todo crime traz obrigações; a primeira, de reparar o mal que se fez; a segunda, de sofrer a pena, e o delinquente deve satisfazer tanto uma quanto a outra. Deve-se ainda observar que o direito de punir na sociedade civil passa para o magistrado, que, consequentemente, pode, se julgar conveniente, perdoar o culpado; mas não é a mesma coisa quanto ao direito de exigir satisfação ou reparação do dano. O magistrado não poderia dispensar o ofensor disto, e a pessoa lesada conserva sempre seu direito, de sorte que a prejudicamos se a impedimos de obter a satisfação que lhe é devida.

Enfim, ao dizer que a pena é aplicada tendo em vista algum bem, indicamos a finalidade que o soberano deve propor para a aplicação das penas, e é o que explicaremos em seguida. Observaremos, antes disto, que as penas podem ser civis ou criminais. As primeiras são pecuniárias e se fica livre delas pagando uma certa soma acordada ou regulada pelo uso. As criminais são legais, mas com a diferença de que umas são capitais, as outras não.

Chamam-se penas capitais as que implicam perda da vida ou a privação dos direitos civis, a que chamamos de *morte civil*. As penas que denotam infâmia, ou que privam de uma parte de um bem que se tem, não são consideradas penas capitais no sentido próprio do termo.

O soberano, como tal, tem não somente o direito, mas também a obrigação de punir o crime. O uso das penas, longe de ter alguma coisa contrária à justiça, é absolutamente necessário ao repouso público. O poder soberano seria inútil se não fosse revestido desse direito e armado de forças suficientes para intimidar os malfeitores pelo medo de algum mal e para fazê-los sofrer o maior de todos os males naturais, ou seja, a morte, para reprimir com eficácia a mais determinada audácia e contrabalançar assim os diferentes graus de malícia humana por meio de um contrapeso muito poderoso.

Este é o direito do soberano; mas se o soberano tem o direito de punir, é preciso que o culpado tenha alguma obrigação, pois não se poderia conceber direito sem uma obrigação que lhe corresponda. Em que consiste a obrigação do culpado? Seria ele obrigado a denunciar a si alegremente e expor-se assim voluntariamente a sofrer a pena? Respondo que isto não é necessário, tendo em vista o fim do estabelecimento das penas, e que não seria razoável exigir do homem que ele traia a si mesmo. Entretanto, isto não impede que ele tenha alguma obrigação.

1º) É certo que, quando se trata de uma simples pena pecuniária, à qual se foi legitimamente condenado, deve-se pagá-la sem esperar que o magistrado nos force a fazê-lo. Não somente a prudência exige isto, mas ainda as regras da justiça, que querem que se repare o dano e que se obedeça a um juiz legítimo.

2º) A dificuldade é maior no que concerne às penas aflitivas, e sobretudo as que se estendem ao último suplício. O instinto natural que liga o homem à vida e o sentimento que o leva a fugir da infâmia não permitem que se ponha o criminoso na condição de acusar-se voluntariamente e de se apresentar ao suplício alegremente [247]. Por essa razão, o bem público, os direitos daquele que tem nas mãos a potência da espada não exigem isto.

3º) Como consequência do mesmo princípio, o criminoso pode inocentemente procurar sua salvação na fuga, e não é obrigado a ficar na prisão se perceber que as portas estão abertas, ou pode forçá-las facilmente. Mas não lhe seria permitido tentar obter a liberdade por meio de um novo crime, estrangulando seus guardas ou matando aqueles que foram enviados para prendê-lo.

4º) Enfim, se se supõe que o criminoso é conhecido, foi preso, não pôde evadir-se da prisão, e, depois de um exame maduro, é considerado culpado e condenado em consequência a sofrer a pena, então ele é obrigado a cumpri-la, a reconhecer que foi condenado justamente, que com isto não se está fazendo mal a ele e que ele não poderia queixar-se com razão a não ser de si mesmo, muito menos ainda recorrer às vias de fato para escapar a seu suplício e opor-se ao magistrado no exercício de seu direito. Eis em que consiste propriamente a obrigação de um criminoso em relação à pena. Vejamos agora mais particularmente qual é o objetivo do soberano ao infligir as penas.

Em geral, é certo que o soberano nunca deve punir a não ser em vista de alguma utilidade. Fazer alguém sofrer um mal somente porque ele o fez e só dar atenção ao passado é pura crueldade, condenada pela razão. Pois, finalmente, é impossível impedir que o mal que foi feito não tenha sido feito. Em suma, a soberania está fundada, em última instância, num poder benfeitor, de onde resulta que, mesmo quando o soberano faz uso do direito da espada, deve sempre propor algum benefício, algum bem futuro, conforme o que é exigido pelos fundamentos de sua autoridade.

O principal objetivo das penas é a segurança e a tranquilidade da sociedade. Mas como pode haver diferentes meios de atingir esses fins, o soberano se propõe também, ao infligir as penas, diferentes meios particulares e subalternos, todos subordinados ao objetivo principal do qual acabamos de falar, e que remetem a ele em última instância. Tudo isto está de acordo com a observação de Grotius: "Nas punições", ele diz, "tem-se em vista ou o bem do próprio culpado, ou o benefício daquele que tinha interesse em que o crime não fosse cometido, ou a utilidade geral de todos".

Desse modo, o soberano se propõe algumas vezes a corrigir o culpado e fazê-lo perder a vontade de recair no crime, curando o mal pelo seu contrário e retirando do crime a doçura que serve de atrativo ao vício, pela amargura da dor. Se o culpado tira proveito dessa punição, isto contribui para a utilidade pública; se ele persevera no crime, o soberano recorre a remédios mais violentos, e mesmo à morte.

Algumas vezes, o soberano se propõe a tirar dos culpados os meios de cometer novos crimes, como se lhes tirasse as armas das quais poderiam se servir, trancando-os numa prisão, expulsando-os do país, ou mesmo condenando-os à morte. Ele proporciona ao mesmo tempo a segurança pública, não somente em relação aos próprios criminosos, mas também em relação àqueles que seriam levados a imitá-los, intimidando-os pelo exemplo. Por isto, nada é mais conveniente ao objetivo das penas do que infligi-las publicamente e com o aparato adequado para impressionar o espírito do povo comum.

Todos esses fins particulares das penas devem sempre estar subordinados e relacionados ao fim principal e último, que é a segurança pública, e o soberano deve usar tanto uns quanto outros como meios de atingir o fim principal, de modo que não deve recorrer a penas rigorosas a não ser quando as menos rigorosas forem insuficientes para manter a tranquilidade pública.

Pergunta-se se todas as ações contrárias às leis podem ser legitimamente punidas. *Resposta*: o próprio fim das penas e a constituição da natureza humana mostram que podem existir atos viciosos em si mesmos e que, portanto, não é conveniente puni-los nos tribunais humanos.

1º) Os atos puramente interiores, os simples pensamentos que não se manifestam por nenhum ato exterior prejudicial à sociedade; por exemplo, a ideia agradável que se tem de uma má ação, o desejo de cometê-la, o plano de cometê-la sem chegar à sua execução etc., tudo isto não é sujeito a penas humanas, mesmo que, em seguida, por acaso, acontecesse que os homens tomassem conhecimento deles.

Entretanto, deve-se fazer sobre isto três observações: a primeira é que, se essa espécie de atos viciosos não está sujeita a penas humanas, é porque a fraqueza humana não permite, pelo próprio bem da sociedade, que se trate um homem com todo o rigor; deve-se apoiar a humanidade nas coisas que, embora más em si, não interessam de modo considerável à ordem e à tranquilidade pública. A segunda observação é que, apesar de os atos puramente interiores não serem sujeitos às penas civis, não se deve concluir daí que esses atos não estejam submetidos à direção das leis civis. Enfim, é incontestável que as leis naturais e a religião condenam formalmente esse tipo de ações.

2º) Seria muito rigoroso punir as faltas que a fragilidade da natureza humana não permite evitar, qualquer que seja o cuidado que se tenha pelo dever; ainda aqui, trata-se de uma consequência da tolerância que se deve à humanidade.

3º) Deve-se necessariamente deixar sem punição os vícios comuns que são efeito da corrupção geral, como a ambição, a avareza, a ingratidão, a hipocrisia, a inveja, o orgulho, a cólera etc. Pois um soberano que quisesse punir rigorosamente todos esses vícios e outros semelhantes ficaria reduzido a reinar num deserto; é preciso se contentar em punir esses vícios quando eles levam os homens a excessos evidentes.

Não é necessário punir sempre os vícios que merecem punição; há casos em que o soberano pode conceder graça e é preciso julgá-los segundo a finalidade das penas.

O bem público é o grande objetivo das penas. Se há circunstâncias nas quais, ao conceder graça, se obtém maior utilidade do que punindo, então nada obriga o soberano a punir, e ele deve usar dessa clemência. Assim, se o crime é secreto, se não é conhecido por ninguém, não é sempre necessário e algumas vezes é mesmo perigoso torná-lo público ao puni-lo. Pois muitos se abstêm de fazer o mal mais por ignorância do vício do que pelo conhecimento e pelo amor à virtude. Cícero observa que, como Sólon não havia feito leis contra o parricídio, esse silêncio do legislador foi considerado como um traço de prudência, porque não proibia uma coisa da qual não se conhecia exemplo, temendo que, se falasse disso, ele pareceria ter o desígnio de fazer que se tivesse vontade de praticá-la mais do que de desviar aqueles aos quais ele dava as leis. **[248]**

Podem-se considerar os serviços pessoais que o culpado prestou ao Estado, ou alguém de sua família, e se ele ainda pode ser de grande utilidade, de modo que a impressão provocada pela visão de seu suplício não produziria tanto bem quanto ele mesmo seria capaz de fazer. Se estivermos no mar e o piloto tiver cometido algum crime, e se não houver no barco ninguém capaz de conduzi-lo, puni-lo significaria querer prejudicar a todos os que estiverem no navio. Pode-se também aplicar esse exemplo a um general do Exército.

Enfim, a utilidade pública, que é a medida das penas, exige algumas vezes que se conceda graça, por causa do grande número de culpados. A prudência do governo exige que se tome cuidado para não exercer a justiça, que é estabelecida para a conservação da sociedade, de uma maneira que leve a arruinar o Estado.

Há muitas outras considerações que devem ser feitas sobre as penas. Mas, como isto seria muito longo, contentar-me-ei em coroar este verbete com algumas das principais reflexões do autor de *O espírito das leis* sobre esse importante assunto.

A severidade das penas é, ele afirma, inteiramente característica do governo despótico, cujo princípio é o terror. Mas nas monarquias, nas repúblicas, nos Estados moderados, a honra, a virtude, o amor da pátria, a vergonha e o medo da desaprovação são motivos que reprimem e que podem impedir muitos crimes. Nesses Estados, um bom legislador tentará prevenir as faltas mais do que puni-las; aplicar-se-á mais aos costumes do que a infligir suplícios. Nos governos moderados, para um bom legislador, tudo pode servir para estabelecer as penas. Não é extraordinário que em Esparta, uma das principais penas foi a de nunca poder emprestar sua mulher a um outro, nem receber a de um outro, de só poder ficar em casa com moças virgens? Em suma, tudo o que a lei chama de pena é efetivamente uma pena.

Seria fácil provar que, em todos ou quase todos os estados da Europa, as penas diminuíram ou aumentaram na medida em que esses Estados se aproximaram ou se distanciaram da liberdade. O povo romano tinha probidade; essa probidade tinha tanta força que, com frequência, o legislador não precisava senão lhe mostrar o bem para que o povo o seguisse. Parecia que, em vez de ordenações, bastava aconselhá-lo.

As penas das leis reais e as das Doze Tábuas foram quase todas tiradas na república, seja como efeito da Lei Valeriana, seja como consequência da Lei Porcia. Não se observa que a república fosse por isso mal regulada e não resultou disso nenhuma lesão na sua organização. Essa Lei Valeriana, que proibia aos magistrados qualquer via de fato contra um cidadão que houvesse recorrido ao povo, só infligia àquele que a contrariava a pena de ser considerado mau.

Tão logo um inconveniente se faça sentir num Estado em que o governo é violento, esse governo quer corrigi-lo imediatamente. E, em vez de mandar cumprir as leis antigas, estabelece uma pena cruel que faz cessar o mal instantaneamente. Mas isto desgasta o mecanismo do governo; a imaginação se acostuma com essa grande pena, assim como se acostumara com a menor. E, como se diminui o medo, logo se é forçado a estabelecer uma outra, em todos os casos. Os roubos nas estradas eram comuns em certos estados; ao se querer impedi-los, inventou-se o suplício da roda, que os interrompeu durante algum tempo; depois, esses roubos voltaram a acontecer como antes.

Não se deve conduzir os homens por vias extremas. Devem-se moderar os meios que a natureza nos deu para conduzi-los. Se examinarmos a causa de todos os relaxamentos, ver-se-á que ela vem da impunidade dos crimes e não da moderação das penas. Sigamos a natureza, que deu aos homens a vergonha como seu flagelo, e que a maior parte da pena seja a infâmia de sofrê-la! Se há países nos quais a vergonha não é uma consequência do castigo, isto se deve à tirania, que aplicou as mesmas penas aos celerados e às pessoas de bem. E se conheceis outros países onde os homens só são contidos por suplícios cruéis, considerai ainda que isto vem, em grande parte, da violência do governo, que empregou esses suplícios para faltas leves. Com frequência, um legislador que quer corrigir um mal só pensa nessa correção: seus olhos estão abertos na direção desse objeto e fechados para os inconvenientes. Uma vez o mal corrigido, não se vê senão a dureza do legislador, mas resta um vício no estado, produzido por essa dureza: os espíritos se corromperam e se acostumaram ao despotismo.

Uma prova de que as penas são relativas à natureza do governo pode ser ainda extraída dos romanos, que mudavam as leis civis à medida em que esse grande povo mudava as leis políticas. As leis reais feitas para um povo composto de fugitivos foram muito severas. O espírito da república teria exigido que os decênviros não tivessem posto essas leis nas Doze Tábuas. Mas pessoas que aspiravam à tirania não se preocuparam em seguir o espírito da república. Com efeito, após a sua expulsão, quase todas as leis que haviam fixado as penas foram tiradas. Não foram ab-rogadas expressamente, mas, como a Lei Porcia proibiu condenar à morte um cidadão romano, elas não tiveram mais aplicação. Quase todas as leis de Sila só recaíam sobre a interdição da água e do fogo; César acrescentou o confisco de bens porque precisava deles para seus projetos. Os imperadores aproximaram as penas daquelas estabelecidas numa monarquia. Dividiram as penas em três classes: as que diziam respeito às primeiras pessoas do Estado, *sublimiores*, e que eram muito amenas; as que eram infligidas a pessoas de um nível inferior, *medios*, e que eram mais severas; enfim, as que concerniam a pessoas das baixas condições, *infimos*, e que eram as mais rigorosas.

É essencial que as penas mantenham harmonia entre si, porque é essencial que se evite mais um grande crime do que um menor, o que atinge mais a sociedade do que o que a choca menos. Um impostor, que se dizia ser Constantino Ducas, suscitou uma grande sublevação em Constantinopla. Foi preso e condenado ao chicote. Mas, como acusara pessoas consideráveis, foi condenado à morte na fogueira por calúnia. É singular que se tenham proporcionado desse modo as penas entre o crime de lesa-majestade e o da calúnia.

Entre nós, é um grande mal infligir a mesma pena ao que rouba nos caminhos e ao que rouba e assassina. É visível que, para a segurança pública, seria preciso estabelecer diferenças entre as penas. Na China, os ladrões cruéis são cortados em pedaços, os outros não: essa diferença faz que se roube sem assassinar. Na Moscóvia, onde a pena dos ladrões e dos assassinos é a mesma, sempre se assassina: dizem que os mortos não contam nada. Quando não há diferença entre as penas, deve-se colocar a esperança na concessão da graça. Na Inglaterra não se assassina porque os ladrões podem ter esperança de serem mandados para as colônias, mas não os assassinos.

Quando as leis criminais extraem cada pena da natureza particular [249] do crime, é o triunfo da liberdade: toda arbitrariedade cessa; a pena não depende do capricho do legislador, mas da natureza da coisa; não é o homem que faz violência contra o homem. Há quatro espécies de crimes: os da primeira chocam a religião; os da segunda, os costumes; os da terceira, a tranquilidade; os da quarta, a segurança dos cidadãos. As penas devem derivar da natureza de cada uma dessas espécies.

(MGS)

Poder (*Direito natural, Direito político*), Anônimo [13, 255]

O fundamento do *poder* é o consentimento dos homens reunidos em sociedade. O poder que se estabelece pela força só pode subsistir pela força. A força nunca poderá conferir qualificação legal, e os povos conservam sempre o direito de protestar contra ela. Ao estabelecer a sociedade, os homens só renunciaram a uma parte da independência na qual a natureza os havia criado para obter as vantagens que resultam da submissão a uma autoridade legítima e de acordo com a razão. Nunca pretenderam entregar-se sem reservas a senhores autoritários nem dar as mãos à tirania e à opressão, nem conferir a outros o direito de torná-los infelizes.

O fim de todo governo é o bem da sociedade governada. Para prevenir a anarquia, fazer que as leis fossem executadas, proteger os povos, sustentar os fracos contra as investidas dos mais fortes, foi necessário que a sociedade instituísse soberanos revestidos de poder suficiente para preencher todas essas funções. A impossibilidade de prever todas as circunstâncias nas quais a sociedade se encontraria determinou os povos a dar maior ou menor extensão ao poder que atribuíram àqueles que foram encarregados de governá-los. Diversas nações, ciosas de sua liberdade e de seus direitos, impuseram limites a esse poder, mas sentiram que era necessário não tornar esses limites muito estreitos. Era assim que os romanos, na época da república, nomeavam um ditador cujo poder era tão extenso quanto o do monarca mais absoluto. Em algumas monarquias, o poder do soberano é limitado pelas leis do Estado, que fixam limites que ele não pode ultrapassar; é desse modo que, na Inglaterra, o poder legislativo pertence ao rei e às duas câmaras do Parlamento. Em outros países, os monarcas exercem, com o consentimento dos povos, um poder absoluto, mas sempre subordinado às leis fundamentais do Estado, que constituem a segurança recíproca do soberano e dos súditos.

Por mais ilimitado que seja o poder dos soberanos, jamais lhes será permitido violar as leis, oprimir os povos, pisotear a razão e a equidade. Há um século, a Dinamarca forneceu um exemplo inusitado de um povo que, por um ato autêntico, conferiu um poder sem limites a seu soberano. Os dinamarqueses, cansados da tirania dos nobres, tomaram a decisão de se entregar sem reservas e, por assim dizer, de pés e mãos atados, à vontade de Frederico III. Tal ato só pode ser considerado efeito do desespero. Parece que os reis que até hoje governaram esse povo não se prevaleceram disso; preferiram reinar com as leis a exercer o despotismo destruidor que tinha sido autorizado pelo procedimento de seus súditos. *Nunquam satis fida potentia ubi nimia.*A fidelidade nunca é satisfatória quando o poder é excessivo.

O cardeal de Retz, falando de Henrique IV, disse que ele não desconfiava das leis porque confiava em si. Os bons príncipes sabem que são depositários do poder para a felicidade do Estado. Longe de querer estendê-lo, frequentemente eles mesmos procuram limitá-lo por temer os abusos de sucessores menos virtuosos: *ea demum tuta est potentia quae viribus suis modum imponit.* "Em suma, seguro é o poder que por suas próprias forças impõe moderação." Os Titos, os Trajanos, os Antoninos usaram seu poder para a felicidade dos romanos; os Tibérios, os Neros abusaram dele para a infelicidade do universo. Ver *Soberanos.*

(MGS)

Potência (*Direito natural, Direito político*), Anônimo [13, 556]

A palavra *potência* é tomada em diferentes sentidos. 1º) Ela assinala a superioridade e os direitos que um indivíduo tem sobre outros; nesse caso, é sinônimo de poder. Assim, diz-se potência paterna, potência marital, potência soberana, potência legislativa etc. Ver *Poder.* 2º) Por potência entende-se a soma das forças do Estado ou de uma sociedade política. É desse ponto de vista que vamos considerá-la.

A potência de um Estado é sempre relativa à de outros Estados com os quais ele mantém relações. Uma nação é poderosa quando pode manter sua independência e seu bem-estar contra outras nações que seriam capazes de prejudicá-la.

A potência de uma nação é ainda relativa ao número de súditos, à extensão de seus limites, à natureza de suas produções, à indústria de seus habitantes, à bondade de seu governo. Daí o fato de, frequentemente, um Estado pequeno ser muito mais poderoso do que um Estado mais extenso, mais fértil, mais populoso, porque o primeiro saberá aproveitar as vantagens que recebeu da natureza, ou compensará com seus cuidados aquelas que lhe foram negadas.

A principal fonte da potência de um Estado é sua população. Ele precisa de braços para valorizar os campos, para fazer florescer suas manufaturas, sua navegação, seu comércio. Precisa de exércitos proporcionais aos de seus vizinhos; mas nem por isso deve deixar que a agricultura e os outros aspectos de sua potência sejam abalados. Um solo fértil, uma situação favorável, um país naturalmente protegido, são fatores que contribuirão muito para a potência de um Estado. Enfim, é essencial que haja tranquilidade em seu interior: jamais um povo dividido em facções, entregue às cabalas, às intrigas, à anarquia, à opressão, terá o grau de potência que lhe é necessário para combater as investidas de seus inimigos.

Mas em vão um império desfrutará de todas essas vantagens se uma má administração o fizer perder os frutos delas. O soberano é a alma que dá movimento e vida ao Estado. É o uso ou o abuso de suas forças que decide a sua potência ou a sua fraqueza. Inutilmente ele comandará povos numerosos; a natureza lhe terá prodigalizado em vão as riquezas do solo; em vão o trabalho dos súditos lhe trará os tesouros do mundo; essas vantagens estarão perdidas se não forem aproveitadas por uma boa administração. Os otomanos comandam vastos estados, que gozam de um céu o mais favorável; todos reconhecem suas leis desde o Danúbio até o Eufrates. Todavia, sua potência não se aproxima da de um grande número de países europeus, confinados em limites mais estreitos do que a maior parte dos reinos submetidos ao império dos sultões. O Egito, a Grécia, que hoje em dia são as menores partes desse império, possuíam, sob seus primeiros senhores, forças comparáveis à totalidade das forças dos déspotas modernos que subjugaram esses países. Esses déspotas comandam escravos vis, vergados sob seus grilhões, que só trabalham para satisfazer os caprichos de um tirano, de um vizir, de um eunuco. Os primeiros comandavam cidadãos inflamados pelo amor à pátria, pela liberdade, pela glória. Quantas vezes a Grécia não ameaçou os tronos dos monarcas asiáticos, sustentados por milhões de braços? Os exércitos inumeráveis dos Xerxes, dos Darios, vieram quebrar suas forças contra a potência ateniense. Todos os esforços da monarquia espanhola, mantida pela riqueza de dois mundos, fracassaram contra o vigor dos generosos holandeses.

A verdadeira potência depende do espírito com o qual o soberano anima seus povos. Se ele lhes inspira o amor pela virtude e pela glória, se lhes torna cara a pátria pela felicidade que experimentam nela, se os estimula a realizar grandes ações através de recompensas, se amedronta os maus cidadãos por castigos, o Estado será poderoso, respeitado pelos vizinhos, seus exércitos serão invencíveis. Mas, se ele permitir que o luxo e o vício corrompam os costumes de seus súditos, se permitir que o ardor guerreiro se enfraqueça, se a subordinação, as leis e a disciplina forem desprezadas, se as almas dos povos forem degradadas pela opressão, então a avidez tomará o lugar da honra, o amor pela riqueza sucederá o amor pela pátria e pela glória; cada um só se ocupará de seus interesses particulares; o bem geral, para o qual todas as vontades devem concorrer para tornar uma nação poderosa, será esquecido. E, assim, nem o número de soldados, nem a imensidade dos tesouros, nem a fertilidade dos campos poderá dar ao Estado uma potência real.

Assim como os homens robustos, as nações frequentemente foram tentadas a abusar de suas forças. Aqueles que as governam consideram que sua potência consiste em estender suas conquistas, em impor a lei aos vizinhos, em entrar em todas as querelas que agitam os povos, em empreender guerras longas e sangrentas, nas quais paixões injustas ou frívolas têm mais lugar do que os interesses do Estado. Desse modo, para fazer uma grande demonstração de potência, esgotam-se as forças reais que deveriam ser reservadas para o sustento da nação.

(MGS)

Povo (*Governo político*), Jaucourt [12, 475]

Povo, nome coletivo difícil de se definir, pois há diferentes ideias de povo nos diversos lugares, nos diversos tempos e segundo a natureza dos governos.

Os gregos e os romanos, que eram conhecedores dos homens, faziam grande caso do povo. Entre eles, o povo votava nas eleições dos primeiros magistrados e generais, nos decretos de proscrição e triunfos, nos regulamentos de impostos, nas decisões da paz ou da guerra, numa palavra, em todas as questões que diziam respeito aos grandes interesses da pátria. Esse mesmo povo entrava aos milhares nos vastos teatros de Roma e Atenas, dos quais os nossos são apenas fracas imagens, e acreditava-se que ele era capaz de aplaudir ou vaiar Sófocles, Eurípides, Plauto e Terêncio. Se lançarmos os olhos sobre alguns governos modernos, veremos que, na Inglaterra, [476] o povo elege os representantes da Câmara dos Comuns, e que, na Suécia, a ordem dos camponeses é considerada nas assembleias nacionais.

Outrora, na França, o povo era tido como a parte mais útil, mais preciosa e, consequentemente, a mais respeitável da nação. Acreditava-se, então, que o povo podia ocupar um lugar nos Estados Gerais, e os parlamentos do reino transformavam numa só a razão do povo e sua própria razão. As ideias mudaram, e a classe dos homens que compõem o povo diminui cada vez mais. Antigamente, o povo era o estado geral da nação, oposto simplesmente aos nobres e aos grandes. Dele faziam parte os agricultores, os operários, os artesãos, os negociantes, os financistas, os literatos e os homens das leis. Mas um homem de muito espírito, que publicou há mais ou menos vinte anos uma dissertação sobre a natureza do povo, julga que esse corpo da nação se limita atualmente aos operários e aos camponeses. Relatemos suas próprias reflexões sobre esse assunto, tanto mais que elas são cheias de imagens e de quadros que servem para provar seu sistema.

Os homens das leis, diz ele, se retiraram da classe do povo ao se enobrecerem sem o auxílio da espada. Os literatos, assim como Horácio, consideraram o povo profano. Não seria honesto chamar de povo aqueles que cultivam as belas-artes nem mesmo deixar na classe do povo essa espécie de artesãos, ou melhor, de artistas maneirosos que trabalham com produtos de luxo. Mãos que pintam divinamente um veículo, que montam perfeitamente um diamante, que ajustam uma vestimenta de modo superior, tais mãos não se parecem com as mãos do povo. Evitemos, também, misturar os negociantes com o povo, já que se pode adquirir nobreza com o comércio. Os financistas se elevaram tanto que se encontram lado a lado com os grandes do reino. Eles se infiltraram, se confundiram com eles, aliados aos nobres, sustentados por eles, aos quais dão pensões e frequentemente tiram da miséria. Mas, para que se possa ainda julgar melhor o quanto seria absurdo confundi-los com o povo, bastará considerar por um momento a vida dos homens dessa revoada e a vida do povo.

Os financistas moram sob ricos tetos. Usam ouro e seda para suas roupas. Exalam perfumes, procuram o apetite na arte dos cozinheiros. E quando o repouso sucede à sua ociosidade, adormecem indolentemente sobre plumas. Nada escapa a esses homens ricos e curiosos. Nem as flores da Itália, nem os papagaios do Brasil, nem as telas pintadas de Masulipatam, nem os macacos da China, a porcelana de Saxe, Sève e Japão. Vede seus palácios na cidade e no campo, suas roupas de gosto, seus elegantes móveis, suas rápidas carruagens, isto tudo cheira a povo? Esse homem que soube surpreender a fortuna pela porta das finanças come nobremente numa refeição o alimento de cem famílias do povo, varia sem cessar seus prazeres, reforma um verniz, aperfeiçoa um lustre com a ajuda de um homem da profissão, organiza uma festa e dá novos nomes às suas carruagens. Seu filho se entrega a um cocheiro fogoso para assustar os passantes. Amanhã, ele mesmo se faz de cocheiro para fazê-los rir.

Na massa do povo, portanto, restam apenas os operários e os camponeses. Contemplo com interesse sua maneira de viver. Acho que esse operário mora ou sob a palha ou em algum reduto que a cidade lhe entrega porque tem necessidade de sua força. Levanta-se com o sol e, sem olhar para a fortuna que ri acima dele, pega sua roupa de todas as estações, escava nossas minas e pedreiras, seca nossos pântanos, limpa nossas ruas, constrói nossas casas, fabrica nossos móveis. A fome chega, qualquer coisa lhe serve. O dia acaba, ele se deita duramente nos braços da fadiga.

O camponês, outro homem do povo, antes da aurora já está inteiramente ocupado a semear nossas terras, cultivar nossos campos, regar nossos jardins. Tolera o calor, o frio, a altivez dos grandes, a indolência dos ricos, a extorsão dos arrecadadores de impostos, a pilhagem dos comissários, a devastação causada pelos animais selvagens, os quais não ousa expulsar das plantações em respeito aos prazeres dos poderosos. É sóbrio, justo, fiel, religioso, sem considerar o que ganhará com isso. Lucas se casa com Colete porque a ama. Ela dá seu leite aos filhos sem conhecer o preço do frescor e do repouso. As crianças crescem, e Lucas, abrindo a terra diante delas, lhes ensina a cultivá-la. Ele morre e lhes deixa seu campo para ser repartido igualmente entre os filhos. Se Lucas não fosse um homem do povo, o campo ficaria inteiro para o mais velho. Tal é o retrato dos homens que compõem o que chamamos povo e que formam sempre a parte mais numerosa e mais necessária da nação.

Quem acreditaria que, em nossos dias, alguém ousou afirmar essa máxima de uma política infame, segundo a qual esses homens não podem viver comodamente se quisermos que sejam trabalhadores e obedientes? Se esses pretensos políticos, esses belos gênios tão cheios do sentimento de humanidade, viajassem um pouco, veriam que a indústria não é em nenhum lugar tão ativa quanto nos países nos quais o baixo povo vive bem, e que em nenhum outro lugar cada gênero de trabalho atinge perfeição maior. Não é que homens entorpecidos pelo peso da miséria habitual não possam afastar-se por algum tempo do trabalho se todas as imposições cessarem imediatamente. Mas, além da diferença sensível entre a mudança do povo e o caráter excessivo dessa suposição, não se deveria atribuir ao bem-estar esse momento de preguiça, mas à sobrecarga que o precedeu. Esses mesmos homens, voltando a si após o entusiasmo de uma alegria inesperada, logo sentiriam a necessidade de trabalhar para subsistir, e o desejo natural de uma melhor subsistência os tornaria mais ativos. Ao contrário, nunca se viu e nunca se verá homens empregar toda a sua indústria e toda sua força se estiverem acostumados a ver as taxas engolirem o produto de novos esforços que poderiam fazer; eles se limitariam à manutenção de uma vida sempre abandonada sem nenhuma espécie de queixa.

Em relação à obediência, é uma injustiça caluniar assim uma multidão infinita de inocentes. Pois os reis não têm súditos mais fiéis e, se ouso dizê--lo, melhores amigos. Talvez haja mais amor público nessa ordem do que nas outras. Não porque ela é pobre, mas porque é muito bom que a autoridade e a proteção do príncipe sejam as únicas garantias de sua segurança e bem-estar, malgrado sua ignorância. Enfim, porque, com o respeito natural dos pequenos pelos grandes, com esse apreço, particular à nossa nação, pela pessoa de seus reis, eles não têm outros bens a esperar. Em nenhuma história se encontra um único traço que prove que o bem-estar do povo pelo trabalho tenha prejudicado sua obediência.

Concluamos que Henrique IV tinha razão de desejar que seu povo tivesse bem-estar e de assegurar que ele trabalharia para propiciar a todo trabalhador os meios para ter boa comida em seu prato. Se se passar muito dinheiro para as mãos do povo, uma quantidade proporcional desse dinheiro que ninguém lamentará refluirá para o tesouro público. Mas arrancar pela força o dinheiro que ele ganhou por seu trabalho e sua indústria é privá-lo de sua saúde e de seus recursos.

(MGS)

Povo romano (*História romana*), Jaucourt [12,477]

Povo romano, plebs romana. Todo aquele que, a partir do que Rômulo estabeleceu, não fosse senador ou cavaleiro era povo, *plebs*, habitante da cidade ou do campo, *rustica vel urbana*. O povo do campo cultivava a terra e ocupava o primeiro lugar. De onde resultou que os próprios patrícios, em tempo de paz, trabalhavam na cultura das terras, porque cada um cultivava sem desonra seu próprio campo, ou a parte das terras romanas que lhe era destinada.

Uma parte do povo que habitava a cidade exercia o comércio, as artes, as diferentes profissões; os mais distintos dentre eles dedicavam-se ao ministério dos tribunais para elevar-se até a magistratura.

O populacho de Roma, que não deve ser confundido com o povo propriamente dito, *plebs*, era constituído de vagabundos, sem eira nem beira, sempre prontos para excitar perturbações e cometer crimes. Tito Lívio chama esse bando de vagabundos de *turba forensis*, o bando do fórum, porque ele ficava nas praças públicas, gritando para que se dividissem as terras segundo a lei agrária. Cícero a denomina *plebs urbana*, o populacho da cidade, e Horácio a chama de *popellum tunicatum*, populacho de túnica, porque vestia apenas uma simples túnica. Para aliviar a cidade desses miseráveis, ordenava-se que fossem cultivar os campos públicos. Mas uma grande parte deixava esses campos e voltava a Roma. Era então que os sediciosos, que só procuram perturbar o Estado para invadir [477] os bens das pessoas honestas, amotinavam essa canalha e se serviam dela para seus fins, como bandidos que não têm nada a perder.

(MGS)

Privilégio (*Governo, Comunidade política*), Anônimo [13, 389]

Privilégio significa uma distinção útil ou honorável, da qual usufruem certos membros da sociedade, e da qual os outros não usufruem. Há privilégios de vários tipos: 1º) os que podem ser chamados de inerentes à pessoa pelos direitos de nascimento ou de sua condição; esse é o privilégio do qual usufrui um par de França ou um membro do Parlamento de só poder ser julgado, em matéria criminal, pelo Parlamento. A origem dessa espécie de privilégio é tanto mais respeitável quanto não é conhecida por nenhum título que o tenha estabelecido, e que remonta à mais alta antiguidade; 2º) os que foram concedidos por cartas do príncipe, registradas nas cortes nas quais esse privilégio poderia ser contestado. Essa segunda espécie se subdivide ainda em dois outros segundo a diferença dos motivos que determinaram o príncipe a concedê-los. Os primeiros podem ser chamados de privilégios de dignidade; são aqueles que, por serviços prestados ou para fazer que sejam mais respeitados aqueles a quem serão dados, são concedidos a particulares que prestaram algum serviço importante; tal é o privilégio de nobreza concedido gratuitamente a um plebeu e também as isenções da talha ou outras taxas públicas, concedidas a certos ofícios. Entre os dessa última espécie, devem-se, ainda, distinguir os que têm realmente como objeto tornar mais honrosas as funções e as pessoas que deles usufruem, e os que são concedidos por meio de finanças pagas nas necessidades do Estado, mas sempre, mesmo nesse último caso, sob a aparência da utilidade do serviço. Enfim, a última espécie de privilégios é daqueles que podemos chamar *de necessidade*. Entendo por estes as isenções particulares, que, não sendo concedidas pela dignidade de pessoas ou funções, o são pela simples necessidade de colocar essas pessoas ao abrigo de pressões às quais as próprias funções os expõem da parte do público. Tais são os privilégios concedidos aos fiscais de impostos e outros nomeados para recebê-los. Como sua função exige que façam as cobranças das quais estão encarregados, eles ficam expostos ao ódio e ao ressentimento daqueles contra os quais são obrigados a fazer ações de intimação. De sorte que, se estivesse à disposição dos habitantes dos lugares fazê-los carregar uma parte dos encargos públicos, eles logo estariam sobrecarregados, ou o medo dessa sobrecarga os obrigaria a concessões prejudiciais aos negócios públicos por cuja administração respondem. Da diferença de motivos que produziram essas diferentes espécies de privilégios, nasce também, naquele que tem a sua manutenção, a diferença da consideração que ele deve àqueles que deles são munidos. Assim, quando um caso de necessidade política ou urgente faz cessar todos os privilégios; quando esse caso, repito, exige que sejam cessados os privilégios, aqueles que por sua natureza forem os menos respeitáveis devem ser os primeiros cujos privilégios serão derrogados.

Em geral, e fora os casos dos privilégios da primeira espécie, entendo os que são inerentes à pessoa ou função, e que são poucos. Não se deve reconhecer nenhum privilégio, a não ser os que são concedidos por cartas do príncipe devidamente registradas nas cortes que devem conhecê-los. É preciso, mesmo nesse caso, que seu uso seja reduzido a seus limites justos, ou seja, aos que estão enunciados no título que os concede, e que não se estendam para além deles. Eles não se situam de modo algum na máxima *favores ampliandi*, porque, de outro modo, sendo já por sua natureza uma sobrecarga para o resto do público, essa sobrecarga levada a um ponto mais alto se tornaria insustentável, o que nunca poderia ser a intenção do legislador. Seria desejável que as necessidades do Estado, dos negócios, ou os interesses particulares não multiplicassem os privilégios, como aconteceu tanto, e que de tempos em tempos se reavaliassem os motivos aos quais eles devem sua origem, examinando-os cuidadosamente, e, tendo distinguido bem a diferença entre os motivos, se decidisse conservar tão somente os privilégios que tivessem fins úteis ao príncipe e ao público.

É muito justo que a nobreza, cuja função é servir ao Estado no Exército ou pelo menos educar súditos para cumprir essa obrigação, ou que magistrados consideráveis pela extensão e importância de suas funções e que exercem a justiça nos tribunais, gozem de distinções honrosas que são recompensa dos serviços que prestam e ao mesmo tempo lhes proporcionam o repouso do qual precisam para cumprir de modo útil as suas funções. A porção de encargos públicos dos quais eles são isentos recaem, na verdade, sobre o resto dos cidadãos. Mas é justo também que esses cidadãos, cujas ocupações não são tão importantes nem tão difíceis de cumprir, concorram para recompensar aqueles de uma ordem superior. Do mesmo modo, é justo e conveniente que os que têm a honra de servir ao rei em seu serviço doméstico e que são próximos de sua pessoa, e cujas funções exigem assiduidade, educação e talentos, participem de algum modo da dignidade de seu senhor, não ficando confundidos com a baixa ordem do povo. Mas parece que seria ainda necessário distinguir em todos os casos as pessoas cujos serviços são reais e úteis, seja ao príncipe, seja ao público, e não aviltar os favores dos quais essas pessoas usufruem legitimamente, confundindo-as com o grande número de gente inútil em todos os sentidos e que têm como títulos apenas um pedaço de pergaminho adquirido quase sempre a um preço muito baixo.

Um burguês que vive bem e que, sozinho, poderia pagar a metade da talha de toda uma paróquia se fosse obrigado a pagar impostos nessa proporção, durante um ano ou dois, e às vezes por menos tempo, sem nascimento, sem educação e sem talentos, compra um cargo numa secretaria de eleições, ou num depósito de sal, ou um cargo inútil e de nenhuma serventia para o rei ou para um príncipe que pertence a uma família, cargo cujo título quase sempre é ignorado pelo senhor, e do qual ele não faz nenhum uso, ou então faz que lhe deem um pequeno emprego na fiscalização, cujos produtos não são outros senão a própria isenção ligada à comissão, vem usufruir, diante do público, de todas as isenções usufruídas pela nobreza e pela alta magistratura, enquanto um oficial da principal sede da justiça da província, que não é uma corte superior em relação aos impostos e a outros encargos públicos, é confundido com os menos considerados do povo. Dois inconvenientes consideráveis derivam desses abusos de privilégio: o primeiro é que a parte mais pobre dos cidadãos é sempre sobrecarregada para além de suas forças; ora, essa parte é, contudo, a mais verdadeiramente útil ao Estado, já que é composta dos que cultivam a terra e proporcionam a subsistência das ordens superiores; o outro inconveniente é que os privilégios desencorajam as pessoas de talento e de educação a entrar nas magistraturas ou profissões que exigem trabalho e aplicação, e as fazem preferir pequenos cargos e pequenos empregos nos quais **[390]** só é preciso ter avidez, intriga e arrogância para se manter e se impor ao público. Deve-se concluir, a partir dessas reflexões, o que já foi assinalado antes: os tribunais ordinários encarregados da administração da parte da justiça que se relaciona aos impostos e privilégios, ou os que, por sua condição, são obrigados a vigiar a repartição particular dos impostos e outros encargos públicos, não podem fazer nada mais conveniente e útil do que serem muito circunspectos ao estender os privilégios, e devem, o quanto depender deles, reduzi-los aos termos precisos pelos quais foram concedidos, aguardando que as circunstâncias mais felizes permitam, aos que são encarregados dessa parte do ministério, reduzi-los ao limite de sua utilidade. Essa verdade lhes é perfeitamente conhecida, mas a necessidade de atender a reembolsos ou equivalentes impede a realização de suas intenções, e as necessidades públicas, que sempre renascem a todo momento, frequentemente os forçam não somente a adiar a sua execução, mas também a torná-la mais difícil no futuro.

Daí acontece também que a nobreza, que por si mesma é ou deveria ser a recompensa mais honrosa pela qual a soberano deveria reconhecer os serviços importantes ou os talentos superiores, foi prodigada a milhares de famílias cujos autores, para obtê-la, só tiveram o trabalho de empregar somas quase sempre módicas para comprar cargos que lhes conferiam o título, cuja utilidade para o público era nula, seja por falta de objeto, seja por falta de talento. Este verbete se tornaria um volume se nele procurássemos o número e a qualidade desses títulos e os abusos de todos esses privilégios, mas fomos forçados a restringi-lo ao que há de mais geral, mais conhecido e menos contestado nessa matéria.

Privilégio exclusivo. Damos esse nome ao direito que o príncipe concede a uma companhia ou a um particular de exercer um certo comércio ou de fabricar e distribuir determinada espécie de mercadoria, à exclusão de todos os outros. Quando, com as ciências especulativas, as artes, que são o seu efeito natural, saíram do esquecimento e do desprezo nos quais as perturbações públicas as haviam enterrado, era muito natural que os primeiros inventores ou restauradores fossem recompensados pelo zelo e pelos talentos que os levavam a criar empreendimentos úteis ao público e a si mesmos. A falta ou a raridade das luzes e da indústria obrigaram também os magistrados a confiar a fabricação e a distribuição das coisas úteis e sobretudo das coisas necessárias a mãos capazes de corresponder ao desejo dos compradores. Daí nasceram os privilégios exclusivos. Embora haja uma grande diferença entre o objeto de uma produção importante e o de um ofício comum, entre o de uma companhia de comércio e o de uma pequena loja; embora todo mundo perceba a desproporção entre estabelecimentos tão diferentes por sua extensão, deve-se convir, entretanto, que essa diferença, por maior que seja, é apenas quanto ao mais ou ao menos. Se existem pontos em que essas diferentes espécies de comércio e de indústria se afastam uma da outra, há também pontos em que elas se tocam. Elas têm em comum, pelo menos, o fato de que ambas estão ligadas ao bem geral do Estado. Ora, resulta dessa observação que se pode, sob certos aspectos, reuni-las num mesmo ponto de vista para lhes prescrever regras, ou melhor, para que o governo prescreva regras sobre o modo de protegê-las e torná-las mais úteis. No início, para conseguir isto, pensou-se que o meio seria conceder a essas companhias, em condições de avançar e suportar os riscos, privilégios exclusivos para realizar determinados comércios com o exterior que exigissem um aparato que os particulares não poderiam pagar por si. Pode-se também considerar como privilégios exclusivos o domínio estabelecido para os ofícios mais comuns, e que só eram adquiridos e ainda hoje só se adquirem nas cidades depois de se ter dado provas de conhecimento e capacidade por meio de aprendizagem. Deu-se a esses diferentes corpos regulamentos que tendiam todos a só permitir a admissão sob certas condições, que excluíam todos os que não podiam ou não queriam a elas se submeter. Os ofícios mais baixos e mais fáceis foram englobados no sistema geral, e ninguém pôde mais vender pão e sapatos se não fosse mestre padeiro ou mestre sapateiro. O governo logo considerou como privilégios os regulamentos que concediam esses direitos exclusivos e tirou partido disto para assegurar nas ocasiões as necessidades do Estado. Nas mudanças de reino, obrigou-se os corpos a pagar direitos de confirmação de privilégio, foram criados encargos, que os corpos foram obrigados a pagar. E para que pudessem pagar isso, foi-lhes permitido fazer empréstimos que os ataram mais fortemente ao governo, o que os autorizou a valorizar mais ainda seus direitos exclusivos, a só admitir novos mestres se estes pagassem direitos de entrada e despesas de recepção, e a aumentar o preço da indústria e das mercadorias que distribuíam. Assim, o que na origem tinha sido estabelecido pela simples utilidade, tornou-se um abuso. Todo homem que, sem tanta condição e sem despesas, poderia ganhar a vida exercendo em qualquer lugar indiferentemente uma profissão que poderia aprender com facilidade, não teve mais a liberdade de fazê-lo. E como esses estabelecimentos de corporações e ofícios estão nas cidades nas quais não se é educado para a cultura da terra, os que não podiam aí exercer esses ofícios foram obrigados a alistar-se nas tropas, ou, o que é pior, a aumentar o número prodigioso de criados que são a parte mais inútil de cidadãos e a mais dependente do Estado. O público, por sua vez, perdeu com o encarecimento das mercadorias e da mão de obra. Foi-se obrigado a comprar por 3 libras um par de sapatos feitos por um mestre, que custaria bem menos se fosse comprado de um trabalhador que só teria gasto para fazê-lo o couro e seu trabalho.

Quando os conhecimentos, a indústria e as necessidades aumentaram, esses inconvenientes foram percebidos e remediados tanto quanto permitia a situação dos negócios públicos. Restringiram-se os privilégios exclusivos para as companhias de comércio aos objetos que eram importantes, que exigiam estabelecimentos muito dispendiosos, mesmo para os particulares reunidos em associações, e que estavam muito vinculados aos planos políticos do governo para serem confiados indiferentemente a qualquer um. Seguiram-se as mesmas condutas para o estabelecimento das novas manufaturas. Foram recusados os pedidos feitos muito frequentemente sob o pretexto de novas ideias, que não tinham nada de refinadas, ou que tinham objetivos que poderiam ser atingidos de outra maneira. Fizeram-se concessões apenas para a proteção dos estabelecimentos que podiam merecê-las por sua singularidade e utilidade.

Seria desejável que essa orientação tão sábia pudesse estender-se aos objetos subalternos: que todo homem que tem habilidade, gênio e talento pudesse usá-los livremente e não fosse submetido a formalidades e despesas que em nada concorrem para o bem público. Se um trabalhador, sem ser muito instruído, tenta fazer uma peça de tecido ou de lençol, e que a faça mal, além do fato de que o mestre faria o mesmo, ele a venderia com mais dificuldade, mas a venderia, não teria perdido inteiramente seu material e seu tempo, e aprenderia, com as **[391]** primeiras tentativas que não teriam dado certo, a fazer melhor. Mais pessoas trabalharão, a emulação ou, antes, o desejo de sucesso faria nascer o gênio e o talento. A concorrência aperfeiçoará o trabalho e diminuirá o preço da mão de obra, e as cidades e províncias ficarão cheias de operários e distribuidores que reunirão as mercadorias, farão sua triagem, estabelecerão o preço aos diferentes graus de qualidade da fabricação, as venderão nos lugares que lhes são próprios, farão adiantamento aos trabalhadores e os ajudarão em suas necessidades. Desse gosto pelo trabalho e das pequenas manufaturas dispersas nasceriam uma circulação de dinheiro e de trabalho e um emprego constante dos talentos, de forças e de tempo. Os privilégios exclusivos de toda espécie seriam reduzidos aos únicos estabelecimentos que, pela natureza de seu objeto e pela grandeza que lhes é necessária, estivessem acima da força dos simples particulares e teriam sobretudo como objetivo as coisas de luxo e não as de absoluta necessidade. Ora, dessa espécie são as forjas e as vidraçarias, que, em todos os sentidos, merecem uma atenção especial na medida em que não se pode permitir sua localização a não ser em lugares em que a madeira seja abundante e não possa ser empregada para outros usos; é preciso também cuidar de não sobrecarregar um país com elas, pelas razões que foram expostas no verbete *Forja*.

(MGS)

Representantes (*Direito político, História moderna*), d'Holbach [14, 143]

Os *representantes* de uma nação são cidadãos escolhidos, que num governo moderado são encarregados pela sociedade de falar em seu nome, estipular seus interesses, impedir a opressão, contribuir para a administração.

Num Estado despótico, o chefe da nação é tudo, a nação não é nada. A vontade de um só faz a lei, a sociedade não é representada. Tal é a forma de governo na Ásia, cujos habitantes, submetidos há muitos séculos a uma escravidão hereditária, não imaginaram meios para equilibrar um poder enorme que os esmaga sem cessar. Não foi isto que aconteceu na Europa, cujos habitantes, mais robustos, mais laboriosos, mais belicosos que os asiáticos, sentiram desde sempre a utilidade e a necessidade de que uma nação fosse representada por alguns cidadãos que falassem em nome de todos os outros e que se opusessem às investidas de um poder que frequentemente se torna abusivo quando não conhece freio algum. Os cidadãos escolhidos para serem os órgãos ou os representantes da nação, de acordo com as diversas épocas, as diferentes convenções e as diversas circunstâncias, gozaram de prerrogativas e direitos mais ou menos extensos. Tal é a origem das assembleias conhecidas sob o nome de dietas, estados gerais, parlamentos, senados, que em quase todos os países da Europa participaram da administração pública, aprovaram ou rejeitaram as propostas dos soberanos e foram admitidos para discutir com eles as medidas necessárias à manutenção do Estado.

Num Estado puramente democrático, a nação, a rigor, não é representada. O povo inteiro se reserva o direito de manifestar suas vontades nas assembleias gerais, compostas por todos os cidadãos. Mas, desde que o povo escolha magistrados como depositários de sua autoridade, esses magistrados tornam-se seus representantes. E, segundo o maior ou menor poder que o povo reserva para si, o governo se torna uma aristocracia ou permanece uma democracia.

Numa monarquia absoluta, o soberano ou goza, com o consentimento do povo, do direito de ser seu único representante, ou então se arroga esse direito contra a vontade do povo. O soberano, assim, fala em nome de todos. As leis que faz são, ou pelo menos são consideradas, a expressão das vontades de toda a nação que ele representa.

Nas monarquias moderadas, o soberano só é depositário do poder executivo. Ele só representa a nação sob esse aspecto. A nação escolhe outros representantes para os outros ramos da administração. É assim que, na Inglaterra, o poder executivo reside na pessoa do monarca, enquanto o poder legislativo é dividido entre o monarca e o Parlamento, ou seja, a assembleia geral das diferentes ordens da nação britânica, composta pelo clero, pela nobreza e pelas comunas. Estas últimas são representadas por um certo número de deputados escolhidos pelas cidades, os burgos e as províncias da Grã-Bretanha. Pela constituição desse país, o Parlamento compartilha com o monarca a administração pública. Desde que esses dois poderes estejam de acordo, é como se a nação inteira tivesse falado, e suas decisões tornam-se lei. Na Suécia, o monarca governa conjuntamente com um Senado, que é representante da dieta geral do reino. Esta, por sua vez, é a assembleia de todos os representantes da nação sueca.

A nação germânica, cujo chefe é o imperador, é representada pela dieta do império, ou seja, por um corpo composto de vassalos soberanos ou de príncipes, tanto eclesiásticos quanto leigos, e de deputados das cidades livres, que representam toda a nação alemã.

A nação francesa foi outrora representada pela assembleia dos estados gerais do reino, composta pelo clero e pela nobreza, aos quais, com o tempo, foi associado o terceiro estado, destinado a representar o povo. Essas assembleias nacionais foram interrompidas desde o ano de 1628.

Tácito nos mostra que as antigas nações da Germânia, embora ferozes, belicosas e bárbaras, gozavam todas de um governo livre ou moderado. O rei, ou o chefe, propunha e persuadia, sem ter o poder de obrigar a nação a dobrar-se à sua vontade: *Ubi rex, vel princeps, audiuntur auctoritate suadendi magis quam jubendi potestate.* "Onde há um rei ou um príncipe, eles são ouvidos mais pela força de persuasão que pelo poder de dar ordens." Os grandes deliberavam entre si sobre as questões pouco importantes, mas toda a nação era consultada a respeito das grandes questões: *de minoribus rebus principes consultant, de majoribus omnes.* "Das coisas menores cuidam os chefes e das maiores, todos." Foram esses povos guerreiros assim governados que, tendo saído das florestas da Germânia, conquistaram as Gálias, a Espanha, a Inglaterra etc. e fundaram novos reinos sobre os destroços do Império Romano. Levaram consigo a sua forma de governo, a qual, por onde quer que chegassem, era marcada por seu caráter militar. A nação subjugada desaparecia; reduzida à escravidão, não tinha o direito de falar em seu próprio nome. Tinha como representantes apenas os soldados conquistadores, que, depois de tê-la submetido pelas armas, tomaram o seu lugar de direito.

Se retrocedermos até a origem de nossos governos modernos, veremos que todos foram fundados por nações belicosas e selvagens que, tendo saído de um clima rigoroso, procuraram apropriar-se de terras mais férteis, estabeleceram-se sob um céu mais favorável e pilharam as nações ricas e civilizadas. Os antigos habitantes desses países subjugados eram considerados por esses vencedores bárbaros como gado sem valor que a vitória havia jogado em suas mãos. Assim, as primeiras instituições desses salteadores felizes foram de ordinário apenas o efeito da força que oprime a fraqueza. Suas leis eram sempre a favor dos vencedores e funestas para os vencidos. Eis por que em todas as monarquias vemos em todos os lugares que são os nobres, os grandes, ou seja, os guerreiros, que possuem as terras dos antigos habitantes e que se apropriam do direito de representar as nações. Estas, aviltadas, esmagadas, oprimidas, não tiveram a liberdade de associar seus votos aos seus soberbos vencedores. Sem dúvida, esta é a fonte dessa pretensão da nobreza, que durante muito tempo arrogou-se o direito exclusivo de falar a todos os outros em nome das nações. Ela continuou a considerar seus concidadãos escravos vencidos, mesmo um grande número de séculos depois da conquista, da qual os sucessores dessa nobreza conquistadora não participaram. Mas o interesse auxiliado [144] pela força logo se arroga direitos. O hábito torna as nações cúmplices de seu próprio aviltamento, e os povos, apesar das mudanças ocorridas em suas condições, continuaram em muitos países a ser representados unicamente pela nobreza, que sempre se prevaleceu da violência primitiva exercida pelos conquistadores, de cujos direitos pretendia ser a herdeira.

Os bárbaros que desmembraram o Império Romano eram pagãos. Pouco a pouco, foram esclarecidos pelas luzes do Evangelho e adotaram a religião dos vencidos. Mergulhados numa ignorância que a vida guerreira e agitada ajudava a manter, tiveram necessidade de ser guiados e contidos por cidadãos mais razoáveis que eles. Não puderam recusar sua veneração aos ministros da religião, que, além de possuírem costumes mais amenos, tinham também mais luzes e mais ciência. Os monarcas e os nobres, até então os únicos representantes das nações, consentiram, pois, que os ministros da Igreja fossem chamados para as assembleias nacionais. Os reis, cansados sem dúvida das contínuas investidas da nobreza, poderosa demais para ser submetida, sentiram que era de seu próprio interesse contrabalançar o poder de seus vassalos indomados através do poder dos intérpretes de uma religião respeitada pelos povos. O clero, aliás, que tinha se tornado proprietário de grandes bens, interessava-se pela administração pública, e a isto se deveu sua participação nas deliberações.

Sob o governo feudal, a nobreza e o clero mantiveram durante muito tempo o direito de falar em nome de toda a nação, ou de serem seus únicos representantes. O povo, composto de cultivadores, habitantes das cidades e dos campos, manufatureiros, numa palavra, a parte mais numerosa, mais laboriosa, mais útil da sociedade, não tinha o direito de falar por si mesma. Foi forçada a aceitar sem reclamar as leis que alguns grandes combinaram com o soberano. Assim, o povo não foi escutado, foi considerado apenas como um amontoado de cidadãos desprezíveis, indignos de juntar suas vozes às de um pequeno número de senhores orgulhosos e ingratos, que usufruíram de seus trabalhos sem imaginar que lhes deviam alguma coisa. Oprimir, pilhar, atormentar impunemente o povo, sem que o chefe da nação pudesse impedir, tais foram as prerrogativas da nobreza, e nas quais ela considerava consistir sua liberdade. De fato, o governo feudal nos apresenta apenas soberanos sem força e povos esmagados e aviltados por uma aristocracia, armada igualmente contra o monarca e a nação. Só quando os reis já tinham sofrido durante muito tempo os abusos dessa nobreza orgulhosa e as investidas de um clero que tinha se tornado por demais rico e independente, é que resolveram conceder alguma influência à nação nas assembleias que decidiam sua sorte. Assim, a voz do povo foi enfim ouvida, as leis se revigoraram, os excessos dos grandes foram reprimidos, eles foram forçados a ser justos para com os cidadãos até então desprezados. O corpo da nação opôs-se, desse modo, a uma nobreza obstinada e intratável.

A necessidade das circunstâncias obriga as ideias e as instituições políticas a se transformar; os costumes se amenizam, a iniquidade acaba por prejudicar-se a si mesma; os tiranos dos povos percebem a longo prazo que suas loucuras contrariam seus próprios interesses; o comércio e as manufaturas tornam-se necessidades para os Estados e exigem uma certa tranquilidade. Os guerreiros tornam-se menos necessários. A carestia e a fome finalmente fazem que se veja a necessidade de uma boa cultura, que era perturbada por querelas sangrentas de alguns bandidos armados. As leis tornam-se necessárias. Aqueles que as interpretaram foram respeitados e considerados conservadores da segurança pública. Assim, o magistrado, num Estado bem constituído, se tornou um homem estimado e mais capaz de opinar sobre os direitos dos povos do que nobres ignorantes, eles mesmos desprovidos de equidade, que não conheciam outras leis a não ser a espada, ou que vendiam a justiça a seus vassalos.

Os governos ganham estabilidade apenas através de graus lentos e imperceptíveis. Fundados de início na força, podem manter-se somente por meio de leis justas que assegurem a propriedade e os direitos de cada cidadão e que o protejam da opressão. Os homens são finalmente forçados a procurar na justiça os remédios contra seus próprios furores. Se a formação dos governos não tivesse sido obra da violência e da desrazão, ter-se-ia percebido que não pode haver sociedade durável se os direitos de cada um não forem postos ao abrigo do poder que sempre quer abusar. Em qualquer mão que o governo for colocado, torna-se funesto se não for contido dentro de certos limites. Se for verdade que todo governo tem por objeto o bem do povo governado, nem o soberano nem nenhuma ordem do Estado podem exercer uma autoridade prejudicial à nação. A menor reflexão teria, pois, bastado para mostrar que um monarca não pode gozar de um poder verdadeiro se não estiver à frente de súditos felizes e reunidos voluntariamente. Para que seja assim, é preciso que ele assegure suas posses, que os defenda contra a opressão, que nunca sacrifique os interesses de todos aos interesses de um pequeno número e que fique atento às necessidades de todas as ordens que compõem o Estado. Nenhum homem, por maiores que sejam suas luzes, é capaz, sem conselhos, sem ajuda, de governar uma nação inteira. Nenhuma ordem do Estado pode ter a capacidade ou a vontade de conhecer as necessidades das outras. Assim, o soberano imparcial deve ouvir a voz de todos os seus súditos. É do seu próprio interesse escutá-los e remediar seus males. Mas, para que os súditos possam manifestar-se sem tumulto, convém que tenham representantes, ou seja, cidadãos mais esclarecidos que os outros, mais interessados na coisa, que sejam ligados à pátria por suas próprias possessões, que tenham, por sua posição, condições de sentir as necessidades do Estado, os abusos que podem ocorrer e os remédios que forem convenientes.

Nos Estados despóticos, tais como a Turquia, a nação não pode ter representantes. Neles não se vê nenhuma nobreza, o déspota só tem escravos, todos igualmente vis aos seus olhos. Não há justiça, porque a vontade do senhor é a única lei. O magistrado só executa suas ordens. O comércio é oprimido, a agricultura abandonada, a indústria aniquilada, e ninguém pensa em trabalhar porque ninguém se sente seguro de poder gozar do fruto de seus trabalhos. A nação inteira, reduzida ao silêncio, cai na inércia ou se manifesta através de revoltas. Um sultão só é sustentado por uma soldadesca desenfreada, que lhe obedece apenas enquanto ele lhe permite pilhar e oprimir o resto dos súditos. Enfim, frequentemente, esses satélites do tirano o estrangulam e dispõem do seu trono, sem que a nação tenha qualquer interesse em sua queda ou desaprove a mudança.

É, portanto, do interesse do soberano que sua nação seja representada. Sua própria segurança depende disto. A afeição dos povos é a muralha mais firme contra os atentados dos maus. Mas de que modo o soberano pode granjear a afeição de seu povo se não entrar nas suas necessidades, se não lhe proporcionar os benefícios que deseja, se não protegê-lo contra as investidas dos poderosos, se não procurar aliviar seus males? Se a nação não for representada, como o chefe poderá ser informado dessas misérias miúdas, que do alto de seu trono ele só consegue ver [**145**] à distância, e que a bajulação procura sempre esconder dele? De que modo, sem conhecer os recursos e as forças de seu país, o monarca poderia evitar enganar-se a respeito delas? Uma nação privada do direito de se fazer representar fica à mercê dos imprudentes que a oprimem. Ela se afasta de seus mestres, passa a esperar que qualquer mudança venha a tornar seu destino melhor. Frequentemente fica exposta a se transformar num instrumento das paixões de qualquer amotinador que prometa socorrê-la. Um povo que sofre instintivamente se volta para qualquer um que tenha a coragem de falar por ele. Tacitamente, escolhe protetores ou representantes. Aprova as reclamações que são feitas em seu nome. Se for levado a se exasperar, muitas vezes escolherá como intérpretes ambiciosos e velhacos que o seduzirão, persuadindo-o de que estão defendendo sua causa, e que derrubam o Estado sob o pretexto de defendê-lo. Os Guise na França, os Cromwell na Inglaterra, e tantos outros sediciosos que, sob o pretexto do bem público, lançaram suas nações nas mais horríveis convulsões, foram os representantes e os protetores desse gênero, igualmente perigosos para os soberanos e para as nações.

Para manter o acordo que deve sempre subsistir entre os soberanos e seus povos, para proteger tanto uns quanto outros dos atentados dos maus cidadãos, nada seria mais vantajoso do que uma Constituição que permitisse a cada ordem de cidadãos o direito de se fazer representar, de falar nas assembleias, que têm por objeto o bem geral. Essas assembleias, para serem úteis e justas, deveriam ser compostas por aqueles cujas propriedades os tornam cidadãos e cujas condições e luzes lhes permitam conhecer os interesses da nação e as necessidades dos povos. Numa palavra, é a propriedade que faz o cidadão. Todo homem que possui algo no país tem interesse pelo bem do Estado, e qualquer que seja o lugar que as convenções particulares assinalaram para ele, é sempre como proprietário, é em razão de suas possessões que ele deve falar ou que adquire o direito de se fazer representar.

Nas nações europeias, o clero, que se tornou proprietário de grandes bens através de doações que recebeu dos soberanos e dos povos, e que por essa razão forma um corpo de cidadãos ricos e opulentos, parece desde então ter um direito adquirido de falar ou de se fazer representar nas assembleias nacionais. Aliás, a confiança dos povos os coloca numa situação que os torna capazes de ver de perto suas necessidades e conhecer seus desejos.

O nobre, pelas posses que associam seu destino ao destino da pátria, sem dúvida tem o direito de falar. Se ele tivesse apenas títulos, seria só um homem cuja distinção seria dada por convenções. Se fosse apenas guerreiro, seu voto seria suspeito, sua ambição e seu interesse frequentemente mergulhariam a nação em guerras inúteis e prejudiciais.

O magistrado é cidadão em virtude de suas posses. Mas suas funções fazem dele um cidadão mais esclarecido, a quem a experiência mostrou as vantagens e desvantagens da legislação, os abusos da jurisprudência, os meios de remediar esses abusos. É a lei que decide sobre a felicidade dos Estados.

O comércio é hoje para os Estados uma fonte de força e de riqueza. O negociante enriquece ao mesmo tempo em que o Estado favorece seus empreendimentos. Ele compartilha sem cessar sua prosperidade e seus infortúnios. Portanto, não pode ser reduzido ao silêncio sem injustiça. É um cidadão útil e capaz de dar suas opiniões nos conselhos de uma nação para cujo bem-estar e poder ele contribui.

Enfim, o cultivador, ou seja, todo cidadão que possui terras, cujos trabalhos contribuem para as necessidades da sociedade, que propicia sua subsistência, sobre quem recaem os impostos, deve ser representado. Ninguém é mais interessado no bem público. A terra é a base física e política de um Estado. As vantagens e os males da nação recaem direta ou indiretamente sobre o possuidor da terra. É na proporção de suas posses que a voz do cidadão deve ter peso nas assembleias nacionais.

Tais são as diferentes ordens que compõem os Estados modernos. Como todas, à sua maneira, concorrem para a manutenção da república, todas devem ser ouvidas. A religião, a guerra, a justiça, o comércio, a agricultura, num Estado bem constituído, são feitos para se prestarem socorro mútuo. O poder soberano destina-se a manter o equilíbrio entre eles. Impedirá que alguma ordem seja oprimida por outra, o que aconteceria infalivelmente se uma única delas tivesse o direito de estipular por todas.

Eduardo I, rei da Inglaterra, disse que não há regra mais justa do que aquela que diz que as coisas que interessam a todos devem ser aprovadas por todos, e que os perigos comuns devem ser afastados por esforços comuns. Se a Constituição de um Estado permitisse a uma ordem falar por todas, logo se introduziria nele uma aristocracia sob a qual os interesses do soberano e da nação seriam imolados aos interesses de alguns homens poderosos que inevitavelmente se tornariam os tiranos do monarca e do povo. Sob o governo feudal, ou seja, durante a anarquia sistemática dos nobres, tal foi a situação de quase todas as nações europeias, quando a nobreza atou as mãos dos reis para poder exercer impunemente a licença sob o nome de liberdade. Esta é ainda a situação do governo da Polônia, onde, sob o domínio de reis fracos demais para proteger os povos, estes ficam à mercê de uma nobreza arrebatada, que coloca entraves ao poder do soberano apenas para impunemente tiranizar a nação. Enfim, tal será sempre o destino de um Estado no qual uma ordem, tendo se tornado muito poderosa, quiser representar todas as outras.

O nobre ou o guerreiro, o padre ou o magistrado, o comerciante, o manufatureiro e o cultivador são homens igualmente necessários. Cada um deles, a seu modo, serve à grande família da qual é membro. Todos são filhos do Estado. O soberano deve conhecer suas diferentes necessidades. Mas, para isto, é necessário que possam ser ouvidos, e para que possam ser ouvidos sem tumulto, cada classe deve ter o direito de escolher seus órgãos ou representantes. Para que estes possam exprimir a vontade da nação, é necessário que seus interesses estejam indivisivelmente unidos aos dela, através do laço das posses. De que modo um nobre, alimentado nos combates, poderia conhecer os interesses de uma religião na qual frequentemente ele é pouco instruído, de um comércio que ele despreza, de uma agricultura que desdenha, de uma jurisprudência da qual não tem ideia? De que maneira um magistrado, ocupado com a função penosa de fazer justiça ao povo, de sondar as profundezas da jurisprudência, de garantir-se contra os embustes da astúcia, de denunciar as armadilhas da trapaça, poderia tomar decisões a respeito dos negócios relativos à guerra, úteis ao comércio, às manufaturas, à agricultura? De que modo o clero, cuja atenção está voltada para o estudo e para a preocupação com o céu, poderia julgar o que é mais conveniente à navegação, à guerra, à jurisprudência?

Um Estado só é feliz, um soberano só é poderoso, quando todas as ordens se dão reciprocamente as mãos. Para realizar um efeito tão salutar, interessa aos chefes da sociedade política manter entre as diferentes classes de cidadãos **[146]** um justo equilíbrio, que impeça cada uma delas de usurpar as outras. Toda autoridade grande demais, colocada nas mãos de alguns membros da sociedade, se estabelece à custa da segurança e do bem-estar de todos. As paixões dos homens sem cessar os colocam em conflito uns com os outros. Esse conflito serve para lhes dar atividade e prejudica o Estado apenas quando o poder soberano esquece de manter o equilíbrio, não impedindo que uma força possa arrastar todas as outras. A voz de uma nobreza inquieta, ambiciosa, que só anseia pela guerra, deve ser contrabalançada pela voz de outros cidadãos, na opinião dos quais a paz é um bem mais necessário. Se os guerreiros decidissem sozinhos a sorte dos impérios, estes ficariam perpetuamente incendiados, e a nação sucumbiria até sob o peso de seus próprios sucessos. As leis seriam forçadas a se calar, as terras permaneceriam incultas, os campos seriam despovoados. Numa palavra, ver-se-iam renascer essas misérias que durante tantos séculos acompanharam a licença dos nobres sob o governo feudal. Um comércio preponderante talvez fizesse a terra ser muito negligenciada. O Estado, para enriquecer-se, não se ocuparia suficientemente com sua segurança, ou talvez a avidez o mergulharia frequentemente em guerras que frustrariam seus desígnios. Num Estado não há objetivo indiferente e que não exija a dedicação exclusiva de alguns homens. Nenhuma ordem de cidadãos é capaz de estipular para todos. Se uma delas tivesse esse direito, logo estipularia apenas para si mesma. Cada classe deve ser representada por homens que conheçam sua condição e suas necessidades. Estas só são bem conhecidas por aqueles que as sentem.

Os representantes supõem constituintes dos quais emana seu poder, aos quais são consequentemente subordinados e dos quais eles são como órgãos. Quaisquer que sejam os usos e abusos que o tempo tenha introduzido nos governos livres e moderados, um representante não pode arrogar-se o direito de fazer seus constituintes falarem uma linguagem oposta a seus interesses. Os direitos dos constituintes são os direitos da nação, são imprescritíveis e inalienáveis. Por pouco que se consulte a razão, ela provará que os constituintes podem em qualquer tempo desmentir, desaprovar e revogar os representantes que os traem, que abusam de seus plenos poderes contra eles ou que renunciam por eles a direitos inerentes à sua essência. Numa palavra, os representantes de um povo livre não podem lhe impor um jugo que destruiria sua felicidade. Nenhum homem pode adquirir o direito de representar outro contra a vontade deste último.

A experiência nos mostra que, nos países que se gabam de gozar da mais ampla liberdade, aqueles que são encarregados de representar os povos costumam frequentemente trair seus interesses e abandonar seus constituintes à avidez daqueles que querem espoliá-los. Uma nação tem razão de desconfiar de semelhantes representantes e de limitar seus poderes. Um ambicioso, um homem ávido de riquezas, um esbanjador, um corrompido, não são feitos para representar seus concidadãos. Eles os venderão por títulos, honras, empregos e dinheiro. Acreditar-se-á que estão interessados em seus males. O que pensar, então, se esse comércio infame parece ser autorizado pela conduta dos próprios constituintes, que são eles mesmos venais? Se esses constituintes escolhem seus representantes no tumulto e na embriaguez ou se, negligenciando a virtude, as luzes, o talento, dão a quem mais oferece o direito de estipular os seus interesses? Tais constituintes são um convite à traição. Perdem o direito de reclamar, e seus representantes fecharão sua boca dizendo: "Eu vos comprei bem caro e vos venderei o mais caro que puder".

Nenhuma ordem de cidadãos pode gozar para sempre do direito de representar a nação. É necessário que novas eleições lembrem os representantes que é dela que vem seu poder. Um corpo cujos membros gozassem ininterruptamente do direito de representar o Estado logo se tornaria seu senhor e seu tirano.

(MGS)

República (*Governo político*), Jaucourt [14, 150]

República, forma de governo na qual o povo, em corpo, ou somente uma parte dele, detém o poder soberano. Diz Tácito, nos *Anais*, 4: "É mais fácil que a forma da república seja louvada do que venha a existir e, se vem a existir, não pode durar muito". *Reipublicae forma laudari facilius quam evenire, et si evenit, haud diuturna esse potest.*

Na república, quando o povo, em corpo, detém o poder soberano, trata-se de uma democracia. Quando o poder soberano está nas mãos de uma parte do povo, trata-se de uma aristocracia. Ver *Democracia*, *Aristocracia*.

Quando vários corpos políticos se reúnem para tornar-se cidadãos de um Estado maior que desejam formar, temos uma república federativa. Ver *República federativa*.

As repúblicas antigas mais célebres são a de Atenas, a da Lacedemônia e a república romana.

Devo observar aqui que os antigos não conheciam um governo fundado sobre um corpo de nobreza e, menos ainda, um governo fundado sobre um corpo legislativo formado por representantes de uma nação. As repúblicas da Grécia e da Itália eram cidades que tinham, cada uma, o seu governo e que reuniam seus cidadãos dentro de suas muralhas. Antes de os romanos engolirem todas as repúblicas, quase não havia rei em nenhum lugar, na Itália, na Gália, na Espanha, na Alemanha. Tudo isso era constituído por pequenos povos ou pequenas repúblicas. Mesmo a África era submetida a uma grande república: a Ásia Menor era ocupada por colônias gregas. Não havia, portanto, nenhum exemplo de deputados de cidades nem de assembleias de Estados. Era preciso ir até a Pérsia para encontrar governos de um só homem. **[151]**

Nas melhores repúblicas gregas, ser rico era tão pesado quanto ser pobre. Pois os ricos eram obrigados a empregar seu dinheiro em festas, coros de música, carruagens, cavalos de corrida, magistraturas, que eram as únicas coisas que valiam respeito e consideração.

As repúblicas modernas são conhecidas por todos. Sabe-se qual é sua força, sua potência e sua liberdade. Nas repúblicas da Itália, por exemplo, os povos são menos livres do que numa monarquia. Por isto, o governo, para se manter, tem necessidade de meios tão violentos quanto os do governo dos turcos. Prova disso são os inquisidores do Estado em Veneza e a caixa em que qualquer delator pode, em qualquer momento, deixar um bilhete de acusação. Vejam qual pode ser a situação de um cidadão nessas repúblicas. O mesmo corpo de legisladores tem, como executor das leis, todo o poder que possui como legislador. Ele pode devastar o Estado pelas suas vontades gerais; e, como possui ainda o poder de julgar, pode destruir cada cidadão pelas suas vontades particulares. Aí, todo o poder é um só, e, embora não haja a pompa exterior que revele o príncipe despótico, percebe-se isto a cada instante. Em Genebra, só se percebem felicidade e liberdade.

É da natureza de uma república que ela tenha apenas um pequeno território. De outro modo, ela não pode subsistir. Numa grande república, há grandes fortunas e, consequentemente, pouca moderação nos espíritos: há muitas coisas que podem ser colocadas nas mãos de um cidadão; os interesses se particularizam. Um homem sente primeiro que pode ser feliz, grande, glorioso sem a pátria. Logo pensará que pode ser o único sobre as suas ruínas.

Numa grande república, o bem comum é sacrificado por mil outras considerações: está subordinado a exceções; depende de acidentes. Numa república pequena, o bem público é sentido com mais força, mais conhecido, está mais perto dos cidadãos. Os abusos são menos difundidos e, consequentemente, menos protegidos.

O que fez que a Lacedemônia subsistisse por tanto tempo foi o fato de que, depois das guerras, ela permaneceu sempre com o mesmo território. O único fim da Lacedemônia era a liberdade. A única vantagem de sua liberdade era a glória.

Este era o espírito das repúblicas gregas: contentar-se com suas terras, assim como com suas leis. Atenas contraiu a ambição e a passou para a Lacedemônia: mas foi antes para comandar povos livres do que para governar escravos, antes para ser a cabeça de uma união do que para rompê-la. Tudo se perdeu quando apareceu uma monarquia, governo cujo espírito é voltado para a ampliação.

É certo que a tirania de um príncipe não aproxima mais um Estado da ruína do que a indiferença pelo bem comum numa república. A vantagem de um Estado livre é que nele não há favoritos. Mas, quando isto não acontece e, em vez de se preocupar com a fortuna dos amigos e parentes do príncipe, é preciso cuidar da dos amigos e parentes de todos aqueles que fazem parte do governo, tudo está perdido. As leis são desobedecidas mais perigosamente do que são violadas por um príncipe, que, sendo sempre o maior cidadão do Estado, tem mais interesse na sua conservação (*O espírito das leis*).

República de Atenas. O leitor deve permitir que nos estendamos, nesta obra, sobre as repúblicas de Atenas, de Roma e da Lacedemônia, porque, pela sua constituição, elas elevaram-se acima de todos os impérios do mundo.

Não é surpreendente que os atenienses tenham levado a glória de sua origem a ponto de transformá-la numa quimera e que tenham se considerado filhos da terra. Contudo, é bastante provável que, segundo a opinião de alguns historiadores, eles fossem descendentes de uma colônia de saítas, povos do Egito. De início, estiveram sob o poder de reis, mas, em seguida, elegeram para governá-los magistrados perpétuos a quem deram o nome de *arcontes*. Mas essa magistratura perpétua, para esse povo que amava a independência, parecia ser uma imagem muito viva da realeza, e, então, os arcontes se tornaram decenais e, finalmente, anuais. Depois, como não se chegasse a um acordo sobre a religião nem sobre o governo, e como as facções renasciam sem cessar, os atenienses receberam de Drácon as leis célebres das quais se dizia que tinham sido escritas com sangue, por causa de seu rigor excessivo. É por essa causa que foram suprimidas 24 anos depois por Sólon, que as substituiu por outras mais amenas e mais convenientes aos costumes dos atenienses.

As sábias leis desse grande legislador estabeleceram uma democracia pura, que foi depois rompida por Pisístrato, que usurpou a soberania de Atenas e a deixou para seus filhos Hiparco e Hípias. O primeiro foi morto; e o segundo, tendo fugido, juntou-se aos persas, que foram vencidos pelos atenienses chefiados por Miltíades, na batalha de Maratona.

Sabe-se o quanto eles contribuíram nas batalhas de Mícale, Plateia e Salamina. Essas vitórias elevaram Atenas a um ponto de esplendor ao qual ela não tinha chegado como república. Ocupou também na Grécia o primeiro lugar durante o espaço de setenta anos. Foi nesse intervalo que surgiram os maiores capitães, os mais célebres filósofos, os primeiros oradores e os mais hábeis artistas.

Estava em condições de disputar a preeminência e a glória. Sozinha, Atenas sacrificou mais homens e mais riqueza ao bem comum dos gregos do que qualquer outro povo da terra sacrificou suas vantagens particulares. Enquanto foi florescente, preferiu enfrentar acasos gloriosos a usufruir de uma segurança vergonhosa. Era povoada por embaixadores que vinham de todas as partes pedir sua proteção e que a denominavam *asilo comum das nações*. A arte de bem falar tornou-se seu apanágio e ela não tinha mestre em fineza e delicadeza do gosto.

Mas, como as riquezas e as belas-artes levam à corrupção, Atenas se corrompeu muito rapidamente e marchou a passos largos em direção à sua ruína. É inacreditável como ela já estava despida de seus antigos costumes no tempo de Ésquinas e Demóstenes. Entre os atenienses, já não havia mais amor à pátria, e só se viam desordens em suas assembleias e em suas ações jurídicas. Tendo perdido contra Filipe a batalha de Queroneia, Atenas foi obrigada a dobrar-se sob o poder desse rei da Macedônia e sob o de seu filho Alexandre.

Contudo, ela voltou a se levantar contra a tirania de Demétrio pelo valor de Olimpiodoro. A valentia de seus antigos habitantes retomou, então, suas primeiras forças e fez que os gauleses sentissem a potência de suas armas. O ateniense Calipo impediu que o exército de Breno atravessasse a passagem das Termópilas, constrangindo-o a espalhar-se em outros lugares. É verdade que este foi o último triunfo de Atenas. Aristion, um de seus capitães, que tinha se tornado o tirano, não conseguiu defender a cidade contra os romanos. Sila tomou Atenas e a entregou à pilhagem. O Pireu foi destruído e nunca mais foi restabelecido.

Após o saque de Sila, Atenas teria se tornado para sempre um horrível deserto, se os filósofos não tivessem atraído para lá uma multidão de pessoas [152] ávidas de aproveitar suas luzes. O próprio Pompeu interrompeu sua perseguição aos piratas para dirigir-se para lá, e o povo, em reconhecimento, combateu ao seu lado na batalha de Farsala. César, todavia, se glorificou por perdoar Atenas depois de sua vitória contra Pompeu, ocasião na qual pronunciou estas belas palavras: "Hoje eu deveria punir os atenienses. Mas, pelo mérito dos mortos, concedo esta graça aos vivos".

Augusto deixou Atenas com suas antigas leis e só lhes tirou algumas ilhas que lhe haviam sido dadas por Antônio. O imperador Adriano se gabava de ser o restaurador dos mais belos edifícios de Atenas e de fazer voltarem a valer as leis de Sólon. Sua inclinação por Atenas passou para seu sucessor, que a transmitiu a Vero. O imperador Valeriano mandou também reconstruir suas muralhas. Mas essa vantagem não conseguiu impedir que, sob o império de Cláudio, sucessor de Galiano, ela fosse devastada pelos citas. Enfim, 140 anos após, sob o império de Honório, ela foi invadida por Alarico, a pedido de Estílico.

Todos conhecem as novas vicissitudes experimentadas por Atenas depois disso. No tempo do furor das Cruzadas, ela tornou-se a presa do primeiro ocupante, Francisco, o Aragonês, de florentinos etc., mas os francos se viram obrigados a abandoná-la em 1455 e entregá-la às armas vitoriosas de Maomé II, o mais temível dos imperadores otomanos.

Depois dessa época fatal, os turcos se tornaram seus senhores, e foram construídas mesquitas sobre as ruínas dos próprios templos dos deuses. Os janízaros pisoteiam as cinzas dos oradores Efíaltes, Isócrates e Licurgo, sobre os túmulos de Hipólito, filho de Teseu, de Miltíades, de Temístocles, de Címon, de Tucídides etc. O palácio de Adriano lhes serve de cemitério; a praça cerâmica onde havia um altar dedicado à Misericórdia é seu bazar. O quarteirão do cádi era o de Ésquines, rival de Demóstenes: nesse quarteirão, as crianças começavam a falar mais cedo do que em outros lugares . O palácio de Temístocles ali estava, e Epicuro e Fócio ali moravam. Havia também três soberbos templos construídos em honra dos grandes homens. A igreja arquiepiscopal dos gregos era o templo de Vulcano, descrito por Pausânias. Remeto o leitor a esse historiador para a descrição das outras maravilhas dessa cidade célebre; mas devo dizer alguma coisa sobre seu governo.

Como Sólon havia dividido Atenas em dez tribos, para cada tribo foram nomeados os 120 cidadãos mais ricos, para que mantivessem as despesas das armas. Isto significava 1.200 homens divididos em vinte classes. Cada uma dessas vinte classes era composta de sessenta homens e subdividida em cinco partes, cada qual com doze homens.

Sólon decidiu que todas as funções militares seriam nomeadas por escolha, e que os senadores e juízes seriam escolhidos por sorte. Quis também que as magistraturas civis, que exigem grandes despesas, fossem escolhidas por voto, e que as outras fossem escolhidas por sorte. Mas, para corrigir a sorte, quis que só se pudesse escolher dentre aqueles que se apresentassem, e que aquele que fosse eleito fosse examinado pelos juízes. Qualquer um podia acusá-lo de ser indigno do cargo. Esse processo associava a escolha e a sorte.

No entanto, se pudéssemos duvidar da capacidade natural do povo para distinguir o mérito, bastaria lançar um olhar sobre essa sequência contínua das espantosas escolhas feitas pelos atenienses e romanos, escolhas que, sem dúvida, não podemos atribuir ao acaso. Sabe-se que em Roma, embora o povo tivesse o direito de escolher plebeus para cargos públicos, não conseguia decidir-se a fazê-lo. E, embora em Atenas o povo pudesse, de acordo com a lei de Aristides, escolher os magistrados em todas as classes, nunca aconteceu, como diz Xenofonte, de o baixo povo escolher entre aquelas que pudessem interessar à sua salvação ou à sua glória.

Os diversos gêneros de magistrados da república de Atenas podem se dividir em três classes: primeiro, aqueles que, escolhidos em certas ocasiões por uma tribo de Atenas ou por um burgo da Ática, eram encarregados de alguma função particular, sem direito de jurisdição. Em segundo lugar, aqueles que eram escolhidos por sorte pelos *thesmotêtes* no templo de Teseu. Estes eram os arcontes. O povo indicava os candidatos entre os quais a sorte decidiria. Em terceiro lugar, aqueles que eram escolhidos pelo povo reunido em assembleia por maioria de votos, na colina de Pnix, a partir das proposições dos *thesmotêtes*. Essas duas últimas espécies de função exigiam prestação de contas. Mas aquelas que eram escolhidas por uma tribo ou burgo, e que consistiam no baixo escalão da magistratura, não eram submetidas a essa exigência.

Os três símbolos da grande magistratura eram um bastonete, uma prancheta e uma outra insígnia que era entregue aos juízes quando eles entravam no tribunal, e que era devolvida na saída.

O esplendor de Atenas a havia elevado a uma condição que fazia que soberanos julgassem que era digno de glória obter o direito de cidadania ateniense. Os filhos de Ajax compraram esse direito ao preço do principado que haviam obtido na ilha de Égina. No começo da Guerra do Peloponeso, o filho de Citalces, poderoso rei da Trácia, só conseguiu essa cidadania em vista de um artigo de um tratado que seu pai havia celebrado com os atenienses. Enfim, Cotes, outro rei da Trácia, e seu filho Chersoblopte por sua vez a obtiveram. Não podemos nos impedir de ter uma grande ideia a respeito de uma cidade por cujo direito de cidadania até os reis se disputavam para poder votar em suas assembleias públicas.

Alguns dias antes da realização dessas assembleias, o assunto que iria ser tratado era anunciado num cartaz que instruía cada um dos cidadãos. Do mesmo modo que não eram admitidos na assembleia aqueles que não haviam atingido a idade necessária para dela participar, os outros eram obrigados a comparecer, sob pena de multa. Os nomes de todos os cidadãos aos quais a lei dava direito de voto eram escritos num registro. Esse direito era concedido a todos que tivessem passado da puberdade, a menos que algum vício importante privasse alguém de possuí-lo. Este era o caso dos maus filhos, dos covardes declarados, dos brutais que se entusiasmavam com a devassidão a ponto de esquecer seu sexo, dos perdulários e dos devedores do fisco.

O povo, cuja opinião tudo decidia, reunia-se de manhã bem cedo para deliberar, ora na praça pública, ora no *pnyce*, ou seja, no lugar pleno, assim chamado pelo grande número de assentos que continha e pela quantidade de pessoas que se apressava em ocupá-los. Mas, o mais frequentemente, a assembleia se realizava no teatro de Baco, cuja vasta extensão ainda podemos reconhecer pelas ruínas que dele restam.

Cada uma das dez tribos escolhia anualmente por sorteio cinquenta senadores, que compunham o Senado dos Quinhentos. A presidência era dada a cada uma das tribos, que sucessivamente a cedia às outras. Os cinquenta senadores em função eram chamados prítanes, o lugar onde se reuniam era denominado pritaneu, e o tempo de seu exercício ou pritania era de 35 dias. Durante os 35 dias, dez dos cinquenta prítanes presidiam, por semana, sob o nome de proedros. Entre esses, aquele que no decorrer da semana estava em seu dia de presidir era chamado epístata. Só se podia sê-lo uma vez na vida, para evitar que se tomasse gosto excessivo pelo poder. Os senadores de outras tribos não deixavam de opinar, segundo o lugar que lhes era assinalado. **[153]** Mas os prítanes convocavam a assembleia, os proedros determinavam a pauta, o epístata pedia as opiniões.

Havia duas espécies de assembleias, as ordinárias e as extraordinárias. As primeiras, que só os prítanes podiam convocar, eram em número de quatro em cada pritania, em dias marcados e com assuntos determinados.

As últimas eram convocadas ora pelos prítanes, ora pelos generais, e o dia e o assunto eram determinados pela ocasião. Na aproximação de um perigo, eram negligenciadas as formalidades. Diodoro, no livro XVI, conta que o povo de Atenas, quando soube da chegada de Filipe, reuniu-se no teatro sem esperar a ordem do magistrado, como mandava o costume.

A assembleia era aberta com um sacrifício e uma imprecação. Sacrificava--se a Ceres um porco jovem e purificava-se o lugar regando o chão com o sangue da vítima. A imprecação, misturada às promessas, era feita nos seguintes termos: "Pereça como maldito dos deuses todo aquele que agir, falar ou pensar contra a República". Terminada a cerimônia, os proedros expunham ao povo por que tinham se reunido. Relatavam a opinião do Senado dos Quinhentos, ou seja, dos cinquenta senadores tirados de cada uma das tribos, e pediam que ratificassem, reformulassem ou reprovassem essa opinião. Se o povo não se sentia em condições de decidir imediatamente, um arauto indicado pelo epístata falava em alta voz: "Algum cidadão de mais de cinquenta anos quer falar?". O mais antigo orador subia, então, à tribuna, lugar mais alto, de onde se podia ser mais bem ouvido.

Depois disto, se houvesse 6 mil cidadãos na assembleia, eles votavam levantando a mão. Depois de recolhidos os votos, o decreto era estabelecido, e recebia o nome do orador ou senador cuja opinião tinha prevalecido. Colocava-se em cima de tudo a data, na qual se fazia entrar o nome do arconte, em seguida o dia do mês, enfim o nome da tribo que presidia na ocasião. Eis a fórmula de uma dessas datas, que bastará para que se possa ter uma ideia das outras: "Sob o arconte Minesífilo, no dia 30 do mês de Hecatombeon, sendo da tribo de Pandion a vez de presidir [...]".

Nas causas criminais, os juízes se pronunciavam duas vezes. Primeiro, julgavam o mérito da causa. Em seguida, estabeleciam a pena. No primeiro julgamento, apenas declaravam se o acusado era inocente ou se fora absolvido. Se a maioria dos votos fosse favorável à condenação, então, no caso de o crime não ser capital, obrigava-se o próprio culpado a declarar a pena que merecia. Depois disso, se seguia um segundo julgamento dos magistrados, que estabeleciam eles mesmos a proporção entre a pena e o crime. Os atenienses tinham uma lei que prescrevia em termos formais a obediência a essa ordem nas condenações: "Que os juízes", dizia essa lei, "proponham ao culpado diferentes penas, que o próprio culpado escolha uma delas e que, enfim, os juízes determinem a pena que deve ser imposta". Se o culpado fosse indulgente consigo mesmo, os juízes tinham o cuidado de estabelecer com severidade uma compensação mais exata. Cícero menciona esse costume. No primeiro livro do orador, fala de Sócrates nestes termos: "Esse grande homem foi também condenado não somente quanto ao mérito da causa, mas também quanto ao gênero de pena, pois era um costume em Atenas, nas causas que não eram capitais, pedir-se ao culpado que dissesse a pena que julgava merecer. Como essa pergunta foi feita a Sócrates, ele respondeu que acreditava ter merecido que lhe fossem dadas as maiores recompensas, que fosse alimentado no pritaneu à custa da república, o que na Grécia era considerado a maior das honras". Essa resposta de Sócrates irritou de tal modo os juízes que, em sua pessoa, condenaram à morte o mais virtuoso de todos os gregos.

Nas questões políticas, os atenienses só viam, ouviam e se decidiam segundo as paixões de seus oradores. O mais hábil dispunha de toda função política ou militar. Árbitro da guerra e da paz, armava e desarmava o povo segundo seu desejo. Não devemos, pois, nos espantar com o fato de que, num Estado onde a ciência da persuasão gozava de um privilégio tão lisonjeiro, essa ciência fosse cultivada com tanto cuidado e cada um consagrasse suas vigílias a se aperfeiçoar na arte soberana da palavra.

Atenas foi a primeira das cidades gregas que recompensou com coroa os súditos que tivessem prestado um serviço importante ao Estado. De início, essas coroas eram apenas dois ramos de oliveira entrelaçados, e eram as mais honrosas. Em seguida, foram feitas de ouro, e então se aviltaram. A primeira coroa de oliveira oferecida pelos atenienses foi dada a Péricles. Tal costume é muito louvável, seja considerado em si mesmo, seja considerado em relação ao grande homem para quem ele foi estabelecido. Pois, de um lado, as recompensas gloriosas são as mais eficazes de todas para estimular nos homens a virtude. De outro lado, Péricles bem merecia que um tão belo costume iniciasse com sua pessoa.

Deve-se ainda distinguir as coroas que a república oferecia a seus cidadãos das coroas estrangeiras que eles recebiam. Em relação às primeiras, a lei de Atenas ordenava que fossem distribuídas na assembleia do Senado, quando era o Senado que as havia outorgado, e na assembleia do povo quando era o povo que as tinha atribuído. Contudo, a lei permitia que algumas vezes fossem distribuídas no teatro, ou que fossem proclamadas no teatro pleno. Aquele que recebia uma dessas coroas a levava para casa, e ela se tornava um monumento doméstico que perpetuava para sempre a memória de seus serviços. No começo, essas coroas de honra eram dadas raramente. No tempo de Demóstenes, eram atribuídas por costume, por hábito, por interesse, sem escolha nem discernimento.

Eram chamadas coroas estrangeiras as que povos estrangeiros enviavam, por reconhecimento, para algum cidadão de Atenas. Entretanto, esses povos só podiam fazê-lo depois de obter permissão por meio de uma embaixada. Elas só eram distribuídas no teatro, e nunca no Senado ou na assembleia do povo. Aqueles aos quais eram enviadas não podiam levá-las para casa. Eram obrigados a depositá-las no templo de Minerva, onde permaneciam como consagradas. Segundo Ésquino, isso era feito a fim de que ninguém, no ardor de agradar mais aos estrangeiros do que à sua pátria, se corrompesse e se pervertesse.

As rendas de Atenas, no tempo de Demóstenes, chegavam a quatrocentos talentos, ou seja, 82.500 libras esterlinas, estimando o talento, como o faz D. Bernard, no valor de 206 libras esterlinas e 5 xelins. A cidade sustentava 30 mil homens a pé e alguns milhares da cavalaria. Foi com esse pequeno número de soldados que, cheia de projetos de glória, ela aumentou sua ambição, em vez de aumentar sua influência.

Aliás, Atenas não realizou aquele grande comércio prometido pelo trabalho nas minas, pela multidão de seus escravos, pelo número de homens do mar, por sua autoridade sobre as outras cidades gregas. E, mais do que isto tudo, as belas instituições de Sólon, seu negócio marítimo, limitaram-se quase exclusivamente à Grécia e ao Ponto Euxino, de onde a cidade tirava sua subsistência. "Atenas", diz Xenofonte, "tem o império do mar; mas, como a Ática é constituída de terras, os inimigos a devastam enquanto ela faz expedições ao longe. Os principais deixam suas terras serem destruídas, enquanto colocam seus bens em segurança em alguma ilha. O populacho não tem terras e vive sem nenhuma inquietação. Mas se os atenienses habitassem uma ilha e tivessem, além disso, o império do mar, teriam poder para prejudicar outros sem que estes pudessem prejudicá-los, enquanto eles seriam os senhores do mar." Diríeis que Xenofonte quis falar da Inglaterra.

Atenas caiu tão logo abandonou seus princípios. Essa cidade, que havia resistido a tantas derrotas, que havia renascido depois de tantas destruições, foi vencida em Queroneia, e o foi para sempre. Não importa que Filipe tenha devolvido todos os prisioneiros; ele devolveu apenas homens perdidos pela corrupção. Enfim, o amor dos atenienses pelos jogos, pelos prazeres e pelas diversões do teatro, tendo substituído o amor pela pátria, acabou por apressar os progressos de Filipe e a queda de Atenas, segundo a opinião de um elegante historiador romano. Eis como Justino, no livro VI, se exprime a esse respeito, e suas palavras são dignas para terminar este artigo:

"Com a morte de Epaminondas, capitão tebano, morreu, no mesmo dia, todo o valor de Atenas. A morte do inimigo que mantinha a todo momento desperta sua emulação, enfraqueceu sua coragem e mergulhou os atenienses na frouxidão. Logo eles começaram a gastar em jogos e festas os fundos das forças de terra e de mar. Cessa todo exercício militar, o povo se entrega aos espetáculos, o teatro faz perder o gosto pelo campo; não se consideram, não mais se estimam os capitães; só são aplaudidos e recebem deferência os poetas e declamadores agradáveis. O cidadão ocioso compartilha das finanças destinadas ao soldado e ao marinheiro. Assim, a monarquia da Macedônia elevou-se sobre um amontoado de repúblicas gregas, e os destroços de sua glória fizeram o grande nome dos bárbaros." **[154]**

República romana. Todos sabem de cor a história dessa república. Lancemos nossos olhares, junto com Montesquieu, sobre as causas de sua grandeza e decadência, e façamos aqui o resumo de suas admiráveis reflexões sobre tão belo assunto.

Roma mal tinha nascido e já se começava a construir a cidade eterna. Sua grandeza logo apareceu nos edifícios públicos. As obras que deram e ainda hoje dão a mais alta ideia de seu poder foram feitas sob o domínio dos reis. Dionísio de Halicarnasso não pôde deixar de mostrar seu espanto com os esgotos feitos por Tarquínio, e esses esgotos ainda existem.

Rômulo e seus sucessores quase sempre estavam em guerra contra seus vizinhos, para obter cidadãos, mulheres ou terras. Voltavam para a cidade com o espólio dos povos vencidos: eram feixes de trigo e rebanhos. Essa pilhagem causava grande alegria. Esta é a origem dos triunfos, que foram em seguida a principal causa da grandeza a que essa cidade chegou.

Roma aumentou muito suas forças unindo-se aos sabinos, povos duros e belicosos como os lacedemônios, dos quais eram descendentes. Rômulo adotou seu escudo, que era largo, diferente do pequeno escudo argiano do qual tinha se servido até então. Deve-se assinalar que aquilo que mais contribuiu para tornar os romanos senhores do mundo é o fato de que, tendo combatido sucessivamente todos os povos, sempre renunciaram a seus usos quando encontravam outros melhores.

Uma terceira causa da ascensão de Roma é que seus reis foram todos grandes personagens. Em nenhum outro lugar nas histórias se pode encontrar uma sequência ininterrupta de tais homens de Estado e de tais comandantes.

Tarquínio atreveu-se a tomar a coroa sem ser eleito, nem pelo Senado nem pelo povo. O poder se tornava hereditário; ele o transformou em absoluto. Essas duas revoluções foram seguidas de uma terceira. Seu filho Sexto, ao violar Lucrécia, fez uma coisa que quase sempre causa a expulsão dos tiranos da cidade que dominaram; pois o povo, a quem semelhante ação faz sentir tão bem sua servidão, toma facilmente uma decisão extrema.

Contudo, é verdade que a morte de Lucrécia não foi senão a ocasião da revolução. Pois um povo altivo, empreendedor, ousado e encerrado entre suas muralhas deve necessariamente ou sacudir o jugo ou suavizar seus costumes. Das duas coisas, uma delas devia acontecer: ou Roma muda seu governo ou permanecia uma pequena e pobre monarquia. Ela mudou seu governo. Sérvio Túlio havia ampliado os privilégios do povo para enfraquecer o Senado. Mas o povo, inspirado por sua coragem, derrubou a autoridade do Senado e não quis mais a monarquia.

Tendo expulsado os reis, Roma estabeleceu os cônsules anuais, e isto foi uma nova fonte da grandeza a que chegou. Os príncipes têm, na sua vida, períodos de ambição, após os quais outras paixões, e mesmo a ociosidade a sucedem. Mas a república tinha chefes que eram mudados todos os anos e que procuravam tornar notáveis suas magistraturas para obtê-las novamente. Nenhum momento era perdido para a ambição: eles incitavam o Senado a propor a guerra ao povo, e todos os dias lhe mostravam novos inimigos.

Esse corpo, por si mesmo, era bastante propenso à guerra. Incessantemente cansado de queixas e pedidos do povo, procurava distraí-lo de suas inquietações e ocupá-lo no exterior. Ora, a guerra quase sempre agrada ao povo, porque, pela sábia distribuição do espólio, se encontrou um meio de torná-la útil. Sendo Roma uma cidade sem comércio e quase sem artes, a pilhagem era o único meio de os particulares enriquecerem.

Havia, pois, sido estabelecida a disciplina na maneira de pilhar; observava-se mais ou menos a mesma ordem que é hoje praticada entre os pequenos tártaros. O espólio era colocado em comum e distribuído aos soldados. Nada se perdia porque, antes de partir, cada um havia jurado que não desviaria nada em seu proveito. Ora, os romanos eram o povo mais religioso do mundo em relação ao juramento, que foi sempre o nervo de sua disciplina militar. Enfim, os cidadãos que permaneciam na cidade usufruíam também dos frutos da vitória. Uma parte das terras do povo vencido era confiscada e dividida em duas porções: uma era vendida em proveito público e a outra era distribuída aos cidadãos pobres, tributada com uma renda em favor do Estado.

Como os cônsules só podiam obter a honra do triunfo por meio de uma conquista ou uma vitória, faziam a guerra com uma coragem e uma impetuosidade extremas. Assim, a república estava constantemente em guerra, e sempre em guerra violenta. Ora, uma nação sempre em guerra, e por princípio de governo, devia necessariamente perecer ou então vencer todas as outras, que, ora em guerra, ora em paz, nunca estavam tão aptas para atacar nem tão preparadas para se defender.

Por esse meio, os romanos adquiriram um profundo conhecimento da arte militar. Nas guerras passageiras, a maior parte dos exemplos se perde. [155] A paz traz outras ideias, as faltas são esquecidas, e até mesmo suas virtudes. Uma outra consequência do princípio da guerra contínua foi que os romanos nunca fizeram a paz a não ser como vencedores. Com efeito, para que serve fazer uma paz vergonhosa com um povo e depois ir atacar outro? Nesse sentido, eles aumentavam sempre suas pretensões na medida de suas derrotas; consternavam os vencedores e impunham-se uma maior necessidade de vencer. Sempre expostos às mais horríveis vinganças, tornaram-se necessários a constância e o valor, e essas virtudes não podiam ser distinguidas do amor de si mesmo, de sua família, de sua pátria e de tudo o que há de mais caro entre os homens. A resistência dos povos da Itália, e ao mesmo tempo a obstinação dos romanos em vencê-los, lhes deu vitórias que não os corromperam e que lhes deixaram com toda a sua pobreza. Se tivessem conquistado rapidamente todas as cidades vizinhas, teriam experimentado a decadêcnia na chegada de Pirro, dos gauleses e de Aníbal, e, pelo destino de quase todos os estados do mundo, teriam passado rapidamente da pobreza às riquezas, e das riquezas à corrupção. Mas Roma, esforçando-se sempre, e sempre encontrando obstáculos, tornava sensível a sua potência, sem poder aumentá-la. E, numa circunferência bem pequena, exercia-se nas virtudes que deveriam ser tão fatais para o universo.

Sabe-se a que ponto os romanos aperfeiçoaram a arte da guerra, que consideravam como a única arte que deviam cultivar. Sem dúvida, diz Vegécio, é um deus que lhes inspirou a legião. Como suas tropas eram sempre as mais disciplinadas, era difícil que, no pior combate, eles não se reagrupassem, ou que a desordem não se introduzisse entre os inimigos. Por essa razão, nas histórias, podemos ver que, embora superados no início pelo número ou pelo ardor dos inimigos, arrancavam enfim a vitória de suas mãos. Seu principal cuidado era examinar em que seu inimigo poderia ter superioridade sobre eles, e de antemão resolviam isso. Acostumaram-se a ver o sangue e as feridas nos espetáculos dos gladiadores, que herdaram dos etruscos.

As espadas cortantes dos gauleses e os elefantes de Pirro só os surpreenderam uma vez. Compensaram a fraqueza de sua cavalaria primeiro tirando o freio dos cavalos, para que sua impetuosidade não fosse reprimida, e em seguida misturando os vélites com os cavaleiros. Logo que conheceram a espada espanhola, abandonaram a sua. Enganaram a ciência dos pilotos, pela invenção de uma máquina que Políbio nos descreveu. Enfim, como diz Josefo, a guerra era para eles uma meditação, a paz, um exercício. Se alguma nação tivesse, por natureza ou por instituição, alguma vantagem particular, fizeram uso dela. Não esqueceram nada para ter os cavalos númidas, os arqueiros cretenses, os soldados baleares, os navios de Rodes. Em suma, jamais uma nação preparou a guerra com tanta prudência e a fez com tanta audácia.

Roma foi um prodígio de constância e essa constância foi uma nova fonte de sua elevação. Após as jornadas de Tesino, Trébias e Trasímeno, depois da de Canas, mais funesta ainda, abandonada por todos os povos da Itália, ela não pediu a paz. É que o Senado nunca abandonava as máximas antigas: ele agia com Aníbal como havia outrora agido com Pirro, com quem tinha recusado fazer um acordo enquanto ele estivesse na Itália. Dionísio de Halicarnasso diz que, na ocasião da negociação de Coriolano, o Senado declarou que não violaria os costumes antigos, que o povo romano não poderia fazer a paz enquanto os inimigos estivessem em suas terras, mas que se os volscos se retirassem, concordariam com tudo o que fosse justo.

Roma foi salva pela força de sua instituição. Depois da batalha de Canas, não se permitiu que as mulheres chorassem. O Senado recusou-se a resgatar os prisioneiros e enviou os miseráveis restos do Exército para guerrear na Sicília, sem recompensa nem nenhuma honra militar, até que Aníbal fosse expulso da Itália. De outro lado, o cônsul Terêncio Varrão tinha fugido vergonhosamente para Venúsia; esse homem, da mais humilde origem, só havia sido elevado ao consulado para mortificar a nobreza. Mas o Senado não quis usufruir desse infeliz triunfo. Viu o quanto era necessário atrair, nessa ocasião, a confiança do povo. Procurou Varrão e lhe agradeceu por não ter perdido a esperança na república.

Tão logo os cartagineses foram dominados, os romanos atacaram novos povos e se mostraram por toda a terra para tudo invadir. Subjugaram a Grécia, os reinos da Macedônia, da Síria e do Egito. No decurso de tanta prosperidade, no qual ordinariamente se negligencia a si mesmo, o Senado agia sempre com a mesma penetração e, enquanto os exércitos venciam tudo, mantinha na terra os que eram abatidos. Erigiu-se um tribunal que julgou todos os povos. Ao final de cada guerra, decidia sobre as penas e recompensas que cada um havia merecido. Tirava uma parte do domínio do povo vencido para dá-la aos aliados, com o que obtinha duas coisas: associava a Roma os reis dos quais tinha pouco a temer e muito a esperar, e enfraquecia outros, dos quais não tinha nada a esperar e muito a temer. Servia-se dos aliados para guerrear contra um inimigo; mas antes destruía os destruidores. Filipe foi vencido por meio dos eólios, que foram depois aniquilados por terem se associado a Antíoco. Antíoco foi vencido com o auxílio dos rodenses. Mas, depois de lhes ter dado recompensas brilhantes, humilharam-nos para sempre, sob o pretexto de que tinham pedido que se fizesse a paz com Perseu.

Os romanos, sabendo o quanto os povos da Europa eram próprios para a guerra, estabeleceram uma lei segundo a qual nenhum rei da Ásia poderia entrar na Europa e auxiliar qualquer povo que fosse. O principal motivo da guerra contra Mitrídates foi que este, contra essa proibição, havia submetido alguns bárbaros.

Quando algum príncipe havia feito uma conquista qualquer, que quase sempre o tinha esgotado, vinha um embaixador romano e arrancava essa conquista das suas mãos. Entre mil exemplos, pode-se lembrar como expulsaram Antíoco do Egito somente com uma palavra.

Quando viam que dois povos estavam em guerra, mesmo que não tivessem nenhuma aliança nem nada para resolver com um ou com outro, não deixavam de aparecer na cena, e, tal como nossos cavaleiros errantes, tomavam o partido do mais fraco. Como diz Dionísio de Halicarnasso, era um costume antigo dos romanos sempre socorrer qualquer povo que viesse implorar seu auxílio.

Nunca faziam guerras muito distantes sem antes buscar alguns aliados perto do inimigo que iam atacar e que pudesse juntar suas tropas ao exército que enviavam. E como esse exército nunca era considerável pelo número, sempre mantinham um outro na província mais próxima do inimigo, e um terceiro em Roma, sempre pronto para avançar. Assim, só expunham uma pequena parte de suas forças, enquanto seu inimigo [156] expunha todas as suas aos acasos da guerra.

Esses costumes dos romanos, que tanto contribuíram para a sua grandeza, não eram casos particulares ocorridos por acaso. Eram princípios sempre constantes, e isto se pode ver facilmente; pois as máximas que utilizaram contra as maiores potências foram precisamente as que haviam empregado no início contra as pequenas cidades que ficavam próximas deles.

Mestres do universo, ficaram com todos os seus tesouros; foram sequestradores menos injustos como conquistadores do que como legisladores. Tendo sido informados de que Ptolomeu, rei do Chipre, tinha imensas riquezas, fizeram uma lei, a partir da proposição de um tribuno, pela qual se declararam herdeiros de um homem vivo e confiscaram um príncipe aliado. Logo a cupidez dos particulares acabou por roubar o que tinha escapado da avareza pública. Os magistrados e governadores vendiam aos reis suas injustiças. Dois competidores se arruinavam procurando superar um ao outro, para comprar uma proteção sempre duvidosa, contra um rival que não estava inteiramente esgotado, pois não existia nem mesmo essa justiça dos bandidos, que mostram uma certa probidade no exercício do crime. Enfim, os direitos legítimos ou usurpados só se sustentavam pelo dinheiro; os príncipes, para obtê-lo, espoliavam seus templos e confiscavam seus cidadãos mais ricos. Cometiam-se mil crimes para dar aos romanos todo o dinheiro do mundo. Foi assim que a república romana impôs respeito à terra. Ela silenciou os reis e os transformou em estúpidos.

Mitrídates se defendeu sozinho, com coragem. Mas, enfim, foi abatido por Sila, Lúculo e Pompeu. Foi então que este último, com a rapidez de suas vitórias, concluiu a majestosa obra da grandeza de Roma. Ele uniu ao corpo de seu império infinitos países. Entretanto, esse crescimento dos Estados serviu mais ao espetáculo do esplendor romano do que à sua verdadeira potência e à manutenção da liberdade pública. Revelemos as causas que concorreram para a sua decadência e sua queda, para sua ruína, e retomemos essas causas desde sua origem.

Enquanto Roma conquistava o universo, havia dentro de suas muralhas uma guerra oculta. Eram fogos como os de um vulcão, que se precipitam para fora tão logo uma matéria vinha a aumentar a sua fermentação.

Depois da expulsão dos reis, o governo tinha se tornado aristocrático. As famílias patrícias obtinham sozinhas todas as dignidades e, consequentemente, todas as honras militares e civis. Os patrícios, querendo impedir a volta dos reis, procuraram aumentar o movimento no espírito do povo. Mas fizeram mais do que queriam: de tanto lhe inspirar o ódio pelos reis, acabaram por provocar no povo um desejo imoderado de liberdade. Como a autoridade real havia passado inteiramente para as mãos dos cônsules, o povo sentiu que não tinha essa liberdade pela qual queriam que ele tivesse tanto amor. O povo quis então rebaixar o consulado, ter magistrados plebeus e dividir com os nobres as magistraturas curules. Os patrícios foram forçados a lhe conceder tudo o que ele pedia, pois, numa cidade em que a pobreza era a virtude pública, em que as riquezas, essa via secreta para adquirir o poder, eram desprezadas, o nascimento e as dignidades não podiam dar grandes benefícios. O poder devia, pois, voltar para a maioria, e a aristocracia devia se transformar pouco a pouco num Estado popular.

Talvez se pense que, quando o povo de Roma obteve a participação nas magistraturas patrícias, seus bajuladores seriam os árbitros do governo. Não: esse povo que tornara as magistraturas comuns aos plebeus elegeu quase sempre patrícios; porque era um povo virtuoso, era magnânimo; e porque era livre, desdenhava o poder. Mas, quando perdeu seus princípios, quando mais teve poder, menos teve precaução, até que, finalmente, tornou-se seu próprio tirano e escravo; perdeu a força da liberdade para cair na fraqueza e na licenciosidade.

Um Estado pode mudar de duas maneiras: ou porque a Constituição se corrige ou porque se corrompe. Se ele conservou seus princípios quando a Constituição mudou, é que ela se corrigiu. Se ele perdeu seus princípios, quando a Constituição mudou, é que ela se corrompeu. Quando uma república se corrompe, não se pode remediar nenhum dos males que nascem a não ser eliminando a corrupção e voltando aos princípios; qualquer outra correção é inútil ou é um novo mal. Enquanto Roma conservou seus princípios, os julgamentos puderam ser feitos sem abuso entre as mãos do senadores; mas, quando ela se corrompeu, qualquer que fosse o corpo a quem se atribuísse os julgamentos, aos senadores, aos cavaleiros, aos tesoureiros da reserva, a dois desses corpos, a todos os três, a qualquer outro corpo, sempre se estaria mal. Os cavaleiros não tinham mais virtude do que os senadores, os tesoureiros da reserva mais do que os cavaleiros, e estes tão pouca virtude quanto os centuriões.

Enquanto a dominação de Roma se limitou à Itália, a república podia facilmente subsistir, todo soldado era igualmente cidadão: cada cônsul recrutava um exército e outros cidadãos iam para a guerra sob aquele que o sucedia. O número de soldados não era excessivo; procurava-se receber na milícia apenas pessoas que tivessem bens suficientes para ter interesse na conservação da cidade, Enfim, o Senado vigiava de perto a conduta de seus generais e lhes tirava do pensamento a intenção de fazer alguma coisa contra seu dever.

Mas, quando as legiões ultrapassaram os Alpes e o mar, os homens de guerra, que se era obrigado a deixar durante muitas campanhas nos países que eram submetidos, pouco a pouco perderam o espírito de cidadãos; os generais que dispuseram dos exércitos e dos reinos sentiram sua própria força e não quiseram mais obedecer. Os soldados começaram, pois, a não reconhecer a não ser o seu general, a basear nele todas as suas esperanças e a ver a cidade de mais longe. Não eram mais os soldados da república, mas de Sila, de Mário, de Pompeu, de César. Roma não pôde mais saber se aquele que estava à frente de um exército numa província era seu general ou seu inimigo.

Se a grandeza do império arruinou a república, a grandeza da cidade não a arruinou menos. Roma havia submetido todo o universo com o auxílio dos povos da Itália, aos quais havia dado, em diferentes tempos, diversos privilégios: *jus latii*, *jus italicum*. A maioria desses povos, de início, não dava importância ao direito de burguesia entre os romanos e alguns preferiram mesmo conservar seus próprios costumes. Mas, quando esse direito tornou-

-se o da soberania universal, quando não se era nada se não se fosse cidadão romano, e quando, com esse título, se era tudo, os povos da Itália decidiram ser romanos ou perecer. Não podendo obter isto por meio de intrigas ou preces, tomaram a via das armas. Revoltaram-se em toda a região do Mar Jônico; os outros aliados os seguiram. Roma, obrigada a combater contra os que eram, por assim dizer, as mãos com as quais ela acorrentava [157] o universo, estava perdida. Ela iria ser reduzida a suas muralhas, concedeu esse direito aos aliados que não haviam deixado de ser fiéis e, pouco a pouco, o concedeu a todos.

Desde então, Roma deixou de ser essa cidade cujo povo tinha um mesmo espírito, um mesmo amor pela liberdade, um mesmo ódio pela tirania; onde o desejo de poder do Senado e as prerrogativas dos grandes, sempre misturados com o respeito, eram tão somente amor pela igualdade. Como os povos da Itália se tornaram cidadãos, cada cidade trouxe para Roma seu gênio, seus interesses particulares e sua dependência de algum grande protetor. Imaginemos essa cabeça monstruosa dos povos da Itália que, pelo sufrágio de cada homem, conduzia o resto do mundo! A cidade, dividida, não mais formou um todo. E como só se era cidadão por uma espécie de ficção, como não se tinha mais os mesmos magistrados, as mesmas muralhas, os mesmos deuses, os mesmos templos, as mesmas sepulturas, Roma não era mais vista com os mesmos olhos; não se teve mais o mesmo amor pela pátria e os sentimentos romanos deixaram de existir.

Os ambiciosos chamaram para Roma cidades e nações inteiras, para perturbar os sufrágios ou para obrigar que fossem realizados; as assembleias se tornaram verdadeiras conjurações; agrupamentos de alguns sediciosos foram chamados de comícios; a autoridade do povo, suas leis, o próprio povo, tornaram-se coisas quiméricas, e a anarquia foi tamanha que não se podia mais saber se o povo havia decretado ou não uma ordenação.

Cícero diz que uma lei fundamental da democracia é a de fixar a qualidade dos cidadãos que devem participar das assembleias, e outra é exigir que seus sufrágios sejam públicos. Essas duas leis só são violadas numa república corrompida. Em Roma, nascida pequena para alcançar a grandeza, feita para experimentar todas as vicissitudes da fortuna, que ora tinha quase todos os cidadãos fora de suas muralhas, ora toda a Itália e uma parte da terra entre seus muros, não se havia fixado o número de cidadãos que deveriam formar as assembleias. Ignorava-se se o povo havia falado, ou apenas uma parte dele, e esta foi uma das primeiras causas de sua ruína.

As leis de Roma tornaram-se impotentes para governar a república quando ela chegou ao máximo de sua grandeza. Mas é uma coisa que sempre se viu, que as boas leis que permitiram a uma república tornar-se grande são as mesmas que pesam sobre ela quando a república cresce, porque essas leis eram tais que seu efeito natural era o de formar um grande povo, e não de governá-lo. Há muita diferença entre boas leis e leis convenientes, as que fazem um povo tornar-se mestre dos outros e as que mantêm sua potência quando já a adquiriu.

A grandeza do Estado fez a grandeza das fortunas particulares. Mas, como a opulência está nos costumes e não nas riquezas, as dos romanos, que não tinham limites, produziram um luxo e excessos que também não tinham limites. Pode-se julgar isto pelo preço que deram às coisas. Uma garrafa de vinho de Salerno era vendida por 100 moedas romanas de prata, um barril de carne salgada do Ponto custava 400 dessas moedas. Um bom cozinheiro valia 4 talentos, ou seja, mais de 14 mil libras de nossa moeda. Com bens tão acima de uma condição privada, foi difícil ser um bom cidadão; com os desejos e os arrependimentos de uma fortuna arruinada, cada um tornou-se capaz de qualquer atentado. E, como diz Salústio, viu-se uma geração de pessoas que não podiam ter patrimônio nem tolerar que os outros o tivessem.

É provável que a seita de Epicuro, que se introduziu em Roma no final da república, tenha contribuído muito para estragar o coração dos romanos. Os gregos já haviam sido tomados pelo epicurismo, antes dos romanos, e por isso tinham se corrompido. Políbio nos diz que, em seu tempo, os juramentos não inspiravam nenhuma confiança a um grego, ao passo que, em Roma, o juramento, por assim dizer, acorrentava um romano.

Entretanto, a força da instituição de Roma era ainda tão grande no tempo do qual falamos, que ela conservava um valor heroico e toda a sua dedicação à guerra no meio das riquezas, da indolência e da volúpia, o que, eu creio, não aconteceu em nenhuma outra nação do mundo.

O próprio Sila fez regulamentos que, tiranicamente executados, tendiam sempre a uma certa forma de república. Suas leis aumentavam a autoridade do Senado, temperavam o poder do povo, regulavam o dos tribunos; mas, no furor de seus sucessos, e na atrocidade de sua conduta, ele fez coisas que impossibilitaram Roma de conservar sua liberdade. Ele arruinou, em sua expedição à Ásia, toda a disciplina militar; acostumou seu exército às rapinas e lhe deu necessidades que ele nunca tinha tido. Corrompeu os soldados, que, em seguida, corromperam os capitães.

Sila entrou em Roma armado e ensinou aos generais romanos a violar o asilo da liberdade. Deu terras dos cidadãos aos soldados e tornou-os para sempre ávidos, pois, a partir desse momento, não houve mais um homem de guerra que não esperasse uma ocasião para ter entre suas mãos os bens dos cidadãos. Inventou as proscrições e pôs um preço para a cabeça daqueles que não eram de seu partido. Desde então tornou impossível o apreço pela república, pois, entre dois homens ambiciosos e que disputavam entre si a vitória, os que eram neutros e a favor da liberdade ficavam certos de que seriam proscritos por aquele que fosse o vencedor. Era, pois, prudente ligar-se a um dos dois.

Como a república iria necessariamente perecer, não se tratava mais senão de saber por quem ela seria abatida. Dois homens igualmente ambiciosos, exceto que um deles não sabia atingir seu objetivo tanto quanto outro, eclipsaram todos os outros cidadãos por seu crédito, suas riquezas e suas proezas. Pompeu surgiu primeiro, César o seguiu de perto. Ele empregou contra seu rival as forças que ele lhe havia dado e até seus artifícios. Perturbou a cidade com seus emissários e tornou-se senhor das eleições; cônsules, pretores, tribunos, foram comprados pelo preço que ele quis.

Uma outra coisa havia colocado César em condição de empreender qualquer coisa que fosse. Por uma infeliz conformidade de nome, se havia acrescentado a seu governo da Gália cisalpina o da Gália para além dos Alpes. Se César não tivesse recebido o governo da Gália cisalpina, Pompeu teria podido interceptá-lo na passagem dos Alpes, ao passo que, desde o começo da guerra, ele foi obrigado a abandonar a Itália, o que o fez arruinar a reputação de seu partido, algo que nas guerras civis significava a própria potência.

Fala-se muito da fortuna de César. Mas esse homem extraordinário tinha tão grandes qualidades sem um defeito, embora tivesse muitos vícios, que teria sido muito difícil que algum exército comandado por ele não fosse o vencedor e que, qualquer que fosse a república em que nascesse, ele não a governasse. César, depois de ter vencido os oficiais de Pompeu na Espanha, foi para a Grécia procurá-lo pessoalmente, [158] combateu-o, venceu-o e enterrou a república nas planícies de Farsala. Cipião, que comandava na África, teria restabelecido o Estado se tivesse desejado prolongar a guerra, segundo a opinião de Catão, digo, que compartilhava com os deuses os respeitos da terra assustada; de Catão, enfim, cuja imagem augusta ainda animava os romanos com um santo zelo e fazia os tiranos tremer.

Enfim, a república foi oprimida, e não se deve acusar disto a ambição de alguns particulares. Deve-se acusar o homem, cada vez mais ávido de poder à medida que tinha mais poder, e que só não deseja tudo porque possui muito. Se César e Pompeu tivessem pensado como Catão, outros teriam pensado como César e Pompeu, e a república, destinada a perecer, teria sido arrastada ao precipício por outra mão.

Após suas vitórias, César perdoou a todos, mas a moderação que se mostra quando já se usurpou tudo não merece grandes louvores. Ele governou de início sob os títulos de magistratura, pois os homens não são afetados senão por nomes, e como os povos da Ásia detestavam os nomes de cônsul e procônsul, os povos da Europa detestavam o nome de rei, de modo que, nesses tempos, os nomes faziam a felicidade ou o desespero de toda a terra. César não deixou de tentar pôr o diadema sobre sua cabeça, mas, vendo que o povo deixava de aclamá-lo, ele o rejeitou. Fez ainda outras tentativas, e não se pode compreender que tivesse acreditado que os romanos, por tolerá-lo como tirano, amassem a tirania, ou pensassem ter feito o que tinham feito. Mas o que César fez de pior foi mostrar desprezo pelo Senado quando este não tinha mais poder. Levou esse desprezo a ponto de estabelecer por si mesmo os *senatus-consultus* e subscrevê-los com o nome dos primeiros senadores que lhe vinham ao espírito.

Pode-se ver nas cartas que foram atribuídas a Cícero, porque a maioria era dele, o abatimento e o desespero dos primeiros homens da república com essa estranha revolução que os privou de suas honras e mesmo de suas ocupações. Quando o Senado ficou sem funções, esse prestígio que eles tinham por toda a terra não pôde mais ser esperado senão do gabinete de um só, e isto se via bem melhor nessas cartas do que nos discursos dos historiadores. Elas são a obra-prima da ingenuidade das pessoas unidas por uma dor comum, e de um século em que a falsa polidez não havia ainda posto a mentira em todo lugar: enfim, não se vê nelas, como na maioria das cartas modernas, pessoas que querem enganar-se, mas amigos infelizes que procuram dizer tudo entre si.

Entretanto, era bem difícil que, depois de tantos atentados, César pudesse defender sua vida contra conjurados. Seu crime num governo livre não poderia ser punido de outro modo a não ser por um assassinato. Perguntar por que não o perseguiram pela força ou pelas leis não seria pedir a razão de seus crimes?

Além do mais, havia um certo direito dos povos, uma opinião estabelecida em todas as repúblicas da Grécia e da Itália, que fazia que se considerasse como um homem virtuoso o assassino daquele que tivesse usurpado o poder soberano. Em Roma, sobretudo após a expulsão dos reis, a lei era precisa, os exemplos, aceitos; a república armava o braço de cada cidadão, o tornava um magistrado para o momento e o reconhecia para a sua defesa. Brutus ousou dizer a seus amigos que, se seu pai voltasse à terra, ele o mataria do mesmo modo. E embora com a continuação da tirania esse espírito se perdesse pouco a pouco, as conjurações no começo do reinado de Augusto sempre renasciam.

Tratava-se de um amor dominante pela pátria, que, saindo das regras ordinárias dos crimes e das virtudes, só se escutava a si mesmo e não via nem cidadão, nem amigo, nem benfeitor, nem pai; a virtude parecia se esquecer de si mesma para ultrapassar-se, e a ação, que de início não poderia ser aprovada porque era atroz, passava a ser admirada como divina.

Eis a história da república romana. Veremos as mudanças na sua Constituição no verbete *Romano, Império*. Pois não se pode abandonar Roma, nem os romanos. É desse modo que hoje em dia, na sua capital, deixam-se os novos palácios para ir procurar as ruínas. É assim que o olho que repousou no colorido das planícies gosta de ver os rochedos e as montanhas.

(MGS)

República federativa (*Governo político*), Jaucourt [14, 158]

República federativa é uma forma de governo pela qual vários corpos políticos consentem em tornar-se cidadãos de um Estado maior que querem formar. É uma sociedade de sociedades que constituem uma sociedade nova, que pode crescer por meio de novos associados que a ela se juntarão.

Se uma república for pequena, ela pode ser logo destruída por uma força estrangeira. Se for grande, ela se destrói por um vício interno. Esse duplo inconveniente infecta igualmente as democracias e as aristocracias, sejam elas boas, sejam más. O mal está na própria coisa; não há nenhuma forma que possa remediá-lo. Por essa razão, parece que os homens teriam sido finalmente obrigados a viver sempre sob o governo de um só, se não tivessem imaginado uma forma de Constituição e de associação que tem todas as vantagens de um governo republicano e a força exterior do governo monárquico.

Foram essas associações que fizeram que florescessem por tanto tempo os corpos políticos da Grécia. Por meio delas, os romanos atacaram o universo e só por elas o universo se defendeu contra eles. Quando Roma chegou ao auge de sua grandeza, foi por estas associações para além do Danúbio e do Reno, associações nascidas do medo, que os bárbaros puderam lhe resistir. É por essa razão que a Holanda, a Alemanha, as ligas suíças, são consideradas na Europa como repúblicas eternas.

Outrora, as associações eram mais necessárias do que hoje. Uma cidade sem potência corria grandes perigos. A conquista a fazia perder não somente o poder executivo e legislativo, como hoje em dia, mas também tudo o que havia de propriedade entre os homens, liberdade civil, bens, mulheres, crianças, templos, e até mesmo sepulturas.

Essa espécie de república, capaz de resistir à força externa, pode se manter em sua grandeza, sem que o interior se corrompa. A forma dessa sociedade previne todos os inconvenientes. Aquele que quiser usurpar não poderia igualmente agir em todos os estados confederados. Se ele se tornasse por demais poderoso num deles, isto alarmaria todos os outros. Se subjugasse uma parte deles, aquela que permanecesse livre poderia resistir-lhe com forças independentes daquelas que ele tinha usurpado e o abateria antes que ele acabasse de se estabelecer.

Se acontece alguma sedição em um dos membros confederados, os outros podem debelá-la. Se algum abuso se introduz em algumas partes, é corrigido pelas partes sadias. Esse Estado pode perecer de um lado, sem perecer no outro; a confederação pode ser dissolvida e os confederados permanecerem soberanos. Composto de pequenas repúblicas, ele usufrui da bondade do governo interior de cada um; e, quanto ao exterior, **[159]**
tem, pela força da associação, todas as vantagens das grandes monarquias.

A república federativa da Alemanha é composta de cidades livres e de pequenos estados submetidos a príncipes. A experiência mostra que ela é mais imperfeita do que a da Holanda e da Suíça; entretanto, subsiste porque tem um chefe. O magistrado da união é de algum modo o seu monarca.

Todas as repúblicas federativas não têm as mesmas leis na sua forma de Constituição. Por exemplo, na república da Holanda, uma província não pode fazer uma aliança sem o consentimento das outras. Essa lei é muito boa, e mesmo necessária na república federativa. Ela não existe na Constituição germânica, onde preveniria os males que podem acontecer a todos os membros pela imprudência, ambição ou avareza de um só. Uma república que se uniu por uma confederação política se entregou inteira e não tem mais nada para dar.

Vê-se bem que é impossível que os estados se associem, sejam do mesmo tamanho e tenham uma potência igual. A república dos lícios era uma associação de 23 cidades: as grandes tinham três votos no conselho comum; as médias dois, as pequenas um. A república da Holanda é composta de sete províncias, grandes ou pequenas, que têm, cada uma, um voto. As cidades da Lícia pagavam impostos segundo a proporção dos votos. As províncias da Holanda não podem seguir essa proporção; elas devem seguir a proporção de sua potência.

Na Lícia, os juízes e os magistrados eram eleitos pelo conselho comum e segundo a proporção a que nos referimos. Na república da Holanda, eles não são eleitos pelo conselho comum e cada cidade elege seus magistrados. Se fosse preciso dar um modelo de uma bela república federativa, seria a república da Lícia, que merece essa honra.

Finalmente, a concórdia é o grande suporte das repúblicas federativas. É também a divisa das Províncias Unidas: *concordia res parvoe crescunt, discordia diabuntur* [Mediante a concórdia as coisas pequenas crescem [e] mediante a discórdia as coisas maiores são derrubadas (Salústio, *Guerra de Jugurta*)].

A história conta que um enviado de Bizâncio veio, em nome de sua república, exortar os atenienses a fazer uma aliança federativa contra Filipe da Macedônia. Esse enviado, cuja altura era próxima da de um anão, subiu à tribuna para expor sua comissão. O povo de Atenas, ao primeiro olhar para a sua figura, explodiu de rir. O bizantino, sem se desconcertar, lhe disse: "Eis do que rir. Senhores, na verdade, tenho uma mulher bem menor do que eu". Os risos redobraram. Quando cessaram, o pigmeu, espirituoso, que não perdia seu assunto de vista, aproveitou o incidente e substituiu seu discurso preparado por estas simples palavras: "Se uma mulher, tal como vos descrevo, e eu, tal como me vedes, não fazemos um bom casal, não podemos caber em Bizâncio, por maior que ela seja, mas se concordamos um com o outro, somos felizes, e a menor cabana nos satisfaz. Oh, atenienses", ele continuou, "aplicai esse exemplo em vossa vantagem: Tomai cuidado para que Filipe, que vos ameaça de perto, aproveitando de vossas discórdias e de vossa alegria sem propósito, não vos subjugue pelo seu poder, por seus artifícios, e não vos transporte para um país onde não tereis mais vontade de rir". Essa interpelação produziu um efeito maravilhoso; os atenienses refletiram; as proposições do ministro de Bizâncio foram ouvidas e a aliança federativa foi concluída. *O espírito das leis.*

(MGS)

Riqueza (*Filosofia moral*), Naigeon [14, 272]

Geralmente, a palavra *riqueza* é empregada no plural. Mas as ideias que ela apresenta ao espírito variam relativamente à aplicação que dela fazemos. Quando dela nos servimos para designar os bens adquiridos ou patrimoniais dos cidadãos, ela significa opulência, termo que exprime não o gozo, mas a posse de uma infinidade de coisas supérfluas, contra um pequeno número de coisas necessárias. Diz-se também, todos os dias, as "riquezas" de um reino, de uma república, e, neste caso, a ideia de luxo e de superfluidades, que nos era oferecida pela palavra *riqueza* aplicada aos bens dos cidadãos, desaparece, e o termo não representa nada mais do que o produto da indústria, do comércio, tanto interior quanto exterior, dos diferentes corpos políticos, da administração interna e externa dos principais membros que o constituem, e, enfim, da ação simultânea de várias causas físicas e morais que seria longo demais indicar aqui, mas das quais se pode dizer que seu efeito, embora lento e insensível, não é por isso menos real.

Parece, pelo que venho de dizer, que se pode considerar as riquezas de uma infinidade de pontos de vista diferentes, de cuja observação surgirão necessariamente verdades diferentes, mas sempre análogas às relações nas quais as riquezas forem consideradas.

Essa última reflexão nos conduz a outra, que é a seguinte: o exame, a discussão e a solução das diferentes questões de política e de moral, tanto as incidentes quanto as fundamentais, que podem ser propostas sobre esse assunto tão importante quanto complicado e mal esclarecido, devem constituir um dos principais temas de meditação do homem de Estado e do filósofo. Mas isto seria matéria de um livro muito volumoso, e numa obra tal como a *Enciclopédia*, devemos encontrar sobre esse assunto os princípios que servem de base ao edifício.

Deixando, pois, ao homem político o cuidado de expor aqui ideias novas, úteis e profundas, deduzindo delas consequências aplicáveis a certos casos dados, limitar-me-ei a considerar aqui as riquezas como um moralista. Para isto, examinarei neste verbete uma questão na qual parece que os filósofos não prestaram muita atenção até hoje, embora ela lhes interesse mais diretamente do que aos outros homens. Com efeito, trata-se de saber:

1º) Se um dos efeitos necessários das riquezas não é o de desviar da busca da verdade os que as possuem.

2º) Se elas não trazem consigo infalivelmente a corrupção dos costumes, inspirando desgosto ou indiferença por tudo o que não tem por objeto o gozo dos prazeres dos sentidos e a satisfação de mil pequenas paixões que aviltam a alma e a privam de toda a sua energia.

3º) Enfim, se um homem rico que quer ser bom e virtuoso e elevar-se ao mesmo tempo à contemplação das coisas intelectuais e à investigação das causas dos fenômenos e seus efeitos pode tomar partido mais sábio e seguro do que imitar o exemplo de Crates, de Diógenes, de Demócrito e de Anaxágoras.

Aqueles que bem meditaram sobre o objeto destes diferentes problemas morais perceberão sem dificuldade que eles não são assim tão fáceis de resolver como parece num primeiro momento. Quanto mais os aprofundamos, mais os julgamos complexos e mais sentimos que erramos num labirinto inextricável onde nem sempre estamos certos de encontar um fio de Ariadne e no qual, consequentemente, é fácil se perder.

Nec preme, nec summum molire per aethera currum Altius egressus, caelestia tecte cremabis

Inferius, terras, medio tutissimus ibis

Neu te dexterior prssum rota ducat ad aram: Inter utrumque tene.

(Ovídio, *Metamorfoses*, livro II, 83, v.85-134 ss.)

Não faças o carro descer nem o leves através do alto éter! Se fores mais alto, farás arder as moradas celestes,
Se mais baixo, as terras. No meio irás mais seguro. Que a roda, indo mais à direita,
[não te desvie para a curva Serpente,
Nem mais à esquerda,] te conduza para o Altar, junto do horizonte!

Assim, para tratar dessas questões com sábia imparcialidade, que deve ser a característica daqueles que procuram sinceramente a verdade, vou apresentar aos meus leitores neste verbete simplesmente tudo o que a sabedoria humana mais sublime e mais refletida pensou em todos os tempos sobre essa matéria, reservando-me a liberdade de acrescentar algumas vezes minhas próprias reflexões na ordem em que se apresentarem ao meu espírito.

Começo por uma observação que me parece essencial: é que os antigos filósofos não acreditavam que as riquezas consideradas em si mesmas, abstração feita dos abusos e do mau uso que se pode fazer delas, fossem necessariamente incompatíveis com a virtude e a sabedoria: eram muito esclarecidos para não ver que, consideradas assim metafisicamente, elas são uma coisa absolutamente indiferente. Mas sabiam também que, assim como nos afastamos infalivelmente da verdade nas investigações morais quando só consideramos o homem abstrato, do mesmo modo corremos o risco de nos perder quando fazemos as mesmas suposições sobre os seres físicos e morais que o envolvem e que mantêm com ele relações constantes, determinadas e estabelecidas pela natureza das coisas. Por isto ensinam constantemente que as riquezas, podendo ser, e de fato sendo, o efeito de uma infinidade de circunstâncias e, para a maioria dos homens, um obstáculo poderoso para a prática das virtudes morais, para seu progresso na busca da verdade e um peso que os impede de se elevar ao mais alto grau de conhecimento e de perfeição que o homem pode alcançar, o mais seguro é renunciar a essas posses perigosas, que, multiplicando sem cessar as ocasiões de queda, pela facilidade que oferecem de satisfazer uma multidão de paixões desregradas, desviam enfim aqueles que a elas são ligados da estrada do bem e do desejo de conhecer a verdade.

É isto que Sêneca dá a entender bastante claramente quando diz que as riquezas foram, para uma infinidade de pessoas, um grande obstáculo para a filosofia e que, para gozar da liberdade de espírito necessária ao estudo, é preciso ser pobre, ou viver como os pobres.

"Todo homem", ele acrescenta, "que quiser levar uma vida doce, tranquila e segura [273] deve fugir o máximo que lhe for possível desses bens falsos e enganadores, na procura dos quais nos deixamos prender como por uma armadilha, sem poder em seguida nos libertar, e isto é uma coisa tanto mais infeliz que, crendo possuí-los, ao contrário são eles que nos possuem e nos tiranizam." *Multi ad philosophandum obsistere divitiae, paupertas expedita est, secura est* [...] *si is vacari animo, aut pauper sis oportet, aut pauperi similis. Nom potest studium salutari sieri sine frugalitatis cura: frugalitas autem, paupertas voluntaria est* [...]. *Munera ista fortunae putaris? Insidia sunt. Quisquis nostrum tutam agere vitam volet, quantum plurimum potest, ista viscata beneficia devitet: in quibus hoc quoque miserimi falimur, habere nos putamus, habemur.* Sêneca, Epístolas 17 e 8.

Não podemos duvidar da correção dessas máximas quando vemos filósofos como Demócrito e Anaxágoras abandonarem seus bens e entregarem todo o seu patrimônio aos parentes, para dedicarem-se inteiramente à busca da verdade e à prática da virtude.

Sprevit Anaxágoras, sprevit Democritus, atque Compluris alii (quorum sapientia toti est Nota orbi) argentum atque aurum, causasque malorum Divitias. Quare? Nisi quodi non vera putarunt Esse bona hac, animum quae, curis impediunt, et In mala praecipitiunt, quam plurima.[a] "Anaxágoras desprezou, Demócrito desprezou e também muitos outros (cuja sabedoria todo o orbe conhece) desprezaram a prata, o ouro e as riquezas, causas dos males. Por quê? Só porque não consideraram como bens essas coisas que com as preocupações que causam são obstáculos para o espírito e elevam ao maior número de males."

Parece-me que é muito difícil não se deixar arrastar por tão grandes exemplos e negar que as riquezas sejam infinitamente mais prejudiciais do que úteis, quando, de outro lado, vê-se Sêneca pintar com traços de fogo os males horríveis que necessariamente causam à sociedade e os crimes que a sede de ouro leva a cometer. *Circa pecuniam*, ele diz, *plurimum vociferationis est: haec, fora defatigat, patres liberosque commitiit, venena miscet, gladios tam percussoribus quam legionibus tradit. Hac est sanguine nostro, delibura. Propter hanc uxorum maritorumque noctes strepunt litibus, et tribunalia magistraruum premit turba: reges serviunt, rapiunque et civitatis longo saeculorum laborem constructas evertunt, ut aurum argentu-*

a Palingen. *Zodiac. vitae*, livro II, vs. 442; ed. Rotterdam, 1722. Vide também Platão, in *Hipias Maior*, p.283. A. B., tomo III, ed. Henri Steph., 1578; e Plutarco, *Vida de Péricles*, 162, B. C., tomo I, ed. Paris, 1624.

mque in cinere urbium scrutentur. "Em torno do dinheiro há muita gritaria. Ele exaure os foros, põe em luta pais e seus filhos, prepara venenos, entrega gládios tanto aos assassinos quanto às legiões. Ele é manchado com o nosso sangue. Por causa dele, a noite das esposas e dos maridos ressoa com as brigas, e a turba dos magistrados assedia os tribunais; os reis cometem crueldades e roubam, subvertem cidades construídas com o longo labor dos séculos para buscar ouro e prata na cinza de suas construções." Sêneca, *De ira*, livro III, cap.22, *circa fin.*

Em outro lugar, Sêneca diz que, "depois que as riquezas começaram a ser honradas entre os homens e a se tornar, de certa forma, a medida da consideração pública, o gosto pelas coisas realmente belas e honestas foi inteiramente perdido. Nós todos nos tornamos mercadores, e de tal modo corrompidos pelo dinheiro, que perguntamos não o que uma coisa é em si mesma, mas a qual relação pertence. Se se apresenta alguma ocasião de reunir riquezas, nós seremos alternadamente pessoas de bem ou bandidos, conforme exigirem nosso interesse ou as circunstâncias. Fazemos o bem e praticamos a justiça enquanto esperamos encontrar algum proveito em nossa conduta, prontos para tomar o partido contrário se acreditarmos que teremos alguma vantagem cometendo um crime. Enfim, os costumes se deterioraram ao ponto que maldizemos a pobreza, consideramo-la desonra ou infâmia, numa palavra, a pobreza é objeto de desprezo para os ricos e de ódio para os pobres".[b]

Não se trata aqui de ideias vagas e lançadas ao acaso nem de vãs declamações nas quais a imaginação age sem cessar à custa da realidade, mas de fatos confirmados por uma experiência contínua e que cada um pode, por assim

---

b *Quae* (pecunia) *ex quo in honore esse coepit, verus rerum honor cecidit: mercatoresque & venales invicem facti, quaerimus, non quale sit quidque, sed quanti. Ad mercedem pii summus, ad mercedem impii. Honesta, quamdiu aliqua illis spes inest, sequimur: in contrarium transituri, si plus scelera promittant... denique eò mores redacti sunt, ut paupertas maledicto probroque sit, contempta divitibus, invisa pauperibus.* "O dinheiro, desde que começou a ser considerado com honra causou a ruína da verdadeira honra das coisas; tornamo-nos alternadamente comerciantes e mercadorias, e pedimos não o que uma coisa realmente é, mas o quanto é, mas o que custa; que cumprimos os deveres, se vale a pena, ou os negligenciamos, se vale a pena, nós seguimos um curso honesto, desde que encoraje nossas expectativas, prontos para virar para o curso oposto, se a conduta torta prometer mais. [...] E, finalmente, o costume chegou a tal ponto que a pobreza é um insulto e uma vergonha, desprezada pelos ricos e detestada pelos pobres." Sêneca, Epístola 115.

dizer, tocar com todos os seus sentidos. É por isso que o mesmo filósofo não teme dizer que as riquezas são a principal fonte das infelicidades do gênero humano e que todos os males aos quais os homens estão sujeitos, assim como a morte, as doenças, a dor etc., não são nada em comparação com aqueles causados pelas riquezas. *Transeamos ad patrimonia, maxima humanarum aerumnarum materiam. Nam si omnia alia quibus angimur, compares; mortes, agrotationes, metus, desideria, dolorum laborumque patientiam, cum iis quae nobis mala pecunia nostra exhibet; haec pars multum praegravabit.* "Passemos aos patrimônios, a matéria suprema das tribulações humanas. Se comparares todas as outras coisas que nos angustiam, mortes, doenças, temores, desejos, sujeição a dores e labores, com os males que o dinheiro nos traz, é essa parte que pesará muito mais," Sêneca, *De tranquilitate animi*, cap.VIII, início. Ele se exprime ainda com mais força em sua carta número 115.

"Inquietações contínuas", diz ele, "roem e devoram os ricos na proporção dos bens que possuem. A pena que lhe advém para ganhar um bem é menor do que a que lhe advém da própria possessão. Todos consideram que os ricos são pessoas felizes. Confesso que todos gostariam de estar no seu lugar. Que erro! Haverá condição pior do que aquela de estar sem cessar sob a mira da miséria e da inveja? Quisessem os deuses que aqueles que procuram as riquezas com tanta avidez interrogassem os ricos sobre sua sorte, certamente logo eles cessariam de desejar as riquezas!" *Adjice quotidianas solicitudines, que pro modo habendi quemque discruciant. Majore tormento pecunia possidetur, quam quaeritur* [...] *At felicem illum homines, et divitem vocant, et consequi optant, quantum ille possidet. Fateor. Quid ergo? Tu ullos esse conditionis pejoris existimas, quam qui habent et miseriam et invidiam? Utinam qui divitias appetituri essent cum divitilus deliberarent!* [...]. *Profecto vota mutassent.* "Acrescenta as preocupações do dia a dia que torturam aquele que busca possuir. A posse do dinheiro traz maior tortura que a sua busca [...] Mas chamam feliz e rico aquele homem, desejam conseguir quanto ele possui. Reconheço. E então? Tu consideras que alguém está em pior condição do que os que são infelizes e sentem inveja? Oxalá os que ambicionassem riquezas conversassem com os ricos! [...] Certamente mudariam seus rogos."[c]

c Vide ainda o final de sua carta V19, na qual ele apresenta um pensamento muito forte de Epicuro, e acrescentai dois belos fragmentos de Philemon, que se encontram na coleção de Le Clerc, números 38 e 39, p.352, ed. Amstel, 1709.

Que se reflita que aquele que fala nessas passagens é um filósofo que possuía bens imensos, *innumeram pecuniam*, "dinheiro sem conta", como ele mesmo diz em Tácito, *Anais*, livro XIV, cap.III, e sentir-se-á então que peso deve ter tal confissão em sua boca.

Mas consultemos, se quisermos, outras autoridades: vejamos o que os autores mais sérios e judiciosos pensaram sobre a influência das riquezas nos costumes e sobre as vantagens da pobreza. "Não é simplesmente para ter de que viver, com ervas e frutos", diz Diógenes, "que se procura tomar o governo de um Estado, que se saqueiam cidades, que se faz a guerra contra os estrangeiros, ou mesmo contra seus concidadãos, mas para comer carnes finas e para cobrir a mesa com alimentos deliciosos." *Diogenes tyrannos, et subversores urbium bellaque vel hostilia, vel civita, non pro simplici victu clerum pomorumque, sed pro carnium et epularum deliciis, adserit excitari* ["Diógenes afirmou que os tiranos e subversores das cidades, as guerras contra inimigos e as guerras civis são incitados não pela alimentação simples, legumes e frutas, mas pela refinada, carnes e banquetes"]. Diógenes apud Jerônimo, adv. Joviniano, livro II, p.77, A., tomo II, ed. Basil.

Justino, fazendo a descrição dos costumes dos antigos citas, diz que eles desprezam o ouro e a prata tanto quanto os outros homens são por eles fascinados, e que é ao desprezo que eles têm por esses vis metais, assim como à sua maneira simples e frugal de viver, que se deve atribuir a inocência e a pureza de seus costumes, porque, não conhecendo as riquezas, não ambicionam os bens dos outros. *Aurum et argentum perinde adspernantur, ac reliqui mortales adperunt. Lacte et melle vescuntur* [...] *Hac continentia illis morum quoque justitiam indidit. Nihil alienum concupiscentibus. Quippe ibidem divitiarum cupido est, ubi et usus.* "Da mesma forma desprezam o ouro e a prata, o resto dos mortais os ambicionam. Alimentam-se de leite e mel [...] Esse comedimento criou neles também a justiça nos costumes. Nada é alheio aos concupiscentes. De fato, é lá onde está a ambição de riqueza que está também o uso dela." (Justino, *História*, II, cap.2, 8 e ss.). **[274]**

Zenão, o estoico, não pensava de modo mais favorável às riquezas, pois, tendo sido informado de que o navio no qual estavam todos os seus bens havia naufragado, não manifestou nenhuma pena por essa perda, ao contrário: "A fortuna quer", logo disse ele, "que eu possa filosofar mais tranquilamente." *Nunciato naufragio, Zeno noster, cum omnis sua audiret submersa, iubet, inquit, me fortuna expeditius philosophari.* "Depois da notícia do naufrágio, o nosso Zenão, quando ouviu dizer que tudo que era seu estava sob as águas, disse: 'Apraz à fortuna que eu esteja mais desembaraçado para filosofar'." Apud Sêneca, *Da tranquilidade da alma*, cap.XVI.

Lucrécia de Gonzaga dizia a Hortensio Laudo: "Eu me espanto de que, sendo tão sábio como sois, e conhecendo tão bem o rumo das coisas humanas, ficais tão excessivamente triste com vossa pobreza. Não sabeis que a vida dos pobres se parece com os que navegam pela margens com um doce vento, sem perder de vista a terra, e a dos ricos, aos que navegam em mar aberto. Estes não podem chegar à terra, por mais que o queiram; aqueles o fazem quando quiserem". "*Essendo voi persona dotta, e tanto bene esperta ne i mondani casi; mi maraviglio che di si strana maniera vi atristiari per la povertá; quasi non sappiati la vita dei poveri essei simile ad una navigacione presso il lito; e quelle di ricchi, non esser differente da coloro que si ritrovano in alto mare: a gli uni e facile gittar la fane in terra, e condur la nave a ficuro luogo; e a gli altri e sommamente difficile.*".[d]

Anaxágoras tinha, portanto, razão quando dizia que as condições que parecem menos felizes são aquelas que mais o são, e que não se devia procurar entre os ricos e cheios de honra as pessoas que experimentam a felicidade, mas entre aqueles que cultivam um pouco de terra ou que se dedicam às ciências sem ambição. *Nec parum prudenter, Anaxagoras interoganti cuidam quisnam esset beatus: nemo, inquit, ex his quos tu felices existimas: sed eum in illo reperis, qui a te ex miseris constare creditur. Non eri ille divitiis et honoribus abundans; sed aut exigui ruris, aut non ambitiosae doctrinae fidelis ac pertinax cultor, in secessu quam in fronte beatior.* "E, de modo não pouco prudente, Anaxágoras, a alguém que lhe perguntava quem era feliz, disse: 'Ninguém entre os que julgas feliz, mas o encontrarás naquele que acreditas estar entre os infelizes. Não é quem tem riquezas e honrarias em abundância, mas o cultor fiel e pertinaz de um pequeno campo ou de uma doutrina não pretensiosa'." Valer. Maxim. livro VII, cap.II, num. 9, *in extern.*, cit. *Bal. ubi infra*.

Terminemos com uma bela passagem de Platão: "é impossível", diz expressamente esse filósofo, "ser ao mesmo tempo um homem muito rico e honesto. Ora, como não há verdadeira e sólida felicidade sem virtude, os ricos não podem ser realmente felizes". Platão, *As leis*, livro V, p.742 E e 743

d Carta da senhora Lucrécia de Gonzaga, p.215, ed. Veneza, 1552.

A e B, tomo II, ed. Henr. Steph., 1578. Vide também a oitava carta escrita aos parentes e amigos de Dion, tomo III, opp. p.355 C, edição citada.

Tal é, a esse respeito, a doutrina dos poetas, dos filósofos, dos historiadores e oradores cujo senso foi mais reto. Todos trataram de loucos e insensatos os que, fazendo consistir o soberano bem na posse de riquezas, colocam o prazer do ganho acima dos outros e desprezam aquele que se volta para o estudo das ciências, a menos que seja um meio de ganhar dinheiro: todos preferiram uma pobreza honesta a esses falsos bens pelos quais a cega e louca cupidez dos homens se deixa fascinar; todos enfim consideraram as riquezas como um obstáculo. Para mim, confesso, quanto mais reflito sobre isso, mais me convenço de que absolutamente não foi, como o pretende falsamente Barbeyrac,[e] por ostentação nem por um desinteresse mal entendido, que Anaxágoras e Demócrito se desfizeram de seus bens, mas, ao contrário, nisso eles agiram sabiamente, e, como filósofos que sabiam que, com relação a coisas sobre as quais é fácil e perigoso se deixar corromper, o partido mais seguro é o de se colocar numa condição de impossibilidade absoluta de se enganar.

Com efeito, tantos cuidados, inquietações e tristezas, tantos interesses mesquinhos[f] na discussão dos quais acontece frequentemente[g] que sejamos

---

e No prefácio da grande obra de Puffendorf, parágrafo 19, p.66, ed. Amsterdam, 1734, tomo I. Vide o que eu disse contra esse autor na nota da p.378.

f Diz o provérbio que quem tem terra, tem guerra: esse adágio trivial é uma verdade tão evidente que seria tão absurdo negar sua certeza quanto inútil querer prová-la. De resto, não são apenas aqueles cujas riquezas consistem em terras que estão frequentemente expostos a querelas e a processos. Este é o destino comum e inevitável de todos os ricos, não importa a natureza de seus bens. Por essa razão, Críton se queixava a Sócrates de que era bem difícil viver em Atenas para um homem que quer conservar seus bens, "pois há pessoas, ele dizia, que me processam sem que eu lhes tenha feito nenhum mal, mas somente porque sabem que eu preferiria lhes dar algum dinheiro a me atrapalhar nos negócios". Vide *As coisas memoráveis de Sócrates*, final do livro II, e conferi o que diz o senhor Rousseau de Genebra em seu *Emílio*, livro IV, p.164-5, ed. de Holanda.

g *Quae tam festa dies, ut cesset prodere funem/ Perfidiam, fraudes, atque omni ex crimine lucem/ Quaesitum, & partos gladio, vel pyxide nummos?/ Rari quippe boni. Numero vix sunt totidem, quot/ Thebarum portae, vel divitis ostia Nili.* "Qual é o dia festivo no qual cessa/ o furto, a fraude e a perfídia/ e tudo que pelo crime alcança o lucro, pelo veneno ou pela espada o dinheiro?/ Quão raros são os bens! De modo que apenas se igualam / às portas tebanas ou à foz do rico Nilo." Juvenal, *Sátira* 13 *vs.* 23 e ss. Este poeta faz aqui, sem o saber, a história dos costumes dos ricos.

injustos ou que façamos mal, mesmo sem o saber, e sem ser malvados; tantas circunstâncias nas quais o brilho da fortuna e o fausto da opulência, colocando entre os ricos e os pobres uma distância imensa, tornam necessariamente aqueles mais duros e fazem que seu coração se feche diante dos infelizes, pelo hábito de vê-los de um ponto de vista distante; hábito que sufoca[h] neles todas as afeições que poderiam reaproximá-los da humanidade e despertar em sua alma esse sentimento de piedade e comiseração tão natural ao homem, e que o convence tão intimamente de sua bondade original;[i] tantas ocasiões de se deixar corromper e de se abandonar aos maiores e mais vergonhosos excessos, numa palavra, tantos inconvenientes de toda espécie acompanham tão necessariamente a posse das riquezas, e, de outro lado, a busca da verdade e o estudo da virtude exigem um silêncio tão profundo e tão contínuo das paixões, uma meditação tão forte, um espírito tão puro, tão fortemente em guarda contra as ilusões dos sentidos, tão hábil a descobrir os erros e a retificar os juízo pela reflexão, tão liberto das coisas terrestres e de tudo o que é objeto da cupidez humana, enfim, uma alma tão honesta, sensível, compassiva, tão naturalmente levada ao bem, e tão continuamente ocupada em fazê-lo, que é impossível[k] para o homem aliar coisas tão incompatíveis por sua natureza. **[275]**

---

h Cf. Menandro, in *Fragmento* número 154, p.242, ed. Cleric, Amstel, 1709.

i Vários filósofos antigos, dentre outros Sêneca, perceberam essa verdade tão luminosa, tão útil, tão consoladora para a humanidade, e para a qual a justiça e a sabedoria de Deus servem de base. Mas a certeza desse princípio, tão importante por si mesmo e pelas consequências que dele decorrem imediatamente, não está ao alcance de todo mundo. No que diz respeito a Sêneca, vide a passagem que serve de epígrafe a *Emílio*, e acrescentai sobretudo as palavras do mesmo filósofo: *erras... si existimas nobiscum vitia nasci: supervenerunt, ingesta sunt, itaque monitionibus crebris, opiniones quae nos circumsonant, compescamus. Nulli nos vitio natura conciliat: nos illa integros ac liberos genuit.* "Erra quem pensa que os vícios nascem conosco: eles vêm depois e são acumulados; rejeitamos, portanto, advertências frequentes, opiniões que nos atordoam. A natureza não entra na estrada do vício: ela nos gerou puros e livres." Sêneca, Epístola 94.

k Aplicai aqui esta passagem de Salústio: *neque aliter quisquam extollere sese, & divina mortalis attingere potest, nisi omissis pecuniae & corporis gaudiis, animo indulgens, non assentando, neque concupita praebendo, perversam gratiam gratificans; sed in labore, patientiâ, bonisque praeceptis, & factis fortibus exercitando.* "De outra forma, nenhum mortal pode se elevar e se aproximar dos deuses, a menos que abandone a riqueza e os prazeres do corpo,

Temos motivos para crer que Anaxágoras fez mais ou menos as mesmas reflexões e sentiu o quanto é difícil ser rico, feliz, justo e bom ao mesmo tempo, já que Valério Máximo nos diz, no livro VIII, cap.VII, número 6 *in extern.*, que esse filósofo atribuiu sua saúde ao abandono das riquezas: "além disso, na nossa opinião, *quali porro studio Anaxagoras flagrasse credimus? Qui cum e divina peregrinatione repetisset, possessionesque desertas vidisset, non essem, inquit, ego salvus, nisi ista perissent.* "Que gênero de estudo inflamava Anaxágoras? Ele, ao regressar de uma longa viagem e ao ver abandonadas suas propriedades, disse: 'Eu não estaria salvo, se isso não tivesse perecido'."

Parece-me que, se Barbeyrac tivesse refletido sobre essa passagem, teria sido menos apressado a envenenar os motivos que determinaram Anaxágoras a entregar toda a sua fortuna aos parentes. Teria visto que aí não há ostentação, mas, ao contrário, muita humildade, sabedoria e virtude na conduta de um filósofo que, sabendo[1] por um exame refletido das ações humanas o quanto a inclinação para o vício é doce e fácil, ou antes, conhecendo sua própria fraqueza e temendo que, ao conservar as riquezas, não tivesse domínio suficiente sobre as paixões, para gozar delas na inocência e resistir às tentações sempre renascentes, prefere se desfazer delas inteiramente, em vez de se ver exposto incessantemente a um combate do qual nem sempre sairia vencedor. Pois, segundo a observação judiciosa de um célebre autor moderno, *em todo lugar a sensação de fazer o mal aumenta com a facilidade em fazê-lo.* Carta de Rousseau de Genebra a d'Alembert, p.145, ed. Amsterdam, 1758.

Uma outra observação não menos importante é que um homem rico, qualquer que seja sua inclinação natural para a virtude, não pode fazer um bom uso de seus bens a não ser em alguns aspectos: haverá sempre, por um efeito inerente às riquezas, uma infinidade de circunstâncias nas quais, como eu insinuei anteriormente, ele afastar-se-á da ordem e da retidão

---

confortando sua alma, não de modo condescendente, nem se permitindo caprichos, nem saboreando uma satisfação perniciosa, mas pelo exercício do trabalho, da paciência, das boas instruções de ações corajosas." Sallust. *ad Caesar. de repub. ordinanda,* orat. pr.

1 É evidente, pelo que ele mesmo diz na passagem de Valério Máximo, citada a seguir, que isto não é uma asserção ousada e temerária, nem uma conjetura vaga e incerta, mas uma proposição que tem todos os graus de probabilidade e de certeza moral que se pode desejar nas coisas que não são suscetíveis de uma demonstração metafísica.

moral sem se aperceber disto, e naquelas em que esse desvio se tornar cada dia mais sensível, ele se distanciará, enfim, da estreita esfera da virtude, levado sucessivamente, apesar de si mesmo, por mil paixões, como por uma espécie de força centrífuga, determinada pelo que os antigos chamavam de *immutabilis causarum inter se cohaerentium series*, "imutável série de causas que se ligam umas às outras".

Seria inútil dizer com Epicuro *que não é o licor que corrompe, mas o vaso*: pois não se pode aprovar o pensamento desse filósofo a não ser considerando as riquezas em si mesmas e separando-as intelectualmente dos males que elas trazem consigo, e eu já disse, na página 2, que nada era mais ilusório do que esse método de filosofar. Com efeito, trata-se de saber se o abuso das riquezas, qualquer que seja a natureza dos efeitos que ele produz, é ou não inseparável de sua posse, e se não se pode dizer, nesse sentido, que os males que elas causam no mundo são os efeitos de um vício que lhes é inerente, já que esses males, quaisquer que sejam, não existiriam sem elas, embora elas não sejam senão causas ocasionais, quero dizer, embora elas tenham necessidade, para produzi-los e determiná-los, da intervenção de uma causa física que é a alma, ou, para falar mais filosoficamente, do corpo modificado de tal ou qual maneira: ora, é o que eu sustento e que não se pode negar, parece-me, por pouco que se reflita sobre isso.

Acrescentai que o sábio pode bem, por sua parte, considerar o ouro e a prata apenas como simples metais, dos quais ele se serve como de outros instrumentos que dirige segundo suas intenções; mas, no sistema social, esses metais, fonte inesgotável de infelicidade e desordens, de algum modo mudam sua maneira de ser. Não são mais então aos olhos do filósofo substâncias absolutamente inativas e inanimadas; esses signos representativos e convencionais têm uma espécie de vida que lhes é própria e cujo princípio precário se encontra nas suas relações com nossas inclinações, nossa educação, nossos usos, nossas leis, nossos vícios, nossas virtudes e com a natureza das coisas em geral. Ora, essas relações são o ponto de vista pelo qual eu considero aqui as riquezas: donde concluo que, se se pode dizer nessa hipótese que o vaso corrompe o licor, pode-se assegurar de modo mais geral ainda, ou pelo menos com igual verdade, que o licor corrompe o vaso. A respeito dos males infinitos que resultam necessariamente de tudo isto para a sociedade, eles são tão estreitamente ligados às causas das quais emanam, pela ação de uma e reação da outra, algumas vezes mesmo por sua tendência recíproca e coexistência na produção dos mesmos efeitos, que seria muito difícil medir a esfera de atividade dessas duas forças e conhecer sua influência proporcional.

Parece-me que é evidente, pelo que acabo de dizer, que a objeção de Epicuro, já relatada, é um golpe perdido, *brutum fulmen, raio sem direção.* Digo o mesmo de uma outra dificuldade que me poderia ser apresentada, objetando que mais de uma vez já se viram ricos que fazem um bom uso de seus bens, e que isto é até muito possível em si; pois não é disto absolutamente que se trata aqui. Em relação aos filósofos que poderiam ser citados, como Sêneca,[m] por exemplo, os quais não se desviaram da prática da virtude e do estudo da verdade por causa das riquezas, isto não provaria nada contra a minha opinião, pois sustento que esses filósofos, quaisquer que sejam, teriam podido fazer, eu não diria somente mais progressos na descoberta da verdade, mas, o que é de importância diferente e infinitamente preferível aos conhecimentos mais vastos e sublimes, que sua virtude teria sido mais pura, mais intacta, e seus costumes mais regulares se eles não tivessem sido ricos.

Uma passagem admirável de Sêneca vai esclarecer o que eu disse: *multum est non corrompi divitiarum contubernio. Magnus est ille qui in divitiis pauper est: sed securior qui caret divitiis*[n] [é importante não se deixar corromper pela convivência com as riquezas. Grande é aquele que, no meio das riquezas, é pobre. Está, porém, mais seguro quem não possui riquezas], observa muito seriamente

m Se julgássemos os costumes desse filósofo segundo Dion Cassio e o monge Xifilino, seu abreviador, teríamos uma ideia horrível dele e que justificaria muito o que eu disse aqui sobre a corrupção dos ricos. Mas as calúnias com as quais esses dois historiadores parecem querer jogar veneno sobre a vida desse sábio estoico são muito negras, odiosas, visivelmente por demais destituídas de qualquer espécie de verossimilhança, em suma, destruídas por provas muito fortes para que possam ainda impressionar o espírito dos leitores sensatos e instruídos. Logo, seria trair a verdade renovar aqui essas acusações falsas e injustas, por mais favoráveis que elas sejam em relação à opinião que defendo. Deve-se deixar essas manobras indignas e esses falsos recursos para esses autores ignorantes e supersticiosos dos quais Bayle fala na página 597 do tomo IV de seu *Dicionário*, edição de 1740, e aos quais ele acusa muito justamente de fazer flechas com qualquer madeira, *ex omni ligno mercuriove* [de toda madeira [se faz] Mercúrio].

n Sêneca, Epístola 20. Vide a passagem citada de Platão, p.274.

o filósofo. Pelo menos eles teriam de combater somente os defeitos e as fraquezas inseparáveis da humanidade no estado civil, em vez de terem um inimigo a mais, tanto mais difícil de vencer quanto seus encantos são mais sedutores, [276] seus ataques mais dissimulados, mais sutis, mais contínuos, e as ocasiões de sucumbir são mais frequentes. Assim, o próprio exemplo dos filósofos ricos, supondo que tenham existido vários, o que não tenho tempo de examinar, em nada diminui a força de meu raciocínio.

Para enfraquecê-lo, seria preciso provar: 1º) Que os inconvenientes que apontei e que acompanham a posse das riquezas não são suas consequências necessárias. 2º) Que mesmo que se aceite que esses inconvenientes são inseparáveis das riquezas, daí não se segue, como pretendo, que as riquezas, com todas as desordens que acarretam, sejam incompatíveis com o estado que suponho que deva ser o da alma de um filósofo que quer estudar a verdade e a virtude. Ora, desafio quem quer que seja a provar alguma vez essas duas coisas: pode-se, por meio de sutilezas da dialética, obscurecer certas verdades e lançar dúvidas no espírito daqueles que as admitem, quando as forças de suas faculdades intelectuais os impedirem de dissipar as trevas difundidas sobre essas verdades por um raciocínio fino e hábil. Mas o mesmo não acontece com os fatos dos quais somos testemunhas diariamente. Nesse caso, é impossível impor-se a alguém, e é a partir dessa espécie de fatos que raciocino.

Contudo, para que não se suspeite que estou dissimulando num assunto dessa importância, relatemos aqui o elogio que Sêneca faz das riquezas; talvez seja o discurso mais eloquente que se possa fazer em seu favor; mas duvido muito que haja entre nós um único rico que possa ler sem perturbação, sem emoção e, para dizer tudo, sem remorso as condições em que esse filósofo permite que o sábio possua grandes bens. Eis aqui a passagem inteira, tal como acreditei que devia exprimi-la em nossa língua.

"O sábio não ama as riquezas com paixão, mas prefere tê-las a não tê-las; não as recebe em sua alma, mas em sua casa; numa palavra, não se desfaz delas, mas, ao contrário, as conserva e se serve delas para abrir um caminho mais vasto para sua virtude e mostrá-la em toda a sua força. Com efeito, pode-se duvidar que um homem sábio tenha mais ocasiões e meios de tornar conhecida a elevação e a grandeza de sua coragem com as riquezas do que com a pobreza? Neste último estado, só se pode ser virtuoso de uma única maneira, quero dizer, não se deixando abater e absorver pela indigência, ao passo que as riquezas são um campo vasto e extenso onde se pode, por assim dizer, espalhar todas as virtudes e mostrar em todo o seu brilho a temperança, a liberalidade, o espírito de ordem e economia e, caso se queira, a magnificência. Cessa, pois, de querer proibir aos filósofos o uso das riquezas; ninguém nunca condenou o sábio a uma eterna pobreza. O filósofo pode ter grandes riquezas, desde que não as tenha tirado à força de quem quer que seja, e que elas não sejam sujas e tingidas com o sangue de ninguém; desde que não as tenha adquirido com o prejuízo de ninguém, que não as tenha ganhado num comércio desonesto e ilegítimo; numa palavra, desde que o uso que delas faz seja tão puro quanto a fonte de onde as tirou, e que somente o invejoso possa chorar ao vê-lo possuí-las. Ele não recusará os favores da fortuna e não terá mais vergonha do que orgulho de possuir grandes bens adquiridos por meios honestos. Que digo eu? Ele terá antes motivo para glorificar-se se, depois de ter feito entrar em sua casa todos os habitantes da cidade e lhes ter mostrado todas as suas riquezas, puder lhes dizer: *se houver alguém que julgue que alguma coisa aqui seja sua, que a pegue*. Ó, grande homem! O quanto merece ser rico, se os efeitos correspondem às palavras e se, depois de ter falado desse modo, a soma de seus bens permanecer sempre a mesma, quero dizer, se, depois de ter permitido ao povo vasculhar em seus cofres e visitar toda a sua casa, não houver ninguém que reclame que alguma coisa lhe pertença; é então que poderá ser ousadamente chamado de rico diante de todos. Digamos, pois, que do modo que o sábio não deixará entrar em sua casa nem um centavo que não tenha legitimamente ganhado, ele também não recusará as grandes riquezas que são benefícios da fortuna e os frutos da virtude; se ele pode ser rico, ele desejará sê-lo e terá as riquezas, mas considera-las-á bens cuja posse é incerta, e das quais poderá ver-se privado de um instante a outro; não suportará que elas sejam pesadas para si nem para outros; dá-las-á aos bons, ou àqueles que puder tornar bons, fará delas uma justa repartição, tendo sempre o cuidado de distribuí-las a quem for digno e lembrando-se de que se deve prestar contas tanto dos bens recebidos do céu quanto do emprego que deles se fez."[o]

o *Non amat divitias (sapiens) sed mavult: non in animum illas, sed in domum recipit: nec respuit possessas, sed continet, & majorem virtuti suae materiam subministrari vult. Quid autem dubii est, quin major materia sapienti viro sit, animum explicandi suum in divitiis, quam in paupertate?*

Deve-se confessar que essa passagem encerra uma teoria conforme à mais sã filosofia, na qual Sêneca dá indiretamente a todos os ricos e a todos os que trabalham arduamente para sê-lo excelentes e essenciais preceitos de moral, dos quais seria desejável que eles não se afastassem nunca. Tal é, por exemplo, o seguinte princípio: *o sábio não deixará entrar em sua casa nem um centavo que não tenha ganhado legitimamente*. Que lição para essa multidão de ricos de patrimônio, dos quais as grandes cidades estão cheias; pessoas ociosas, inúteis e boas unicamente para si, que, por não procurarem aumentar sua renda, mas apenas usufruir dela em seu refúgio sem prejudicar ninguém, acreditam por isto que são pessoas muito honestas! Mas, aparentemente, ignoram que não basta que um homem tenha herdado grandes bens de seus pais para que se considere que ele os possui legitimamente e com direito de deles fazer o uso que bem quiser. Com efeito, parece-me que não se pode negar que o primeiro dever que a consciência impõe nesse caso, e que é indispensável seguir antes de dispor da menor parte desses bens, é o de fazer todos os esforços para retroceder até a fonte de onde seus ancestrais tiraram suas riquezas, e se, ao seguir os diferentes [277] canais pelos quais elas passaram para chegar até ele, descobrir sua origem impura e corrompida, é incontestável que não pode apropriar-se desses bens sem se encarregar ele mesmo de uma parte da iniquidade daqueles que deixaram para ele essas

---

cum in hac unum genus virtutis sit, non inclinari, nec deprimi: in divitiis, & temperantia, & liberalitas, & diligentia, & dispositio, & magnificentia, campum habeat patentem... Desine ergo philosophis pecuniâ interdicere; nemo sapientiam paupertate damnavit. Habebit philosophus amplas opes: sed nulli detractas, nec alieno sanguine cruentas, sine cujusquam injuriâ partas, sine sordidis quaestibus, quarum tam honestus sit exitus quam introitus, quibus nemo ingemiscat, nisi malignus... Ille vero fortunae benignitatem a se non submovebit, & patrimonio per honesta quaesito, nec gloriabitur, nec erubescet. Habebit tamen etiam quo glorietur, si apertâ domo, & admissa in res suas civitate, poterit dicere: quod quisque suum agnoverit, tollat. *O magnum virum, optime divitem, si opus ad hanc vocem consonet! si post hanc vocem tantundem habuerit! ita dico, si tutus & securus scrutationem populo praebuerit: si nihil quisquam apud illum invenerit, quo manus injiciat: audacter & propalam erit dives. Sicut sapiens nullum denarium intra limen suum admittet, male intrantem: ita & magnas opés, munus fortunae, fructumque virtutis non repudiabit, nec excludet... Si poterit esse dives, volet; & habebit utique opes, sed tanquam leves & avolaturas: nec ulli alii, nec sibi graves esse patietur... Donabit aut bonis, aut eis quos facere poterit bonos. Donabit cum summo consilio, dignissimos eligens: at qui meminerit, tam expensorum quàm acceptorum rationens esse reddendam.* " Sêneca, *De vita beata*, cap.XXJ, XXIJ, XXIIJ.

riquezas. Contudo, pode-se dizer, sem medo de passar por detrator das virtudes humanas, que em 20 mil pessoas com riquezas patrimoniais, talvez não haja dez que tenham se lembrado de fazer semelhante exame, e menos ainda agir de modo consequente depois de tê-lo feito, embora seja obrigado a fazê-lo por tudo o que há de mais sagrado entre os homens. Parece-lhes tanto mais inútil entrar em todos esses detalhes que, não tendo sido os instrumentos de sua fortuna, não se creem responsáveis pelos caminhos oblíquos e pelos meios injustos e criminosos dos quais seus pais podem ter se servido para adquirir esses bens e, consequentemente, não se sentem absolutamente obrigados a restituí-los àqueles aos quais eles pertencem de direito, ou então a fazer alguma compensação igualmente justa e sábia. Ora, sem querer prevenir as reflexões do leitor sobre tal conduta, basta-me dizer que ela prova muito bem a verdade deste pensamento de são Jerônimo: "Todo homem rico", diz esse padre, "é, ou injusto ele mesmo, ou herdeiro da injustiça de outro". *Omnis dives, aut indignus est, aut haeres iniqui.*

Voltemos a Sêneca. Os que tiverem lido com alguma atenção suas obras, nas quais, quase em cada página, encontramos os maiores elogios da pobreza e as passagens mais formais em seu favor, com a mais viva pintura da corrupção dos ricos, dos tormentos cruéis dos quais eles são vítimas, enfim, as infelicidades e desordens horríveis cuja causa são as riquezas, aqueles, digo, que se lembram de tudo o que esse autor disse a esse respeito, ficarão chocados com a contradição evidente e com a oposição diametral que existe entre essa passagem e aquelas que citei precedentemente. Ficarão surpresos, com razão, com o fato de que um filósofo possa ter tão pouca firmeza de espírito e ligação entre suas ideias para deixar-se assim levar pelo ímpeto de sua imaginação, com prejuízo da verdade, e para soprar o frio e o quente sem se dar conta da incoerência de seus princípios.

Mas abandonemos esse autor aos seus desvios e às falhas de sua ardente imaginação. Examinemos essa passagem por si mesma e vejamos o que se pode de modo razoável concluir dela a favor das riquezas.

Se a analisarmos com cuidado, estou certo de que se admitirá que, no fundo, ela só prova três coisas que nunca pretendi negar.

A primeira, que é permitido ao sábio possuir grandes riquezas sob determinadas condições, e, com efeito, talvez isto só seja permitido a ele.

A segunda, que se deve fazer bom uso das riquezas.

E a terceira, que estaria mais ao alcance dos ricos do que dos pobres fazer o bem e praticar as virtudes mais úteis se eles usassem suas riquezas como se deve: três proposições igualmente verdadeiras, mas das quais, como é fácil de ver, nada se pode concluir contra mim, já que elas não têm nada em comum com a questão que examino aqui.

Faço essa observação porque Barbeyrac não parece ter compreendido o sentido dessa passagem, da qual ele tem outra ideia, talvez por tê-la lido com excesso de precipitação. É em seu *Tratado do jogo*, livro I, capítulo III, parágrafo 7, tomo I, que se encontra essa falta, muito importante para ser relevada. Depois de ter falado em poucas palavras sobre as riquezas a partir de princípios pouco refletidos e que mostram na minha opinião que esse sábio homem às vezes considerava as coisas de modo superficial, ele acrescenta numa nota (p.63): "Vede o que diz muito bem o filósofo Sêneca para mostrar que as grandes riquezas absolutamente não são incompatíveis com a virtude, e que o próprio caráter do filósofo não o leva a desfazer-se delas" (*De vita beata*, XXIII, XXIV e XXV).

Eu me pergunto se, a partir do exposto, não se espera encontrar nesses três capítulos provas diretas e positivas das duas proposições enunciadas nessa nota. Entretanto, deixo ao leitor julgar se Sêneca prova alguma coisa disto na passagem que acabamos de ler, e se essa passagem, bem examinada, não se reduz à análise que acabo de fazer.

Poder-se-ia talvez crer que é nos capítulos XXIV e XXV, dos quais nada traduzi, que Sêneca prova o que Barbeyrac o faz dizer. Mas advirto aqui que, dos três capítulos do autor indicados aqui, apenas o primeiro trata do assunto; os outros dois têm pouca relação com o tema, do que podemos nos convencer lendo-os. Não vejo, portanto, o que pôde iludir Barbeyrac, a menos que sejam as duas últimas linhas do capítulo XXIV. Mesmo assim, o que as precede deveria tê-lo recolocado no caminho certo. Eis a passagem inteira: *Divitias nego bonum esse; nam si essent, bonos facerent. Nunc quoniam quod apud malos deprehenditur, dici bonum non potest; hoc illis nomen nego. Ceterum et habendas esse, et utiles, et magna commoda vitae adferentes factor.* Sêneca, *De vita beata*, cap. XXIV, *in fine*. Ou seja: "Nego que as riquezas possam ser colocadas entre os verdadeiros bens: pois, se elas o fossem, tornariam bons aqueles que as possuem; aliás, não se pode honrar com o nome de bem aquilo que se encontra nas mãos dos maus. De resto, confesso que é preciso tê-las, que elas são úteis e que trazem grandes comodidades para a vida". Eu gostaria, para a honra de Sêneca, que ele não tivesse feito essa confissão, tão pouco digna de um filósofo, tão pouco de acordo com os belos preceitos de moral que ele oferece em mil trechos de suas obras e que supõe, aliás, como demonstradas três coisas, das quais a primeira é a própria questão; a segunda, se não absolutamente falsa, é pelo menos muito incerta e que só pode ser verdadeira com uma infinidade de limitações, restrições e modificações; enfim, a terceira só poderia provar alguma coisa a favor das riquezas depois que tivesse sido demonstrado que:

1º) As comodidades que as riquezas propiciam são tão absolutamente necessárias à felicidade do homem que sem elas ele fica continuamente exposto a duras e desagradáveis situações extremas, que o fazem considerar a vida como uma carga pesada que lhe foi imposta contra sua vontade e da qual ele ficaria feliz em se livrar.

2º) Essa alegria interior, essa tranquilidade e essa paz que são a característica distintiva da alma do sábio acompanham sempre aqueles que gozam dessas comodidades, enquanto as tristezas, as preocupações e mil penas secretas devoram e minam surdamente aqueles que delas são privados; suposição absurda, insustentável, e que colocaria ainda Sêneca em contradição, já que ele diz em algum lugar com tanta verdade, eloquência e energia: *Laetiores videbis, quos nunquam fortuna respexit, quam quos deservit. Vidit hoc Diogenes, vir ingentis animi, et effecit ne quid sibi eripi posset* [...]. *si quis de felicitate Diogenis dubitat, potest idem dubitare et de decrum immortalium statu, an parum beate degant: quod illis non pradia, nec horti sint, nec alieno colono rura preciosa, nec grande in foro faenus* [...]. *Si vis scire quam nihil in illa (paupertati) mali sit, compara inter se pauperum et divitum vultus, saepius pauper er fidelius ridet, nulla sollllicitudo in aleo est: etiam si qua incidit cura,* [278] *velut nubes levis transit. Horum qui felices vocantur, hilaritas ficta est, aut gravis et suppurata tristitia: et quidem gravior, quia interdum non licet palam esse miseros: sed inter arumnas cor ipsum excedentes, necesse est agere felicem.* Sêneca, *De tranquilitate animi*, cap.VIII, epístola 80. "Verás mais alegres aqueles para quem a fortuna nunca voltou os olhos que aqueles por quem ela zela. Isto Diógenes, homem de grande inteligência, percebeu e conseguiu que nada lhe pudesse ser roubado [...]. Se alguém duvida da felicidade de Diógenes, pode também ter dúvidas quanto ao modo de vida dos deuses, perguntando-se se seria pouco feliz a vida deles, já que não têm casas de campo, nem jardins, nem terras de muito valor para o colono de um outro, nem grande ganho no mercado [...] Se queres saber até que ponto nela (na pobreza) nada há de mal, compara o rosto dos pobres e dos ricos. O pobre ri com mais frequência e maior sinceridade, em seu íntimo não há inquietação alguma e, mesmo que sobrevenha alguma preocupação, como uma leve nuvem ela passa. A alegria dos que são chamados felizes é fingida ou é tristeza pesada e doentia, mais pesada, aliás, porque não lhes é permitido que, diante de todos, sejam desgraçados, **[14, 278]** mas, no meio das tribulações, mesmo remordendo-se em seus corações, é necessário que ajam como alguém que é feliz."

3º) Essas comodidades são a via mais segura e mais rápida para chegar a esse grau de sabedoria e de perfeição, que é o centro para o qual tendem todas as ações do homem virtuoso.

4º) Enfim, uma coisa talvez possa ser real e absolutamente considerada útil, embora as vantagens que se tiram dela quase não possam compensar, nem pela sua importância nem pelo seu número, as desordens que ela causa, todas proposições igualmente falsas e que não merecem ser refutadas seriamente. A confissão de Sêneca, portanto, não tem aqui nenhum peso, e sua autoridade de nada serve a Barbeyrac, que deveria antes ter citado, como eu o fiz, os capítulos XXI e XXII, nos quais Sêneca faz a apologia das riquezas de uma maneira não na verdade mais sólida (pois *ogni medaglia ha il suo riverso*), mas pelo menos mais própria para seduzir leitores vulgares, que não sabem que, antes de admitir um pensamento, uma proposição, um princípio ou um sistema, é preciso, se não quisermos nos enganar, considerá-los sob todos os seus aspectos, defrontá-los com todas as objeções, sem o que nos expomos a todo momento a tomar o erro como verdade.

De tudo isso concluo que, no final das contas, as riquezas são para os bons costumes um rochedo muito perigoso, onde vão frequentemente quebrar-se todas as virtudes que caracterizam o homem honesto. Nas páginas precedentes já indiquei, em poucas palavras, as causas de seus efeitos funestos, sem pretender, contudo, esgotar a série. Nem mesmo cheguei a considerar as riquezas a não ser em relação à sua influência sobre a vida de alguns particulares. Mas se, ao medir com precisão a maior quantidade de ação das riquezas sobre esses mesmos indivíduos, considerados constituintes de um corpo político, eu quisesse entrar em maiores detalhes e vasculhar a história dos povos que mais fizeram barulho no mundo e que mais se distinguiram em todos os aspectos, eu mostraria que a corrupção dos costumes e todas as desordens que a seguem sempre foram os efeitos inevitáveis e imediatos do amor pelas riquezas, ou do desejo insaciável de adquiri-las; daria como exemplo disto os lacedemônios, um dos povos da terra que sem dúvida teve a melhor organização política, as mais belas e sábias instituições, e aquele no qual a virtude foi mais honrada e produziu as maiores coisas, enquanto conservou as leis de seu sublime legislador; mas deixemos falar Plutarco: "Depois que o amor pelo ouro e pela prata se introduziu na cidade de Esparta, que, com a posse das riquezas, surgiram a avareza e a mesquinhez, e com o gozo se introduziram o luxo, a frouxidão, o desperdício e a voluptuosidade, Esparta se viu de início destituída da maior parte das grandes e belas preeminências que a distinguiam e ficou indignamente aviltada e reduzida a um estado de humilhação e de baixeza que durou até o tempo do reino de Agis e Leônidas". Plutarco, *Vida de Agis e Cleômenas*, p.796, C e 797, tomo I, ed. Paris, 1624.

Ele diz um pouco mais adiante que a disciplina e os negócios dos lacedemônios haviam começado a adoecer e se corromper desde o momento em que, após terem arruinado o governo de Atenas, começaram a se encher de ouro e de prata.

De resto, segui a versão de Dacier, cuja nota se refere às palavras da primeira passagem e merece ser citada: *Esparta se viu destituída* etc. "Isto é inevitável", diz Dacier, "desde que um Estado se torna rico, ele decai de sua grandeza; esta é uma verdade provada por mil exemplos, e uma das maiores provas é o que aconteceu com o Império Romano. A virtude e a riqueza são a balança: quando uma se abaixa, a outra sobe." Mas a nota é menos de um literato do que de um filósofo. Seria bom que se pudesse dizer o mesmo de todas aquelas que esse autor acrescentou a suas traduções.

Terminemos com uma bela passagem de Salústio, que confirma plenamente a opinião de Plutarco e de seu intérprete. Disse Salústio a César: *Igitur provideas oportet uti plebes, largitionibus et publico frumento, corrupta habeat negocia sua, quibus ab malo publico detineatur: juventus probitati et industria, non sumptibus, neque divitiis studeat. Id eveniet, si pecuniae quae maxima omnium pernicies est, usum atque decus dempferis. Nam sape ego cum animo meo reputans, quibus quisque rebus clarissimi viri magnitudinem invenissent; quae res populos, nationesve magnis auctoribus auxissent; ac deinde quibus causis amplissima regna, et imperia corruissent: eadem semper bona atque mala reperiebam omnesque victores, N. B. divitias contemnisse, et victos cupivisse*. Salústio, ab Caesar, *De rep. ordinanda*, orat J. "É preciso, portanto, que tomes providências para que a plebe, corrompida pelas doações e pelo trigo do povo, mantenha suas ocupações e com isso seja impedida de causar mal ao povo. Que os jovens ambicionem a probidade e o zelo e não os gastos nem as riquezas. Isso acontecerá, se deixares de usar e de honrar o dinheiro que, dentre todas, é a maior causa de ruína. Muitas vezes, quando no meu íntimo ponderava com que recursos os muito ilustres varões tinham alcançado sua grandeza, o que tinha feito crescer os povos ou nações com grandes autores e ainda por que reinos e impérios tão extensos ruíram, sempre achava que as coisas boas e as más eram as mesmas e que os vitoriosos desprezavam as riquezas e os vencidos as ambicionavam."

Depois de tudo isto, devemos nos espantar que Anaxágoras e Demócrito, que tinham diante dos olhos as terríveis revoluções e a extrema corrupção que a sede de riquezas havia produzido nos costumes de seus concidadãos e dos outros povos da Grécia, que, aliás, não podiam ignorar que o governo de uns e de outros havia recebido, pela ação dessa causa, abalos tão violentos que a sua constituição havia sido, mais de uma vez, não apenas abalada, mas transformada; devemos, digo, nos espantar que esses filósofos, que coexistiam, por assim dizer, com esses tristes acontecimentos, tenham tomado o sábio partido de abandonar seus países e seus bens para dedicar-se inteiramente ao prazer divino que é ligado à busca e à descoberta da verdade? Não teríamos antes motivo de nos surpreender e de nos indignar com o fato de que, num século como o nosso, no qual o espírito filosófico fez tanto progresso, tenha aparecido um autor, aliás, estimável, cego o bastante por seus preconceitos supersticiosos e, ao mesmo tempo, injusto o bastante para atribuir sem prova alguma, a motivos viciosos e repreensíveis, um desinteresse tão louvável, tão raro e que mereceu os elogios e a admiração de Platão, de Plutarco, de Cícero, numa palavra, de todos os filósofos que mais honraram seu século e a humanidade? O ilustre Bayle teve mais equidade e boa-fé do que o sábio moderno de quem falo.

"Antes", diz ele, "que o Evangelho tivesse ensinado aos homens que se deve renunciar ao mundo e às riquezas, se se quisesse caminhar depressa em direção à perfeição, havia filósofos que tinham compreendido isso e que se desfizeram de seus bens a fim de dedicar-se mais livremente ao estudo da sabedoria e à procura da verdade: haviam acreditado que os cuidados com a família e com uma herança eram entraves que impediam que se avançasse para o fim que é o mais digno de nosso amor; Anaxágoras e Demócrito estavam entre eles." Bayle, *Dicionário histórico e crítico*, verbete *Anaxágoras*, tit. A.

Eis a linguagem da razão, da filosofia e da verdade; mas na observação de Barbeyrac [**14, 279**] sobre essa passagem[p] só encontramos sofismas, superstição e um desejo desmedido e pouco refletido de procurar uma causa quimérica para a perfeição da moral e o mérito das obras: espécie de fanatismo mal compreendido e que frequentemente ilude esse autor, assim como a vários outros. Eles não viram que, como a lei e os profetas se reduzem, tal como o próprio legislador divino convém, à prática dessa máxima segundo a qual *tudo o que quiserdes que vos seja feito, fazei também aos outros*, segue-se que pode-se, segundo essa lei invariável das ações humanas, cumprir seus principais deveres[q] tanto em relação ao seu ser considerado

---

p Eis a passagem: "Como o senhor Bayle parece aqui, segundo o seu costume, atribuir ao Evangelho ideias extravagantes sobre a moral, ele louva também um pouco demais a conduta dos antigos filósofos, nos quais havia mais ostentação e desinteresse mal compreendido do que verdadeira sabedoria, já que se pode fazer um bom uso das riquezas e que não é absolutamente necessário se desfazer delas inteiramente para se dedicar ao estudo da verdade e da virtude".

q Se não falo aqui do primeiro mandamento da primeira tábua, nem daquele que nosso sábio legislador chama, com razão, de o primeiro e o maior de todos os mandamentos, não é porque não os considero como muito essenciais. Mas, se quisermos refletir de modo maduro sobre eles e examiná-los como filósofos, confessaremos, se não me engamo, que a admissão de um e a observação do outro não parecem ser de grande utilidade e de uma necessidade tão absoluta, nem ter, sobre os costumes dos homens e sobre sua conduta em geral, uma influência tão grande, tão imediata e tão contínua quanto a prática habitual deste outro: amareis vosso próximo como a vós mesmos, ou seja, não fareis aos outros o que não quereis que vos seja feito se estivésseis no seu lugar. Com efeito, não há um instante na vida no qual esse preceito não possa ser um guia seguro. É a regra universal segundo a qual cada um de nós deve regular sua vida e seus costumes. Em suma, essa máxima é uma verdade palpável, e da qual todos os homens podem se assegurar sem dificuldade. O mesmo não ocorre com os dois outros mandamentos. Para se convencer da certeza dos princípios sobre os quais eles estão fundados, e deduzir deles como consequências individualmente quanto considerado em suas relações externas, sem que haja necessidade, para fazê-lo, de um recurso alheio à natureza, que, longe de ser eterno e universal (como muitos pretendem que deveria ser, se fosse real), é, ao contrário, muito recente e reconhecido apenas na menor parte do mundo, e ainda dividida numa infinidade de seitas diferentes que se anatematizam reciprocamente.

Passo rapidamente a uma outra observação não menos importante: é que os Padres da Igreja, os mais célebres comentadores da Escritura e os maiores críticos reconheceram, como uma verdade constante, que o Evangelho nada havia acrescentado à moral dos pagãos. O sábio Leclerc, cuja principal ocupação em toda a sua vida tinha sido o estudo das Escrituras e do gênio das línguas nas quais elas nos foram transmitidas, e que acrescentava a uma erudição tão eminente quanto variada um profundo conhecimento das regras da crítica, esse guia tão útil e necessário na busca da verdade, Leclerc, digo, confirma plenamente essa opinião, e sua autoridade sobre um ponto dessa importância é de grande peso.

Afirma ele que "no fundo, a moral cristã só difere da moral pagã pela esperança certa numa outra vida,[r] sobre a qual ela é fundada. De resto, os

---

necessárias os preceitos que deles dependem e a obrigação de pô-los em prática, é preciso reunir mais fatos, comparar mais ideias, empregar uma série de raciocínios mais sutis, mais abstratos, mais metafísicos, menos ao alcance de todos os espíritos, e cujas relações, a conexão e a evidência não podem ser percebidos a não ser dificilmente, e após um longo exame. Numa palavra, são necessários conhecimentos filosóficos muito mais extensos do que aqueles necessários para compreender o quanto é verdadeira e útil essa máxima que o Cristo chamou de *a lei e os profetas*. Enfim, como diz muito judiciosamente o ilustre Montesquieu: "Essa lei que, imprimindo em nós a ideia de um criador, nos leva para ele, é a primeira das leis naturais por sua importância, e não na ordem dessas leis. O homem no estado de natureza, tão logo tivesse a faculdade de conhecer, teria conhecimentos. É claro que suas primeiras ideias não seriam de modo algum especulativas; ele pensaria em sua conservação antes de procurar a origem de seu ser". *O espírito das leis*, livro I, cap.IJ.

r Os antigos filósofos gregos e latinos deram igualmente essa sanção à sua moral. É um fato que não precisa de provas. Mas o que os diferencia a esse respeito dos cristãos é que eles não acreditavam interiormente na imortalidade da alma, nem num estado futuro de recompensas e castigos. Entretanto, ensinavam continuamente ao povo, em seus escritos e discursos, esses dogmas, mas, em particular, filosofavam sobre outros princípios.

deveres não são muito diferentes, e não se poderia produzir nenhum dever para os cristãos que não fosse aprovado por algum filósofo". *Biblioteca escolhida*, tomo XXII, p.457.

O que ele diz na página 444 é ainda mais formal: "Não há nenhuma virtude que não se encontre estabelecida nos escritos dos discípulos de Sócrates, que nos conservaram sua doutrina, nem nenhum vício que aí não seja condenado".

Um outro autor, não menos ilustre, e que era também um grande juiz nessa espécie de assunto, porque havia estudado a teologia pagã, não como um homem simplesmente curioso e erudito, mas como filósofo, dá também uma ideia favorável da moral pagã.

"Se os pagãos", afirma, "não praticaram a verdadeira virtude,[s] pelo menos eles a conheceram bem, pois louvavam aqueles que, ao fazerem uma bela ação, não se propunham como recompensa um interesse pecuniário nem a aprovação pública, e desprezaram aqueles que têm como objetivo no exercício da virtude a reputação, a glória e o aplauso de seu próximo."[t]

Quanto aos Padres da Igreja, eu poderia citar vários, tais como Justino Mártir, são Clemente de Alexandria, Lactâncio e Santo Agostinho, que não tiveram nenhuma dificuldade para estabelecer um paralelo entre a moral dos pagãos e a do cristianismo. Sustentaram que aquele que quisesse reunir num sistema o que os filósofos disseram conforme as luzes da natureza poderia estar certo de conhecer a verdade.

"É fácil de ver", diz expressamente Lactâncio, "que a verdade inteira foi dividida entre as diferentes seitas dos filósofos e que, se houvesse alguém que reunisse as verdades espalhadas entre todas as seitas e com elas fizesse um só corpo de doutrina, certamente esse corpo em nada seria diferente das opiniões dos cristãos." *Docemus nullam sectam fuisse tam deviam, nec philosophorum quenquam tam inanem, qui non viderit aliquid ex* [...] *Quod si extitisset aliquis qui veritatem sparsam per singulus, per sectasque diffusam colligeret in unum, ac redigeret*

---

s Percebe-se que isto não pode ser dito a não ser dos pagãos em geral, que certamente não eram todos Aristides, Sócrates, Régulo, Catão, Marco Aurélio e Juliano, assim como os cristãos não são todos santos.

t Bayle, *Dicionário histórico e crítico*, observação h. do verbete Amphiaraus. Seria necessário preencher páginas inteiras de citações se se quisesse mostrar todas as passagens dos antigos nas quais eles ensinaram essa moral.

in corpus, is profecto non dissentirent a nobis. Lactâncio, *Inst. Div.*, livro VII, cap. VII, num. 4, ed. Cellar. Conferen. Justin martyr, *Apolog.*, X, p.34, ed. Oxon. Clemente de Alexandria, *Stromat.*, livro I, p.288-99, ed. Sylburg, Colônia, 1688. E Santo Agostinho, *De vera relig.*, cap.IV, par. 7, p.599, tomo I, ed. Aniverp, *Epístola a Dioscórides,* par. 21, p.255, tomo II. Ver também Epístola LXI, 202 ss., livro VII, cap.X e livro VII, cap.II.

De resto, não se deve acreditar que o Novo Testamento tenha recolhido todos esses diversos ramos da árvore moral. Basta lê-lo com atenção para se convencer do contrário. "Com efeito", como observa muito bem Barbeyrac, "os escritores sagrados não nos deixaram um sistema metódico da ciência dos costumes; não definiram exatamente todas as virtudes; não entram quase nunca em qualquer detalhe; apenas apresentam as ocasiões, as máximas gerais, das quais é preciso tirar as consequências para aplicá-las à condição de cada um e aos particulares. Numa palavra, vê-se claramente que eles têm mais em vista suprir o que faltava[u] às ideias morais entre os homens, ou retirar os maus costumes que tinham sido introduzidos e autorizados contra as próprias luzes da natureza, do que propor uma moral completa."[v]

Termino aqui esta digressão na qual me lancei apesar de mim e no temor de que a crítica e a autoridade de Barbeyrac me suplantassem diante de al-

u Isto só pode ser entendido a respeito de um pequeno número de preceitos morais pouco importantes, que supõem a qualidade do cristão considerado precisamente como tal. Pois a identidade absoluta que existe entre a moral do Evangelho e a dos filósofos pagãos em geral pode ser provada com tanta exatidão e evidência quanto as que há nas demonstrações mais rigorosas dos geômetras. Digo identidade para me conformar às ideias geralmente aceitas; mas não ignoro que, em todos os tempos, houve grandes filósofos que se importaram infinitamente mais com as obras de Platão, de Aristóteles, de Xenofonte, de Sêneca, de Plutarco, dos deveres de Cícero, do manual de Epiteto e das reflexões de Marco Antonio, do que com todos os livros rabínicos que compõem hoje em dia o cânone das Escrituras. Como se trata aqui de uma questão de gosto e de sentimento, cada um é livre para julgar como lhe aprouver, sem que ninguém possa ter o direito de considerá-lo mau.

v *Tratado do jogo*, livro I, cap.IIJ, par. 2, p.42-3, tomo I, ed. Amsterdam, 1737. Pode-se conferir essa passagem e aquela que a precede com o que diz Le Clerc na *Vida de Clemente de Alexandria* (Biblioteca Universal, tomo X, p.212, 213), e ver-se-á que Barbeyrac aqui só copia os pensamentos do douto jornalista e que os exprime mesmo frequentemene nos mesmos termos. Parece-me que ele teria tido mais boa-fé se avisasse isto.

guns leitores, inconveniente que quis evitar. De resto, não ouso me gabar de sempre ter apreendido o verdadeiro no exame que fiz das questões que são o assunto deste verbete. O que posso assegurar é que pelo menos procurei a verdade de boa-fé e sem preconceitos. Cabe ao leitor julgar se tive êxito. Não gostaria de deixá-lo numa situação na qual fosse obrigado a escolher entre as riquezas e a pobreza, ou seja, entre o vício e a virtude. E parece-me que presentemente ele terá diante dos olhos as peças da instrução do processo e poderá julgar. Quanto a mim, que verdadeiramente refleti mais sobre o assunto do que ele, creio, tudo bem examinado, dever permanecer com a sábia e judiciosa decisão de Sêneca. *Augustanda certe sunt patrimoniae ut minus ad injurias fortunae simus expositi. Habiliora sunt corpora in bello, quae in arma sua contrahi possunt, quam quae supersunduntur, et undique magnitudo sua vulneribus objecit. Optimus pecunia modus est, qui nec in paupertatem cadit, nec procul a paupertate discedit. De tranquilitate animi*, cap.VIII, *circa fin*. "Certamente os patrimônios devem ser diminuídos, para que estejamos menos expostos às injustiças da fortuna. Na guerra são mais capazes os corpos que podem encolher-se no interior de suas armas do que aqueles que as ultrapassam e se expõem em toda sua extensão aos ferimentos. A medida ótima para o dinheiro é a que nem cai na pobreza, nem se afasta muito da pobreza."

Numa palavra, trata-se da bagagem da virtude. Pode ser necessária até certo ponto, mas retarda mais ou menos a marcha. Há, sem dúvida, meios legítimos de enriquecer, mas poucos são bons. A poupança honesta está entre os melhores, mas tem seus defeitos. Quanta solicitude ela não exige? Será que é esse um bom emprego do tempo para um homem destinado às grandes coisas? A agricultura é outra via muito legítima para se enriquecer. É, por assim dizer, a bênção de nossa boa mãe natureza. Mas quem é que tem coragem de marchar atrás do boi e procurar laboriosamente o ouro num sulco da terra? Os proveitos dos ofícios são honestos. Decorrem principalmente da indústria, da diligência e de uma reconhecida boa-fé. Mas onde estão os comerciantes que devem sua fortuna apenas às suas qualidades? Os ganhos exorbitantes das finanças são apenas o mais puro sangue dos povos expresso pela vexação. Não se nega que a opulência que nasce da munificência **[281]** dos reis traga consigo uma espécie de dignidade. Mas o quanto ela não é vil, se tiver sido a recompensa do artifício e da bajulação? Convenhamos, pois, que há um pequeno número de homens que sabem adquirir a riqueza sem baixeza e sem injustiça; um número menor ainda a quem seja permitido dela usufruir sem remorso e sem medo, e quase ninguém suficientemente forte para perdê-la sem dor. Portanto, a riqueza produz, de um modo geral, só malvados e escravos.

(MGS)

Sacerdotes (*Religião e Política*), d'Holbach [13, 340]

Denominam-se *sacerdotes* todos os que desempenham funções nos cultos religiosos estabelecidos pelos diferentes povos da terra.

O culto exterior supõe cerimônias. A finalidade destas é impressionar os sentidos dos homens e imprimir neles uma veneração pela divindade a que rendem homenagem. Uma vez a superstição tenha multiplicado as cerimônias dos diferentes cultos, as pessoas destinadas a celebrá-los não tardam a formar uma ordem à parte, dedicada unicamente ao serviço dos altares. Acredita-se que os encarregados de uma tarefa tão importante seriam eleitos da divindade. A partir desse momento, compartilham **[341]** com ela o respeito dos humanos, as ocupações do vulgo parecem indignas de suas pessoas, e os povos julgam-se obrigados a prover a subsistência dos que estão revestidos do mais santo e mais importante dos ministérios. Estes, por sua vez, isolados nos recintos de seus templos, mal se comunicam com o povo; o respeito por eles aumenta, e cria-se o costume de vê-los como favoritos dos deuses, como os depositários e intérpretes de suas vontades, os mediadores entre eles e os mortais.

É doce o domínio que se tem sobre os próprios semelhantes. Os sacerdotes souberam aproveitar-se da alta conta em que eram tidos por seus concidadãos. Alegavam que os deuses se manifestavam a eles; anunciavam os decretos divinos; ensinavam dogmas; prescreviam os objetos de crença e o que deveria ser rejeitado; estabeleciam o que agradava ou desagradava a divindade; traduziam os oráculos desta; prediziam o futuro para o homem inquieto e curioso; faziam tremer, com a ameaça do castigo dos deuses, os temerários que ousassem duvidar de sua missão ou discutir sua doutrina.

Para assegurar o estabelecimento de seu império, pintaram os deuses como cruéis, vingativos, implacáveis; introduziram cerimônias, rituais de iniciação e mistérios, cuja atrocidade pudesse alimentar nos homens a sombria melancolia, tão favorável ao império do fanatismo. Então o sangue humano correu caudaloso sobre os altares; os povos, subjugados pelo medo e abatidos pela superstição, não hesitaram em pagar o que fosse preciso pela benevolência celeste; mães entregavam, com os olhos secos, seus recém-nascidos às chamas devoradoras; milhares de vítimas humanas tombaram sob a navalha dos sacrificadores; os homens se submetiam a uma multidão de práticas frívolas e revoltantes, porém úteis para os sacerdotes, e as superstições mais absurdas terminaram por estender e fortalecer o seu poder.

Isentos de obrigações e seguros de seu império, os sacerdotes, com o intuito de amenizar o tédio de sua solidão, estudaram os segredos da natureza, mistérios desconhecidos pelo comum dos homens. Daí os tão propalados conhecimentos dos sacerdotes egípcios. Observa-se, em geral, que em quase todos os povos selvagens e ignorantes a medicina e o sacerdócio são exercidos pelos mesmos homens; a utilidade dos sacerdotes para o povo não poderia deixar de reforçar o seu poder. Alguns foram mais longe. O estudo da Física lhes forneceu meios para impressionar os olhos com obras deslumbrantes, consideradas sobrenaturais por se ignorarem suas causas. Daí a multidão de prodígios, sortilégios e milagres. Os humanos, admirados, acreditavam que os mesmos que os ofereciam em sacrifício comandavam os elementos, controlavam as vinganças e favores do céu; e estes, por essa razão, compartilhavam com os deuses o medo e a veneração dos mortais.

Dificilmente homens assim tão venerados poderiam se manter nos limites da subordinação necessária à boa ordem da sociedade. O sacerdócio, orgulhoso de seu poder, disputava amiúde os direitos da realeza; os soberanos, tão submissos às leis da religião quanto os súditos, não tinham força suficiente para contestar as usurpações e a tirania de seus ministros; o fanatismo e a superstição mantinham a navalha rente ao pescoço dos monarcas; o trono destes abalava-se tão logo ousassem reprimir ou punir os homens sagrados cujos interesses se confundiam com os da divindade; quem resistia a eles se revoltava contra o céu; tocar seus direitos era um sacrilégio; limitar seu poder era solapar os fundamentos da religião.

Tais foram os graus pelos quais os sacerdotes do paganismo elevaram seu poder. Entre os egípcios, os reis eram submetidos às censuras do sacerdócio; monarcas que desagradassem aos deuses recebiam de seus ministros ordem para se suicidar, e a força da superstição era tamanha que os soberanos não ousavam desobedecer essa ordem. Os druidas gauleses exerciam sobre o povo o império mais absoluto. Não contentes em ser ministros de seu culto, eram árbitros das diferenças entre eles. Os mexicanos padeciam em silêncio as crueldades que lhes eram impostas por seus sacerdotes, à sombra do poder dos deuses. Os reis não podiam se recusar a levar a cabo as mais injustas guerras se o pontífice as anunciasse como a vontade do céu: o deus tem sede, dizia ele, e imediatamente o imperador armava-se contra seus vizinhos, prontificando-se a capturar prisioneiros para imolá-los ao ídolo ou à superstição atroz e tirânica dos ministros.

Os povos teriam sido felizes se os sacerdotes da impostura tivessem sido os únicos a abusar do poder que seu ministério lhes dava sobre os homens. Apesar da submissão e da docilidade tão recomendadas pelo Evangelho, nos séculos de trevas viram-se sacerdotes do Deus da paz alçar o estandarte da revolta, armar os súditos contra os soberanos, ordenar insolentemente aos reis que descessem do trono, arrogar-se o direito de romper os laços sagrados que unem os povos a seus senhores, tratar como tiranos príncipes que se opusessem a suas audaciosas pretensões, reclamar para si mesmos uma independência quimérica diante de leis feitas para obrigar igualmente todos os cidadãos. Muitas vezes, essas vãs pretensões foram cimentadas com rios de sangue: estabeleceram-se em razão da ignorância dos povos, da fraqueza dos soberanos, da destreza dos sacerdotes. Não raro estes últimos conseguiram manter os direitos que haviam usurpado. Nos países em que a aviltante Inquisição se estabeleceu, ocorrem com frequência sacrifícios humanos que, em matéria de barbárie, não ficam atrás daqueles dos sacerdotes mexicanos. O mesmo não acontece nos recantos da Terra esclarecidos pelas luzes da razão e da Filosofia, onde o sacerdote nunca se esquece de que é homem, súdito e cidadão. Ver *Teocracia*.

(PPP)

Sedicioso, Sedição (*Gramática, Governo*), Jaucourt [14, 886]

A *sedição* é um tumulto, uma divisão, uma comoção, uma revolta, bem ou mal fundada, num governo.

Dá-se, em geral, o nome de sedição a todas as grandes assembleias feitas sem a permissão do magistrado ou contra a sua autoridade ou daqueles que se atribuem essa autoridade. Atalia e Jezabel estavam mais perto de denunciar a traição do que Davi; não citaremos outros exemplos.

Seria inútil procurar um governo cuja constituição seja tal que se possa ter certeza de que não será exposto a sedições, tumultos e guerras civis. Por maiores que sejam esses males, a felicidade oposta nos é recusada nesta vida e só gozaremos dela na outra.

As sedições, os tumultos, as guerras civis, provêm do erro, da malícia, de causas justas e injustas. Provêm do erro quando um povo crê que lhe fizeram um mal, ou que se teve o desígnio de lhe fazer mal, embora efetivamente nem se tenha pensado nisso, ou quando considera como um mal o que lhe foi feito, embora efetivamente não se tratasse disto. Os Estados mais bem regulados podem, algumas vezes, cair nessa espécie de erro.

Os romanos, ciosos de sua liberdade recentemente recobrada, imaginaram que Valério Publícola aspirava à realeza quando viram que ele mandara construir uma casa num lugar que parecia ser por demais eminente para um particular.

Os lacedemônios não desconfiaram menos da conduta de Licurgo, e um jovem libertino, numa sedição, foi bastante temerário para lhe furar um olho. Mas nunca um povo testemunhou tanto amor nem tanto respeito pelos bons cidadãos quanto os romanos e lacedemônios manifestaram a esses grandes homens quando souberam que suas suspeitas eram mal fundadas.

Algumas vezes os fatos são verdadeiros, mas o povo os explica de uma maneira oposta à intenção que se teve. Quando expulsaram os Tarquínios, os patrícios retiveram para si os principais cargos da magistratura. Mas nunca foi seu desígnio restabelecer os reis no trono, nem estabelecer uma oligarquia entre eles, como imaginavam as famílias populares. Por isso, tão logo perceberam esse erro, toda a sua cólera desapareceu, e essas mesmas pessoas, que não pareciam planejar menos do que a ruína total de todas as famílias patrícias, acalmaram-se imediatamente.

Menênio Agripa pacificou uma das mais violentas sedições que se elevaram na república romana propondo ao povo a fábula dos membros do corpo humano que se queixavam da barriga. E a mais perigosa de todas as sedições foi abafada quando se concedeu a esse povo os tribunos para protegê-lo.

Alguns jovens patrícios haviam favorecido os decênviros e havia outros, nesse mesmo corpo, que não queriam declarar-se abertamente contra eles.

Não faltou muito para fazer que o povo acreditasse que eles teriam todos conspirado contra esses novos tiranos. Mas, como Valério e Horácio puseram-se à frente daqueles que procuravam destruir essa nova tirania, o povo logo reconheceu seu erro e considerou os patrícios como os mais zelosos defensores de sua liberdade; *& inde*, diz Tito Lívio, *auram libertatis captare, unde servitutem timuissent* ["e desde aqueles tempos, os ventos da liberdade temem onde a servidão vai à caça"].

Os governos democráticos estão sujeitos a essa espécie de erros. Eles são raros nas aristocracias e não temos exemplo deles entre os lacedemônios, após o estabelecimento das leis de Licurgo. Mas parece que as monarquias absolutas são totalmente imunes a eles. Dissimula-se, nega-se com frequência o mal que se tem a intenção de fazer, até que não haja mais tempo de remediar a não ser pela força. Aqueles que a necessidade obriga a servir-se desse remédio não ignoram que perecerão infalivelmente se não terminarem o que empreenderam. Aquele que tira a espada contra seu príncipe, dizem os franceses, deve colocá-la de volta na bainha, porque, por mais justa que seja a razão que o fez tomar esse partido, ele pode estar certo de que sua ruína será inevitável se fracassar. Raramente um príncipe faz as pazes com os que considera rebeldes, ou, se o faz, não a observa nunca, a menos que os súditos reservem forças suficientes para obrigá-lo a manter a sua palavra. Mais cedo ou mais tarde encontram-se meios de lhe tirar o que se lhes tinha sido concedido.

As sedições que provêm da malícia são raras nos governos populares, pois elas são prejudiciais ao povo, e ninguém nunca fez o mal a si mesmo de modo premeditado. Sem dúvida, há maldade naqueles que excitam as sedições. Mas o povo só se deixa arrastar por eles por erro. Desde que percebe que foi enganado, não deixa de se vingar dos hipócritas que o iludiram. É o que aconteceu a Manlio Capitolino, a Espúrio Mélio e a Espúrio Cássio. Se o povo reconhece tarde demais seu erro, isso lhe custa normalmente a liberdade. Foi assim que Agátocles, Dionísio, Pisístrato e César se erigiram em tiranos de sua pátria, pela arte de esconder do povo seus projetos e artifícios.

Nas monarquias absolutas, quase todos os tumultos que acontecem provêm da malícia ou da opressão. Quando provêm da maldade dos que governam, são difíceis de reparar, porque aqueles que os provocaram se propõem, alimentando-os, a retirar deles grande vantagem. Assim, vemos que nas guerras civis do Oriente, entre Artaxerxes e Ciro, e entre Fraates e Bardane, o povo foi igualmente aniquilado pelos dois partidos, e tão logo a guerra terminou, ele foi obrigado a se submeter à dominação de um senhor orgulhoso.

Depois da morte de Brutus e Cássio, não houve guerra no Império Romano que tivesse por princípio algum interesse particular, e as províncias, depois de terem assistido a um general expulsar um tirano do trono, viram que esse era tão cruel quanto seu predecessor.

Não se deve achar estranho que, ao falar das sedições, eu tenha dito que algumas são justas. Como a intenção de Deus é que os homens vivam de modo justo uns com os outros, é certo que sua intenção é também fazer que não se faça mal àquele ou àqueles que não procuram fazer mal aos outros. Se, pois, a injustiça é um mal, e se deve ser proibido praticá-la, deve-se punir os que o fazem. Os meios dos quais nos servimos para punir as injustiças são jurídicos ou não jurídicos. Os procedimentos jurídicos bastam quando se pode obrigar os governantes a admiti-los. Mas eles não têm nenhum efeito em relação àqueles que não se submetem às leis. [887]

Para resumir em poucas palavras, observarei que, em geral, a tirania, as inovações em matéria de religião, o peso dos impostos, a mudança das leis ou dos costumes, o desprezo pelos privilégios da nação, a má escolha dos ministros, a carestia dos víveres, são causas de tristes sedições.

Os seus remédios são: restabelecer os princípios do governo, fazer justiça ao povo, afastar-se da penúria pela facilidade do comércio, e da ociosidade pelo estabelecimento das manufaturas, reprimir o luxo, valorizar as terras oferecendo crédito para a agricultura, não entregar uma autoridade arbitrária aos chefes, manter as leis e moderar os subsídios.

(MGS)

Soberanos (*Direito natural, Direito político*), Anônimo [15, 423]

Soberanos são aqueles a quem a vontade dos povos conferiu o poder necessário para governar a sociedade.

O homem no estado de natureza não conhece soberano algum. Cada indivíduo é igual a outro e goza da mais perfeita independência. A única subordinação nesse estado é a dos filhos aos pais. As necessidades naturais e sobretudo a necessidade de reunir suas forças para enfrentar as investidas de seus inimigos determinaram que vários homens ou várias famílias se aproximassem para compor uma mesma família que se chama sociedade. Então, não se tardou a perceber que, se cada um continuasse a exercer sua vontade para usar de suas próprias forças e de sua independência, e desse livre curso às paixões, a situação de cada indivíduo seria pior do que se ele vivesse isolado. Sentiu-se que era preciso que cada homem renunciasse a uma parte de sua independência natural para submeter-se a uma vontade que representasse a vontade de toda a sociedade e que fosse, por assim dizer, o centro comum e o ponto de reunião de todas as vontades **[424]** e de todas as suas forças. Tal é a origem dos soberanos. Vê-se que seus poderes e seus direitos fundam-se apenas no consentimento dos povos. Os que se estabelecem pela violência são usurpadores. Eles só se tornam legítimos quando o consentimento dos povos confirma aos soberanos os direitos dos quais tinham se apossado.

Os homens só se reuniram em sociedade para ser mais felizes. A sociedade escolheu soberanos apenas para cuidar mais eficazmente de sua felicidade e de sua conservação. O bem-estar de uma sociedade depende de sua segurança, de sua liberdade e de sua potência. Para obter essas vantagens foi necessário que o soberano tivesse poder suficiente para estabelecer a boa ordem e a tranquilidade entre os cidadãos, para proteger os fracos contra as investidas dos fortes, para conter as paixões através de castigos e encorajar as virtudes por recompensas. O direito de fazer essas leis na sociedade chama-se poder legislativo.

Mas seria inútil o soberano ter todo o poder de fazer essas leis, se não tivesse também o de fazer que fossem cumpridas. As paixões e os interesses dos homens levam-nos sempre a se opor ao interesse geral quando lhes parece que o bem geral é contrário ao seu interesse particular. Eles veem o primeiro apenas de modo longínquo, enquanto o segundo está sem cessar diante de seus olhos. É preciso, pois, que o soberano seja revestido da força necessária para obrigar cada particular a obedecer às leis gerais, que são as vontades de todos. É o que se chama poder executivo.

Os povos nem sempre deram a mesma extensão de poder aos soberanos que escolheram. A experiência de todos os tempos ensina que, quanto maior é o poder dos homens, mais eles são levados por suas paixões a abusar dele.

Essa consideração determinou que algumas nações estabelecessem limites para o poder daqueles que são encarregados de governá-las. Essas limitações da soberania variaram segundo as circunstâncias, de acordo com o maior ou menor amor dos povos pela liberdade, segundo os inconvenientes maiores ou menores aos quais os povos se acharam expostos sob o domínio de soberanos arbitrários. Foi isto que deu origem às diferentes divisões da soberania e às diferentes formas de governo. Na Inglaterra, o poder legislativo pertence ao rei e ao Parlamento. Este último corpo representa a nação, que, pela Constituição britânica, reservou para si, dessa maneira, uma porção do poder soberano, enquanto entregou ao rei sozinho o poder executivo. No Império da Alemanha, o imperador só pode fazer leis com a participação dos Estados do Império. É preciso, todavia, que essa limitação do poder seja ela mesma limitada. Para que o soberano trabalhe para o bem do Estado, deve agir e tomar as medidas necessárias a esse respeito. Um poder muito limitado para o soberano seria um vício no governo. É fácil perceber a presença desse vício nos governos sueco e polonês.

Outros povos não estipularam por atos voluntários e autênticos os limites que fixavam para os soberanos. Contentaram-se em lhes impor a necessidade de seguir as leis fundamentais de seu Estado, confiando-lhes, aliás, tanto o poder executivo quanto o legislativo. Eis o que se chama soberania absoluta. Entretanto, a reta razão mostra que a soberania tem limites naturais. Um soberano, por mais absoluto que seja, não tem o direito de tocar nas leis constitutivas do Estado, não mais do que na sua religião. Não pode alterar a forma de governo nem mudar a ordem de sucessão, a não ser que tenha a autorização formal da nação. Além disto, está submetido às leis da justiça e da razão, das quais nenhuma norma humana pode dispensá-lo.

Quando um soberano absoluto se outorga o direito de mudar segundo sua própria vontade as leis fundamentais de seu país, quando aspira a um poder arbitrário sobre a pessoa e as posses de seu povo, torna-se um déspota. Nenhum povo pode nem quer atribuir a seus soberanos um poder dessa natureza. Se o fizer, a natureza e a razão lhe garantem sempre o direito de protestar contra a violência. Ver o verbete *Poder*. A tirania não é outra coisa senão o exercício do despotismo.

A soberania, quando reside num único homem, quer seja absoluta, quer seja limitada, chama-se monarquia. Quando reside no próprio povo, é soberania em toda a sua extensão e não é suscetível de limitação. É o que se chama democracia. Entre os atenienses, a soberania residia inteiramente no povo. Algumas vezes, a soberania é exercida por um corpo ou por uma assembleia que representa o povo, como nos Estados republicanos.

A soberania, em qualquer mão que seja depositada, deve ter como único fim tornar felizes os povos a ela submetidos. O poder que torna os homens infelizes é uma usurpação manifesta e uma destruição completa dos direitos aos quais o homem nunca pode renunciar. O soberano deve a seus súditos a segurança. É unicamente para isto que eles se submeteram à sua autoridade. Ele deve estabelecer a boa ordem através de leis salutares. É preciso que tenha autoridade para mudá-las quando a necessidade das circunstâncias o exigir. Deve reprimir aqueles que quiserem perturbar os outros no gozo de suas posses, de sua liberdade, de sua pessoa. Tem o direito de estabelecer tribunais e magistrados que façam a justiça e que punam os culpados segundo regras seguras e invariáveis. Essas leis chamam-se civis, para distinguirem-se das leis naturais e das leis fundamentais, as quais o próprio soberano não pode transgredir. Como ele pode mudar as leis civis, algumas pessoas acreditam que ele não estaria sujeito a elas. Todavia, é natural que o próprio soberano se conforme às leis enquanto elas estão em vigor. Isto contribuirá para que ele se torne respeitável para o público.

Após ter garantido a segurança interna do Estado, o soberano deve cuidar da segurança externa. Esta depende de suas riquezas, de suas forças militares. Para atingir esse objetivo, observará a agricultura, a população, o comércio. Procurará manter a paz com seus vizinhos sem, entretanto, negligenciar a disciplina militar nem as forças que tornarão sua nação respeitável aos olhos daqueles que poderiam tentar prejudicá-la ou perturbar sua tranquilidade. É daqui que nasce o direito dos soberanos de fazer a guerra, de concluir a paz, de formar alianças etc.

Tais são os principais direitos da soberania, tais são os direitos dos soberanos. A história nos fornece um sem-número de exemplos de príncipes opressores, de violação de leis, de revoltas de súditos. Se os soberanos fossem governados pela razão, os povos não teriam necessidade de amarrar suas mãos ou de viver continuamente desconfiando deles. Os chefes das nações, contentes de trabalhar para a felicidade de seus súditos, não tentariam ultrapassar seus direitos. Por uma fatalidade ligada à natureza humana, os homens se esforçam sem cessar para aumentar seu poder. A ambição **[425]** e a força acabam sempre por derrubar as barreiras que a prudência dos povos lhes contrapõe. Os soberanos têm uma vantagem sobre os povos: a depravação de uma única vontade do soberano basta para pôr em perigo ou para destruir a felicidade de seus súditos. Ao passo que os súditos quase nunca podem opor ao soberano a unanimidade ou o concurso de vontades e forças necessárias para reprimir suas iniciativas injustas.

Existe um erro funesto para a felicidade dos povos no qual frequentemente os soberanos incorrem: eles creem que a soberania é aviltada quando seus direitos ficam restritos a certos limites. Os chefes das nações que trabalharem para a felicidade de seus súditos ficarão seguros de seu amor, encontrarão neles uma obediência pronta e serão sempre temíveis aos seus inimigos. O Cavaleiro Temple dizia a Carlos II que um rei da Inglaterra, que é homem de seu povo, é o maior rei do mundo; mas se quiser ser mais do que isto, não será mais nada. O monarca respondeu: "Quero ser homem do meu povo".

(MGS)

Sociedade[1] (*Moral*), Anônimo [15, 252]

Os homens são feitos para viver em *sociedade*. Se a intenção de Deus fosse a de que cada homem vivesse só e separado dos outros, teria dado a cada um deles as qualidades próprias e suficientes para esse gênero de vida solitária. Se não seguiu essa via, aparentemente, foi porque quis que os laços de sangue e de nascimento começassem a formar entre os homens essa união mais extensa que queria estabelecer entre eles. A maior parte das faculdades do homem, suas inclinações naturais, sua fraqueza, suas necessidades, são provas certas dessa intenção do Criador. Tal é, com efeito, a natureza e a constituição do homem que, fora da sociedade, ele não poderia conservar sua vida nem desenvolver e aperfeiçoar suas faculdades e seus talentos nem obter uma verdadeira e sólida felicidade. O que aconteceria com uma criança, pergunto-vos, se uma mão benfeitora e caridosa não atendesse às suas necessidades? Ela perece se ninguém cuidar dela. E esse estado de fra-

1 Tradução parcial.

queza e indigência exige mesmo ajuda contínua por muito tempo. Sigamo-la na juventude, e só encontraremos estupidez, ignorância, ideias confusas. Se for abandonada a si mesma, veremos nela apenas um animal selvagem, e talvez feroz, desconhecendo todas as comodidades da vida, mergulhado na ociosidade, entregue ao tédio e às preocupações devorantes. Se chegamos à velhice, temos um retorno de enfermidades que nos tornam quase tão dependentes dos outros quanto o éramos na infância imbecil. Essa dependência se faz sentir mais ainda nos acidentes e nas doenças. É o que Sêneca retratava muito bem (*De benefic.*, livro IV, cap.XVIII): "De que depende nossa segurança, a não ser dos serviços mútuos? Só a troca de benefícios nos torna a vida cômoda e nos coloca em condições de nos defender dos insultos e das fugas imprevistas. Qual seria o destino do gênero humano, se cada um vivesse à parte? Tantos seriam os homens, tantas seriam as presas e vítimas para os outros animais, um sangue fácil de ser derramado, numa palavra, a própria fraqueza. Com efeito, os outros animais têm força suficiente para defender-se. Todos aqueles que devem ser nômades, e aos quais a ferocidade não permite que vivam em bandos, nascem, por assim dizer, armados, ao passo que o homem é em todo lugar rodeado de fraqueza, não tendo por armas nem dentes nem garras. Mas as forças que lhe faltam quando está sozinho ele as encontra quando se une aos seus semelhantes. A razão, para recompensá-lo, deu-lhe duas coisas que lhe devolvem a superioridade sobre os animais, quero dizer, a razão e a sociabilidade, pelas quais aquele que sozinho não poderia resistir a ninguém se torna tudo. A sociedade lhe dá o império sobre os outros animais. Faz que, não contente com o elemento no qual nasceu, estenda seu domínio até o mar. É a mesma união que lhe fornece os remédios em suas doenças, socorro na velhice, alívio nas dores e tristezas. É ela que, por assim dizer, o coloca em condições de enfrentar a sorte. Tirai a sociabilidade, e destruireis a união do gênero humano, da qual dependem a conservação e a felicidade da vida".

Sendo a sociedade tão necessária ao homem, Deus lhe deu uma constituição, faculdades, talentos que o tornam próprio a esse estado. Tal é, por exemplo, a faculdade da palavra, que nos dá o meio de comunicar nossos pensamentos com tanta facilidade e prontidão, e que, fora da sociedade, não teria nenhum uso. Pode-se dizer a mesma coisa sobre a tendência para a imitação e sobre esse maravilhoso mecanismo que faz que as paixões e todas as impressões da alma se comuniquem tão facilmente de um cérebro a outro. Basta que um homem pareça emocionado para que nos emocione e nos enterneça: *homo sum, humani a me nihil alieno puto.* "Sou homem, nada do que é humano me é estranho." Se alguém nos aborda com a alegria estampada no rosto, excita em nós um sentimento de alegria. As lágrimas de um desconhecido nos afetam, antes mesmo de sabermos sua causa, e os gritos de um homem que só está ligado a nós pela humanidade fazem-nos correr em seu socorro, por um movimento maquinal que precede toda deliberação. Isto não é tudo: vemos que a natureza quis dividir e repartir os talentos de modo diferente entre os homens, dando a uns a aptidão de fazer bem certas coisas, que são como se fossem impossíveis para outros, enquanto outros, por sua vez, têm uma indústria que ela recusou aos primeiros. Assim, se as necessidades naturais dos homens os fazem dependentes uns dos outros, a diversidade dos talentos os torna apropriados a ajudar-se mutuamente, liga-os e une-os. Estes são indícios bem manifestos da destinação do homem para a sociedade.

Mas, se consultarmos nossa inclinação, sentiremos também que nosso coração é levado naturalmente a desejar a companhia de nossos semelhantes e a temer uma solidão completa como um estado de abandono e tédio. Se procurarmos de onde vem essa inclinação afável e sociável, veremos que ela nos foi dada pelo autor de nosso ser, porque é na sociedade que o homem encontra o remédio para a maior parte de suas necessidades e motivos para exercer a maioria de suas faculdades. É nela, sobretudo, que ele pode experimentar e manifestar seus sentimentos, aos quais a natureza associou tanta doçura, benevolência, amizade, compaixão, generosidade: pois tal é o encanto dessas afeições sociáveis que delas nascem nossos mais puros prazeres. Nada, com efeito, nos satisfaz e lisonjeia tanto quanto pensar que merecemos a estima e a amizade de outrem. A ciência adquire um novo valor quando pode ser apresentada, e nunca a alegria é mais viva do que quando pode ser exibida aos olhos dos outros, ou expandida no seio de um amigo. Ela redobra ao comunicar-se, porque à nossa própria satisfação acrescenta-se a ideia agradável que causamos aos outros, prendendo-os mais ainda a nós mesmos. A tristeza, ao contrário, diminui e se ameniza ao ser partilhada com alguém, como um fardo que fica mais leve quando uma pessoa nos ajuda a carregá-lo. Assim, tudo nos convida ao estado de sociedade. A necessidade a exige, a inclinação faz dela um prazer, e as disposições que trazemos naturalmente para a vida em sociedade nos mostram que de fato é esta a intenção do Criador. Se o cristianismo canoniza os solitários, pelo menos faz da caridade e da justiça uma lei suprema, e isto supõe uma relação essencial com o próximo. Mas, sem nos deter no estado no qual os homens podem ser educados, através de luzes sobrenaturais, consideremo-los aqui enquanto são conduzidos pela razão humana.

Toda a economia da sociedade humana está apoiada sobre esse princípio geral e simples: quero ser feliz. Mas vivo com homens que, como eu, querem igualmente ser felizes cada um de seu lado; procuremos o meio de obter nossa felicidade, obtendo a deles, ou pelo menos sem prejudicá-los. Achamos esse princípio gravado em nosso coração. Se, de um lado, o Criador colocou o amor a nós mesmos, a mesma mão imprimiu nele um sentimento de benevolência por nossos semelhantes. Essas duas inclinações, embora distintas uma da outra, não têm, todavia, nada que as oponha. E Deus, que as colocou em nós, destinou-as a agir de concerto, para que nos ajudemos uns aos outros, e não para nos destruirmos. Por essa razão, os corações bem-feitos **[253]** e generosos encontram a mais pura satisfação em fazer bem aos outros, porque, ao fazerem isto, seguem apenas uma tendência que a natureza lhes deu. Os moralistas deram o nome de sociabilidade a esse germe de benevolência que se desenvolve nos homens. Do princípio da sociabilidade decorrem, como de sua fonte, todas as leis da sociedade e todos os nossos deveres em relação aos outros homens, tanto gerais quanto particulares. Tal é o fundamento de toda a sabedoria humana, a fonte de todas as virtudes puramente naturais e o princípio geral de toda moral e de toda sociedade civil.

1º) O bem comum deve ser a regra suprema de nossa conduta, e não devemos nunca procurar nosso interesse particular em prejuízo do interesse público. É o que exige de nós a união que Deus estabeleceu entre os homens.

2º) O espírito de sociabilidade deve ser universal. A sociedade humana encerra todos os homens com os quais podemos ter relações, pois é fundada sobre as relações que os homens têm todos juntos, em consequência de sua natureza e de sua condição. Ver *Humanidade*. Um príncipe da Alemanha, duque de Wirtemberg, parecia estar persuadido disso ao responder o seguinte quando um de seus súditos lhe agradecia por ter sido protegido por ele: "Meu filho, eu teria feito o mesmo para um turco. Como deixaria de fazê-lo para um súdito?".

3º) A igualdade natural entre os homens é um princípio que jamais devemos perder de vista. Na sociedade, é um princípio estabelecido pela Filosofia e pela religião. Qualquer desigualdade que pareça colocar entre eles uma diferença de condições só foi introduzida para fazer todos chegarem melhor, segundo seu estado presente, ao seu fim comum, que é o de ser feliz o quanto comportar esta vida mortal. Além disto, essa diferença, que parece bem pequena aos olhos do filósofo, é de curta duração. Há apenas um passo entre a vida e a morte, e ela coloca nos mesmos termos o que é mais elevado e mais brilhante e o que é mais baixo e mais obscuro entre os homens. Assim, nas diversas condições, não há mais desigualdade do que entre os diversos personagens de uma comédia: o fim da peça recoloca os atores no nível de sua condição comum, sem que o curto intervalo que durou seu personagem tenha persuadido ou podido persuadir a qualquer deles de que estava realmente acima ou abaixo dos outros. Nada é mais belo nos grandes do que essa lembrança de sua igualdade em relação aos outros homens, pela sua natureza. Um episódio ocorrido com Carlos XII, rei da Suécia, pode dar uma ideia mais alta de seus sentimentos a esse respeito do que a mais brilhante de suas expedições: um empregado do embaixador da França, que esperava um ministro da corte sueca, foi interrogado por um desconhecido, que estava vestido como um simples soldado, sobre quem ele estava esperando. Ele não se importou em satisfazer a curiosidade de quem nem conhecia. Um momento depois, alguns senhores da corte, abordando essa pessoa vestida com simplicidade, trataram-na de Vossa Majestade. Efetivamente, tratava-se do rei. O empregado, desesperado, e acreditando-se perdido, lança-se a seus pés e pede perdão pela falta de consideração em ter tomado sua majestade por um homem. O rei lhe disse com humanidade: "Você não se enganou. Nada se parece mais com um homem do que um rei". Todos os homens, ao supor essa igualdade que há entre eles, devem conformar sua conduta a esse princípio, para que se prestem mutuamente toda a ajuda de que são capazes. Os que são mais poderosos, mais ricos, mais considerados, devem estar dispostos a empregar seu poder, suas riquezas e sua autoridade em favor dos que não têm nada disto, e isto na proporção da necessidade de alguns e do poder de ajudar de outros.

4º) Sendo a sociabilidade uma obrigação recíproca entre os homens, aqueles que, por malícia ou por sua injustiça, rompem o laço da sociedade não poderiam se queixar com razão se aqueles a quem ofenderam não os tratarem mais como amigos, ou mesmo chegarem às vias de fato contra eles. Mas, se temos o direito de suspender os atos de benevolência em relação ao inimigo, não nos é permitido abafar seu princípio. Só a necessidade nos autoriza a recorrer à força contra um agressor injusto. É também essa mesma necessidade que deve ser a regra e a medida do mal que podemos lhe fazer, e devemos sempre estar dispostos a reatar a amizade com ele, desde que ele nos tenha feito justiça e que não tenhamos nada mais a temer de sua parte. É preciso, pois, distinguir bem a justa defesa de si mesmo da vingança. A primeira só suspende, por necessidade, e por certo tempo, o exercício da benevolência e não tem nada que se oponha à sociabilidade. Mas a outra, abafando o próprio princípio da benevolência, põe em seu lugar um sentimento de ódio e animosidade, vicioso em si mesmo, contrário ao bem público e que a lei natural condena formalmente.

Essas regras gerais são férteis em consequências. Não se deve fazer nenhum mal a ninguém, nem com palavras nem com ações, e deve-se reparar todo dano: pois a sociedade não poderia subsistir se as injustiças fossem permitidas.

É preciso ser sincero nos discursos e cumprir suas promessas: pois que confiança os homens poderiam ter uns nos outros e que segurança teriam nas suas relações, se fosse permitido enganar e violar a confiança dada?

É preciso dar a cada um não somente o bem que lhe pertence, mas ainda o grau de estima e de honra que lhe é devido, segundo a condição e a classe: porque a subordinação é o liame da sociedade, e sem isto não haveria nenhuma ordem nas famílias nem no governo civil.

Mas se o bem público exige que os inferiores obedeçam, o mesmo bem público quer que os superiores conservem os direitos daqueles que lhes são submetidos e os governem para torná-los mais felizes. Todo superior não é superior por si mesmo, mas unicamente pelos outros; não para sua própria satisfação e grandeza particular, mas para a felicidade e o repouso dos outros. Na ordem da natureza, ele é mais homem que os outros? Tem uma alma ou uma inteligência superiores às dos outros? E se tivesse, tem mais desejo ou necessidade de viver satisfeito e contente? Considerando as coisas desse ponto de vista, não seria esquisito que todos fossem para um, ao invés de um para todos? Donde ele poderia tirar esse direito? De sua qualidade de homem? Ela lhe é comum com os outros. Do gosto pela dominação? Os outros certamente não perderão dele nesse ponto. Da própria posse da autoridade? Que veja de quem ele a tem, para que ela lhe é entregue e sob qual condição. Como todos devem contribuir para o bem da sociedade, o que é superior deve mais essencialmente servir, pois só é superior a título oneroso e para trabalhar para a felicidade comum, na proporção da elevação que sua qualidade lhe dá acima dos outros. Alguém dizia diante do rei da Síria, Antígono, que os príncipes eram os mestres e que tudo lhes era permitido. "Sim", respondeu ele, "nós somos mestres das coisas prescritas pela razão e pela humanidade; mas nada nos é permitido, a não ser o que é conforme à justiça e ao dever." **[15, 254]**

Tal é o contrato formal ou tácito passado entre os homens. Uns estão acima, outros abaixo, pela diferença de condições, para tornar a sociedade a mais feliz possível. Se todos fossem reis, todos desejariam governar e ninguém obedeceria. Se todos fossem súditos, todos deveriam obedecer, e ninguém desejaria fazê-lo mais do que os outros. Isto traria confusão, perturbações, dissensões, ao invés da ordem e do arranjo que constituem seu socorro, tranquilidade e doçura. O superior é, pois, devedor dos inferiores, como estes são devedores daquele. Um deve procurar a felicidade comum pela via da autoridade, os outros, pela via da submissão. A autoridade só é legítima enquanto contribui para o fim para o qual foi instituída. Seu uso arbitrário seria a destruição da humanidade e da sociedade.

Devemos trabalhar todos pela felicidade da sociedade para nos tornarmos senhores de nós mesmos. A felicidade da sociedade se reduz a não nos satisfazermos à custa da satisfação dos outros. Ora, as inclinações, os desejos e os gostos dos homens se encontram continuamente em oposição aos dos outros. Se contamos seguir os nossos em tudo, além de se tornar impossível alcançar isto, será mais impossível ainda que não ofendamos os outros e que, mais cedo ou mais tarde, um contragolpe recaia sobre nós. Não podendo fazer com que todos aceitem nossos gostos particulares, é preciso necessariamente que nos elevemos até o gosto que reina de um modo mais universal, que é a razão. É, portanto, a razão que devemos seguir em tudo.

E como nossas inclinações e paixões frequentemente lhe são contrárias, é preciso contrariá-las. É para isto que devemos trabalhar sem cessar, para adquirir esse hábito saudável e salutar. A razão é a base de toda virtude, e mesmo o primeiro princípio de todo *savoir vivre*, segundo as palavras de um homem de espírito de nosso tempo, que fazia consistir a ciência do mundo em saber se constranger sem constranger os outros. Se bem que existam inclinações naturais incomparavelmente mais conformes do que outras à regra comum da razão, todavia, não há ninguém que não precise esforçar-se desse lado e vencer-se, mesmo que seja por meio de uma espécie de ligação que os mais felizes temperamentos costumam ter com certos defeitos.

Enfim, os homens se deixam prender pelo coração e pelos benefícios, e nada é mais conveniente, para a humanidade, nem mais útil à sociedade, do que a compaixão, a doçura, a beneficência, a generosidade. Foi isto que fez que Cícero dissesse: "Como não há nada de mais verdadeiro do que estas palavras de Platão, que nós não nascemos apenas para nós mesmos, mas também para nossa pátria e nossos amigos; e que, como dizem os estoicos, se as produções da terra são para os homens, os homens por sua vez nasceram uns para os outros, ou seja, para se ajudar e se fazer o bem mutuamente, devemos todos entrar nos desígnios da natureza e seguir nossa destinação, contribuindo cada um para a utilidade comum, através de um comércio recíproco e perpétuo de bons serviços, não sendo menos precipitados em dar do que em receber, e empregando não somente nossos cuidados e nossa indústria, mas também nossos bens para fortalecer cada vez mais os laços da sociedade humana". Já que todos os sentimentos de justiça e de bondade são os únicos e verdadeiros elos entre os homens, e que podem tornar a sociedade estável, tranquila e florescente, é preciso considerar essas virtudes como deveres que Deus nos impôs, porque tudo que é necessário ao seu fim é, por isso mesmo, conforme à sua vontade. [...]

(MGS)

Teocracia (*História antiga, Política*), d'Holbach [16, 246]

Chama-se *teocracia* um governo em que uma nação se submete imediatamente a Deus, que exerce sobre ela sua soberania e dá a conhecer suas vontades por meio do órgão dos profetas e ministros aos quais Lhe apraz se manifestar.

A nação dos hebreus fornece-nos o exemplo único de uma verdadeira teocracia. Esse povo, escolhido por Deus como seu herdeiro, padecia há longo tempo sob a tirania dos egípcios quando o eterno, lembrando-se de suas promessas, decidiu romper seus grilhões e colocá-los de posse da terra que lhes havia destinado. Nomeou para sua libertação um profeta, a quem comunicava suas vontades; era Moisés. Deus o escolheu para ser o libertador de seu povo e prescrever as leis de que ele mesmo era o autor. Moisés era o órgão e intérprete das vontades do céu, o ministro de Deus, que reservou para si mesmo a soberania sobre os israelitas, aos quais o profeta ditou, em seu nome, o culto que deveriam seguir e as leis que deveriam observar.

Após Moisés, o povo hebreu foi governado por juízes, que Deus permitiu a ele escolher. Nem por isso a teocracia desapareceu. Os juízes eram árbitros das diferenças e generais de seus exércitos. Auxiliados [247] por um Senado, formado por setenta anciãos, não lhes competia em absoluto elaborar novas leis nem alterar as que Deus havia prescrevido. Em circunstâncias extraordinárias, era obrigatório consultar o grande ancião e os profetas, para saber a vontade do céu. E assim regravam a sua conduta, segundo as inspirações imediatas da divindade. Essa teocracia durou até o tempo de Samuel. Então os israelitas, num ato de inaudita ingratidão, abandonaram por iniciativa própria o governo das ordens de Deus, e, seguindo o exemplo das nações idólatras, quiseram ter um rei que os comandasse e tornasse respeitáveis os seus exércitos. O profeta Samuel, consultado a respeito dessa mudança, dirige-se ao seu Senhor: *Ouvi o povo, não és tu que rejeitam, é a mim.* Então o eterno, em sua cólera, consente em lhes dar um rei; mas não sem antes ordenar a seu profeta que anuncie aos ingratos os inconvenientes da realeza que eles escolhiam em detrimento da teocracia.

"Eis aqui", lhes diz Samuel, "o direito do rei que reinará sobre vós. Ele recrutará vossos filhos e os colocará ao seu dispor; atravessará as cidades em triunfo; algumas de vossas crianças marcharão a pé, à frente dele, outras o seguirão como vis escravos; alistá-los-á à força em seus exércitos; disporá deles para a lavoura de suas terras e a colheita dos frutos; escolherá entre eles os artesãos de seu luxo e pompa; destinará vossos filhos a serviços humilhantes e abjetos; entregará vossos melhores herdeiros a seus favoritos e serventes; para enriquecer seus cortesãos, recolherá um dízimo de seus dividendos; sereis, enfim, seus escravos, e em vão implorareis por clemência, pois Deus não vos escutará, arquitetos que sereis de vossa própria desgraça" (Samuel 8, 9). Assim expôs o profeta aos israelitas os direitos que se arrogaria o seu rei; tais foram as ameaças lançadas por Deus contra seu povo, quando este quis se subtrair ao seu poder e se submeter ao de um homem. Nesse ínterim, a lisonja aproveitou-se dessas mesmas ameaças do profeta para fazer delas títulos de déspotas. Homens perversos e corrompidos alegaram que com essas palavras o ser supremo aprovaria a tirania e daria sua sanção ao abuso do poder. Embora Deus tenha mostrado aos hebreus os perigos do poder que estavam para conferir a um dos seus, eles insistiram em suas demandas. "Seremos como as outras nações", disseram eles, "queremos um rei que nos julgue e marche à nossa frente contra nossos inimigos." Samuel transmite a Deus a obstinação de seu povo. O eterno, irritado, responde com estas palavras: *Dê-lhes um rei*; o profeta obedece, dando-lhes Saul, e assim se encerra a teocracia.

Embora os israelitas sejam o único povo que nos fornece o exemplo de uma verdadeira teocracia, viram-se impostores que, sem terem a missão de Moisés, estabeleceram sobre povos ignorantes e iludidos um império que alegaram ser o da divindade. Junto aos árabes, Maomé tornou-se o profeta, o legislador e o soberano de uma nação grosseira e submissa. O *Alcorão* contém ao mesmo tempo os dogmas, a moral e as leis civis dos muçulmanos. Sabe-se que Maomé alegava ter recebido essas leis da voz do próprio Deus. Essa pretensa teocracia perdura por séculos, sob os califados, que são os soberanos e os pontífices dos árabes. Entre os japoneses, o poder do *dairi*, ou imperador eclesiástico, assemelhava-se a uma teocracia, antes que o *kubo*, ou imperador secular, impusesse limites à sua autoridade. Encontram-se vestígios de um semelhante império entre os antigos gauleses. Os druidas exerciam as funções de sacerdotes e juízes do povo. Entre os etíopes e os egípcios, os sacerdotes ordenavam aos reis que se suicidassem quando desobedeciam a divindade. Em suma, quase não há país em que o sacerdócio não tenha se empenhado para estabelecer sua própria autoridade sobre as almas e os corpos dos homens.

Por mais que Jesus Cristo tenha declarado que o seu reino não é deste mundo, os séculos de ignorância viram pontífices cristãos dedicados a estabelecer seu poder sobre as ruínas daquele dos reis, alegando que se apossavam das coroas com uma autoridade que pertencia ao soberano do Universo.

Tais foram as pretensões e máximas de Gregório VII, Bonifácio VIII e tantos outros pontífices romanos, que, aproveitando-se da imbecilidade supersticiosa dos povos, armaram-nos contra seus soberanos naturais e cobriram a Europa com carnificina e horrores. Sobre os cadáveres ensanguentados de muitos milhões de cristãos, os representantes do Deus da paz ergueram o edifício de um poder quimérico, do qual os homens foram por muito tempo os tristes joguetes e infelizes vítimas. A história e a experiência em geral provam que o sacerdócio se esforçou desde sempre para introduzir sobre a terra uma espécie de teocracia. Os sacerdotes não querem se submeter senão a Deus, esse soberano invisível da natureza, ou a algum dentre eles mesmos, que tenham escolhido para representar a divindade. Querem formar, nos Estados, um Estado à parte, independente do poder civil, e alegam que os bens cuja posse os homens visivelmente lhes haviam concedido teriam vindo da divindade. Sábio o soberano, que reprime essas ambiciosas pretensões e ideais, e contém todos os membros da sociedade nos justos limites indicados pela razão e pela tranquilidade dos Estados!

Um autor moderno considerou a teocracia como o primeiro governo adotado por todas as nações. Alega que, a exemplo do Universo, que é governado por um Deus único, os homens, reunidos em sociedade, não precisariam de outro monarca além do Ser supremo. Como o homem teria ideias imperfeitas e humanas desse monarca celeste, daria a Ele um palácio, um templo, um santuário e um trono, oficiais e ministros. Não tardaria para que o rei invisível da sociedade fosse representado por emblemas e símbolos indicando alguns de seus atributos. Pouco a pouco, se esqueceria o que o símbolo designa, e dar-se-ia a esse símbolo o que pertence somente à divindade, que ele representa. Tal seria a origem da idolatria, que os sacerdotes, na falta de instrução do povo ou por interesse, fomentaram por conta própria. Não encontraram dificuldade para governar os homens em nome dos ídolos mudos e inanimados dos quais eram ministros. Uma superstição abjeta recobriu a face da terra sob o governo sacerdotal, que multiplicou ao infinito os sacrifícios, as oferendas, em suma, todas as práticas convenientes aos ministros visíveis da divindade recôndita. Os sacerdotes, orgulhosos de seu poder, abusaram dele ao extremo; foi sua incontinência que, segundo esse autor, deu origem a essa raça de homens que pretendia descender dos deuses, conhecidos na mitologia pelo nome de *semideuses*. Os homens, fartos do jugo insuportável dos ministros da teocracia, quiseram ter símbolos vivos da divindade e escolheram os reis, que consideravam representantes do monarca invisível. Os monarcas não tardaram a receber as mesmas honras que haviam sido prestadas aos símbolos da teocracia. Foram tratados como deuses e trataram como escravos os homens, que, crendo estar submetidos ao **[248]** Ser supremo, esqueceram-se de restringir, por meio de leis salutares, o poder de que poderiam abusar essas débeis imagens. Tal é, segundo o autor, a verdadeira fonte do despotismo, ou desse governo tirânico e arbitrário sob o qual ainda hoje padecem os povos da Ásia, que não ousam reclamar os direitos da natureza e da razão, que requerem que o homem seja governado segundo sua bondade. Ver *Sacerdotes*.

(**PPP**)

Tirania (*Governo político*), Jaucourt [16, 785]

Tirania é todo governo injustamente exercido sem o freio das leis.

Os gregos e os romanos denominavam tirania o desígnio de derrubar o poder fundado nas leis, sobretudo a democracia. Parece, contudo, que distinguiam duas espécies de tirania: uma real, que consiste na violência do governo; e outra de opinião, quando aqueles que governam estabelecem coisas que chocam o modo de pensar de uma nação.

Dion diz que Augusto queria se fazer chamar de Rômulo, mas que, tendo tomado conhecimento de que o povo temia que ele quisesse se tornar rei, mudou de opinião.

Os primeiros romanos não queriam absolutamente um rei, porque não podiam suportar seu poder: os romanos do tempo de Augusto também não queriam nenhum rei, porque não podiam suportar seus costumes; pois, embora César, os triúnviros e Augusto fossem verdadeiros reis, tinham conservado toda a aparência de igualdade, e sua vida privada se opunha de certo modo ao fausto dos antigos reis. E quando se diz que os romanos não queriam reis, isto significa que queriam conservar seus costumes, e não tomar para si os costumes dos povos da África e do Oriente.

Dion acrescenta que o mesmo povo romano estava indignado contra Augusto por causa de certas leis demasiadamente duras que ele tinha estabelecido, mas que, tão logo ele trouxe de volta o comediante Pílade, que havia sido expulso por facções da cidade, o descontentamento cessou. Um povo como este sentia mais vivamente a tirania quando se expulsava um histrião do que quando lhe eram tiradas todas as leis. Era inevitável que caísse sob o império da tirania real, e isto não demorou a acontecer.

Como a usurpação é o exercício de um poder ao qual outros têm direito, definimos a tirania como um poder igualmente injusto e extremado, ao qual ninguém, seja quem for, tem direito por natureza; ou então a tirania é o uso de um poder que é exercido contra as leis, em detrimento público, para satisfazer sua ambição particular, sua vingança, sua avareza e outras paixões desregradas, prejudiciais ao Estado. Ela reúne os extremos. E, sobre a cabeça de um milhão de homens que esmaga, eleva o colosso monstruoso de alguns favoritos que a servem.

Essa degeneração dos governos é tanto mais temível quanto é lenta e fraca nos seus começos, rápida e viva no fim. Ela só mostra de início uma mão para socorrer e, em seguida, oprime com uma infinidade de braços.

Falo dessa degeneração, dessa corrupção dos governos, e não, como o faz Puffendorf, da simples monarquia, porque todas as formas de governo estão sujeitas à tirania. Em todos os lugares onde as pessoas que são elevadas ao supremo poder para a condução do povo e para a conservação do que propriamente lhe pertence empregam seu poder para outros fins e pisam aqueles aos quais seriam obrigados a tratar de maneira absolutamente diferente, lá certamente está a tirania, seja que um só homem revestido de poder aja desse modo, seja que haja vários que violem os direitos da nação. Assim, a história nos fala tanto dos trinta tiranos de Atenas quanto daquele que era um só em Siracusa, e cada um sabe que a dominação dos decênviros de Roma era uma verdadeira tirania.

Em todos os lugares onde as leis cessam ou são violadas pelo banditismo, a tirania exerce seu império. Qualquer um que, revestido do poder supremo, se serve da força que tem nas mãos sem se preocupar com as leis divinas e humanas é um verdadeiro tirano. Não é preciso arte nem ciência para manejar a tirania. Ela é obra da força e é, ao mesmo tempo, a maneira mais grosseira e mais horrível de governar. *Oderint dum metuent*, que me odeiem, desde que me temam, esta é a divisa do tirano. Mas essa execrável sentença não é aquela de Minos ou de Radamanto.

Plutarco conta que Catão de Útica, sendo ainda criança e sob a palmatória, ia frequentemente, mas acompanhado sempre de seu mestre, à casa do ditador Silas, por causa da vizinhança e do parentesco que havia entre eles. Um dia, ele viu, nessa casa de Silas, que, na sua presença, ou à sua ordem, alguns eram aprisionados, outros condenados a diversas penas: este era banido, aquele outro tinha seus bens confiscados, um terceiro era estrangulado. Em poucas palavras, tudo aí se passava como se se estivesse não na casa de um magistrado, mas de um tirano do povo. Não se tratava de um tribunal de justiça, mas um antro da tirania. Essa nobre criança, indignada, volta-se com vivacidade para seu preceptor e diz: "Dai-me um punhal, eu o esconderei sob minha roupa; sempre entro no quarto deste tirano antes que ele se levante; enfiarei o punhal no seu peito e livrarei minha pátria deste monstro execrável". Tal foi a infância desse grande personagem, cuja morte foi o coroamento de sua virtude.

Tales, quando foi interrogado sobre o que lhe parecia mais surpreendente, respondeu que o que mais o surpreendia era um tirano velho, porque os tiranos têm tantos inimigos quanto homens sob seu domínio.

Não acredito que alguma vez tenha existido um povo que tenha sido tão bárbaro e tão imbecil a ponto de se submeter à tirania por meio de um contrato original. Sei, contudo, que há nações sobre as quais a tirania se introduziu imperceptivelmente, ou por violência, ou por prescrição. Não me erigirei em casuísta político para falar dos direitos desses soberanos ou sobre a obrigação de tais povos. Talvez os homens devam se conformar com sua sorte, sofrer os inconvenientes dos governos, assim como dos climas, e suportar aquilo que não podem mudar.

Mas, se me falassem de um povo em particular, que tenha sido suficientemente feliz e sábio para fundar e conservar uma Constituição livre, como o fizeram por exemplo os povos da Grã-Bretanha, eu lhes diria livremente que seus reis são obrigados, pelos deveres mais sagrados que as leis humanas possam criar e que as leis divinas possam autorizar, a defender e manter, acima de qualquer outra consideração, a liberdade da Constituição à frente da qual estão colocados. Esta era a opinião não somente da rainha Elisabeth, que nunca teve uma linguagem que não fosse essa, mas do próprio rei Jaime. Eis de que maneira ele se expressou num discurso pronunciado diante do Parlamento em 1603: "Ao publicar boas leis e constituições úteis, eu preferirei sempre o bem público às minhas vantagens particulares ou aos meus próprios interesses, pois estou persuadido de que o bem do Estado é minha felicidade temporal e de que é neste ponto que um verdadeiro rei difere de um tirano".

Pergunta-se se o povo, quer dizer, não o populacho, mas a parte mais sadia dos súditos de todas as ordens do Estado, poderia se livrar da autoridade de um tirano que o maltratasse, os empobrecesse com impostos abusivos, negligenciasse os interesses do governo e arruinasse as leis fundamentais. [**786**]

Logo respondo a essa questão dizendo que é preciso distinguir bem entre um abuso extremo da soberania, que degenera manifesta e abertamente em tirania e que tende à ruína de seus súditos, e um abuso medíocre, que pode ser atribuído à fraqueza humana.

No primeiro caso, parece que os povos têm todo o direito de retomar a soberania que confiaram a seus condutores e da qual eles abusam excessivamente.

No segundo caso, é preciso absolutamente que os povos suportem alguma coisa, em vez de se elevar pela força contra seu soberano.

Essa distinção é fundada sobre a natureza do homem e do governo. É justo sofrer com paciência as faltas aceitáveis dos soberanos e suas injustiças leves, pois este é um justo apoio que se deve à humanidade. Mas, se a tirania é extrema, tem-se o direito de arrancar do tirano o depósito sagrado da soberania.

Essa opinião pode ser provada, primeiro pela natureza da tirania, que, por si mesma, degrada a qualidade do soberano, que deve ser benevolente; em segundo lugar, os homens estabeleceram os governos para seu maior bem; ora, é evidente que, se fossem obrigados a tudo suportar de seus governantes, ficariam reduzidos a um estado muito mais constrangedor do que aquele do qual queriam se libertar ao escolher viver sob as asas das leis. Em terceiro lugar, mesmo um povo que se submeteu a uma soberania absoluta não perdeu por isso o direito de pensar na sua conservação quando se encontra reduzido à última miséria. A soberania absoluta, em si, não é outra coisa além do poder absoluto de fazer o bem, o que é claramente contrário ao poder absoluto de fazer o mal, e que jamais nenhum povo, segundo o que parece, teve intenção de conferir a algum mortal. Suponhamos, diz Grotius, que se perguntasse, aos primeiros que estabeleceram as leis civis, se pretendiam impor aos cidadãos a dura necessidade de morrer em vez de tomar as armas para se defender da injusta violência dos soberanos. Teriam eles respondido que sim? Temos razões para crer que teriam decidido que não se deve tudo tolerar, a não ser, talvez, quando as coisas se encontram de tal modo dispostas que a resistência causaria as maiores perturbações no Estado ou arruinaria um grande número de inocentes.

Com efeito, não há dúvida de que ninguém pode renunciar à liberdade até esse ponto; fazer isto seria vender sua própria vida, seus filhos, sua religião. Numa palavra, seria renunciar a todas as suas prerrogativas, o que certamente não está em poder do homem.

Acrescentemos mesmo que, a rigor, os povos não são obrigados a esperar que seus soberanos tenham forjado inteiramente os ferros da tirania e os tenham colocado numa situação de impotência para lhe resistir. Para que tenham o direito de pensar a própria conservação, basta que todos os procedimentos de seus condutores tendam manifestamente a oprimir e que eles marchem, por assim dizer, com as bandeiras desfraldadas contra o atentado da tirania.

As objeções que foram levantadas contra essa opinião foram frequentemente resolvidas por tantos belos gênios, Bacon, Sydney, Grotius, Puffendorf, Locke e Barbeyrac, que seria supérfluo responder a elas aqui; contudo, as verdades que acabamos de estabelecer são de extrema importância. É oportuno que sejam conhecidas, para a felicidade das nações e para o benefício dos soberanos que detestam governar contra as leis. É muito bom ler as obras que nos instruíram sobre os princípios da tirania e os horrores que dela resultam. Apolônio de Tiana foi a Roma no tempo de Nero para ver, dizia ele, que animal era um tirano. Ele não podia ter escolhido nada melhor. O nome de Nero passou para um provérbio para designar um monstro no governo. Mas, infelizmente, Roma, sob seu domínio, só possuía um fraco resto de virtude; e como ela passou a ter cada vez menos, tornou-se cada vez mais escrava: todos os golpes foram dados contra os tiranos, mas nenhum sobre a tirania.

(**MGS**)

Tolerância (*Ordem enciclopédica, Teologia, Moral e Política*), Romilly Filho [16, 390]

A *tolerância* é, em geral, a virtude de todo ser frágil destinado a viver com seus semelhantes. O homem, tão grande por sua inteligência, é, ao mesmo tempo, tão limitado pelos seus erros e por suas paixões, que não seria muito inspirar-lhe essa *tolerância* para com os outros e esse suporte dos quais ele tem tanta necessidade para si mesmo e sem os quais só veríamos sobre a terra desordens e dissensões. De fato, foi por ter proscrito essas doces e conciliadoras virtudes que tantos séculos, de certa forma, causaram o opróbrio e a infelicidade dos homens. Não esperemos que sem elas possamos restabelecer para sempre entre nós o repouso e a prosperidade.

Sem dúvida, são várias as fontes das nossas discórdias. Somos muito fecundos nesse gênero. Mas, como é sobretudo em matéria de sentimento e de religião que os preconceitos destruidores triunfam com mais império e com direitos mais especiais, é também a combatê-los que este artigo se destina. Inicialmente, estabeleceremos sobre os princípios mais evidentes a justiça e a necessidade da tolerância, e, a partir desses princípios, traçaremos os deveres dos príncipes e dos soberanos. Que triste tarefa é ter de provar aos homens verdades tão claras, tão interessantes, que, para ignorá-las, seria preciso ter renunciado à sua natureza! Mas se é exatamente neste século que fechamos os olhos à evidência e o coração à humanidade, manteremos nesta obra um silêncio covarde e culpado? Não; qualquer que seja seu sucesso, ousemos ao menos reclamar os direitos da justiça e da humanidade e tentemos ainda uma vez arrancar o punhal do fanático e a venda dos olhos do supersticioso.

Entro no assunto por meio de uma reflexão muito simples e, no entanto, bem favorável à tolerância: como a razão humana não tem uma medida precisa e determinada, aquilo que é evidente para um é frequentemente obscuro para outro. A evidência, como se sabe, nada mais é que uma qualidade relativa que pode vir da clareza com a qual nós vemos os objetos, ou da relação que há entre eles e nossos órgãos, ou ainda de outra causa; de sorte que um grau de luz suficiente para convencer um é insuficiente para outro, cujo espírito é menos vivo ou diferentemente afetado, de onde se segue que ninguém tem o direito de dar sua razão por regra, nem pretender submeter ninguém às suas opiniões. Com efeito, tanto vale exigir que eu veja com vossos olhos como querer que eu acredite baseado em vosso julgamento. Está claro, então, que temos todos nossa maneira de ver e de sentir, que depende bem pouco de nós. A educação, os preconceitos, os objetos que nos rodeiam e mil causas secretas influenciam nossos julgamentos e modificam-nos ao infinito. O mundo moral é ainda mais variado que o físico e os espíritos se assemelham menos que os corpos. É bem verdade que temos princípios comuns sobre os quais frequentemente estamos de acordo; mas esses primeiros princípios são poucos, as consequências que deles decorrem tornam-se sempre menos claras à medida que se distanciam deles, assim como essas águas que se turvam ao se afastar de sua nascente. Desde então, os sentimentos se dividem e são tanto mais arbitrários quanto cada um aí põe algo de seu e encontra resultados particulares. A derrota não é a princípio tão sensível, mas logo acontece que, quanto mais caminhamos, mais nos afastamos, mais nos dividimos. Mil caminhos conduzem ao erro, um só leva à verdade: feliz aquele que sabe reconhecê-lo! Cada um se bate por sua posição sem poder persuadir os outros; mas se, nesse conflito de opiniões, é impossível acabar com nossas diferenças e concordar sobre tantos pontos delicados, saibamos pelo menos nos reaproximar e nos unir pelos princípios universais da tolerância e da humanidade, posto que nossos sentimentos nos dividem e não podemos ser unânimes. O que há de mais natural do que nos suportarmos mutuamente e dizer-nos com tanta verdade e justiça: "por que aquele que se engana deixará de me ser caro? O erro não foi sempre o triste apanágio da humanidade? Quantas vezes acreditei ver o verdadeiro onde, em seguida, reconheci o falso? Quantas vezes condenei-o para depois adotar-lhe as ideias? Ah! Sem dúvida, adquiri o direito de desconfiar de mim mesmo e evitarei odiar meu irmão apenas porque ele pensa diferente de mim!".

Quem consegue ver, sem dor e sem indignação, que a própria razão que deveria nos levar à indulgência e à humanidade, à insuficiência de nossas luzes e à diversidade de nossas opiniões seja precisamente aquela que com mais fúria nos divide? Nós nos tornamos os acusadores e os juízes de nossos semelhantes; são por nós citados em nossos tribunais com arrogância; exercemos sobre seus sentimentos a inquisição mais odiosa; o erro não pode encontrar complacência aos nossos olhos, como se fôssemos infalíveis. No entanto, o que há de mais digno de perdão, posto que é involuntário e que se oferece a nós sob a aparência da verdade? Não é verdade que as homenagens que prestamos ao erro queríamos mesmo prestá-las à verdade? Um príncipe não é igualmente louvado pelas honras que prestamos a outro pensando fazê-las a ele? Nosso desprezo pode enfraquecer nosso mérito a seus olhos, posto que ele vê em nós a mesma atenção, a mesma retidão do que naqueles que, mais bem instruídos, se dirigem à sua pessoa? Não vejo raciocínio mais forte contra a intolerância; absolutamente, não se adota o erro como erro; pode-se algumas vezes perseverar nele por motivos interesseiros e é aí que se é culpado. Mas não concebo que se possa condenar aquele que se engana de boa-fé, que toma o falso pelo verdadeiro sem que se possa acusá-lo de malícia ou de negligência; que se deixa inflamar por um sofisma e não sente a força do raciocínio que o combate. Se lhe falta discernimento ou penetração, não é disso que se trata; não se é culpado por ser limitado, e os erros do espírito não podem **[391]** nos ser imputados a não ser que nosso coração tome parte neles. O que faz a essência do crime é a intenção direta de agir contra as luzes, de fazer aquilo que se sabe ser mau, de ceder a paixões injustas e de perturbar de propósito as leis da ordem que conhecemos. Em suma, toda a moralidade de nossas ações está na consciência, no motivo que nos faz agir. Mas, dizeis, essa verdade é de uma tal evidência que não podemos fugir dela sem ficarmos voluntariamente cegos, sem sermos culpados de teimosia ou de má-fé? Ah, quem sois vós para dizer alguma coisa a esse respeito e para condenar vossos irmãos? Por acaso penetrais no fundo de sua alma? Seus recantos se abriram aos vossos olhos? Compartilhais com o eterno o atributo incomunicável de perscrutador de corações? Que assunto exige mais exame, mais prudência e moderação do que este que vós decidis tratar com tanta facilidade e segurança? É tão fácil assim demarcar com precisão os limites da verdade, distinguir com exatidão o ponto quase sempre invisível no qual ela termina e onde começa o erro, determinar o que todo homem deve admitir e conceber e que pode rejeitar sem ser criminoso? Quem pode conhecer, insisto, a natureza íntima dos espíritos e todas as modificações às quais são suscetíveis? Vemos isto todos os dias: não existe absolutamente verdade tão clara que não seja passível de contradições. Não há sistema ao qual não se possa fazer objeções, frequentemente tão fortes quanto as razões que o defendem. O que é simples e evidente para um, parece falso e incompreensível para outro, o que não decorre somente de seus diversos graus de luzes, mas também da própria diferença entre os espíritos, pois observa-se, nos maiores gênios, a mesma variedade de opiniões e certamente maior entre eles do que entre o vulgo.

Mas, sem nos determos nessas generalidades, entremos nos pormenores e, como a verdade algumas vezes se estabelece melhor pelo seu oposto do que diretamente, se mostrarmos em poucas palavras a inutilidade, a injustiça e as consequências funestas da intolerância, provaremos a justiça e a necessidade da virtude que lhe é oposta.

Dentre todos os meios que se empregam para chegar a algum fim, a violência é certamente o menos útil e o menos adequado para realizar o que nos propomos. Com efeito, para atingir um fim, qualquer que seja, deve-se pelo menos assegurar a natureza e a conveniência dos meios que foram escolhidos. Nada é mais sensível do que o fato de que toda causa deve conter em si uma relação necessária com o efeito que se espera, de modo que se possa ver esse efeito em sua causa e o sucesso nos meios. Assim, para agir sobre os corpos, movê-los, dirigi-los, empregar-se-ão forças físicas. Mas, para agir sobre os espíritos, dobrá-los, determiná-los, será necessário um meio de outro gênero, raciocínios, por exemplo, provas, motivos. Não é com silogismos que tentareis derrubar uma muralha ou abater uma fortaleza, e não é com o ferro e o fogo que destruireis os erros, corrigireis os falsos juízos. Qual é, pois, o objetivo dos perseguidores? Converter aqueles que eles atormentam, mudar suas ideias e suas opiniões para lhes inspirar ideias e opiniões contrárias, em suma, dar-lhes uma outra consciência, um outro entendimento. Mas, qual é a relação entre torturas e opiniões? O que me parece claro, evidente, parecer-me-á falso no sofrimento? Uma proposição que considero absurda e contraditória será clara para mim se eu estiver num cadafalso? Repito: é com ferro e o fogo que a verdade aparece e se comunica? Provas, raciocínios, podem me convencer e me persuadir. Mostrai-me, pois, o que há de falso em minhas opiniões e renunciarei a elas sem esforço; mas os tormentos nunca farão o que vossas razões não puderam fazer.

Para tornar esse raciocínio mais sensível, que nos seja permitido introduzir um desses desafortunados que, prestes a morrer pela fé, fala assim aos seus perseguidores: "Oh, meus irmãos! O que exigis de mim? Como posso vos satisfazer? Está em meu poder renunciar às minhas opiniões, para me submeter às vossas? Mudar, reformar o entendimento que Deus me deu, ver com outros olhos que não os meus, ser um outro que não eu? Se minha boca exprimisse essa confissão que desejais, dependeria de mim que meu coração estivesse de acordo com ela? E que preço teria a vossos olhos esse perjúrio forçado? Vós, que me perseguis, poderíeis alguma vez vos decidir a renegar vossa crença? Não faríeis com que vossa glória consistisse nessa constância que vos irrita e que vos arma contra mim? Por que quereis pois me forçar, por uma inconsequência bárbara, a mentir contra mim mesmo, a me tornar culpado de uma covardia que vos horrorizaria?

"Por qual estranha cegueira inverteis só no meu caso todas as leis divinas e humanas? Atormentais os outros culpados para tirar deles a verdade e me atormentais para me arrancar mentiras. Quereis que eu vos diga o que não sou e não quereis que eu diga o que sou. Se a dor me fizesse negar as opiniões que professo, aprovaríeis minha retratação, por mais suspeita que ela fosse? Punis minha sinceridade e recompensaríeis minha apostasia. Vós me julgais indigno de vós porque sou de boa-fé. Não é, contudo, cessando de sê-lo que posso merecer minha graça? Discípulos de um senhor que só pregou a verdade, acreditais manter sua glória dando-lhe adoradores hipócritas e perversos? Se eu abraço e defendo a mentira, ela tem, para mim, toda a aparência da verdade. Deus, que conhece meu coração, vê bem que ele não é cúmplice dos desvios de meu espírito, e que, em minhas intenções, é a verdade que eu honro, mesmo combatendo contra ela.

"Ah! Que outro interesse, que outro motivo poderia me animar? Se me exponho a sofrer tudo, a perder tudo que tenho de mais caro para seguir opiniões cuja falsidade me é conhecida, sou apenas um insensato, um furioso, mais digno de vossa piedade do que de vosso ódio. Mas, se me exponho a sofrer tudo, se enfrento as tormentas e a morte para conservar o que me é mais precioso na vida, os direitos de minha consciência e de minha liberdade, o que vedes em minha perseverança que mereça vossa indignação?

"Dizeis que minhas opiniões são as mais perigosas, as mais condenáveis; mas tendes somente o ferro e o fogo para me convencer a voltar atrás? Que estranhos meios de persuasão são as fogueiras e os cadafalsos! A própria verdade seria desconhecida sob esse aspecto; ah, não é assim que ela exerce seu império sobre nós; ela tem armas mais vitoriosas. Mas as que empregais só provam vossa impotência. Se é verdade que minha sorte nos afeta, que deplorais meus erros, por que apressar minha ruína, que talvez eu tivesse evitado? Por que me roubar um tempo que Deus me concede para que eu me esclareça? Pretendeis agradá-lo vos apropriando de seus direitos, antecipando sua justiça? Pensais honrar um Deus de paz e caridade oferecendo-lhe vossos irmãos num holocausto, elevando-lhe troféus com seus cadáveres?" **[392]**

Tais seriam, em essência, as expressões arrancadas pela dor e pelo sentimento desse infortunado, se as chamas que o envolviam lhe permitissem terminar de falar.

De qualquer modo, quanto mais conhecemos a fundo o sistema dos intolerantes, mais sentimos sua fraqueza e sua injustiça. Eles teriam pelo menos um pretexto se as homenagens forçadas, renegadas rapidamente pelo coração, pudessem agradar ao Criador. Mas se é tão somente a intenção que faz o preço do sacrifício, e se o culto interior é tudo o que ele pede, de que modo esse ser infinito vai olhar esses temerários que ousam atentar contra seus direitos e profanar sua mais bela obra, tiranizando os corações que ele preza? Não há nenhum rei sobre a terra que se dignasse a aceitar um incenso oferecido só pela mão e que não se ruborizasse por exigir para Deus esse incenso indigno; pois, enfim, esses são os sucessos tão vangloriados pelos perseguidores: produzir hipócritas ou mártires, covardes ou heróis; a alma fraca e pusilânime que se apavora diante dos tormentos abjura tremendo sua crença e detesta o autor de seu crime; a alma generosa, ao contrário, que sabe contemplar o suplício que lhe é preparado sem chorar, permanece firme, inalterável, considera com piedade os perseguidores e corre em direção à morte como se fosse em direção ao triunfo. A experiência está por demais a nosso favor. Quando o fanatismo fez correr rios de sangue sobre a terra, não vimos inumeráveis mártires se indignar e se enrijecer contra os obstáculos? E a respeito das conversões forçadas, logo não se viu também que desapareceram, assim que o perigo cessou, que o efeito desapareceu com a causa, e que aquele que cedeu por um tempo voltou para os seus desde que pôde fazer isto, lamentou com eles sua fraqueza e retomou com entusiasmo sua liberdade natural? Não, não concebo absolutamente blasfêmia mais horrível do que dizer-se autorizado por Deus ao seguir tais princípios.

É, portanto, verdadeiro que a violência é bem mais adequada para confirmar a religião do que para afastar dela aqueles que são perseguidos e a despertar, como se pretende, sua consciência adormecida. Dizia um político que "não é preenchendo a alma com um grande objeto, aproximando-a do momento em que esse objeto lhe deve ser da maior importância, que se consegue afastá-la dele. As leis penais, em matéria de religião, imprimem o medo, é verdade. Mas como a religião tem suas leis penais que também inspiram o medo, entre esses dois medos diferentes as almas tornam-se atrozes. Dizeis que não quereis levar um homem a trair sua consciência, mas somente animá-la, pelo medo ou pela esperança, a sacudir seus preconceitos, a distinguir a verdade do erro que professa. Ah! Perguntamo-nos quem poderia entregar-se, em momentos críticos, à meditação, ao exame que propondes. O estado mais calmo, a atenção mais contínua, a liberdade mais completa, não bastam para esse exame. E quereis que uma alma, tomada pelos horrores da morte e sem cessar obcecada pelas imagens mais terríveis, seja mais capaz de reconhecer e apreender essa verdade que teria desconhecido em dias tranquilos! Que absurdo! Que contradição!!". Não, não. O sucesso dessas violências será sempre, como dissemos, o de fortalecer em suas opiniões aqueles que são suas vítimas, pelos próprios males que essas violências atraem, o de preveni-los, ao contrário, contra as opiniões de seus inimigos pelo próprio modo como estes as apresentam, e de lhes inspirar, pela sua religião, o mesmo horror que têm por sua pessoa.

Que não culpem, pois, a não ser a si mesmos, estes que traem indignamente a verdade, se dela usufruem; que a confundem com a impostura, dando-lhe suas armas e mostrando-a sob seus estandartes. Isto só não bastaria para provocar preconceitos contra ela e torná-la ignorada por aqueles que talvez a tivessem abraçado? Não, não importa o que dizem, a verdade só tem necessidade de si mesma para se sustentar e para cativar os espíritos e os corações. Ela brilha por seu esplendor e só com suas próprias armas. É em seu próprio seio que ela encontra seus traços e sua luz. Ela se envergonharia de apoio estranho que só poderia obscurecer ou dividir sua glória. Sua coerção está na sua própria excelência; ela rapta, arrasta, subjuga, por sua beleza. Seu triunfo é aparecer; sua força é o de ser o que ela é. O erro, ao contrário, fraco e impotente, faria pouco progresso sem a violência e a coerção. É por isto que ele foge de todo exame e todo esclarecimento, que só poderão prejudicar sua causa. É no meio das trevas da superstição e da ignorância que o erro gosta de golpear e difundir seus dogmas obscuros. É então que, desprezando os direitos da consciência e da razão, ele exerce impunemente o despotismo da intolerância e governa seus próprios súditos com um cetro de ferro. Se o sábio ousa elevar sua voz, o medo logo a sufoca e ai do audacioso que confessa a verdade no meio de seus inimigos. Cessai, pois, perseguidores, repito, de defender essa verdade com as armas da impostura, de roubar do cristianismo a glória de seus fundadores, de caluniar o Evangelho e de confundir o filho de Maria com o filho de Ismael, pois, enfim, com que direito recorreis ao primeiro e aos meios dos quais ele se serviu para estabelecer sua doutrina, se seguis os passos do outro? Vossos próprios princípios não são vossa condenação? Jesus, vosso modelo, nunca empregou senão a doçura e a persuasão. Maomé seduziu alguns e forçou outros ao silêncio. Jesus recorreu às suas obras, Maomé à sua espada. Jesus disse: vede e acreditai. Maomé disse: crede ou morrereis. Sois discípulos de qual dos dois? Sim, nunca seria demais afirmar que a verdade difere do erro tanto em relação aos seus meios quanto em relação à sua essência. A doçura, a persuasão, a liberdade, estes são os seus divinos caracteres. Que ela se ofereça assim, pois, a meus olhos; no mesmo instante, meu coração se sentirá arrastado por ela. Onde reina a violência e a tirania, não é ela que vejo, mas o seu fantasma. Pensais, com efeito, que na tolerância universal que gostaríamos de estabelecer, prestamos mais atenção aos progressos do erro do que aos da verdade? Se todos os homens, adotando nossos princípios, concordassem com um apoio recíproco, desconfiassem de seus preceitos mais caros e considerassem a verdade como um bem comum, de modo que seria tão injusto querer privar os outros desse bem quanto crer que o possui com a exclusão dos outros; se todos os homens, repito, deixando sua maneira de ver, se correspondessem com as extremidades da terra para comunicar em paz seus sentimentos, poder-se-ia duvidar que, nesse silêncio unânime das paixões e dos preconceitos, não se visse, ao contrário, a verdade recuperar seus direitos, estender insensivelmente o seu império e as trevas do erro serem destruídas e fugirem diante dela, assim como as sombras leves fogem à aproximação da luz do dia?

No entanto, não afirmo que o erro não tivesse feito algum progresso, nem que o infiel tivesse abjurado com facilidade mentiras tornadas respeitáveis à força de prevenção e de antiguidade. Sustento apenas que os progressos da verdade seriam bem mais rápidos, posto que, com sua ascendência natural, ela teria menos obstáculos a vencer para penetrar nos corações. Mas nada, não importa o que se diga, lhe é mais oposto **[393]** que o sistema de intolerância, que atormenta e degrada o homem, subjugando suas opiniões ao solo que o alimenta, comprimindo num círculo estreito de preconceitos sua inteligência ativa, proibindo-lhe a dúvida e o exame como se fossem um crime, e cumulando-o de anátemas se ele ousar raciocinar um instante e pensar de modo diferente de nós. Que meio mais seguro poder-se-ia escolher para eternizar os erros e subjugar a verdade?

Mas, sem atacar mais o sistema dos intolerantes, lancemos um olhar rápido sobre as consequências que dele decorrem e julguemos a causa pelos efeitos. Não se pode fazer pior mal aos homens do que confundir todos os princípios que os governam, derrubar as barreiras que separam o justo do injusto, o vício da virtude, romper todos os laços da sociedade, armar o príncipe contra seus súditos, os súditos contra o príncipe, os pais, os esposos, os amigos, os irmãos uns contra os outros, acender no fogo dos altares a chama das fúrias; em suma, tornar o homem odioso e bárbaro para o homem e sufocar em seu coração qualquer sentimento de justiça e de humanidade. Estes, contudo, são os resultados inevitáveis dos princípios que combatemos. Os crimes mais atrozes, os perjúrios, as calúnias, as traições, os parricídios, tudo é justificado pela causa, tudo é santificado pelo motivo. O interesse da Igreja, a necessidade de estender seu reino e de proscrever a qualquer preço todos aqueles que lhe resistem, autoriza e consagra tudo: estranha reviravolta de ideias, abuso incompreensível de tudo o que há de mais augusto e mais santo! A religião dada aos homens para uni-los e torná-los melhores torna-se o pretexto de seus desregramentos mais horríveis. Todos os atentados cometidos sob esse véu serão doravante legítimos, o cúmulo da perfídia se transforma no cúmulo da virtude. Aqueles que os juízes do mundo puniriam com o último suplício são transformados em santos e heróis. Renova-se, para o deus dos cristãos, o culto a Saturno e a Moloch, a audácia e o fanatismo triunfam, e a terra vê, com horror, monstros divinizados.

Que não nos acusem de molhar nosso pincel no fel; poderíamos muito bem responder a essa crítica e estremecemos com as provas que temos em mãos. Evitemos, contudo, nos prevalecer delas. É preferível deixar no esquecimento esses tristes monumentos de nossa vergonha e de nossos crimes e nos pouparmos a todos um quadro por demais humilhante para a humanidade. Mas é verdade, é certo que, com a intolerância, abris uma fonte inesgotável de males. A partir daí, cada parte se atribuirá os mesmos direitos, cada seita empregará a violência e a coerção, os mais fracos oprimidos num lugar tornar-se-ão opressores num outro, os vencedores terão sempre direito, os vencidos serão os únicos hereges e só poderão queixar-se de sua fraqueza. Bastará uma potência armada para impor suas opiniões e confundir seus adversários. O destino da verdade acompanhará o destino dos combates e os mais ferozes mortais serão também os melhores crentes. Em toda parte ver-se-ão tão somente fogueiras, cadafalsos, proscrições, suplícios. Calvinistas, romanos, luteranos, judeus e gregos, todos se devorarão uns aos outros como se fossem animais ferozes. Os lugares onde o Evangelho reina serão marcados pela carnificina e pela desolação. Os inquisidores serão nossos senhores. A cruz de Jesus se tornará o estandarte do crime e seus discípulos se embriagarão com o sangue de seus irmãos. A pena cai de minhas mãos em face desses horrores. Entretanto, eles decorrem diretamente da intolerância, pois não creio que venham me opor a objeção, tão frequentemente atirada como um raio, de que, como a verdadeira Igreja é a única com direito de empregar a violência e a coerção, os heréticos não poderiam, sem ser criminosos, agir em favor do erro como a Igreja age em favor da verdade. Um sofisma tão pueril carrega em si mesmo a sua refutação. Com efeito, quem não vê que é absurdo até mesmo supor a questão e pretender que aqueles que chamamos de *heréticos* se reconheçam como tais, e se deixem estrangular, abstendo-se de represálias?

Concluamos que a intolerância universalmente estabelecida armaria todos os homens uns contra os outros e provocaria sem fim as guerras de opinião. Pois, supondo que os infiéis não fossem perseguidores por princípios religiosos, eles o seriam pelo menos por política ou por interesse. Com os cristãos não podendo tolerar aqueles que não adotam suas ideias, ver-se-iam com razão todos os povos se unirem contra eles e conjurarem a ruína desses inimigos do gênero humano que, sob o véu da religião, nada veriam de ilegítimo para atormentá-lo e subjugá-lo. Com efeito, eu pergunto, o que teríamos a censurar a um príncipe, da Ásia ou do Novo Mundo, que mandasse enforcar o primeiro missionário que enviássemos à sua terra para convertê-lo? O dever mais essencial de um soberano não é o de fortalecer a paz e a tranquilidade em seus estados e proscrever com cuidado os homens perigosos que, cobrindo de início sua fraqueza com uma doçura hipócrita, só querem difundir dogmas bárbaros e sediciosos tão logo se sintam com bastante poder para fazer isto? Que os cristãos, portanto, não se queixem se os outros povos, instruídos por suas próprias máximas, não quiserem tolerá-los, já que veem neles os assassinos da América ou perturbadores das Índias e se sua santa religião, obstinada a estender-se e a frutificar sobre a terra, for, com razão, banida por seus excessos e por seus furores.

De resto, parece-nos inútil opor aos intolerantes os princípios do Evangelho, que amplia e desenvolve os princípios da equidade natural; lembrá-los das lições e do exemplo de seu augusto mestre, que só inspirou doçura e caridade; e retraçar diante de seus olhos a conduta dos primeiros cristãos, que só sabiam abençoar e orar por seus perseguidores. Absolutamente não reproduziremos esses raciocínios dos quais os pais da Igreja se serviam com tanta força contra os Neros e os Dioclecianos, mas que desde Constantino, o Grande, tornaram-se ridículos e tão fáceis de retorquir. Sabe-se que num verbete só podemos ver por alto um assunto tão fértil: assim, depois de ter recordado os princípios que nos pareceram os mais gerais e mais luminosos, resta-nos, para completar nosso objetivo, traçar os deveres dos soberanos relativamente às seitas que dividem a sociedade.

Incedo per ignes. "Eu vou por meio do fogo."

Numa questão tão delicada, não avançarei sem autoridade; e na exposição de alguns princípios gerais, ver-se-ão sem dificuldade as consequências que daí decorrem.

I) Portanto, jamais será possível reduzir a questão ao seu verdadeiro ponto, se primeiro não se distingue o Estado da Igreja e o padre do magistrado. O Estado ou a república têm por objetivo a conservação de seus membros, a segurança de sua liberdade, de sua vida, de sua tranquilidade, de suas possessões e de seus privilégios: a Igreja, ao contrário, é uma sociedade cujo fim é a perfeição do homem e a salvação de sua alma. O soberano olha sobretudo a vida presente; a Igreja olha sobretudo e diretamente a vida futura. Manter a paz na sociedade contra todos aqueles que gostariam de golpeá-la é o dever e o direito do soberano, mas seu direito expira onde reina o **[394]** da consciência. Essas duas jurisdições devem sempre estar separadas; elas não podem se sobrepor uma sobre a outra, sem que daí resultem males infinitos.

II) De fato, a salvação das almas não é confiada ao magistrado pela lei revelada nem pela lei natural, nem pelo direito político. Deus nunca ordenou que seus povos submetessem suas consciências ao gosto de seus monarcas e nenhum homem pode se comprometer de boa-fé a crer e a pensar como seu príncipe exige. Já o dissemos: nada é mais livre do que as opiniões; podemos externamente e da boca para fora concordar com as opiniões de um outro. Mas, sem dúvida, nos é tão impossível aquiescer internamente e contra nossas luzes quanto cessar de ser aquilo que somos. Por outro lado, quais seriam os direitos do magistrado? A força e a autoridade? Mas a religião persuade, não comanda. É uma verdade tão simples que mesmo os apóstolos da intolerância não ousam recusá-la quando a paixão ou o preconceito feroz cessam de ofuscar sua razão. Enfim, se a força puder ter um lugar na religião, se ela pudesse persuadir (que nos permitam essa absurda suposição), seria necessário, para ser salvo, nascer sob um príncipe ortodoxo; o mérito do verdadeiro cristão seria um acaso de nascimento. Além disto, seria necessário variar sua crença para conformá-la àquela dos príncipes que se sucedem: ser católico sob Maria e protestante sob Elisabeth. Quando se abandonam os princípios, não se vê mais como impedir o mal.

III) Expliquemo-nos, portanto, livremente e tomemos emprestada a linguagem do autor do contrato social. Eis como ele se explica esse ponto. "O direito que o pacto social dá ao soberano sobre seus súditos não ultrapassa de modo algum os limites da utilidade pública; os súditos só prestam contas de suas opiniões ao soberano se elas importam à comunidade. Ora, interessa sobremaneira ao Estado que cada cidadão tenha uma religião que o faça amar seus deveres; mas os dogmas dessa religião não interessam ao Estado, nem a seus membros, a não ser que eles digam respeito à sociedade. Há uma profissão de fé puramente civil, cujos artigos devem ser fixados pelo soberano, não precisamente como dogmas de religião, mas como sentimentos de sociabilidade, sem os quais é impossível ser bom cidadão, nem súdito fiel, sem poder obrigar ninguém a crer neles; ele pode banir do Estado quem não acreditar, não como ímpio, mas como insociável, como incapaz de amar sinceramente as leis da justiça e de imolar, se for necessário, sua vida a seu dever".

IV) Podem-se tirar dessas palavras consequências legítimas. 1º) Os soberanos não devem absolutamente tolerar os dogmas opostos à sociedade civil; é verdade que eles não têm nenhum controle sobre as consciências, mas devem reprimir esses discursos temerários que poderiam levar aos corações a licenciosidade e o desprezo pelos deveres. Os ateus, em particular, que retiram dos poderosos o único freio que os retêm e dos fracos sua única esperança, que debilitam todas as leis humanas ao retirar-lhes a força que elas extraem de uma sanção divina, que só deixam entre o justo e o injusto uma distinção política e frívola, que só veem o opróbrio do crime na pena do criminoso: os ateus, repito, não devem reclamar a tolerância em seu favor; que sejam instruídos de início, exortados com bondade; se persistem, que sejam reprimidos; enfim, rompei com eles, expulsai-os da sociedade, cujos laços eles mesmos quebraram. 2º) Os soberanos devem se opor com rigor às intenções daqueles que, cobrindo sua avidez com o pretexto da religião, quiserem atentar contra os bens dos particulares ou dos próprios príncipes. 3º) Sobretudo, que proscrevam com força essas sociedades perigosas que, submetendo seus membros a uma dupla autoridade, formam um Estado dentro do Estado; rompendo a união política, relaxam, dissolvem os laços da pátria para concentrar nos corpos suas afecções e seus interesses e são assim dispostos a sacrificar a sociedade geral à sua sociedade particular. Em suma, que o Estado seja uno, que o padre seja antes de tudo cidadão, submetido como qualquer outro ao poder do soberano, às leis de sua pátria; que sua autoridade puramente espiritual se limite a instruir, exortar, pregar a virtude; que aprenda de seu mestre divino que seu reino não é deste mundo, pois tudo está perdido se deixais por um instante na mesma mão o gládio e o turíbulo.

Regra geral: respeitai inviolavelmente os direitos de consciência em tudo aquilo que não perturbe a sociedade. Os erros especulativos são indiferentes ao Estado; a diversidade das opiniões reinará sempre entre seres tão imperfeitos quanto o homem; a verdade produz as heresias como o sol, impurezas e manchas: não agravai um mal inevitável, empregando o ferro e o fogo para debelá-lo; puni os crimes, tende piedade do erro e jamais oferecei à verdade outras armas além da doçura, do exemplo e da persuasão. *Para a mudança de crença, os convites são mais fortes que as penas; estas só têm efeito como destruição.*

V) Contra esses princípios, nos apresentarão os inconvenientes que resultam da multiplicidade das religiões e as vantagens da uniformidade da crença em um estado. Responderemos primeiro com o autor de *O espírito das leis*: "que essas ideias de uniformidade atingem infalivelmente os homens vulgares porque eles aí encontram um gênero de perfeição que é impossível não descobrir: os mesmos pesos no governo, as mesmas medidas no comércio, as mesmas leis no Estado, a mesma religião em todas as partes; mas isso é sempre adequado e sem exceção? O mal da mudança é sempre menor que o mal do sofrimento? A grandeza do gênio não consistiria mais em saber em que casos é necessária a uniformidade e em quais outros são necessárias as diferenças?". Com efeito, por que aspirar a uma perfeição incompatível com nossa natureza? A diversidade das opiniões subsistirá sempre entre os homens; a história do espírito humano é uma prova contínua disso e o projeto mais quimérico seria o de levar os homens a uma uniformidade de opiniões. Entretanto, dizeis, o interesse político exige que se estabeleça essa uniformidade, que se proscreva com determinação toda opinião contrária às opiniões admitidas pelo Estado, ou seja, que se deve limitar o homem a não ser mais do que um autômato, instruindo-o com opiniões estabelecidas no lugar de seu nascimento, a jamais ousar examiná-las, nem aprofundá-las, a respeitar servilmente os preconceitos mais bárbaros, tais como aqueles que combatemos. Mas quantos males, quantas divisões não causam num estado a multiplicidade da religião? A objeção se transforma em prova contra vós, uma vez que a intolerância ela mesma é fonte desses males; pois, se as partes diferentes concordam com um apoio mútuo e só procuram combater-se pelo exemplo, a regularidade dos costumes, o amor das leis e da pátria; se esta for a única prova que cada seita fizer valer em favor de sua crença, logo a harmonia e a paz reinariam no estado, apesar da variedade de opiniões, assim como as dissonâncias na música não perturbam absolutamente o acorde total. **[395]**

Insiste-se e afirma-se que a mudança de religião acarreta frequentemente revoluções no governo e no Estado: a isso respondo que a intolerância é a única responsável do que há de odioso nessa imputação; pois se os inovadores fossem tolerados ou se só fossem combatidos com as armas do Evangelho, o Estado não sofreria absolutamente com essa fermentação dos espíritos. Mas os defensores da religião dominante se levantam com furor contra os sectários, armam contra eles as potências, arrancam éditos sangrentos, insuflam em todos os corações a discórdia e o fanatismo e jogam sem pudor sobre suas vítimas as desordens que só eles mesmos produziram.

Em relação àqueles que, sob o pretexto da religião, procuram apenas perturbar a sociedade, fomentar sedições, sacudir o jugo das leis, reprimi-os com severidade. Não somos absolutamente seus apologistas, mas absolutamente não confundi com esses culpados aqueles que apenas vos pedem a liberdade de pensar, de professar a crença que julgam a melhor e que vivem como súditos fiéis do Estado.

Mas, direis ainda, o príncipe é defensor da fé; deve mantê-la em toda sua pureza e se opor com vigor a todos aqueles que atentam contra ela; se os raciocínios, as exortações, não forem suficientes, não é em vão que porta a espada, é para punir aquele que faz mal, para forçar os rebeldes a entrar no seio da Igreja. Que queres tu, então, bárbaro? Estrangular teu irmão para salvá-lo? Mas Deus te encarregou dessa horrível tarefa, pôs ele nas tuas mãos a responsabilidade de sua vingança? De onde sabes que ele quer ser honrado como os demônios? Vai, infeliz, esse Deus da paz recusa teus horrorosos sacrifícios; eles são dignos apenas de ti.

Não pretendemos fixar aqui os limites precisos da tolerância, distinguir o apoio caridoso que a razão e a humanidade reclamam em favor dos errantes, dessa culpável indiferença que nos faz ver sob o mesmo aspecto todas as opiniões dos homens. Pregamos a tolerância prática e de forma alguma a especulativa; e sabe-se bem que há diferença entre tolerar uma religião e aprová-la. Remetemos os leitores que desejam aprofundar-se nesse assunto ao comentário filosófico de Bayle, no qual, ao nosso ver, esse belo gênio superou-se a si mesmo.

(MGS)

Tortura (*Procedimento criminal*), Jaucourt [13, 704]

Acabamos de ler detalhes instrutivos para os juízes criminais. Mas, já que não é proibido examinar as matérias mais delicadas do direito, aproveitaremos esse privilégio seguindo o exemplo de vários doutos e cidadãos, que em todos os tempos ousaram expor os inconvenientes que acreditavam perceber na prática da *tortura*. A submissão dos súditos exige que se obedeça aos magistrados, mas não que os julguemos infalíveis, e que, entre dois usos, eles não tenham escolhido o pior. É por isto que é permitido apresentar com respeito os abusos, a fim de esclarecer o soberano e levá-lo, pela religião e pela justiça, a corrigi-los.

Eu poderia observar que os atenienses não usavam a tortura, a não ser em caso de lesa-majestade, e que não conheciam de modo algum a tortura preparatória. Entre os romanos, o nascimento, a dignidade, a profissão militar garantiam contra esse tormento, e só os escravos sobre os quais se tinha o direito de vida ou de morte eram expostos a ele. Ao que parece, no tempo de Carlos Magno, a tortura só era infligida aos escravos. Mas essas observações são fracas, já que a lei da natureza grita contra essa prática, sem nenhuma exceção quanto ao que quer que seja.

Independentemente da voz da humanidade, a tortura não cumpre o fim ao qual é destinada. Que digo? Ela é uma invenção segura para arruinar um inocente que tiver a compleição fraca e delicada, e para salvar um culpado que tiver nascido robusto. Mentem igualmente os que podem suportar esse suplício e os que não têm força suficiente para enfrentá-lo. O tormento que é infligido na tortura é certo, e o crime do homem que a sofre não o é. Esse infeliz a quem aplicais a tortura pensa bem menos em declarar o que sabe do que em se livrar do que sente. Assim, como diz Montaigne, o inferno é uma invenção perigosa; é, continua ele, "um teste de paciência mais do que de verdade; pois, por que a dor fará um infeliz confessar a dizer o que é, mais do que dizer o que não é? Ao contrário, se aquele que não fez aquilo de que é acusado for paciente o bastante para suportar os tormentos, por que não o será aquele que cometeu um crime, se uma tão bela recompensa como a da vida lhe for assegurada ? Em suma, é um instrumento cheio de incerteza e de perigo. O que não se dirá, o que não se fará para fugir de tão graves dores? De onde advém que aquele que o juiz torturou para não deixá-lo morrer inocente, ele o faz morrer inocente e torturado".

Aquele de quem a tortura arranca a confissão de crime fica numa condição bem lamentável. Mas a condição de um juiz que, acreditando ser autorizado pela lei, tortura um homem inocente, deve ser atroz, na minha opinião. Haverá algum meio de compensar esses sofrimentos? Em todos os tempos, houve homens inocentes aos quais a tortura obrigou a confessar crimes dos quais não eram culpados. A violência da dor ou a fraqueza da pessoa leva o inocente a confessar o que não cometeu e a obstinação dos culpados robustos e mais decididos nos seus crimes os faz negar tudo.

Charondas, no livro IX da *República* I, dá um exemplo muito deplorável disto. Um marido, acusado de ter assassinado a mulher, nega o fato. As presunções todas eram contra ele e, na noite de sua fuga, ele havia maltratado violentamente essa mulher e, em seguida, deixado a casa. A partir dessas meias provas, aplica-se a tortura, e ele é condenado à morte. Ele recorre do julgamento. Enquanto se faz o relatório do processo, inteiramente por sua conta, aparece a mulher, que estava escondida na casa de um padre, seu corruptor. Compreende-se então que se tenha decidido retirar a acusação contra o pretenso culpado. Mas o juiz, ou se se quiser, a lei, pode reparar os males que ele havia sofrido?

Se eu quisesse, seria fácil citar vários outros exemplos de pessoas submetidas à tortura, que, preferindo uma morte rápida a longos suplícios, para se livrar deles, confessaram crimes dos quais não eram culpados. Ver S. Jerônimo, Epístola 34, i, XXIV, tit.8, n.I, e Louis Vivès, em seu comentário sobre Santo Agostinho, *De Civitate Dei*, livro XIX, cap.VI onde ele se declara claramente contra a tortura.

Eu não teria mesmo dificuldade em alegar novas razões contra a tortura que ainda não foram propostas. Pelo menos é certo que se não se pode tirar a vida de um homem a partir de uma prova duvidosa. A prova que é arrancada por meio de tormentos também é duvidosa, e, consequentemente, a confissão extorquida não pode servir de fundamento a uma condenação à morte. Se cremos não dever pronunciar julgamento a partir da confissão voluntária de uma pessoa, muito menos se deve ordenar o suplício extremo a partir de uma confissão arrancada à força de suplícios.

Uma outra reflexão se apresenta ao meu espírito. Como pretendemos que a religião, a justiça e os costumes se opõem ao combate judiciário, deveríamos pensar igualmente que as torturas também lhe são contrárias, senão seríamos inconsequentes em nossos princípios. Pois não é menos possível que um acusado de crime resista à violência da tortura, do que esse mesmo homem vença e subjugue seu acusador. Entretanto, apesar desse inconveniente comum aos duelos e às torturas, conservou-se o uso das torturas nos mesmos países onde os duelos foram severamente reprimidos, pelo menos pelas leis.

Acrescento que a tortura, longe de ser útil para descobrir os verdadeiros cúmplices de um crime, poderia, algumas vezes, prejudicar esse projeto. Quando Guillaume Laud, bispo de Londres, ameaçou Felton, que tinha assassinado o duque de Buckingham, de submetê-lo à tortura se não entregasse seus cúmplices, ele replicou: "Milorde, não sei o que os tormentos da tortura me forçarão a dizer, mas poderá acontecer que eu vos nomeie como o primeiro dos meus cúmplices, ou algum outro membro do conselho do rei. Assim, é melhor me poupar de tormentos inúteis".

Enfim, a tortura contra os criminosos não é um caso inevitável. Vemos hoje uma nação muito polida e tão esclarecida quanto respeitosa para com a humanidade que rejeitou esse suplício sem inconveniente, mesmo no caso de alta traição. Ele não é, pois, necessário por natureza. Mas tantas pessoas hábeis e tantos belos gênios escreveram sobre esse assunto que é inútil estender-me mais para discuti-lo. Assim, por exemplo, remeto o leitor em particular à obra de Jean Grevius. É intitulada *Tribunal reformatum, in quo sanioris & tutioris justitiae via judici christiano in processu criminali demonstratur, rejecta & fugata tortura, cujus iniquitatem, multiplicem fallaciam, atque illicitum inter christianos usum, aperuit*, John Grevius Clivensis, Hamb. 1624, *in-4º*. [O Tribunal Reformado, no qual é demonstrado um caminho de justiça mais saudável e seguro para o juiz cristão em um processo criminal, rejeitando e fugindo do encaminhamento à tortura, cuja maldade, incorreção multifacetada e ilegalidade de seu emprego entre os cristãos foi demonstrada por John Grevius Clivensis, Hamb. 1624, *in-4º*]. Essa obra produziu efeitos salutares na Holanda, e há cem anos não se usa mais a tortura nas Províncias Unidas.

Termino meu verbete com as palavras de Quintiliano, *Institutiones Orator*, Livro C, c.iv: *Sicut in tormentis quoque* **[13, 705]** *qui est locus frequentissimus, cùm pars altera quaestionem, vera fatendi necessitatem vocet, altera saepe etiam causam falsa dicendi, quod allis patientia, facile mendacium faciat, aliis, infirmitas necessarium*. "Quanto [ao assunto] da tortura, que é um tema muito frequente: um lado vai chamar tortura um meio infalível para descobrir a verdade, o outro vai representá-lo, constantemente, como uma causa da declaração de falsidade, porque, para alguns pacienciosos, é fácil suportar [a dor] imerecidamente, para outros a dor se torna necessária." Acrescentai a passagem do jurisconsulto Ulpiano, no livro I, *quaest de quaest. Statutum est non semper fidem tormentis, nec tamen nunquam adhibendam fore. Etenim res est fragilis, quaestio & periculosa, veritatem fallat; nam plerique patientia, sive duritia tormentorum, ita tormenta contemnunt, ut exprimi eis veritas, nullo modo possit: alii tanta sunt impatientia, ut quaevis mentiri, quam pati tormenta velint. Ita fit, ut etiam vario modo fateantur, ut non tantum se, verum etiam alios criminentur.* "A tortura não deve ser considerada como inteiramente merecedora nem totalmente indigna de confiança; na verdade, ela não é confiável, mas perigosa e enganadora. Pois, para a maioria [dos homens], pela paciência ou pela gravidade da tortura, a verdade não pode ser obtida por meio da tortura, vindo assim a desprezá-la; outros são tão impacientes que vão inventar [qualquer coisa], por não quererem sofrer a tortura; assim acontece, então eles depõem de modo contraditório e acusam não só a si, mas também a outros."

(MGS)

Tortura (*Jurisprudência*), Boucher d'Argis [13, 703]

Tortura é a via empregada algumas vezes nos casos de grandes crimes, para fazer o acusado confessar o crime do qual é acusado e para que ele denuncie seus cúmplices.

Essa via consiste em fazer o acusado sofrer tormentos violentos, que contudo não são capazes de provocar a sua morte.

É chamada tortura ou interrogatório porque, à medida em que se faz o acusado sofrer, se fazem perguntas a ele sobre o seu crime e seus cúmplices, se houver suspeita de que ele os tenha.

O uso da tortura é muito antigo, já que os gregos a usavam, mas os cidadãos de Atenas não podiam ser torturados, exceto por crime de lesa-majestade: a tortura era aplicada trinta dias após a condenação; não havia tortura preparatória. Ver Cursius Fortunatus, *Rhet. Schol.*, Livro II.

Entre os romanos, as leis 3 e 4, Ad. Leg. Majest., mostram que o nascimento, a dignidade e a profissão da milícia garantiam contra a tortura. Mas eram excetuados, assim como em Atenas, os crimes de lesa-majestade.

O que havia de mais estranho é que se aplicava a tortura a terceiros, embora não acusados, e somente para obter provas ou testemunhos do crime e dos culpados. Segundo Silacien, era isso que acontecia no tempo de Augusto. Era proibido abrir ou publicar um testamento quando o seu autor tivesse sido morto em casa, antes de aplicar a tortura aos escravos e de punir os que eram culpados da morte do defunto.

Mas, segundo nossos costumes, não se trata assim os domésticos, que são pessoas livres; aliás, não se ordena a tortura a não ser quando a natureza do crime e a qualidade das provas o permitem, e não se aplica a tortura a outras pessoas que não sejam as culpadas, e somente quando há indícios que não são suficientes para condenar o acusado, mas que sejam bastante fortes para determinar os juízes a ordenar a tortura.

As leis dos visigodos começaram a estabelecer várias restrições sábias ao uso da tortura.

Segundo a lei sálica, ela era aplicada somente aos escravos. Aquele que tivesse levado à morte um escravo inocente, de um outro senhor, durante a tortura, era obrigado a lhe dar um outro como compensação.

As antigas ordenações atestam que os nobres de Champagne não podiam ser submetidos à tortura, a não ser por crime que merecesse a morte; que os magistrados de Toulouse eram igualmente isentos dessa experiência. A tortura era usada do mesmo modo para todas as pessoas qualificadas, mas isto não acontece mais.

Para que seja ordenada a tortura, deve haver um crime constante que mereça a pena de morte e que haja uma prova considerável. Um único indício não basta, nem a declaração de uma só testemunha, se não for acompanhada de outros índices.

A simples confissão de um dos acusados também não basta para condenar os outros à tortura. A declaração de um condenado à morte e a de um ferido moribundo são também insuficientes.

Os juízes podem condenar o acusado à tortura pelas provas que têm em mãos e, em seguida, condenar o acusado a uma pena, exceto a de morte, à qual ele não pode mais ser condenado, a menos que apareçam novas provas depois da tortura.

Pode-se, pelo julgamento por morte, ordenar que o condenado seja submetido previamente à tortura, para obter a revelação de seus cúmplices; é o que se chama de tortura preliminar.

Só as cortes soberanas podem ordenar que o condenado seja somente interrogado, não torturado. É uma graça que é concedida aos impúberes, aos velhos decrépitos, aos doentes e aos de constituição precária, aos quais a tortura não poderia ser aplicada sem perigo de vida. Apresenta-se o acusado à tortura para tentar tirar dele a verdade pelo terror das penas.

As mulheres grávidas não podem ser apresentadas nem submetidas à tortura, mas não se confia na sua declaração; é preciso que ela seja examinada.

As sentenças de condenação à tortura não podem ser executadas sem que tenham sido confirmadas antes.

O acusado deve ser interrogado depois de ter prestado juramento.

A tortura é aplicada em presença de comissários, e deve-se fazer o relatório do estado da tortura, das respostas, confissões, contestações e variações a cada objeto da interrogação.

Os comissários podem mandar moderar ou aliviar os rigores da tortura se o acusado confessar seu crime, e se o acusado mudar, os comissários podem mandá-lo para os mesmos rigores. Mas, quando o acusado foi liberado inteiramente da tortura, ele não pode ser novamente submetido a ela. O acusado liberado da tortura deve ser novamente interrogado a partir das declarações e dos fatos confessados ou negados.

Qualquer que seja uma prova nova que possa aparecer, o acusado não pode ser submetido duas vezes à tortura para um mesmo fato.

Todos os juízes, tanto reais quanto subalternos, podem condenar à tortura exceto os juízes eclesiásticos, embora alguns autores tenham afirmado o contrário.

Chama-se tortura preparatória a que é ordenada antes do julgamento definitivo. São necessários indícios poderosos para ordená-la. A tortura definitiva é a que é aplicada ao condenado antes de execução para obter a revelação sobre os cúmplices.

Em caso de julgamento por morte, o condenado será submetido à tortura ordinária e extraordinária.

A tortura ordinária em Paris é aplicada com seis potes de água e um pequeno cavalete; a extraordinária, com outros seis potes e o grande cavalete, que aperta e distende o criminoso. Em outros lugares, usam-se cunhas e borzeguins. Em Paris, se usa também essa espécie de tortura, quando o acusado é condenado à morte. Em alguns lugares, como nos Países Baixos, aplica-se a tortura esquentando os pés. No norte, mergulha-se o acusado na lama.

Na Inglaterra, se desconhece o uso da tortura.

Ver os tratados feitos por Odofredus, Albertus de Astramônia, Antonius de Canavius, Baldus de Periglis, Bartolus de Saxoferrato, Jacobus de Arena, Paulus Grillandus Curcius e **[704]** também Fontanon, Imbert, e, de Bouchel, o título *Da ordenação criminal.*

(MGS)

Tráfico de negros (*Comercio da África*), Jaucourt [16, 532]

Tráfico é a compra de negros feita pelos europeus nas costas da África, para empregar esses infelizes em suas colônias como escravos. Essa compra de negros, para reduzi-los à escravidão, é um comércio que viola a religião, a moral, as leis naturais e todos os direitos da natureza humana.

Os negros, diz um inglês moderno cheio de humanidade e luzes, não se tornaram escravos pelo direito de guerra. Também não se destinam voluntariamente à servidão, e, consequentemente, seus filhos não nascem escravos. Ninguém ignora que eles são comprados de seus príncipes, que pretendem ter direito de dispor de sua liberdade, e que os negociantes os transportam do mesmo modo que suas outras mercadorias, seja para suas colônias, seja para a América, onde os expõem para venda.

Se um comércio desse gênero puder ser justificado por um princípio moral, não há nenhum crime, por mais atroz que seja, que não possa ser legitimado. Os reis, os príncipes, os magistrados, não são os proprietários de seus súditos; logo, não têm o direito de dispor de sua liberdade e vendê-los como escravos.

De outro lado, nenhum homem tem o direito de comprá-los ou de se tornar o seu senhor. Os homens e sua liberdade não são objeto de comércio; não podem ser vendidos, nem comprados, nem pagos a nenhum preço. Deve-se concluir que um homem cujo escravo foge não deve se lamentar, já que havia adquirido uma mercadoria ilícita e cuja aquisição lhe era proibida por todas as leis da humanidade e da equidade.

Não há um só desses infortunados considerados escravos que não tenha o direito de ser declarado livre, pois nunca perdeu sua liberdade; não podia perdê-la, e seu príncipe, seu pai, e quem quer que seja, não tinham o direito de dispor dela. Consequentemente, a venda que foi feita é nula em si própria. Esse negro não se desfaz nem pode se desfazer jamais de seu direito natural. Ele o leva para todos os lugares consigo e pode exigir em todo lugar que o deixem usufruir dele. É, pois, uma desumanidade manifesta da parte dos juízes dos países livres para onde ele é transportado não libertá-lo imediatamente, declarando-o livre, já que ele é seu semelhante e tem uma alma como eles.

Há autores que, erigindo-se em jurisconsultos políticos, vêm nos dizer audaciosamente que as questões relativas à condição das pessoas devem ser decididas pelas leis dos países aos quais elas pertencem, e que, assim, um homem que é declarado escravo na América e que é transportado para a Europa deve ser considerado aí como escravo. Mas isto significa decidir os direitos da humanidade pelas leis civis de uma goteira, como diz Cícero. Será que os magistrados de uma nação, por consideração por uma outra nação, não devem ter nenhum respeito por sua própria espécie? Será que sua deferência **[533]** por uma lei que não os obriga em nada, deve fazê-los desprezar as leis da natureza, que obriga a todos os homens em todos os tempos e em todos os lugares? Há alguma lei que seja tão obrigatória quanto as leis eternas da equidade? Pode-se questionar se um juiz é mais obrigado a observá-las do que a respeitar os usos arbitrários e desumanos das colônias?

Dir-se-á, talvez, que as colônias seriam logo aniquiladas caso se abolisse a escravidão dos negros. Mas, mesmo que isto fosse verdade, deve-se concluir daí que o gênero humano deve ser horrivelmente lesado para nos enriquecer ou para satisfazer nosso luxo? É verdade que as bolsas dos ladrões de estradas ficariam vazias se o roubo fosse suprimido; mas os homens têm o direito de se enriquecer por vias cruéis e criminosas? Que direito tem um bandido de roubar os passantes? A quem é permitido tornar-se opulento fazendo seus semelhantes infelizes? Pode ser legítimo destituir a espécie humana de seus direitos mais sagrados, unicamente para satisfazer sua avareza, sua vaidade, ou suas paixões particulares? Não... Que as colônias europeias sejam, pois, destruídas em vez de fazerem tantos infelizes!

Mas creio que é falso dizer que a supressão da escravidão nas colônias traria a sua ruína. O comércio sofreria durante um certo tempo, eu sei. Será o efeito de todos os novos arranjos, porque nesse caso não se poderia encontrar imediatamente os meios para seguir um outro sistema; mas resultarão dessa supressão muitas outras vantagens.

O tráfico de negros, o costume da servidão, impediram a América de se povoar tão rapidamente quanto poderia fazê-lo. Que os negros sejam postos em liberdade, e em poucas gerações esse país vasto e fértil contará com um sem-número de habitantes. As artes, os talentos, florescerão, e, em vez de quase não ser povoado senão por selvagens e animais ferozes, logo o será por homens industriosos. A liberdade e o trabalho são as fontes reais da abundância. Enquanto o povo conservar essa indústria e essa liberdade, ele não deve temer nada. A indústria, assim como a necessidade, é engenhosa e inventiva; encontra mil maneiras diferentes de obter riquezas. E se um dos canais da opulência se fecha, cem outros se abrem num instante.

As almas sensíveis e generosas aplaudirão, sem dúvida, essas razões em favor da humanidade; mas a avareza e a cupidez que dominam a terra não quererão ouvi-las.

(MGS)

Defehrt et Prevost Fecit.

Agriculture, Labourage.

Agricultura, cultivo da terra.

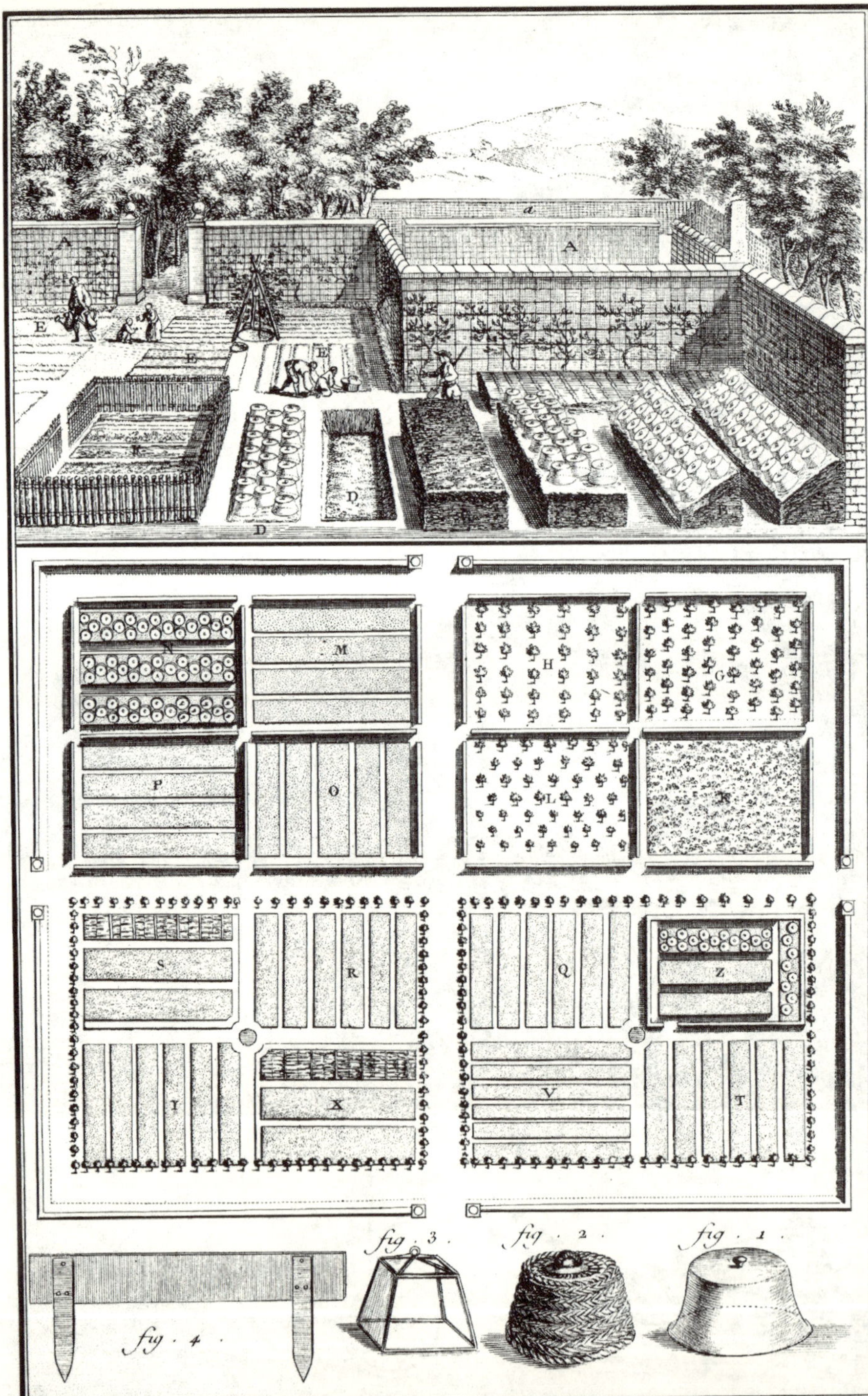

Goussier del.   Defehrt fecit

Agriculture,

Jardin Potager, Couches.

Agricultura – horta, canteiros.

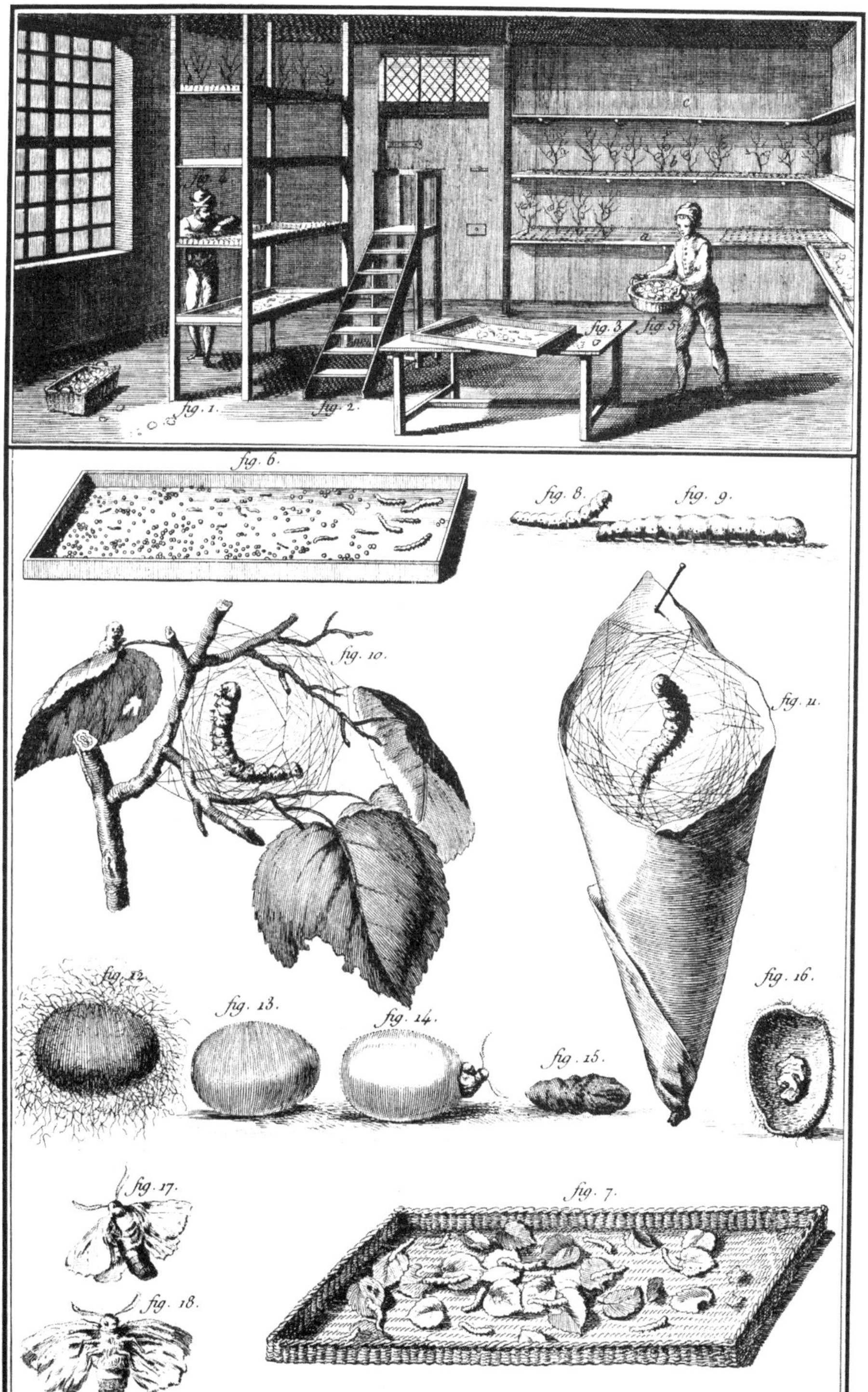

Economie Rustique. Vers à Soye

Economia rústica – bicho-da-seda.

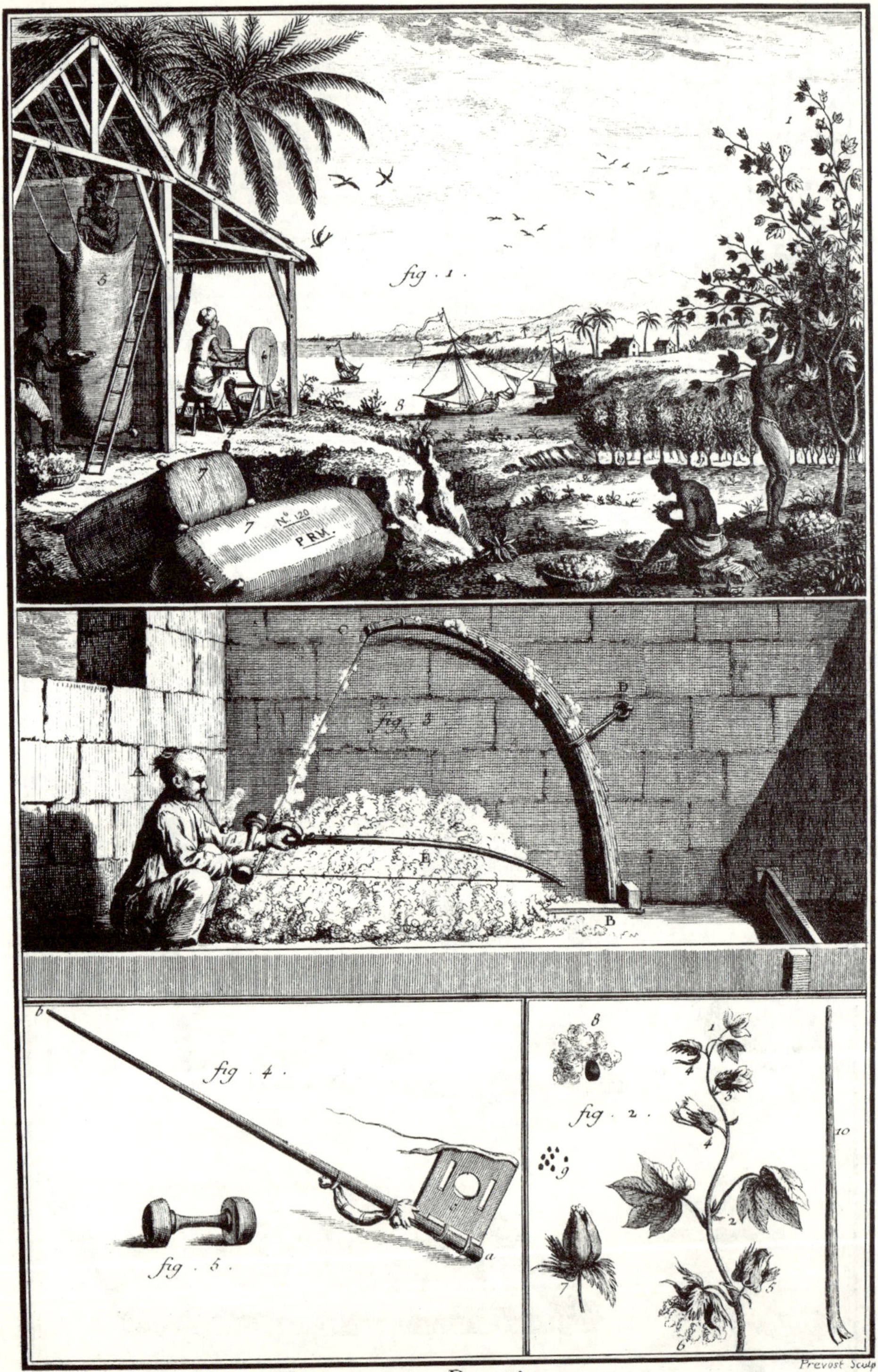

Œconomie Rustique,
Culture et Arsonnage du Coton.

Economia rústica – cultivo e cardagem do algodão.

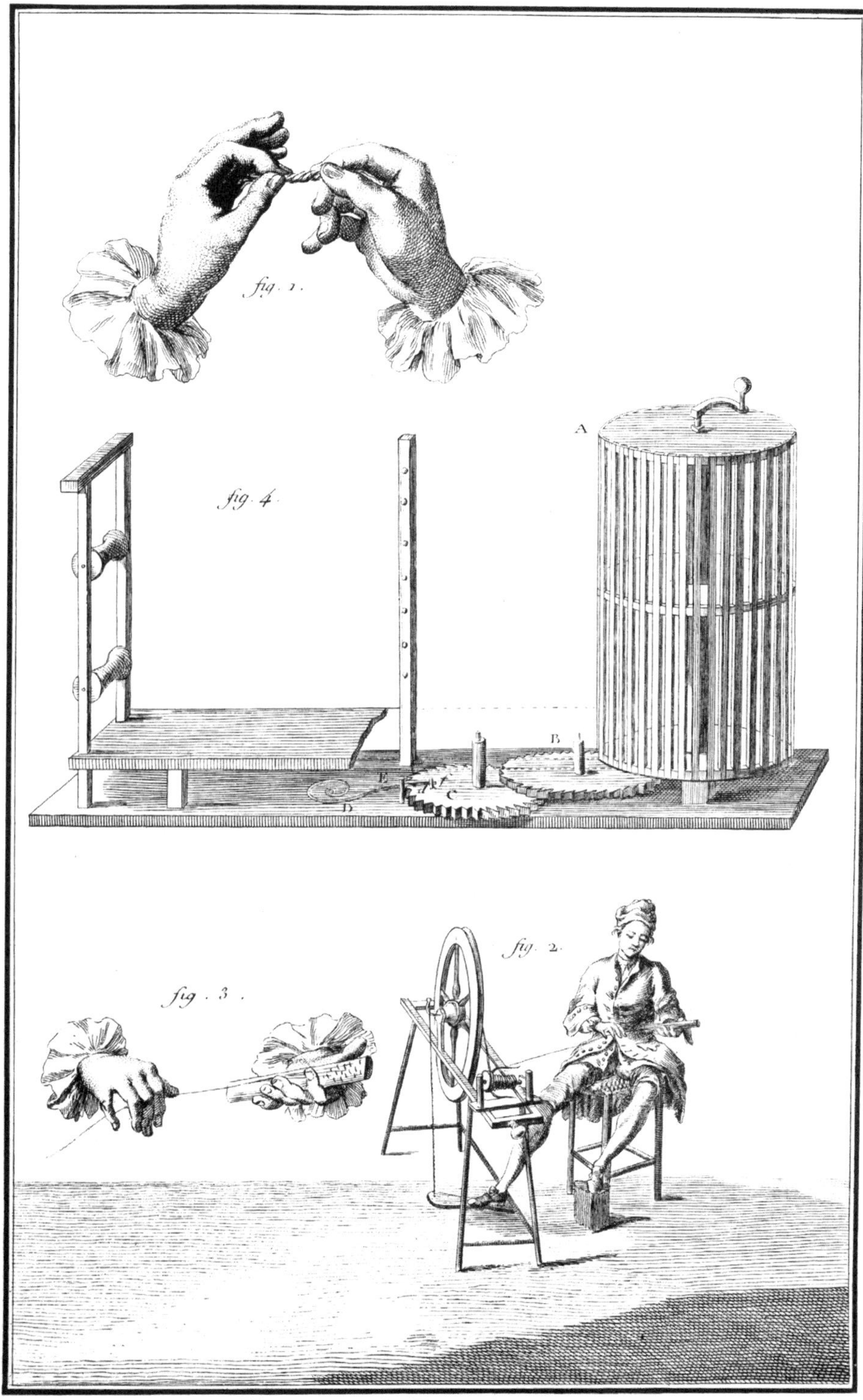

Œconomie Rustique, Coton

Economia rústica – algodão.

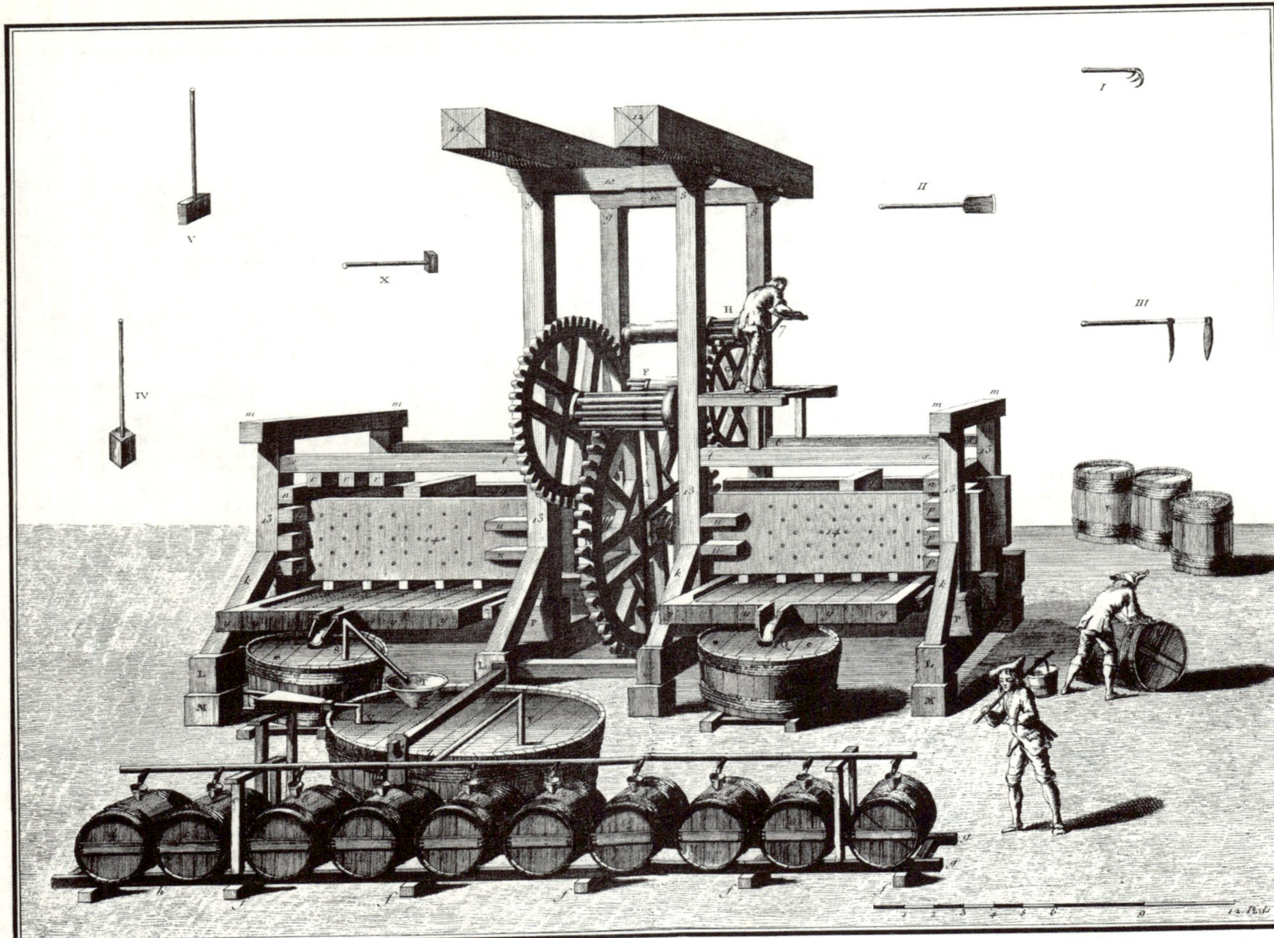

OEconomie Rustique,

Pressoir

Economia rústica – prensa

Agricultura, economia rústica – moinho de vento.

Meunier.

Moleiro.

Goussier Del. Prevost Fecit.

Chasse, Venerie, Quête du Cerf.

Caça, perseguição, busca do cervo.

Chasse, Petites Chasses et Pièges.

Caça – pequenas caças e armadilhas.

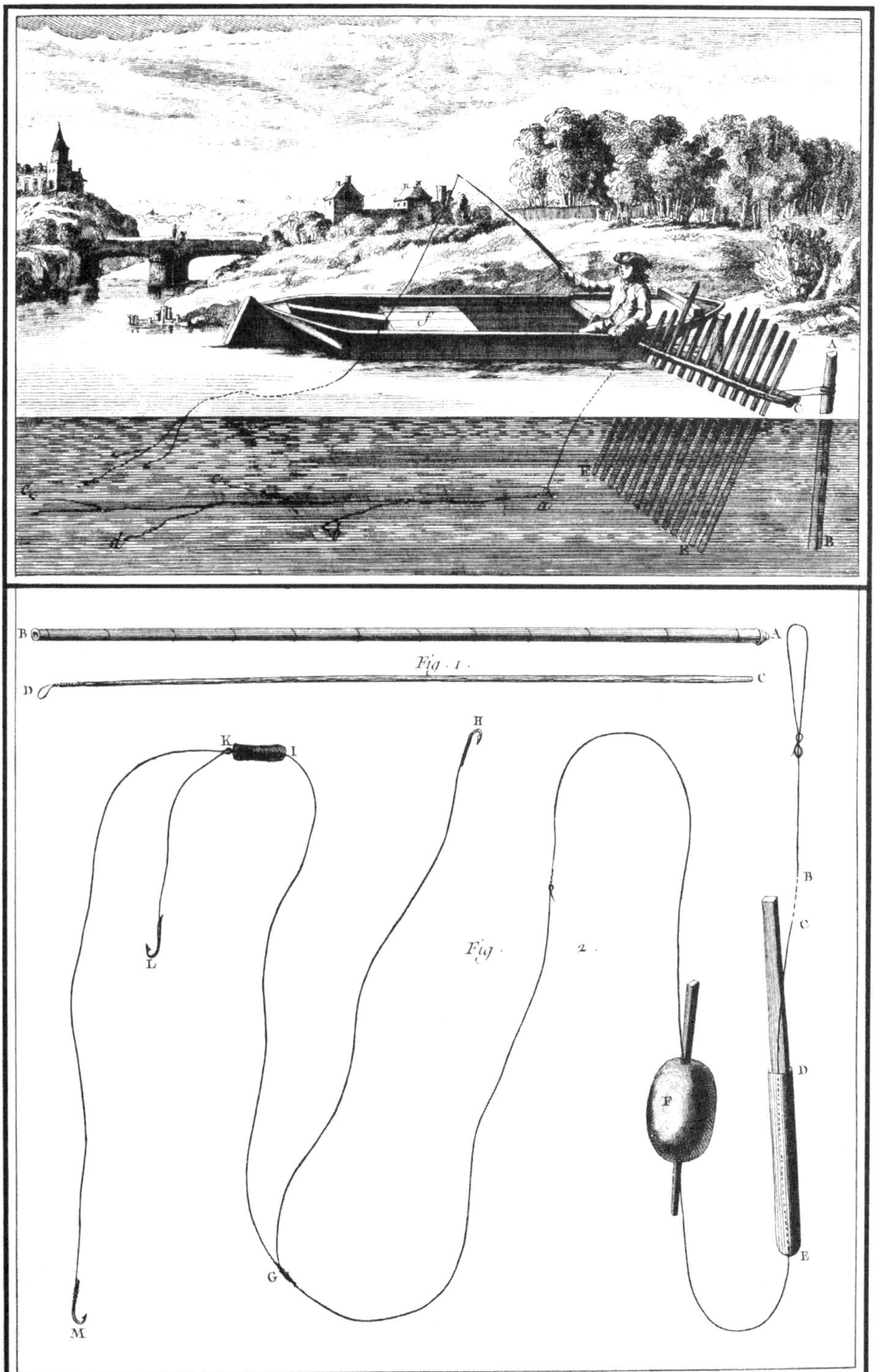

Goussier Del.

Benard Fecit.

Pêche à la Ligne dans les Eaux courantes.

Pesca com linha em águas correntes.

Goussier Del. — Benard Fecit.

Pesches de Mer. Fabrique des Filets.

Pescas no mar. Fábrica de redes.

Pesches de Mer. Trameau. Pesches des Oiseaux aquatiques. Flue, Courtine ou Rets à Macreuse. Pesche des Oiseaux, la nuit, à la Baratte.

Pescas no mar. Pescas de pássaros aquáticos. Cortina ou rede para patos. Pesca dos pássaros durante a noite.

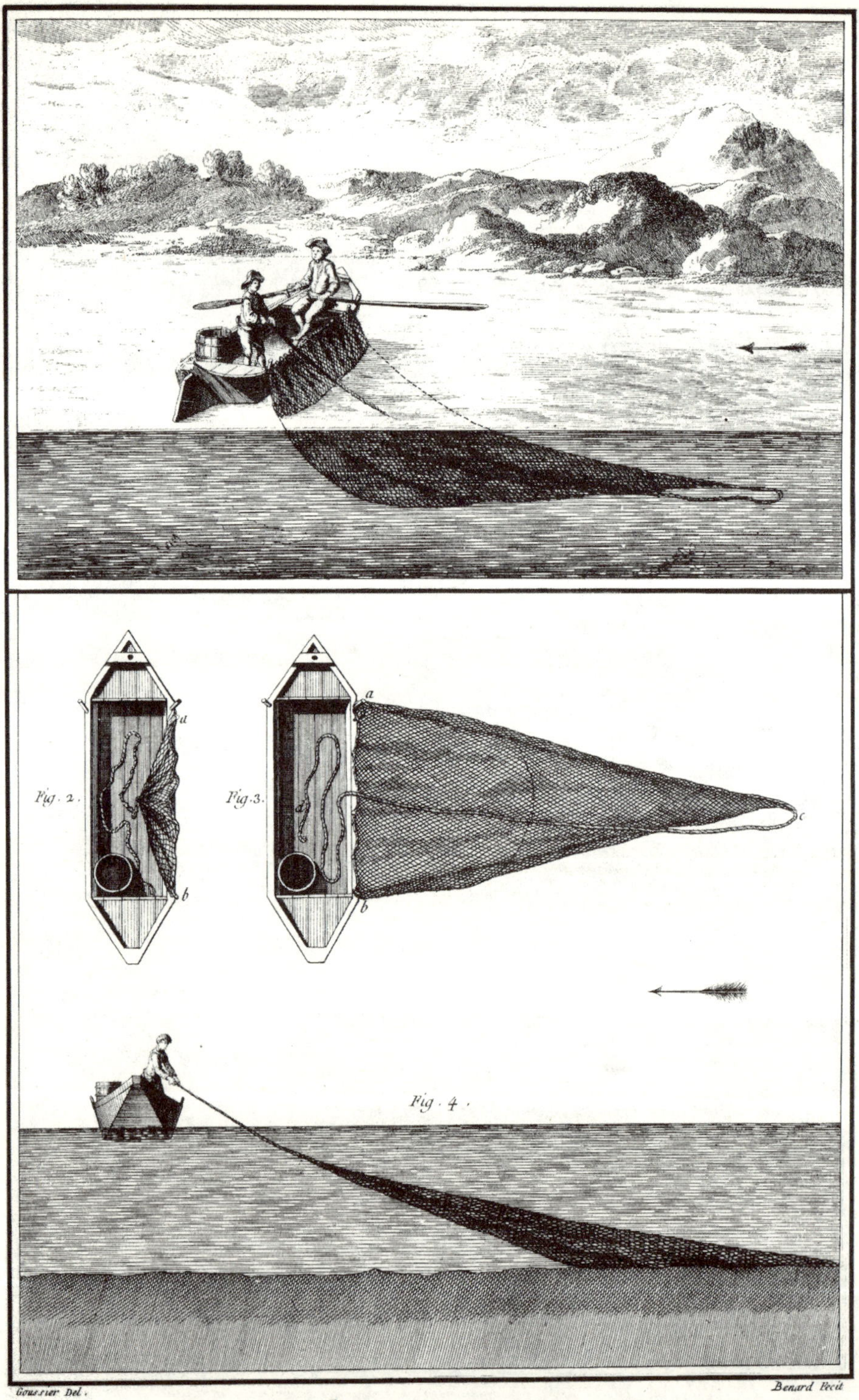

Goussier Del.

Benard Fecit

Pêche. Pêche avec le Gille.

Pesca. Pesca com arrastão.

Harguiniez Del. *Benard Fecit.*

Manège, Le Galop uni à droite et le Galop faux à droite

Equitação. O galope unido à direita e o galope falso à direita.

Fig. 5.

Fig. 6.

Fig. 7.

Defehrt Fecit

Escrime,

Esgrima.

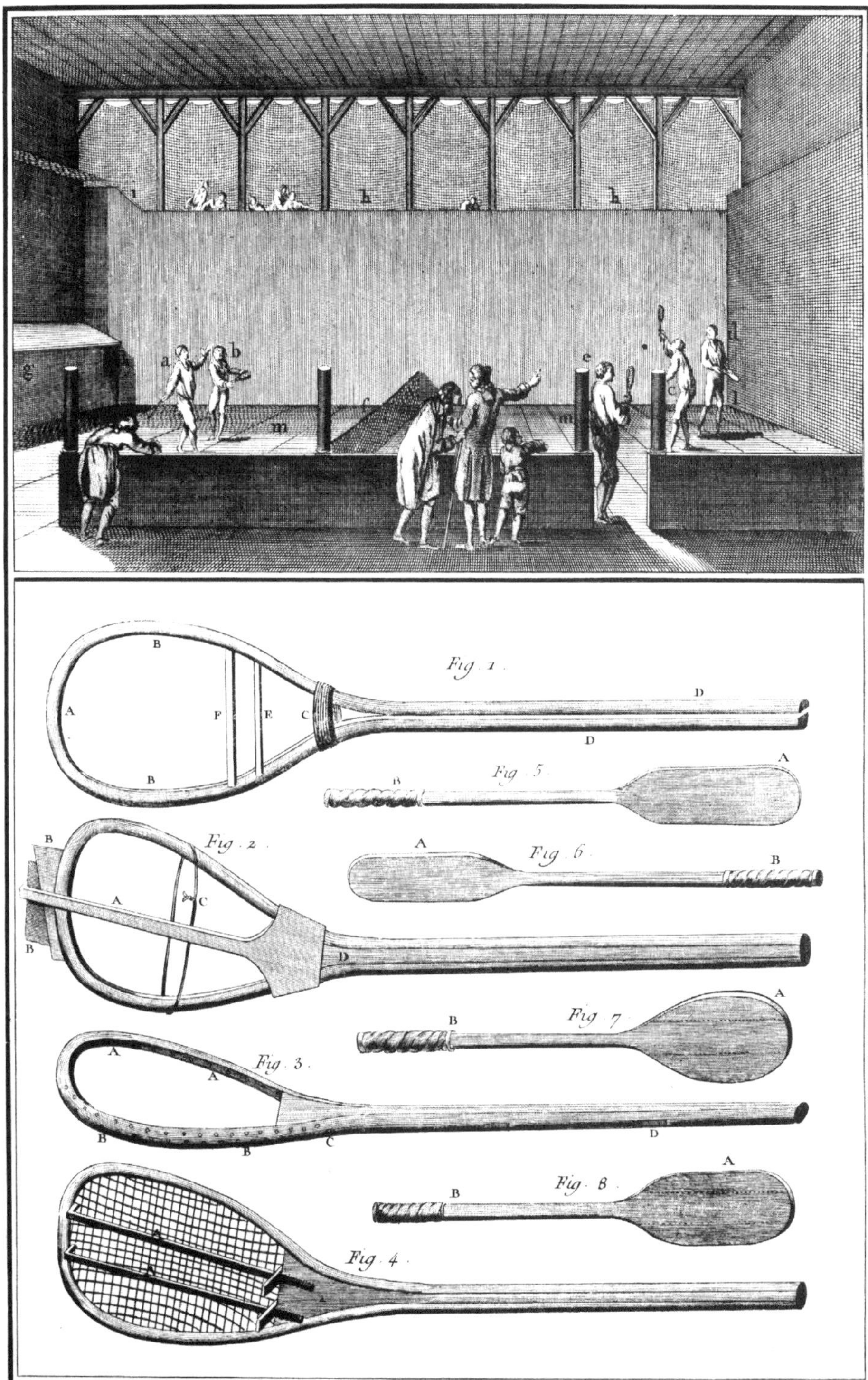

Lucotte Del. Benard Fecit.

Paulmerie, *Jeu de Paulme et Construction de la Raquette.*

Jogo de Paulme (tênis real) e construção da raquete.

Art Militaire, Armes et Machines de Guerre.

Arte militar. Armas e máquinas de guerra.

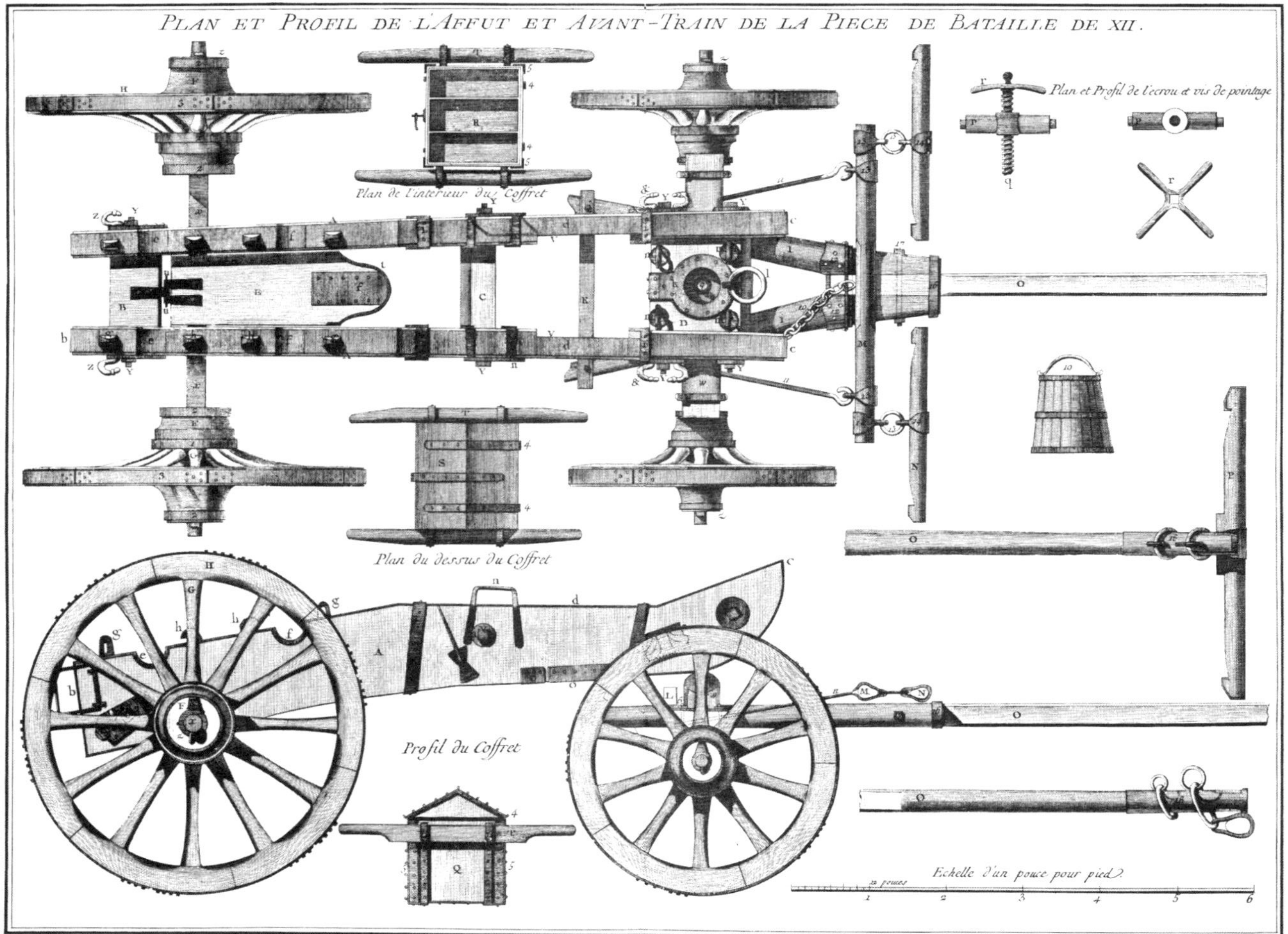

Benard Sculp.

Art Militaire, Nouvelle Artillerie

Arte militar. Nova artilharia.

Art Militaire, Exercice.

Arte militar. Exercício.

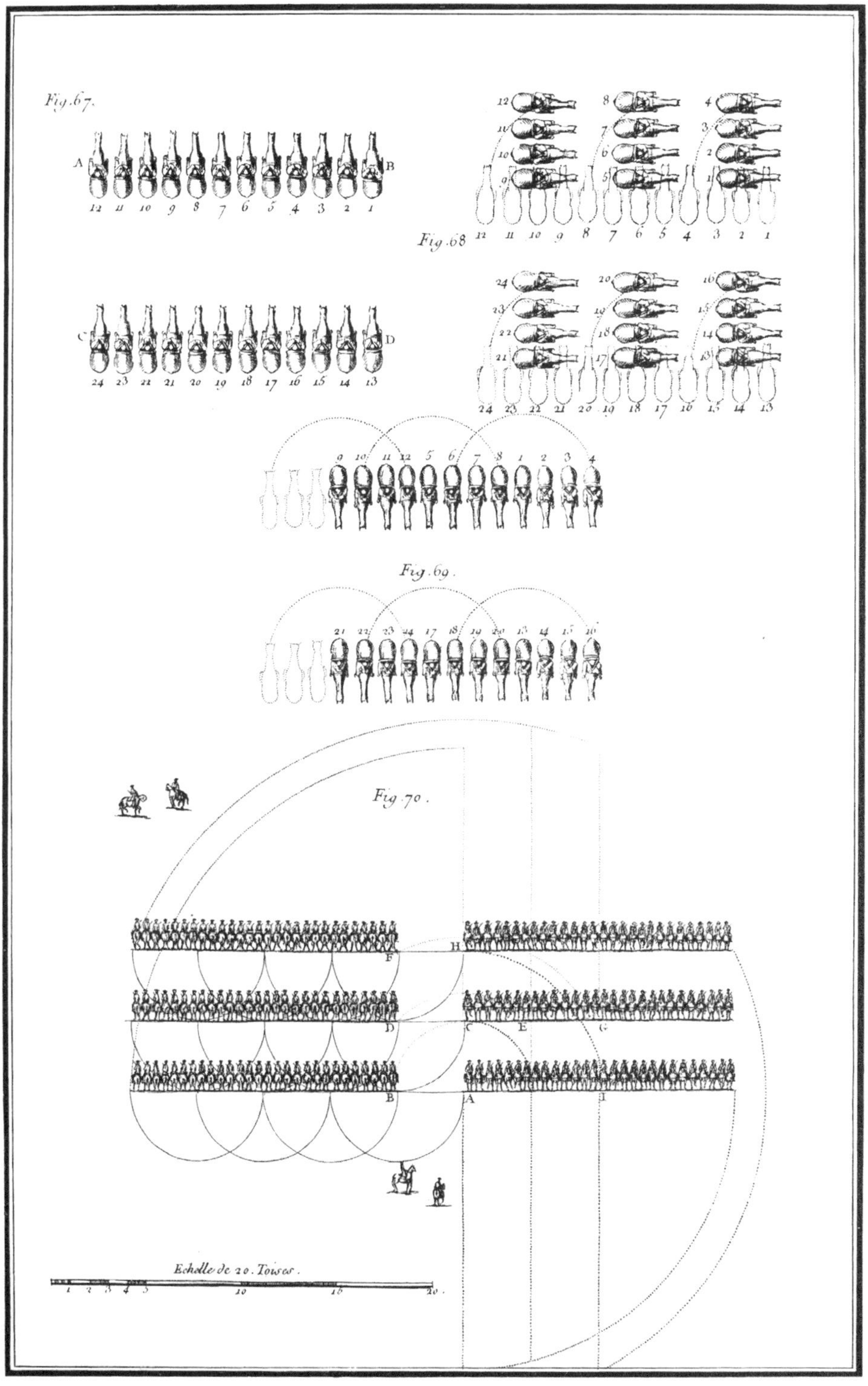

Art Militaire, Evolutions.

Arte militar. Evoluções.

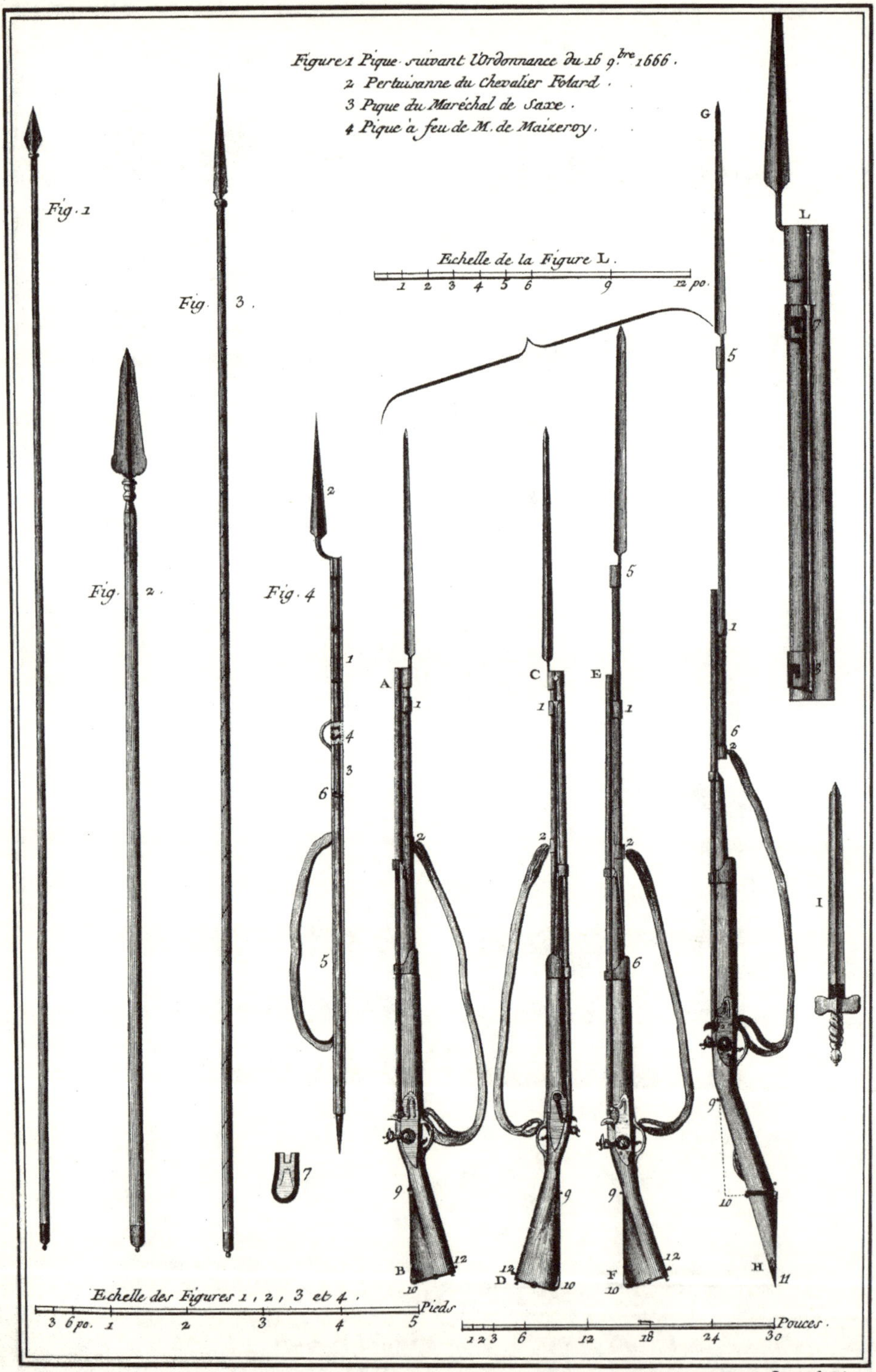

Benard Direx.

Piques et Fusil-Pique.

Lança e fuzil com lança.

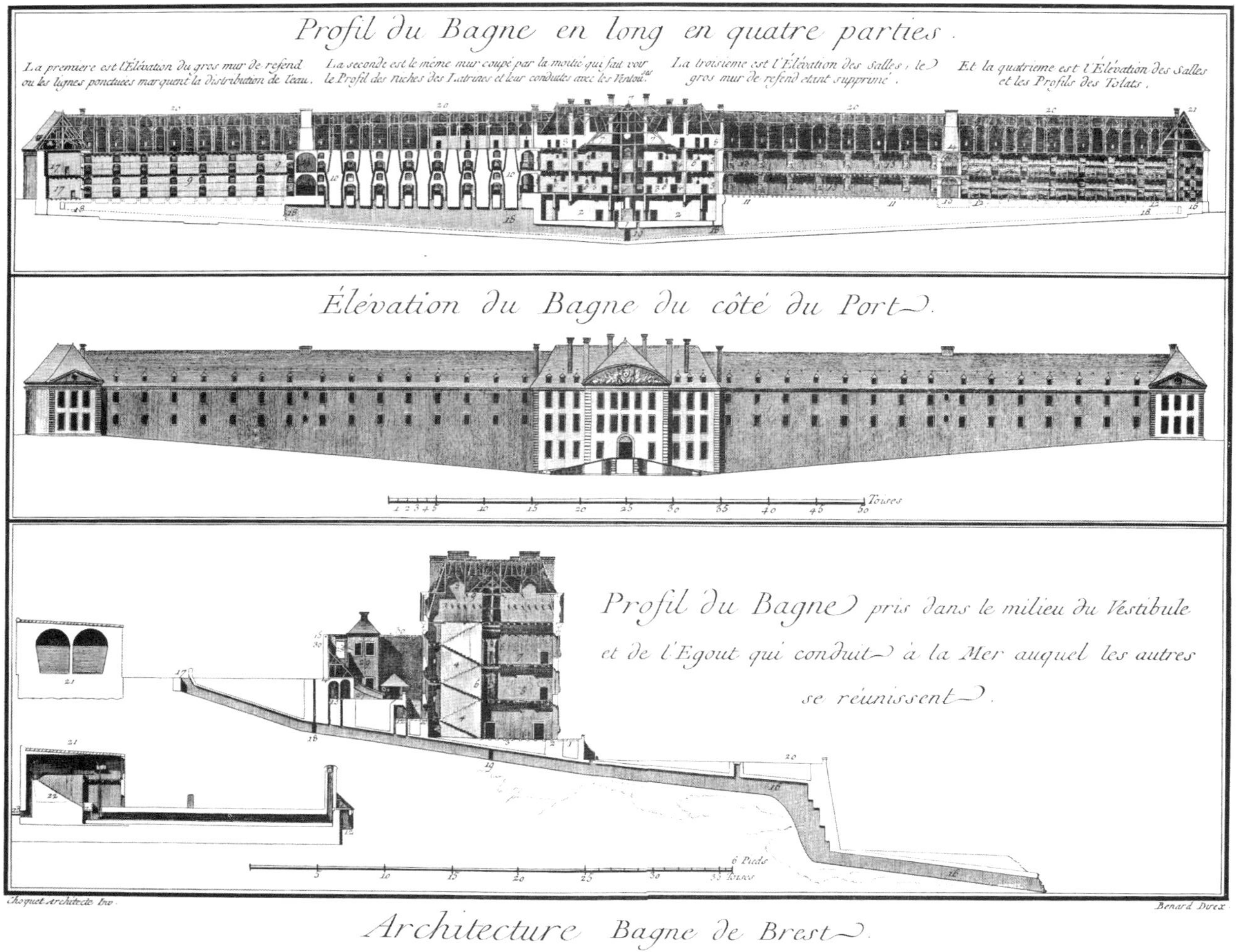

Arquitetura. Penitenciária.

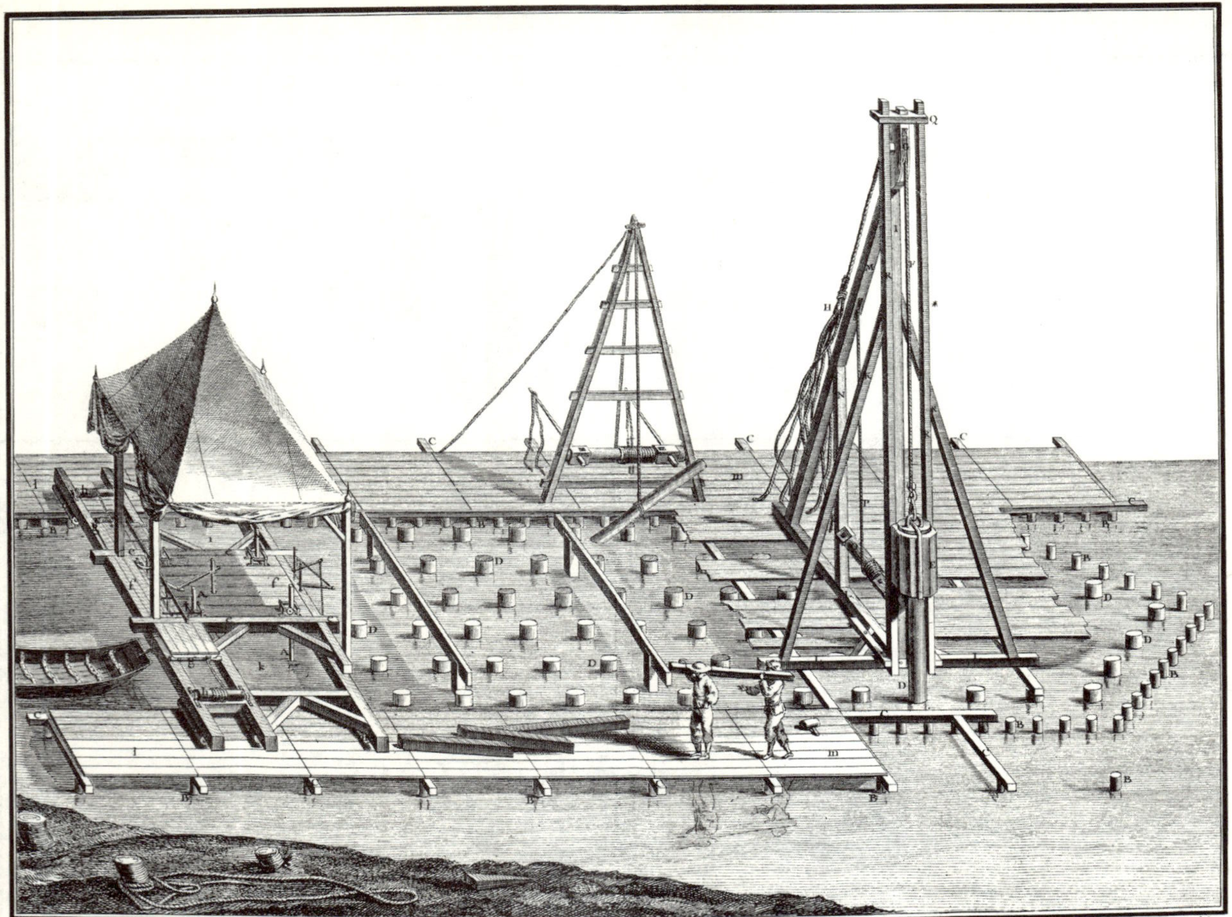

Lucotte del.

Prevost fecit

Charpente, *Nouvelle manière de fonder les piles.*

Madeiramento. Nova maneira de fundar os pilares.

Fig. 2.

Figure pour expliquer ce que c'est que la Dérive et comment on la peut connoitre. Voyez le mot Dérive.

Fig. 1.

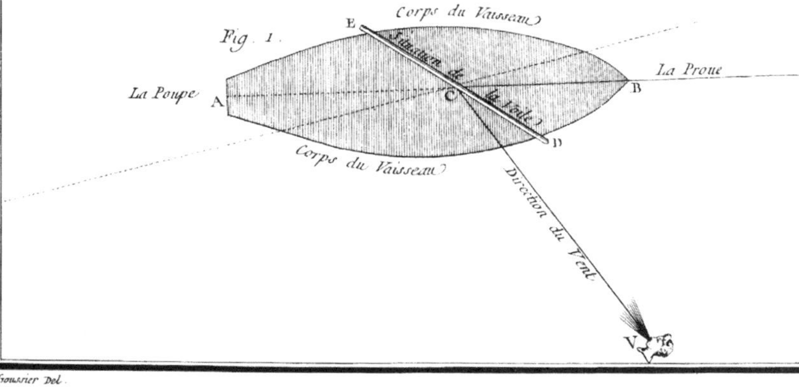

Goussier Del. Benard Fecit.

Sur les Desseins de M.r Belin Ing.r de la Marine

Marine, Batiment appellé Fluste.

Marinha. Navio chamado Fluste.

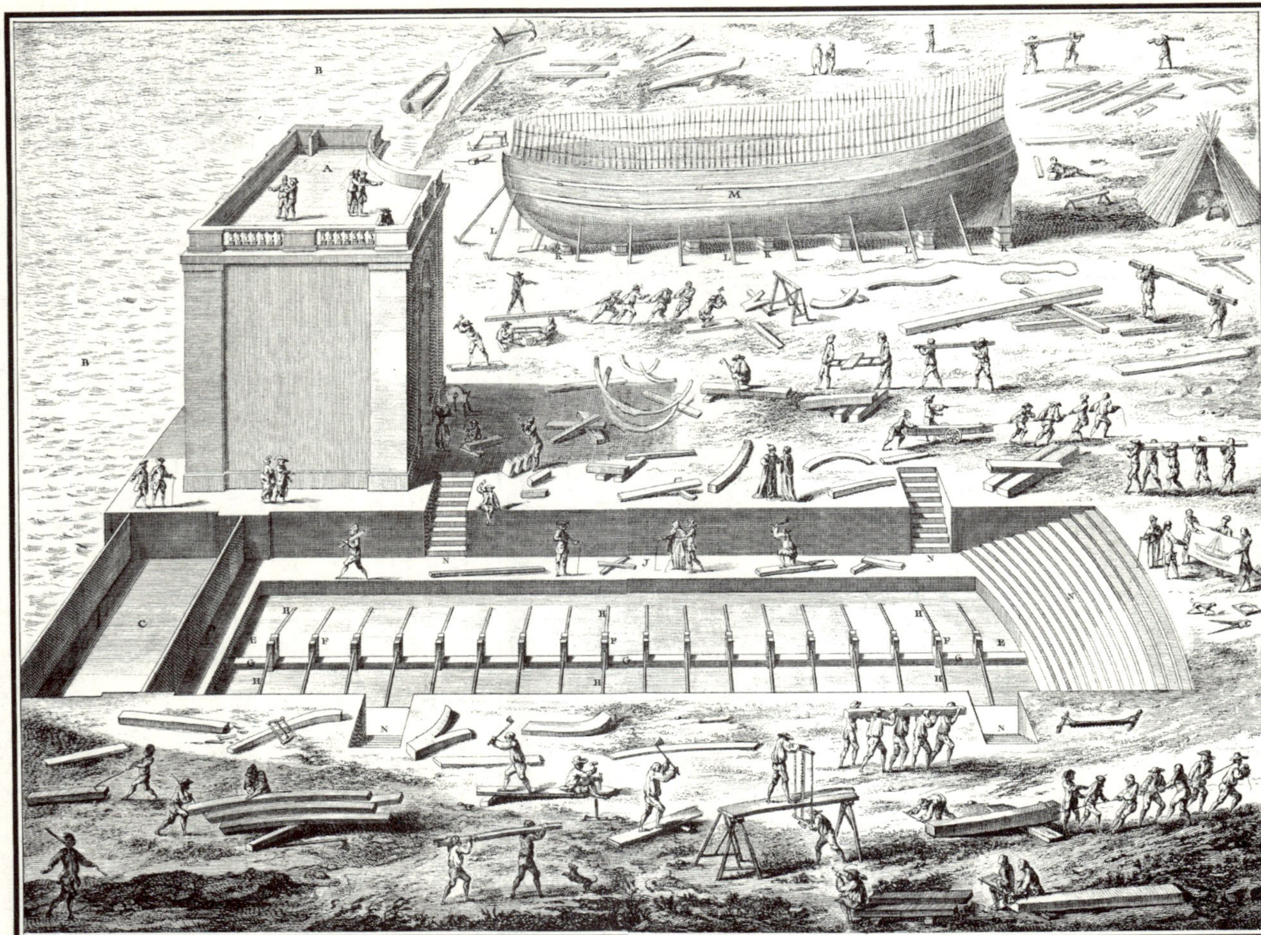

Marine, Chantier de Construction.

Marinha. Canteiro de construção.

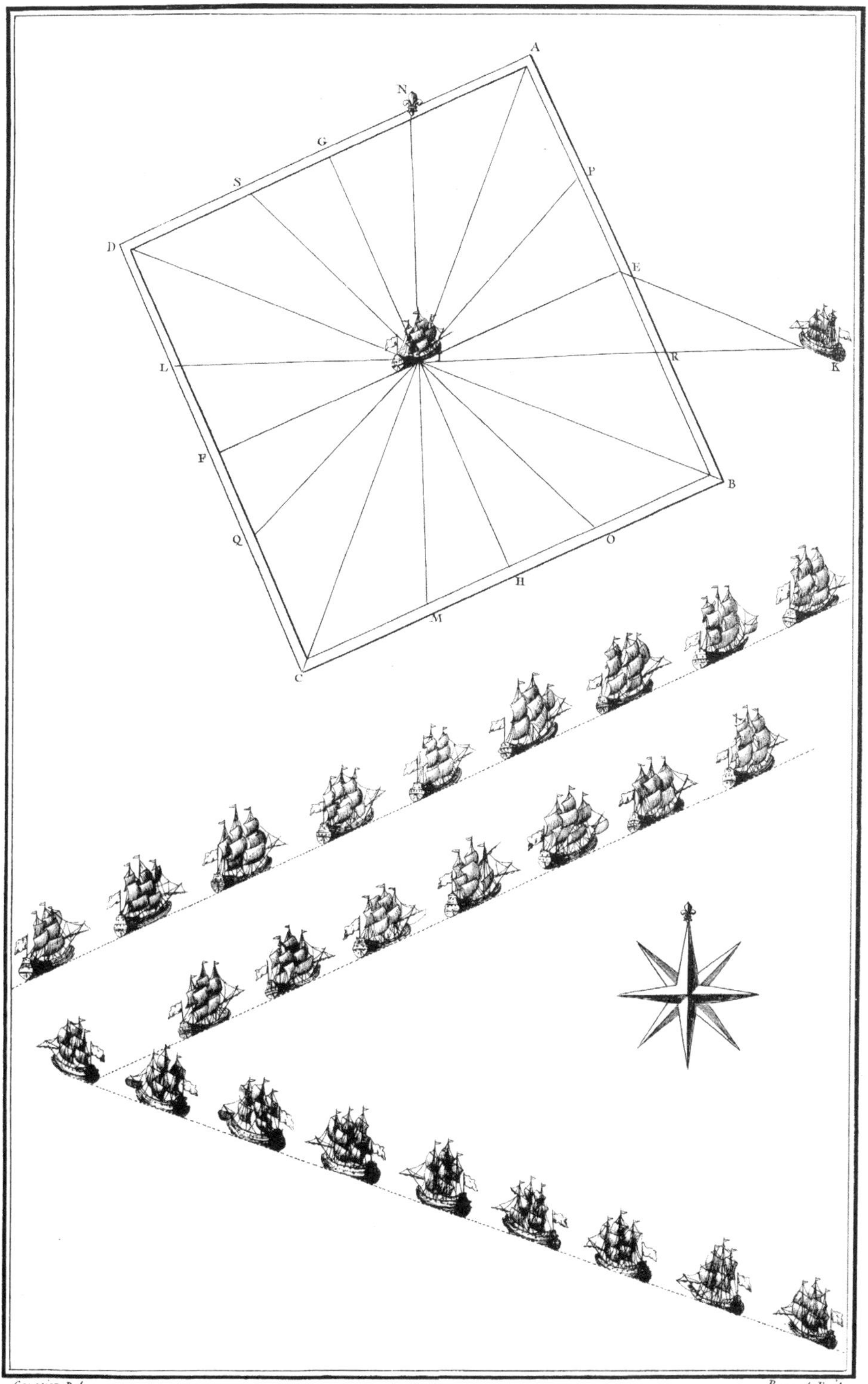

Goussier Del. Benard Fecit.

Marine, Evolutions navalles.

Marinha. Evoluções navais.

Corderie.

Fábrica de cordas.

Goussier Del.
Sur les Desseins de Mr Belin Ingenieur de la Marine

Benard Fecit

Marine, Vaisseau de Guerre avec toutes ses Manœuvres et Cordages.

Marinha. Barco de guerra com todos os mecanismos e cordas.

Marine, *Dessein d'une Galere à la Rame nommée la Réale*

Marinha. Desenho de uma galera chamada Réale.

SOBRE O LIVRO

Formato: 16 x 23 cm
Mancha: 27,8 x 48 paicas
Tipologia: Venetian 301 BT 12,5/16
Papel: Off-white 80g/m^2 (miolo)
Couché fosco encartonado 120 g/m^2 (capa)
1ª edição: 2015

EQUIPE DE REALIZAÇÃO

Capa
Andrea Yanaguita

Edição de texto
Alberto Bononi (Copidesque)
Tomoe Moroizumi (Revisão)

Editoração eletrônica
Eduardo Seiji Seki (Diagramação)

Assistência editorial
Jennifer Rangel de França

SOBRE O LIVRO

Formato: 16 x 23 cm
Mancha: 27,8 x 48 paicas
Tipologia: Venetian 301 BT 12,5/16
Papel: Off-white 80g/m² (miolo)
Couché fosco encartonado 120 g/m² (capa)
1ª edição: 2015

EQUIPE DE REALIZAÇÃO

Capa
Andrea Yanaguita

Edição de texto
Alberto Bononi (Copidesque)
Tomoe Moroizumi (Revisão)

Editoração eletrônica
Eduardo Seiji Seki (Diagramação)

Assistência editorial
Jennifer Rangel de França

Impressão e Acabamento:
Geográfica editora